《中华人民共和国国民经济和社会发展第十四个五年规划和2035年远景目标纲要》

辅导读本

国家发展和改革委员会　编写

何立峰　主编　　胡祖才　副主编

人民出版社

组　　稿：张振明

责任编辑：余　平　陈　登　刘敬文　张双子
　　　　　安新文　崔秀军　刘彦青　杜文丽
封面设计：周方亚　　　责任校对：吕　飞

图书在版编目（CIP）数据

《中华人民共和国国民经济和社会发展第十四个五年规划和 2035 年
　远景目标纲要》辅导读本/国家发展和改革委员会 编写. —北京：
　人民出版社，2021.3
　ISBN 978－7－01－023274－4

Ⅰ.①中… Ⅱ.①国… Ⅲ.①国民经济计划-五年计划-中国-2021－
2025－学习参考资料 ②社会发展-五年计划-中国-2021‐2025－学习
参考资料 ③社会主义建设-现代化建设-远景规划-中国-2021‐
2035－学习参考资料 Ⅳ.①F123.399 ②D61

中国版本图书馆 CIP 数据核字（2021）第 049032 号

**《中华人民共和国国民经济和社会发展
第十四个五年规划和 2035 年远景目标纲要》辅导读本**
ZHONGHUA RENMIN GONGHEGUO GUOMIN JINGJI HE SHEHUI FAZHAN
DI‐SHISI GE WUNIAN GUIHUA HE 2035 NIAN YUANJING MUBIAO GANGYAO FUDAO DUBEN

国家发展和改革委员会　编写

人 民 出 版 社 出版发行
（100706　北京市东城区隆福寺街 99 号）

河北新华第一印刷有限责任公司印刷　新华书店经销

2021 年 3 月第 1 版　2021 年 3 月北京第 1 次印刷
开本：880 毫米×1230 毫米 1/32　印张：15.5
字数：389 千字

ISBN 978－7－01－023274－4　定价：46.00 元

邮购地址 100706　北京市东城区隆福寺街 99 号
人民东方图书销售中心　电话（010）65250042　65289539

本书编委会

主　编　何立峰
副主编　胡祖才
编　委　（按姓氏笔画排序）

王昌林	王建军	卢卫生	伍　浩	任树本	刘小南
刘宇南	严鹏程	苏　国	李福龙	杨　洁	肖渭明
吴　晓	张世昕	陈亚军	陈洪宛	欧　鸿	欧晓理
罗国三	岳修虎	哈增友	袁　达	钱　毅	徐建平
徐善长	高　杲	郭兰峰	童章舜		

执　笔　（按姓氏笔画排序）

于文静	于秀明	于博然	万劲松	马维晨	王　政
王　勇	王　莉	王　翔	王伟龙	王任飞	王华磊
王海飞	车　松	牛　明	牛　晨	毛科俊	文　皓
方　正	石　岩	叶　欠	史宇昕	白　璐	吕　侃
朱建武	仵宏元	任献光	向　佳	刘　洋	刘自斌
刘春雨	闫冰倩	关　鹏	许　欣	许华勇	孙　伟
孙　强	孙志诚	杜尊亚	李　智	李云卿	李明传
李彦斌	李晓华	李翔宇	杨　特	杨凌志	肖晓俊
吴　萨	吴红亮	吴辰江	吴雪尧	吴越涛	邱天朝
余　航	谷宇辰	闫浩楠	沈竹林	沈继楼	宋　健

张沁　张俏　张越　张曦　张世韬　张冬宁
张宇翔　张劲文　张国华　张昌裕　张金萍　张建民
张家铭　张璐琴　陆江源　陈凯　陈雷　陈少婧
陈怀海　陈迪宇　林彬　林楠　明晓东　罗恒
罗成书　罗陈娟　金贤东　周南　周怀乐　郑剑
郑持平　郎君　孟雷军　赵志丹　赵怡凡　赵睿翔
郝福庆　胡玉清　胡亚昆　胡朝晖　胡智超　相伟
秦佩恒　袁军　莫天明　顾严　晏世琦　徐欣
徐超　徐策　徐颖　徐致远　栾婕　高贺
郭宇宸　黄进辉　黄绳雄　曹亮　曹元猛　龚琦
龚桢梽　常伟　康璐璐　梁洪力　寇明　彭福伟
蒋韧　蒋苇杭　蒋昭虎　蒋靖浩　韩振海　童思蕴
赫胜彬　蔡长华　蔡荣华　裴科峰　廖胜　谭伟
熊哲　黎津　薛元　霍福鹏　冀东星　魏倩

目　录 CONTENTS

中华人民共和国国民经济和社会发展第十四个五年规划和2035年远景目标纲要

目　　录

1

中华人民共和国国民经济和社会发展第十四个五年（2021—2025年）规划和2035年远景目标纲要，根据《中共中央关于制定国民经济和社会发展第十四个五年规划和二〇三五年远景目标的建议》编制，主要阐明国家战略意图，明确政府工作重点，引导规范市场主体行为，是我国开启全面建设社会主义现代化国家新征程的宏伟蓝图，是全国各族人民共同的行动纲领。

第 一 篇

开启全面建设社会主义
现代化国家新征程

"十四五"时期是我国全面建成小康社会、实现第一个百年奋斗目标之后，乘势而上开启全面建设社会主义现代化国家新征程、向第二个百年奋斗目标进军的第一个五年。

第一章　发展环境

我国进入新发展阶段,发展基础更加坚实,发展条件深刻变化,进一步发展面临新的机遇和挑战。

第一节　决胜全面建成小康社会
取得决定性成就

"十三五"时期是全面建成小康社会决胜阶段。面对错综复杂的国际形势、艰巨繁重的国内改革发展稳定任务特别是新冠肺炎疫情严重冲击,以习近平同志为核心的党中央不忘初心、牢记使命,团结带领全党全国各族人民砥砺前行、开拓创新,奋发有为推进党和国家各项事业。全面深化改革取得重大突破,全面依法治国取得重大进展,全面从严治党取得重大成果,国家治理体系和治理能力现代化加快推进,中国共产党领导和我国社会主义制度优势进一步彰显。

经济运行总体平稳,经济结构持续优化,国内生产总值突破 100 万亿元。创新型国家建设成果丰硕,在载人航天、探月工程、深海工程、超级计算、量子信息、"复兴号"高速列车、大飞机制造等领域取得一批重大科技成果。决战脱贫攻坚取得全面胜利,5575 万农村贫困人口实现脱贫,困扰中华民族几千年的绝对贫困问题得到历史性解决,创造了人类减贫史上的奇迹。农业现代化稳步推进,粮食年产量连续稳定在1.3万亿斤以上。1亿农业转移人口和其他常住人口在城镇落户目标顺利实现,区域重大战略扎实推进。污染防治力度加大,主要污染物排放总量减少目标超额完成,资源利用效率显著提升,生态环境明显改善。金融风险处置取得重要阶段性成果。对外开放持续扩大,共建"一带一路"成果丰硕。人民生活水平显著提高,教育公平和质量较大提升,高等教育进入普及化阶段,城镇新增就业超过6000万人,建成世界上规模最大的社会保障体系,基本医疗保险覆盖超过13亿人,基本养老保险覆盖近10亿人,城镇棚户区住房改造开工超过2300万套。新冠肺炎疫情防控取得重大战略成果,应对突发事件能力和水平大幅提高。公共文化服务水平不断提高,文化事业和文化产业繁荣发展。国防和军队建设水平大幅提升,军队组织形态实现重大变革。国家安全全面加强,社会保持和谐稳定。

"十三五"规划目标任务胜利完成,我国经济实力、科技实力、综合国力和人民生活水平跃上新的大台阶,全面建成小康社会取得伟大历史性成就,中华民族伟大复兴向前迈出了新的一大步,社会主义中国以更加雄伟的身姿屹立于世界东方。

第二节 我国发展环境面临深刻复杂变化

当前和今后一个时期,我国发展仍然处于重要战略机遇期,但机遇和挑战都有新的发展变化。当今世界正经历百年未有之大变局,新一轮科技革命和产业变革深入发展,国际力量对比深刻调整,和平与发展仍然是时代主题,人类命运共同体理念深入人心。同时,国际环境日趋复杂,不稳定性不确定性明显增加,新冠肺炎疫情影响广泛深远,世界经济陷入低迷期,经济全球化遭遇逆流,全球能源供需版图深刻变革,国际经济政治格局复杂多变,世界进入动荡变革期,单边主义、保护主义、霸权主义对世界和平与发展构成威胁。

我国已转向高质量发展阶段,制度优势显著,治理效能提升,经济长期向好,物质基础雄厚,人力资源丰富,市场空间广阔,发展韧性强劲,社会大局稳定,继续发展具有多方面优势和条件。同时,我国发展不平衡不充分问题仍然突出,重点领域关键环节改革任务仍然艰巨,创新能力不适应高质量发展要求,农业基础还不稳固,城乡区域发展和收入分配差距较大,生态环保任重道远,民生保障存在短板,社会治理还有弱项。

必须统筹中华民族伟大复兴战略全局和世界百年未有之大变局,深刻认识我国社会主要矛盾变化带来的新特征新要求,深刻认识错综复杂的国际环境带来的新矛盾新挑战,增强机遇意识和风险意识,立足社会主义初级阶段基本国情,保持战略定力,办好自己的事,认识和把握发展规律,发扬斗争精神,增强斗争本领,树立底线思维,准确识变、科学应变、主动求变,善于在危机中育先机、于变局中开新局,抓住机遇,应对挑战,趋利避害,奋勇前进。

第二章　指导方针

"十四五"时期经济社会发展,必须牢牢把握以下指导思想、原则和战略导向。

第一节　指导思想

高举中国特色社会主义伟大旗帜,深入贯彻党的十九大和十九届二中、三中、四中、五中全会精神,坚持以马克思列宁主义、毛泽东思想、邓小平理论、"三个代表"重要思想、科学发展观、习近平新时代中国特色社会主义思想为指导,全面贯彻党的基本理论、基本路线、基本方略,统筹推进经济建设、政治建设、文化建设、社会建设、生态文明建设的总体布局,协调推进全面建设社会主义现代化国家、全面深化改革、全面依法治国、全面从严治党的战略布局,坚定不移贯彻创新、协调、绿色、开放、共享的新发展理念,坚持稳中求进工作总基调,以推动高质量发展为主题,以深化供给侧结构性改革为主线,以改革创新为根本动力,以满足人民日益增长的美好生活需要为根本目的,统筹发展和安全,加快建设现代化经济体系,加快构建以国内大循环为主体、国内国际双循环相互促进的新发展格局,推进国家治理体系和治理能力现代化,实现经济行稳致远、社会安定和谐,为全面建设社会主义现代化国家开好局、起好步。

第二节　必须遵循的原则

——坚持党的全面领导。坚持和完善党领导经济社会发展的体制机制，坚持和完善中国特色社会主义制度，不断提高贯彻新发展理念、构建新发展格局能力和水平，为实现高质量发展提供根本保证。

——坚持以人民为中心。坚持人民主体地位，坚持共同富裕方向，始终做到发展为了人民、发展依靠人民、发展成果由人民共享，维护人民根本利益，激发全体人民积极性、主动性、创造性，促进社会公平，增进民生福祉，不断实现人民对美好生活的向往。

——坚持新发展理念。把新发展理念完整、准确、全面贯穿发展全过程和各领域，构建新发展格局，切实转变发展方式，推动质量变革、效率变革、动力变革，实现更高质量、更有效率、更加公平、更可持续、更为安全的发展。

——坚持深化改革开放。坚定不移推进改革，坚定不移扩大开放，加强国家治理体系和治理能力现代化建设，破除制约高质量发展、高品质生活的体制机制障碍，强化有利于提高资源配置效率、有利于调动全社会积极性的重大改革开放举措，持续增强发展动力和活力。

——坚持系统观念。加强前瞻性思考、全局性谋划、战略性布局、整体性推进，统筹国内国际两个大局，办好发展安全两件大事,坚持全国一盘棋,更好发挥中央、地方和各方面积极性,着力固根基、扬优势、补短板、强弱项,注重防范化解重大风险挑战,实现发展质量、结构、规模、速度、效益、安全相统一。

第三节　战略导向

"十四五"时期推动高质量发展,必须立足新发展阶段、贯彻新发展理念、构建新发展格局。把握新发展阶段是贯彻新发展理念、构建新发展格局的现实依据,贯彻新发展理念为把握新发展阶段、构建新发展格局提供了行动指南,构建新发展格局则是应对新发展阶段机遇和挑战、贯彻新发展理念的战略选择。必须坚持深化供给侧结构性改革,以创新驱动、高质量供给引领和创造新需求,提升供给体系的韧性和对国内需求的适配性。必须建立扩大内需的有效制度,加快培育完整内需体系,加强需求侧管理,建设强大国内市场。必须坚定不移推进改革,破除制约经济循环的制度障碍,推动生产要素循环流转和生产、分配、流通、消费各环节有机衔接。必须坚定不移扩大开放,持续深化要素流动型开放,稳步拓展制度型开放,依托国内经济循环体系形成对全球要素资源的强大引力场。必须强化国内大循环的主导作用,以国际循环提升国内大循环效率和水平,实现国内国际双循环互促共进。

第三章　主要目标

按照全面建设社会主义现代化国家的战略安排,2035年远景目标和"十四五"时期经济社会发展主要目标如下。

第一节　2035年远景目标

展望2035年,我国将基本实现社会主义现代化。经济实力、科技实力、综合国力将大幅跃升,经济总量和城乡居民人均收入将再迈上新的大台阶,关键核心技术实现重大突破,进入创新型国家前列。基本实现新型工业化、信息化、城镇化、农业现代化,建成现代化经济体系。基本实现国家治理体系和治理能力现代化,人民平等参与、平等发展权利得到充分保障,基本建成法治国家、法治政府、法治社会。建成文化强国、教育强国、人才强国、体育强国、健康中国,国民素质和社会文明程度达到新高度,国家文化软实力显著增强。广泛形成绿色生产生活方式,碳排放达峰后稳中有降,生态环境根本好转,美丽中国建设目标基本实现。形成对外开放新格局,参与国际经济合作和竞争新优势明显增强。人均国内生产总值达到中等发达国家水平,中等收入群体显著扩大,基本公共服务实现均等化,城乡区域发展差距和居民生活水平差距显著缩小。平安中国建设达到更高水平,基本实现国防和军队现代化。人民生活更加美好，人的全面发展、全体人民共同富裕取得更为明显的实质性进展。

第二节 "十四五"时期经济社会
发展主要目标

——经济发展取得新成效。发展是解决我国一切问题的基础和关键，发展必须坚持新发展理念，在质量效益明显提升的基础上实现经济持续健康发展，增长潜力充分发挥，国内生产总值年均增长保持在合理区间、各年度视情提出，全员劳动生产率增长高于国内生产总值增长，国内市场更加强大，经济结构更加优化，创新能力显著提升，全社会研发经费投入年均增长7%以上、力争投入强度高于"十三五"时期实际，产业基础高级化、产业链现代化水平明显提高，农业基础更加稳固，城乡区域发展协调性明显增强，常住人口城镇化率提高到65%，现代化经济体系建设取得重大进展。

——改革开放迈出新步伐。社会主义市场经济体制更加完善，高标准市场体系基本建成，市场主体更加充满活力，产权制度改革和要素市场化配置改革取得重大进展，公平竞争制度更加健全，更高水平开放型经济新体制基本形成。

——社会文明程度得到新提高。社会主义核心价值观深入人心，人民思想道德素质、科学文化素质和身心健康素质明显提高，公共文化服务体系和文化产业体系更加健全，人民精神文化生活日益丰富,中华文化影响力进一步提升,中华民族凝聚力进一步增强。

——生态文明建设实现新进步。国土空间开发保护格局得到优化,生产生活方式绿色转型成效显著,能源资源配置更加合理、利用效率大幅提高,单位国内生产总值能源消耗和二氧化碳排放分别降低 13.5%、18%,主要污染物排放总量持续减少,森林覆盖率提高到 24.1%,生态环境持续改善,生态安全屏障更加牢固,城乡人居环境明显改善。

——民生福祉达到新水平。实现更加充分更高质量就业,城镇调查失业率控制在 5.5% 以内,居民人均可支配收入增长与国内生产总值增长基本同步,分配结构明显改善,基本公共服务均等化水平明显提高,全民受教育程度不断提升,劳动年龄人口平均受教育年限提高到 11.3 年,多层次社会保障体系更加健全,基本养老保险参保率提高到 95%,卫生健康体系更加完善,人均预期寿命提高 1 岁,脱贫攻坚成果巩固拓展,乡村振兴战略全面推进,全体人民共同富裕迈出坚实步伐。

——国家治理效能得到新提升。社会主义民主法治更加健全,社会公平正义进一步彰显,国家行政体系更加完善,政府作用更好发挥,行政效率和公信力显著提升,社会治理特别是基层治理水平明显提高,防范化解重大风险体制机制不断健全,突发公共事件应急处置能力显著增强,自然灾害防御水平明显提升,发展安全保障更加有力,国防和军队现代化迈出重大步伐。

14

专栏1 "十四五"时期经济社会发展主要指标					
类别	指标	2020年	2025年	年均/累计	属性
经济发展	1. 国内生产总值（GDP）增长（%）	2.3	—	保持在合理区间、各年度视情提出	预期性
	2. 全员劳动生产率增长（%）	2.5	—	高于GDP增长	预期性
	3. 常住人口城镇化率（%）	60.6*	65	—	预期性
创新驱动	4. 全社会研发经费投入增长（%）	—	—	>7，力争投入强度高于"十三五"时期实际	预期性
	5. 每万人口高价值发明专利拥有量（件）	6.3	12	—	预期性
	6. 数字经济核心产业增加值占GDP比重（%）	7.8	10	—	预期性
民生福祉	7. 居民人均可支配收入增长（%）	2.1	—	与GDP增长基本同步	预期性
	8. 城镇调查失业率（%）	5.2	—	<5.5	预期性
	9. 劳动年龄人口平均受教育年限（年）	10.8	11.3	—	约束性
	10. 每千人口拥有执业（助理）医师数（人）	2.9	3.2	—	预期性
	11. 基本养老保险参保率（%）	91	95	—	预期性
	12. 每千人口拥有3岁以下婴幼儿托位数（个）	1.8	4.5	—	预期性
	13. 人均预期寿命（岁）	77.3*	—	〔1〕	预期性

类别	指标	2020 年	2025 年	年均/累计	属性
绿色生态	14. 单位 GDP 能源消耗降低（%）	—	—	〔13.5〕	约束性
	15. 单位 GDP 二氧化碳排放降低（%）	—	—	〔18〕	约束性
	16. 地级及以上城市空气质量优良天数比率（%）	87	87.5	—	约束性
	17. 地表水达到或好于Ⅲ类水体比例（%）	83.4	85	—	约束性
	18. 森林覆盖率（%）	23.2*	24.1	—	约束性
安全保障	19. 粮食综合生产能力（亿吨）	—	>6.5	—	约束性
	20. 能源综合生产能力（亿吨标准煤）	—	>46	—	约束性

注：①〔 〕内为 5 年累计数。②带 * 的为 2019 年数据。③能源综合生产能力指煤炭、石油、天然气、非化石能源生产能力之和。④2020 年地级及以上城市空气质量优良天数比率和地表水达到或好于Ⅲ类水体比例指标值受新冠肺炎疫情等因素影响，明显高于正常年份。⑤2020 年全员劳动生产率增长 2.5% 为预计数。

第 二 篇

坚持创新驱动发展
全面塑造发展新优势

坚持创新在我国现代化建设全局中的核心地位,把科技自立自强作为国家发展的战略支撑,面向世界科技前沿、面向经济主战场、面向国家重大需求、面向人民生命健康,深入实施科教兴国战略、人才强国战略、创新驱动发展战略,完善国家创新体系,加快建设科技强国。

第四章　强化国家战略科技力量

制定科技强国行动纲要,健全社会主义市场经济条件下新型举国体制,打好关键核心技术攻坚战,提高创新链整体效能。

第一节　整合优化科技资源配置

以国家战略性需求为导向推进创新体系优化组合,加快构建以国家实验室为引领的战略科技力量。聚焦量子信息、光子与微纳电子、网络通信、人工智能、生物医药、现代能源系统等重大创新领域组建一批国家实验室,重组国家重点实验室,形成结构合理、运行高效的实验室体系。优化提升国家工程研究中心、国家技术创新中心等创新基地。推进科研院所、高等院校和企业科研力量优化配置和资源共享。支持发展新型研究型大学、新型研发机构等新型创新主体,推动投入主体多元化、管理制度现代化、运行机制市场化、用人机制灵活化。

第二节　加强原创性引领性科技攻关

在事关国家安全和发展全局的基础核心领域,制定实施战略性科学计划和科学工程。瞄准人工智能、量子信息、集成电路、生命健康、脑科学、生物育种、空天科技、深地深海等前沿领域,实施一批具有前瞻性、战略性的国家重大科技项目。从国家急迫需要和长远需求出发,集中优势资源攻关新发突发传染病和生物安全风险防控、医药和医疗设备、关键元器件零部件和基础材料、油气勘探开发等领域关键核心技术。

专栏2　科技前沿领域攻关

01　新一代人工智能
　　前沿基础理论突破,专用芯片研发,深度学习框架等开源算法平台构建,学习推理与决策、图像图形、语音视频、自然语言识别处理等领域创新。

02	量子信息
	城域、城际、自由空间量子通信技术研发,通用量子计算原型机和实用化量子模拟机研制,量子精密测量技术突破。
03	集成电路
	集成电路设计工具、重点装备和高纯靶材等关键材料研发,集成电路先进工艺和绝缘栅双极型晶体管(IGBT)、微机电系统(MEMS)等特色工艺突破,先进存储技术升级,碳化硅、氮化镓等宽禁带半导体发展。
04	脑科学与类脑研究
	脑认知原理解析,脑介观神经联接图谱绘制,脑重大疾病机理与干预研究,儿童青少年脑智发育,类脑计算与脑机融合技术研发。
05	基因与生物技术
	基因组学研究应用,遗传细胞和遗传育种、合成生物、生物药等技术创新,创新疫苗、体外诊断、抗体药物等研发,农作物、畜禽水产、农业微生物等重大新品种创制,生物安全关键技术研究。
06	临床医学与健康
	癌症和心脑血管、呼吸、代谢性疾病等发病机制基础研究,主动健康干预技术研发,再生医学、微生物组、新型治疗等前沿技术研发,重大传染病、重大慢性非传染性疾病防治关键技术研究。
07	深空深地深海和极地探测
	宇宙起源与演化、透视地球等基础科学研究,火星环绕、小行星巡视等星际探测,新一代重型运载火箭和重复使用航天运输系统、地球深部探测装备、深海运维保障和装备试验船、极地立体观监测平台和重型破冰船等研制,探月工程四期、蛟龙探海二期、雪龙探极二期建设。

第三节　持之以恒加强基础研究

强化应用研究带动,鼓励自由探索,制定实施基础研究十年行动方案,重点布局一批基础学科研究中心。加大基础研

19

究财政投入力度、优化支出结构,对企业投入基础研究实行税收优惠,鼓励社会以捐赠和建立基金等方式多渠道投入,形成持续稳定投入机制,基础研究经费投入占研发经费投入比重提高到8%以上。建立健全符合科学规律的评价体系和激励机制,对基础研究探索实行长周期评价,创造有利于基础研究的良好科研生态。

第四节　建设重大科技创新平台

支持北京、上海、粤港澳大湾区形成国际科技创新中心,建设北京怀柔、上海张江、大湾区、安徽合肥综合性国家科学中心,支持有条件的地方建设区域科技创新中心。强化国家自主创新示范区、高新技术产业开发区、经济技术开发区等创新功能。适度超前布局国家重大科技基础设施,提高共享水平和使用效率。集约化建设自然科技资源库、国家野外科学观测研究站(网)和科学大数据中心。加强高端科研仪器设备研发制造。构建国家科研论文和科技信息高端交流平台。

专栏3　国家重大科技基础设施
01　战略导向型 建设空间环境地基监测网、高精度地基授时系统、大型低速风洞、海底科学观测网、空间环境地面模拟装置、聚变堆主机关键系统综合研究设施等。

02	应用支撑型 建设高能同步辐射光源、高效低碳燃气轮机试验装置、超重力离心模拟与试验装置、加速器驱动嬗变研究装置、未来网络试验设施等。
03	前瞻引领型 建设硬X射线自由电子激光装置、高海拔宇宙线观测站、综合极端条件实验装置、极深地下极低辐射本底前沿物理实验设施、精密重力测量研究设施、强流重离子加速器装置等。
04	民生改善型 建设转化医学研究设施、多模态跨尺度生物医学成像设施、模式动物表型与遗传研究设施、地震科学实验场、地球系统数值模拟器等。

第五章　提升企业技术创新能力

完善技术创新市场导向机制,强化企业创新主体地位,促进各类创新要素向企业集聚,形成以企业为主体、市场为导向、产学研用深度融合的技术创新体系。

第一节　激励企业加大研发投入

实施更大力度的研发费用加计扣除、高新技术企业税收优惠等普惠性政策。拓展优化首台(套)重大技术装备保险补偿和激励政策,发挥重大工程牵引示范作用,运用政府采购政策支持创新产品和服务。通过完善标准、质量和竞争规制等措施,增强企业创新动力。健全鼓励国有企业研发的考核制度,设立独立核算、免于增值保值考核、容错纠错的研发准备金制度,确保中央国有工业企业研发支出年增长率明显超过全国平均水平。完善激励科技型中小企业创新的税收优惠政策。

第二节　支持产业共性基础技术研发

集中力量整合提升一批关键共性技术平台,支持行业龙头企业联合高等院校、科研院所和行业上下游企业共建国家产业创新中心,承担国家重大科技项目。支持有条件企业联合转制科研院所组建行业研究院,提供公益性共性技术服务。打造新型共性技术平台,解决跨行业跨领域关键共性技术问题。发挥大企业引领支撑作用,支持创新型中小微企业成长为创新重要发源地,推动产业链上中下游、大中小企业融通创新。鼓励有条件地方依托产业集群创办混合所有制产业技术研究院,服务区域关键共性技术研发。

第三节　完善企业创新服务体系

推动国家科研平台、科技报告、科研数据进一步向企业开放,创新科技成果转化机制,鼓励将符合条件的由财政资金支持形成的科技成果许可给中小企业使用。推进创新创业机构改革,建设专业化市场化技术转移机构和技术经理人队伍。完善金融支持创新体系,鼓励金融机构发展知识产权质押融资、科技保险等科技金融产品,开展科技成果转化贷款风险补偿试点。畅通科技型企业国内上市融资渠道,增强科创板"硬科技"特色,提升创业板服务成长型创新创业企业功能,鼓励发展天使投资、创业投资,更好发挥创业投资引导基金和私募股权基金作用。

第六章　激发人才创新活力

贯彻尊重劳动、尊重知识、尊重人才、尊重创造方针,深化人才发展体制机制改革,全方位培养、引进、用好人才,充分发挥人才第一资源的作用。

第一节　培养造就高水平人才队伍

遵循人才成长规律和科研活动规律,培养造就更多国际一流的战略科技人才、科技领军人才和创新团队,培养具有国际竞争力的青年科技人才后备军,注重依托重大科技任务和重大创新基地培养发现人才,支持设立博士后创新岗位。加强创新型、应用型、技能型人才培养,实施知识更新工程、技能提升行动,壮大高水平工程师和高技能人才队伍。加强基础学科拔尖学生培养,建设数理化生等基础学科基地和前沿科学中心。实行更加开放的人才政策,构筑集聚国内外优秀人才的科研创新高地。完善外籍高端人才和专业人才来华工作、科研、交流的停居留政策,完善外国人在华永久居留制度,探索建立技术移民制度。健全薪酬福利、子女教育、社会保障、税收优惠等制度,为海外科学家在华工作提供具有国际竞争力和吸引力的环境。

第二节　激励人才更好发挥作用

完善人才评价和激励机制,健全以创新能力、质量、实效、贡献为导向的科技人才评价体系,构建充分体现知识、技术等创新要素价值的收益分配机制。选好用好领军人才和拔尖人才,赋予更大技术路线决定权和经费使用权。全方位为科研人员松绑,拓展科研管理"绿色通道"。实行以增加知识价值为导向的分配政策,完善科研人员职务发明成果权益分享机制,探索赋予科研人员职务科技成果所有权或长期使用权,提高科研人员收益分享比例。深化院士制度改革。

第三节　优化创新创业创造生态

大力弘扬新时代科学家精神,强化科研诚信建设,健全科技伦理体系。依法保护企业家的财产权和创新收益,发挥企业家在把握创新方向、凝聚人才、筹措资金等方面重要作用。推进创新创业创造向纵深发展,优化双创示范基地建设布局。倡导敬业、精益、专注、宽容失败的创新创业文化,完善试错容错纠错机制。弘扬科学精神和工匠精神,广泛开展科学普及活动,加强青少年科学兴趣引导和培养,形成热爱科学、崇尚创新的社会氛围,提高全民科学素质。

第七章　完善科技创新体制机制

深入推进科技体制改革,完善国家科技治理体系,优化国家科技计划体系和运行机制,推动重点领域项目、基地、人才、资金一体化配置。

第一节　深化科技管理体制改革

加快科技管理职能转变,强化规划政策引导和创新环境营造,减少分钱分物定项目等直接干预。整合财政科研投入体制,重点投向战略性关键性领域,改变部门分割、小而散的状态。改革重大科技项目立项和组织管理方式,给予科研单位和科研人员更多自主权,推行技术总师负责制,实行"揭榜挂帅"、"赛马"等制度,健全奖补结合的资金支持机制。健全科技评价机制,完善自由探索型和任务导向型科技项目分类评价制度,建立非共识科技项目的评价机制,优化科技奖励项目。建立健全科研机构现代院所制度,支持科研事业单位试行更灵活的编制、岗位、薪酬等管理制度。建立健全高等院校、科研机构、企业间创新资源自由有序流动机制。深入推进全面创新改革试验。

第二节　健全知识产权保护运用体制

实施知识产权强国战略,实行严格的知识产权保护制度,完善知识产权相关法律法规,加快新领域新业态知识产权立法。加强知识产权司法保护和行政执法,健全仲裁、调解、公证和维权援助体系,健全知识产权侵权惩罚性赔偿制度,加大损害赔偿力度。优化专利资助奖励政策和考核评价机制,更好保护和激励高价值专利,培育专利密集型产业。改革国有知识产权归属和权益分配机制,扩大科研机构和高等院校知识产权处置自主权。完善无形资产评估制度,形成激励与监管相协调的管理机制。构建知识产权保护运用公共服务平台。

第三节　积极促进科技开放合作

实施更加开放包容、互惠共享的国际科技合作战略,更加主动融入全球创新网络。务实推进全球疫情防控和公共卫生等领域国际科技合作,聚焦气候变化、人类健康等问题加强同各国科研人员联合研发。主动设计和牵头发起国际大科学计划和大科学工程,发挥科学基金独特作用。加大国家科技计划对外开放力度,启动一批重大科技合作项目,研究设立面向全球的科学研究基金,实施科学家交流计划。支持在我国境内设立国际科技组织、外籍科学家在我国科技学术组织任职。

第 三 篇

加快发展现代产业体系
巩固壮大实体经济根基

坚持把发展经济着力点放在实体经济上,加快推进制造强国、质量强国建设,促进先进制造业和现代服务业深度融合,强化基础设施支撑引领作用,构建实体经济、科技创新、现代金融、人力资源协同发展的现代产业体系。

第八章　深入实施制造强国战略

坚持自主可控、安全高效,推进产业基础高级化、产业链现代化,保持制造业比重基本稳定,增强制造业竞争优势,推动制造业高质量发展。

第一节　加强产业基础能力建设

实施产业基础再造工程,加快补齐基础零部件及元器件、基础软件、基础材料、基础工艺和产业技术基础等瓶颈短板。依托行业龙头企业,加大重要产品和关键核心技术攻关力度,加快工程化产业化突破。实施重大技术装备攻关工程,完善激励和风险补偿机制,推动首台(套)装备、首批次材料、首版次软件示范应用。健全产业基础支撑体系,在重点领域布局一批国家制造业创新中心,完善国家质量基础设施,建设生产应用示范平台和标准计量、认证认可、检验检测、试验验证等产业技术基础公共服务平台,完善技术、工艺等工业基础数据库。

第二节　提升产业链供应链现代化水平

坚持经济性和安全性相结合,补齐短板、锻造长板,分行业做好供应链战略设计和精准施策,形成具有更强创新力、更高附加值、更安全可靠的产业链供应链。推进制造业补链强链,强化资源、技术、装备支撑,加强国际产业安全合作,推动产业链供应链多元化。立足产业规模优势、配套优势和部分领域先发优势,巩固提升高铁、电力装备、新能源、船舶等领域全产业链竞争力,从符合未来产业变革方向的整机产品入手打造战略性全局性产业链。优化区域产业链布局,引导产业链关键环节留在国内,强化中西部和东北地区承接产业转移能力建设。实施应急产品生产能力储备工程,建设区域性应急物资生产保障基地。实施领航企业培育工程,培育一批具有生态主导力和核心竞争力的龙头企业。推动中小企业提升专业化优势,培育专精特新"小巨人"企业和制造业单项冠军企业。加强技术经济安全评估,实施产业竞争力调查和评价工程。

第三节　推动制造业优化升级

深入实施智能制造和绿色制造工程,发展服务型制造新模式,推动制造业高端化智能化绿色化。培育先进制造业集群,推动集成电路、航空航天、船舶与海洋工程装备、机器人、先进轨道交通装备、先进电力装备、工程机械、高端数控机床、医药及医疗设备等产业创新发展。改造提升传统产业,推动石化、钢铁、有色、建材等原材料产业布局优化和结构调整,扩大轻工、纺织等优质产品供给,加快化工、造纸等重点行业企业改造升级,完善绿色制造体系。深入实施增强制造业核心竞争力和技术改造专项,鼓励企业应用先进适用技术、加强设备更新和新产品规模化应用。建设智能制造示范工厂,完善智能制造标准体系。深入实施质量提升行动,推动制造业产品"增品种、提品质、创品牌"。

第四节　实施制造业降本减负行动

强化要素保障和高效服务,巩固拓展减税降费成果,降低企业生产经营成本,提升制造业根植性和竞争力。推动工业用地提容增效,推广新型产业用地模式。扩大制造业中长期贷款、信用贷款规模,增加技改贷款,推动股权投资、债券融资等向制造业倾斜。允许制造业企业全部参与电力市场化交易，规范和降低港口航运、公路铁路运输等物流收费，全面清理规范涉企收费。建立制造业重大项目全周期服务机制和企业家参与涉企政策制定制度，支持建设中小企业信息、技术、进出口和数字化转型综合性服务平台。

专栏4　制造业核心竞争力提升
01　高端新材料 推动高端稀土功能材料、高品质特殊钢材、高性能合金、高温合金、高纯稀有金属材料、高性能陶瓷、电子玻璃等先进金属和无机非金属材料取得突破，加强碳纤维、芳纶等高性能纤维及其复合材料、生物基和生物医用材料研发应用，加快茂金属聚乙烯等高性能树脂和集成电路用光刻胶等电子高纯材料关键技术突破。
02　重大技术装备 推进CR450高速度等级中国标准动车组、谱系化中国标准地铁列车、高端机床装备、先进工程机械、核电机组关键部件、邮轮、大型LNG船舶和深海油气生产平台等研发应用，推动C919大型客机示范运营和ARJ21支线客机系列化发展。
03　智能制造与机器人技术 重点研制分散式控制系统、可编程逻辑控制器、数据采集和视频监控系统等工业控制装备，突破先进控制器、高精度伺服驱动系统、高性能减速器等智能机器人关键技术。发展增材制造。
04　航空发动机及燃气轮机 加快先进航空发动机关键材料等技术研发验证，推进民用大涵道比涡扇发动机CJ1000产品研制，突破宽体客机发动机关键技术，实现先进民用涡轴发动机产业化。建设上海重型燃气轮机试验电站。
05　北斗产业化应用 突破通信导航一体化融合等技术，建设北斗应用产业创新平台，在通信、金融、能源、民航等行业开展典型示范，推动北斗在车载导航、智能手机、穿戴设备等消费领域市场化规模化应用。

06	**新能源汽车和智能(网联)汽车** 突破新能源汽车高安全动力电池、高效驱动电机、高性能动力系统等关键技术,加快研发智能(网联)汽车基础技术平台及软硬件系统、线控底盘和智能终端等关键部件。
07	**高端医疗装备和创新药** 突破腔镜手术机器人、体外膜肺氧合机等核心技术,研制高端影像、放射治疗等大型医疗设备及关键零部件。发展脑起搏器、全降解血管支架等植入介入产品,推动康复辅助器具提质升级。研发重大传染性疾病所需疫苗,开发治疗恶性肿瘤、心脑血管等疾病特效药。加强中医药关键技术装备研发。
08	**农业机械装备** 开发智能型大马力拖拉机、精量(免耕)播种机、喷杆喷雾机、开沟施肥机、高效联合收割机、果蔬采收机、甘蔗收获机、采棉机等先进适用农业机械,发展丘陵山区农业生产高效专用农机。推动先进粮油加工装备研发和产业化。研发绿色智能养殖饲喂、环控、采集、粪污利用等装备。研发造林种草等机械装备。

第九章　发展壮大战略性新兴产业

着眼于抢占未来产业发展先机,培育先导性和支柱性产业,推动战略性新兴产业融合化、集群化、生态化发展,战略性新兴产业增加值占 GDP 比重超过 17%。

第一节　构筑产业体系新支柱

聚焦新一代信息技术、生物技术、新能源、新材料、高端装备、新能源汽车、绿色环保以及航空航天、海洋装备等战略性新兴产业,加快关键核心技术创新应用,增强要素保障能力,培育壮大产业发展新动能。推动生物技术和信息技术融合创新,加快发展生物医药、生物育种、生物材料、生物能源等产业,做大做强生物经济。深化北斗系统推广应用,推动北斗产业高质量发展。深入推进国家战略性新兴产业集群发展工程,健全产业集群组织管理和专业化推进机制,建设创新和公共服务综合体,构建一批各具特色、优势互补、结构合理的战略性新兴产业增长引擎。鼓励技术创新和企业兼并重组,防止低水平重复建设。发挥产业投资基金引导作用,加大融资担保和风险补偿力度。

第二节　前瞻谋划未来产业

在类脑智能、量子信息、基因技术、未来网络、深海空天开发、氢能与储能等前沿科技和产业变革领域,组织实施未来产业孵化与加速计划,谋划布局一批未来产业。在科教资源优势突出、产业基础雄厚的地区,布局一批国家未来产业技术研究院,加强前沿技术多路径探索、交叉融合和颠覆性技术供给。实施产业跨界融合示范工程,打造未来技术应用场景,加速形成若干未来产业。

第十章　促进服务业繁荣发展

聚焦产业转型升级和居民消费升级需要,扩大服务业有效供给,提高服务效率和服务品质,构建优质高效、结构优化、竞争力强的服务产业新体系。

第一节　推动生产性服务业融合化发展

以服务制造业高质量发展为导向,推动生产性服务业向专业化和价值链高端延伸。聚焦提高产业创新力,加快发展研发设计、工业设计、商务咨询、检验检测认证等服务。聚焦提高要素配置效率,推动供应链金融、信息数据、人力资源等服务创新发展。聚焦增强全产业链优势,提高现代物流、采购分销、生产控制、运营管理、售后服务等发展水平。推动现代服务业与先进制造业、现代农业深度融合,深化业务关联、链条延伸、技术渗透,支持智能制造系统解决方案、流程再造等新型专业化服务机构发展。培育具有国际竞争力的服务企业。

第二节　加快生活性服务业品质化发展

以提升便利度和改善服务体验为导向,推动生活性服务业向高品质和多样化升级。加快发展健康、养老、托育、文化、旅游、体育、物业等服务业,加强公益性、基础性服务业供给,扩大覆盖全生命期的各类服务供给。持续推动家政服务业提质扩容,与智慧社区、养老托育等融合发展。鼓励商贸流通业态与模式创新,推进数字化智能化改造和跨界融合,线上线下全渠道满足消费需求。加快完善养老、家政等服务标准,健全生活性服务业认证认可制度,推动生活性服务业诚信化职业化发展。

第三节 深化服务领域改革开放

扩大服务业对内对外开放,进一步放宽市场准入,全面清理不合理的限制条件,鼓励社会力量扩大多元化多层次服务供给。完善支持服务业发展的政策体系,创新适应服务新业态新模式和产业融合发展需要的土地、财税、金融、价格等政策。健全服务质量标准体系,强化标准贯彻执行和推广。加快制定重点服务领域监管目录、流程和标准,构建高效协同的服务业监管体系。完善服务领域人才职称评定制度,鼓励从业人员参加职业技能培训和鉴定。深入推进服务业综合改革试点和扩大开放。

第十一章 建设现代化基础设施体系

统筹推进传统基础设施和新型基础设施建设,打造系统完备、高效实用、智能绿色、安全可靠的现代化基础设施体系。

第一节 加快建设新型基础设施

围绕强化数字转型、智能升级、融合创新支撑,布局建设信息基础设施、融合基础设施、创新基础设施等新型基础设施。建设高速泛在、天地一体、集成互联、安全高效的信息基础设施,增强数据感知、传输、存储和运算能力。加快5G网络规模化部署,用户普及率提高到56%,推广升级千兆光纤网络。前瞻布局6G网络技术储备。扩容骨干网互联节点,新设一批国际通信出入口,全面推进互联网协议第六版(IPv6)商用部署。实施中西部地区中小城市基础网络完善工程。推动物联网全面发展,打造支持固移融合、宽窄结合的物联接入能力。加快构建全国一体化大数据中心体系,强化算力统筹智能调度,建设若干国家枢纽节点和大数据中心集群,建设E级和10E级超级计算中心。积极稳妥发展工业互联网和车联网。打造全球覆盖、高效运行的通信、导航、遥感空间基础设施体系,建设商业航天发射场。加快交通、能源、市政等传统基础设施数字化改造,加强泛在感知、终端联网、智能调度体系建设。发挥市场主导作用,打通多元化投资渠道,构建新型基础设施标准体系。

第二节　加快建设交通强国

建设现代化综合交通运输体系,推进各种运输方式一体化融合发展,提高网络效应和运营效率。完善综合运输大通道,加强出疆入藏、中西部地区、沿江沿海沿边战略骨干通道建设,有序推进能力紧张通道升级扩容,加强与周边国家互联互通。构建快速网,基本贯通"八纵八横"高速铁路,提升国家高速公路网络质量,加快建设世界级港口群和机场群。完善干线网,加快普速铁路建设和既有铁路电气化改造,优化铁路客货布局,推进普通国省道瓶颈路段贯通升级,推动内河高等级航道扩能升级,稳步建设支线机场、通用机场和货运机场,积极发展通用航空。加强邮政设施建设,实施快递"进村进厂出海"工程。推进城市群都市圈交通一体化,加快城际铁路、市域(郊)铁路建设,构建高速公路环线系统,有序推进城市轨道交通发展。提高交通通达深度,推动区域性铁路建设,加快沿边抵边公路建设,继续推进"四好农村路"建设,完善道路安全设施。构建多层级、一体化综合交通枢纽体系,优化枢纽场站布局、促进集约综合开发,完善集疏运系统,发展旅客联程运输和货物多式联运,推广全程"一站式"、"一单制"服务。推进中欧班列集结中心建设。深入推进铁路企业改革,全面深化空管体制改革,推动公路收费制度和养护体制改革。

专栏5　交通强国建设工程
01　**战略骨干通道** 建设川藏铁路雅安至林芝段和伊宁至阿克苏、酒泉至额济纳、若羌至罗布泊等铁路,推进日喀则至吉隆、和田至日喀则铁路前期工作,打通沿边公路G219和G331线,提质改造川藏公路G318线。
02　**高速铁路** 建设成都重庆至上海沿江高铁、上海经宁波至合浦沿海高铁、京沪高铁辅助通道天津至新沂段和北京经雄安新区至商丘、西安至重庆、长沙至赣州、包头至银川等高铁。

03	普速铁路
	建设西部陆海新通道黄桶至百色、黔桂增建二线铁路和瑞金至梅州、中卫经平凉至庆阳、柳州至广州铁路,推进玉溪至磨憨、大理至瑞丽等与周边互联互通铁路建设。提升铁路集装箱运输能力,推进中欧班列运输通道和口岸扩能改造,建设大型工矿企业、物流园区和重点港口铁路专用线,全面实现长江干线主要港口铁路进港。
04	城市群和都市圈轨道交通
	新增城际铁路和市域(郊)铁路运营里程3000公里,基本建成京津冀、长三角、粤港澳大湾区轨道交通网。新增城市轨道交通运营里程3000公里。
05	高速公路
	实施京沪、京港澳、长深、沪昆、连霍等国家高速公路主线拥挤路段扩容改造,加快建设国家高速公路主线并行线、联络线,推进京雄等雄安新区高速公路建设。规划布局建设充换电设施。新改建高速公路里程2.5万公里。
06	港航设施
	建设京津冀、长三角、粤港澳大湾区世界级港口群,建设洋山港区小洋山北侧、天津北疆港区C段、广州南沙港五期、深圳盐田港东区等集装箱码头。推进曹妃甸港煤炭运能扩容、舟山江海联运服务中心和北部湾国际门户港、洋浦枢纽港建设。深化三峡水运新通道前期论证,研究平陆运河等跨水系运河连通工程。
07	现代化机场
	建设京津冀、长三角、粤港澳大湾区、成渝世界级机场群,实施广州、深圳、昆明、西安、重庆、乌鲁木齐、哈尔滨等国际枢纽机场和杭州、合肥、济南、长沙、南宁等区域枢纽机场改扩建工程,建设厦门、大连、三亚新机场。建成鄂州专业性货运机场,建设朔州、嘉兴、瑞金、黔北、阿拉尔等支线机场,新增民用运输机场30个以上。
08	综合交通和物流枢纽
	推进既有客运枢纽一体化智能化升级改造和站城融合,实施枢纽机场引入轨道交通工程。推进120个左右国家物流枢纽建设。加快邮政国际寄递中心建设。

第三节　构建现代能源体系

推进能源革命,建设清洁低碳、安全高效的能源体系,提高能源供给保障能力。加快发展非化石能源,坚持集中式和分布式并举,大力提升风电、光伏发电规模,加快发展东中部分布式能源,有序发展海上风电,加快西南水电基地建设,安全稳妥推动沿海核电建设,建设一批多能互补的清洁能源基地,非化石能源占能源消费总量比重提高到20%左右。推动煤炭生产向资源富集地区集中,合理控制煤电建设规模和发展节奏,推进以电代煤。有序放开油气勘探开发市场准入,加快深海、深层和非常规油气资源利用,推动油气增储上产。因地制宜开发利用地热能。提高特高压输电通道利用率。加快电网基础设施智能化改造和智能微电网建设,提高电力系统互补互济和智能调节能力,加强源网荷储衔接,提升清洁能源消纳和存储能力,提升向边远地区输配电能力,推进煤电灵活性改造,加快抽水蓄能电站建设和新型储能技术规模化应用。完善煤炭跨区域运输通道和集疏运体系,加快建设天然气主干管道,完善油气互联互通网络。

专栏6　现代能源体系建设工程

01　大型清洁能源基地
　　建设雅鲁藏布江下游水电基地。建设金沙江上下游、雅砻江流域、黄河上游和几字湾、河西走廊、新疆、冀北、松辽等清洁能源基地,建设广东、福建、浙江、江苏、山东等海上风电基地。

02	沿海核电
	建成华龙一号、国和一号、高温气冷堆示范工程,积极有序推进沿海三代核电建设。推动模块式小型堆、60万千瓦级商用高温气冷堆、海上浮动式核动力平台等先进堆型示范。建设核电站中低放废物处置场,建设乏燃料后处理厂。开展山东海阳等核能综合利用示范。核电运行装机容量达到7000万千瓦。
03	电力外送通道
	建设白鹤滩至华东、金沙江上游外送等特高压输电通道,实施闽粤联网、川渝特高压交流工程。研究论证陇东至山东、哈密至重庆等特高压输电通道。
04	电力系统调节
	建设桐城、磐安、泰安二期、浑源、庄河、安化、贵阳、南宁等抽水蓄能电站,实施电化学、压缩空气、飞轮等储能示范项目。开展黄河梯级电站大型储能项目研究。
05	油气储运能力
	新建中俄东线境内段、川气东送二线等油气管道。建设石油储备重大工程。加快中原文23、辽河储气库群等地下储气库建设。

第四节 加强水利基础设施建设

立足流域整体和水资源空间均衡配置,加强跨行政区河流水系治理保护和骨干工程建设,强化大中小微水利设施协调配套,提升水资源优化配置和水旱灾害防御能力。坚持节水优先,完善水资源配置体系,建设水资源配置骨干项目,加强重点水源和城市应急备用水源工程建设。实施防洪提升工程,解决防汛薄弱环节,加快防洪控制性枢纽工程建设和中小河流治理、病险水库除险加固,全面推进堤防和蓄滞洪区建

图 1 "十四五"大型清洁能源基地布局示意图

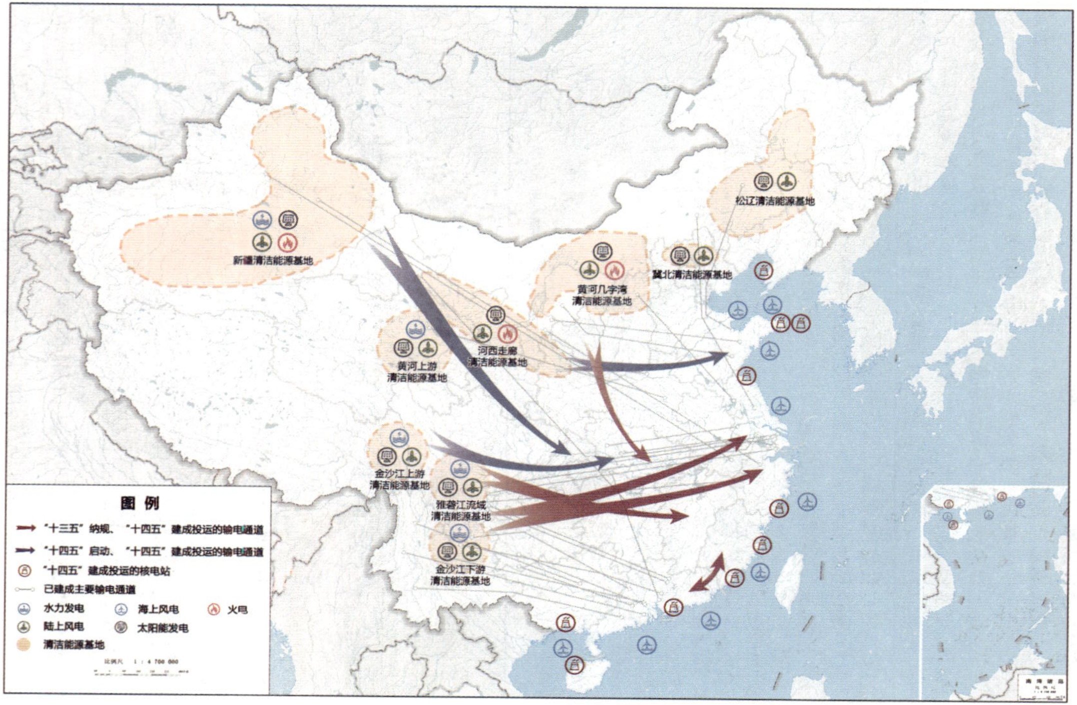

设。加强水源涵养区保护修复,加大重点河湖保护和综合治理力度,恢复水清岸绿的水生态体系。

专栏 7　国家水网骨干工程
01　重大引调水 推动南水北调东中线后续工程建设,深化南水北调西线工程方案比选论证。建设珠三角水资源配置、渝西水资源配置、引江济淮、滇中引水、引汉济渭、新疆奎屯河引水、河北雄安干渠供水、海南琼西北水资源配置等工程。加快引黄济宁、黑龙江三江连通、环北部湾水资源配置工程前期论证。
02　供水灌溉 推进新疆库尔干、黑龙江关门嘴子、贵州观音、湖南犬木塘、浙江开化、广西长塘等大型水库建设。实施黄河河套、四川都江堰、安徽淠史杭等大型灌区续建配套和现代化改造,推进四川向家坝、云南耿马、安徽怀洪新河、海南牛路岭、江西大坳等大型灌区建设。
03　防洪减灾 建设雄安新区防洪工程、长江中下游崩岸治理和重要蓄滞洪区、黄河干流河道和滩区综合治理、淮河入海水道二期、海河河道治理、西江干流堤防、太湖吴淞江、海南迈湾水利枢纽等工程。加强黄河古贤水利枢纽、福建上白石水库等工程前期论证。

第 四 篇

形成强大国内市场
构建新发展格局

　　坚持扩大内需这个战略基点,加快培育完整内需体系,把实施扩大内需战略同深化供给侧结构性改革有机结合起来,以创新驱动、高质量供给引领和创造新需求,加快构建以国内大循环为主体、国内国际双循环相互促进的新发展格局。

第十二章　畅通国内大循环

　　依托强大国内市场,贯通生产、分配、流通、消费各环节,形成需求牵引供给、供给创造需求的更高水平动态平衡,促进国民经济良性循环。

第一节　提升供给体系适配性

　　深化供给侧结构性改革,提高供给适应引领创造新需求能力。适应个性化、差异化、品质化消费需求,推动生产模式和产业组织方式创新,持续扩大优质消费品、中高端产品供给和教育、医疗、养老等服务供给,提升产品服务质量和客户满意度,推动供需协调匹配。优化提升供给结构,促进农业、制造业、服务业、能源资源等产业协调发展。完善产业配套体系,加快自然垄断行业竞争性环节市场化,实现上下游、产供销有效衔接。健全市场化法治化化解过剩产能长效机制,完善企业兼并重组法律法规和配套政策。建立健全质量分级制度,加快标准升级迭代和国际标准转化应用。开展中国品牌创建行动,保护发展中华老字号,提升自主品牌影响力和竞争力,率先在化妆品、服装、家纺、电子产品等消费品领域培育一批高端品牌。

第二节　促进资源要素顺畅流动

破除制约要素合理流动的堵点,矫正资源要素失衡错配,从源头上畅通国民经济循环。提高金融服务实体经济能力,健全实体经济中长期资金供给制度安排,创新直达实体经济的金融产品和服务,增强多层次资本市场融资功能。实施房地产市场平稳健康发展长效机制,促进房地产与实体经济均衡发展。有效提升劳动者技能,提高就业质量和收入水平,形成人力资本提升和产业转型升级良性循环。健全城乡要素自由流动机制,构建区域产业梯度转移格局,促进城乡区域良性互动。

第三节　强化流通体系支撑作用

深化流通体制改革,畅通商品服务流通渠道,提升流通效率,降低全社会交易成本。加快构建国内统一大市场,对标国际先进规则和最佳实践优化市场环境,促进不同地区和行业标准、规则、政策协调统一,有效破除地方保护、行业垄断和市场分割。建设现代物流体系,加快发展冷链物流,统筹物流枢纽设施、骨干线路、区域分拨中心和末端配送节点建设,完善国家物流枢纽、骨干冷链物流基地设施条件,健全县乡村三级物流配送体系,发展高铁快运等铁路快捷货运产品,加强国际航空货运能力建设,提升国际海运竞争力。优化国际物流通道,加快形成内外联通、安全高效的物流网络。完善现代商贸流通体系,培育一批具有全球竞争力的现代流通企业,支持便利店、农贸市场等商贸流通设施改造升级,发展无接触交易服务,加强商贸流通标准化建设和绿色发展。加快建立储备充足、反应迅速、抗冲击能力强的应急物流体系。

第四节　完善促进国内大循环的政策体系

保持合理的财政支出力度和赤字率水平,完善减税降费政策,构建有利于企业扩大投资、增加研发投入、调节收入分配、减轻消费者负担的税收制度。保持流动性合理充裕,保持货币供应量和社会融资规模增速同名义经济增速基本匹配,创新结构性政策工具,引导金融机构加大对重点领域和薄弱环节支持力度,规范发展消费信贷。推动产业政策向普惠化和功能性转型,强化竞争政策基础性地位,支持技术创新和结构升级。健全与经济发展水平相适应的收入分配、社会保障和公共服务制度。

第十三章　促进国内国际双循环

立足国内大循环,协同推进强大国内市场和贸易强国建设,形成全球资源要素强大引力场,促进内需和外需、进口和出口、引进外资和对外投资协调发展,加快培育参与国际合作和竞争新优势。

第一节　推动进出口协同发展

完善内外贸一体化调控体系,促进内外贸法律法规、监管体制、经营资质、质量标准、检验检疫、认证认可等相衔接,推进同线同标同质。降低进口关税和制度性成本,扩大优质消费品、先进技术、重要设备、能源资源等进口,促进进口来源多元化。完善出口政策,优化出口商品质量和结构,稳步提高出口附加值。优化国际市场布局,引导企业深耕传统出口市场、拓展新兴市场,扩大与周边国家贸易规模,稳定国际市场份额。推动加工贸易转型升级,深化外贸转型升级基地、海关特殊监管区域、贸易促进平台、国际营销服务网络建设,加快发展跨境电商、市场采购贸易等新模式,鼓励建设海外仓,保障外贸产业链供应链畅通运转。创新发展服务贸易,推进服务贸易创新发展试点开放平台建设,提升贸易数字化水平。实施贸易投资融合工程。办好中国国际进口博览会、中国进出口商品交易会、中国国际服务贸易交易会等展会。

第二节　提高国际双向投资水平

坚持引进来和走出去并重,以高水平双向投资高效利用全球资源要素和市场空间,完善产业链供应链保障机制,推动产业竞争力提升。更大力度吸引和利用外资,有序推进电信、互联网、教育、文化、医疗等领域相关业务开放。全面优化外商投资服务,加强外商投资促进和保护,发挥重大外资项目示范效应,支持外资加大中高端制造、高新技术、传统制造转型升级、现代服务等领域和中西部地区投资,支持外资企业设立研发中心和参与承担国家科技计划项目。鼓励外资企业利润再投资。坚持企业主体,创新境外投资方式,优化境外投资结构和布局,提升风险防范能力和收益水平。完善境外生产服务网络和流通体系,加快金融、咨询、会计、法律等生产性服务业国际化发展,推动中国产品、服务、技术、品牌、标准走出去。支持企业融入全球产业链供应链,提高跨国经营能力和水平。引导企业加强合规管理,防范化解境外政治、经济、安全等各类风险。推进多双边投资合作机制建设,健全促进和保障境外投资政策和服务体系,推动境外投资立法。

第十四章 加快培育完整内需体系

深入实施扩大内需战略,增强消费对经济发展的基础性作用和投资对优化供给结构的关键性作用,建设消费和投资需求旺盛的强大国内市场。

第一节 全面促进消费

顺应居民消费升级趋势,把扩大消费同改善人民生活品质结合起来,促进消费向绿色、健康、安全发展,稳步提高居民消费水平。提升传统消费,加快推动汽车等消费品由购买管理向使用管理转变,健全强制报废制度和废旧家电、消费电子等耐用消费品回收处理体系,促进住房消费健康发展。培育新型消费,发展信息消费、数字消费、绿色消费,鼓励定制、体验、智能、时尚消费等新模式新业态发展。发展服务消费,放宽服务消费领域市场准入,推动教育培训、医疗健康、养老托育、文旅体育等消费提质扩容,加快线上线下融合发展。适当增加公共消费,提高公共服务支出效率。扩大节假日消费,完善节假日制度,全面落实带薪休假制度。培育建设国际消费中心城市,打造一批区域消费中心。完善城乡融合消费网络,扩大电子商务进农村覆盖面,改善县域消费环境,推动农村消费梯次升级。完善市内免税店政策,规划建设一批中国特色市内免税店。采取增加居民收入与减负并举等措施,不断扩大中等收入群体,持续释放消费潜力。强化消费者权益保护,完善质量标准和后评价体系,健全缺陷产品召回、产品伤害监测、产品质量担保等制度,完善多元化消费维权机制和纠纷解决机制。

第二节　拓展投资空间

优化投资结构,提高投资效率,保持投资合理增长。加快补齐基础设施、市政工程、农业农村、公共安全、生态环保、公共卫生、物资储备、防灾减灾、民生保障等领域短板,推动企业设备更新和技术改造,扩大战略性新兴产业投资。推进既促消费惠民生又调结构增后劲的新型基础设施、新型城镇化、交通水利等重大工程建设。面向服务国家重大战略,实施川藏铁路、西部陆海新通道、国家水网、雅鲁藏布江下游水电开发、星际探测、北斗产业化等重大工程,推进重大科研设施、重大生态系统保护修复、公共卫生应急保障、重大引调水、防洪减灾、送电输气、沿边沿江沿海交通等一批强基础、增功能、利长远的重大项目建设。深化投融资体制改革,发挥政府投资撬动作用,激发民间投资活力,形成市场主导的投资内生增长机制。健全项目谋划、储备、推进机制,加大资金、用地等要素保障力度,加快投资项目落地见效。规范有序推进政府和社会资本合作（PPP），推动基础设施领域不动产投资信托基金（REITs）健康发展，有效盘活存量资产，形成存量资产和新增投资的良性循环。

第 五 篇

加快数字化发展
建设数字中国

迎接数字时代,激活数据要素潜能,推进网络强国建设,加快建设数字经济、数字社会、数字政府,以数字化转型整体驱动生产方式、生活方式和治理方式变革。

第十五章 打造数字经济新优势

充分发挥海量数据和丰富应用场景优势,促进数字技术与实体经济深度融合,赋能传统产业转型升级,催生新产业新业态新模式,壮大经济发展新引擎。

第一节 加强关键数字技术创新应用

聚焦高端芯片、操作系统、人工智能关键算法、传感器等关键领域,加快推进基础理论、基础算法、装备材料等研发突破与迭代应用。加强通用处理器、云计算系统和软件核心技术一体化研发。加快布局量子计算、量子通信、神经芯片、DNA 存储等前沿技术,加强信息科学与生命科学、材料等基础学科的交叉创新,支持数字技术开源社区等创新联合体发展,完善开源知识产权和法律体系,鼓励企业开放软件源代码、硬件设计和应用服务。

第二节　加快推动数字产业化

培育壮大人工智能、大数据、区块链、云计算、网络安全等新兴数字产业,提升通信设备、核心电子元器件、关键软件等产业水平。构建基于 5G 的应用场景和产业生态,在智能交通、智慧物流、智慧能源、智慧医疗等重点领域开展试点示范。鼓励企业开放搜索、电商、社交等数据,发展第三方大数据服务产业。促进共享经济、平台经济健康发展。

第三节　推进产业数字化转型

实施"上云用数赋智"行动,推动数据赋能全产业链协同转型。在重点行业和区域建设若干国际水准的工业互联网平台和数字化转型促进中心,深化研发设计、生产制造、经营管理、市场服务等环节的数字化应用,培育发展个性定制、柔性制造等新模式,加快产业园区数字化改造。深入推进服务业数字化转型,培育众包设计、智慧物流、新零售等新增长点。

加快发展智慧农业,推进农业生产经营和管理服务数字化改造。

专栏8　数字经济重点产业
01　**云计算** 加快云操作系统迭代升级,推动超大规模分布式存储、弹性计算、数据虚拟隔离等技术创新,提高云安全水平。以混合云为重点培育行业解决方案、系统集成、运维管理等云服务产业。
02　**大数据** 推动大数据采集、清洗、存储、挖掘、分析、可视化算法等技术创新,培育数据采集、标注、存储、传输、管理、应用等全生命周期产业体系,完善大数据标准体系。
03　**物联网** 推动传感器、网络切片、高精度定位等技术创新,协同发展云服务与边缘计算服务,培育车联网、医疗物联网、家居物联网产业。
04　**工业互联网** 打造自主可控的标识解析体系、标准体系、安全管理体系,加强工业软件研发应用,培育形成具有国际影响力的工业互联网平台,推进"工业互联网+智能制造"产业生态建设。
05　**区块链** 推动智能合约、共识算法、加密算法、分布式系统等区块链技术创新,以联盟链为重点发展区块链服务平台和金融科技、供应链管理、政务服务等领域应用方案,完善监管机制。
06　**人工智能** 建设重点行业人工智能数据集,发展算法推理训练场景,推进智能医疗装备、智能运载工具、智能识别系统等智能产品设计与制造,推动通用化和行业性人工智能开放平台建设。
07　**虚拟现实和增强现实** 推动三维图形生成、动态环境建模、实时动作捕捉、快速渲染处理等技术创新,发展虚拟现实整机、感知交互、内容采集制作等设备和开发工具软件、行业解决方案。

第十六章　加快数字社会建设步伐

适应数字技术全面融入社会交往和日常生活新趋势,促进公共服务和社会运行方式创新,构筑全民畅享的数字生活。

第一节　提供智慧便捷的公共服务

聚焦教育、医疗、养老、抚幼、就业、文体、助残等重点领域,推动数字化服务普惠应用,持续提升群众获得感。推进学校、医院、养老院等公共服务机构资源数字化,加大开放共享和应用力度。推进线上线下公共服务共同发展、深度融合,积极发展在线课堂、互联网医院、智慧图书馆等,支持高水平公共服务机构对接基层、边远和欠发达地区,扩大优质公共服务资源辐射覆盖范围。加强智慧法院建设。鼓励社会力量参与"互联网+公共服务",创新提供服务模式和产品。

第二节　建设智慧城市和数字乡村

以数字化助推城乡发展和治理模式创新,全面提高运行效率和宜居度。分级分类推进新型智慧城市建设,将物联网感知设施、通信系统等纳入公共基础设施统一规划建设,推进市政公用设施、建筑等物联网应用和智能化改造。完善城市信息模型平台和运行管理服务平台,构建城市数据资源体系,推进城市数据大脑建设。探索建设数字孪生城市。加快推进数字乡村建设,构建面向农业农村的综合信息服务体系,建立涉农信息普惠服务机制,推动乡村管理服务数字化。

第三节　构筑美好数字生活新图景

推动购物消费、居家生活、旅游休闲、交通出行等各类场景数字化,打造智慧共享、和睦共治的新型数字生活。推进智慧社区建设,依托社区数字化平台和线下社区服务机构,建设便民惠民智慧服务圈,提供线上线下融合的社区生活服务、社区治理及公共服务、智能小区等服务。丰富数字生活体验,发展数字家庭。加强全民数字技能教育和培训,普及提升公民数字素养。加快信息无障碍建设,帮助老年人、残疾人等共享数字生活。

第十七章　提高数字政府建设水平

将数字技术广泛应用于政府管理服务,推动政府治理流程再造和模式优化,不断提高决策科学性和服务效率。

第一节　加强公共数据开放共享

建立健全国家公共数据资源体系,确保公共数据安全,推进数据跨部门、跨层级、跨地区汇聚融合和深度利用。健全数据资源目录和责任清单制度，提升国家数据共享交换平台功能，深化国家人口、法人、空间地理等基础信息资源共享利用。扩大基础公共信息数据安全有序开放，探索将公共数据服务纳入公共服务体系，构建统一的国家公共数据开放平台和开发利用端口，优先推动企业登记监管、卫生、交通、气象等高价值数据集向社会开放。开展政府数据授权运营试点，鼓励第三方深化对公共数据的挖掘利用。

第二节　推动政务信息化共建共用

加大政务信息化建设统筹力度，健全政务信息化项目清单，持续深化政务信息系统整合，布局建设执政能力、依法治国、经济治理、市场监管、公共安全、生态环境等重大信息系统，提升跨部门协同治理能力。完善国家电子政务网络，集约建设政务云平台和数据中心体系，推进政务信息系统云迁移。加强政务信息化建设快速迭代，增强政务信息系统快速部署能力和弹性扩展能力。

第三节　提高数字化政务服务效能

全面推进政府运行方式、业务流程和服务模式数字化智能化。深化"互联网+政务服务"，提升全流程一体化在线服务平台功能。加快构建数字技术辅助政府决策机制，提高基于高频大数据精准动态监测预测预警水平。强化数字技术在公共卫生、自然灾害、事故灾难、社会安全等突发公共事件应对中的运用,全面提升预警和应急处置能力。

第十八章　营造良好数字生态

坚持放管并重,促进发展与规范管理相统一,构建数字规则体系,营造开放、健康、安全的数字生态。

第一节　建立健全数据要素市场规则

统筹数据开发利用、隐私保护和公共安全,加快建立数据资源产权、交易流通、跨境传输和安全保护等基础制度和标准规范。建立健全数据产权交易和行业自律机制,培育规范的数据交易平台和市场主体,发展数据资产评估、登记结算、交易撮合、争议仲裁等市场运营体系。加强涉及国家利益、商业秘密、个人隐私的数据保护,加快推进数据安全、个人信息保护等领域基础性立法,强化数据资源全生命周期安全保护。完善适用于大数据环境下的数据分类分级保护制度。加强数据安全评估,推动数据跨境安全有序流动。

第二节　营造规范有序的政策环境

构建与数字经济发展相适应的政策法规体系。健全共享经济、平台经济和新个体经济管理规范,清理不合理的行政许可、资质资格事项,支持平台企业创新发展、增强国际竞争力。依法依规加强互联网平台经济监管,明确平台企业定位和监管规则,完善垄断认定法律规范,打击垄断和不正当竞争行为。探索建立无人驾驶、在线医疗、金融科技、智能配送等监管框架,完善相关法律法规和伦理审查规则。健全数字经济统计监测体系。

第三节　加强网络安全保护

健全国家网络安全法律法规和制度标准,加强重要领域数据资源、重要网络和信息系统安全保障。建立健全关键信息基础设施保护体系,提升安全防护和维护政治安全能力。加强网络安全风险评估和审查。加强网络安全基础设施建设,强化跨领域网络安全信息共享和工作协同,提升网络安全威胁发现、监测预警、应急指挥、攻击溯源能力。加强网络安全关键技术研发,加快人工智能安全技术创新,提升网络安全产业综合竞争力。加强网络安全宣传教育和人才培养。

第四节　推动构建网络空间命运共同体

推进网络空间国际交流与合作,推动以联合国为主渠道、以联合国宪章为基本原则制定数字和网络空间国际规则。推动建立多边、民主、透明的全球互联网治理体系,建立更加公平合理的网络基础设施和资源治理机制。积极参与数据安全、数字货币、数字税等国际规则和数字技术标准制定。推动全球网络安全保障合作机制建设,构建保护数据要素、处置网络安全事件、打击网络犯罪的国际协调合作机制。向欠发达国家提供技术、设备、服务等数字援助,使各国共享数字时代红利。积极推进网络文化交流互鉴。

专栏9 数字化应用场景

01 智能交通
发展自动驾驶和车路协同的出行服务。推广公路智能管理、交通信号联动、公交优先通行控制。建设智能铁路、智慧民航、智慧港口、数字航道、智慧停车场。

02 智慧能源
推动煤矿、油气田、电厂等智能化升级,开展用能信息广泛采集、能效在线分析,实现源网荷储互动、多能协同互补、用能需求智能调控。

03 智能制造
促进设备联网、生产环节数字化连接和供应链协同响应,推进生产数据贯通化、制造柔性化、产品个性化、管理智能化。

04 智慧农业及水利
推广大田作物精准播种、精准施肥施药、精准收获,推动设施园艺、畜禽水产养殖智能化应用。构建智慧水利体系,以流域为单元提升水情测报和智能调度能力。

05 智慧教育
推动社会化高质量在线课程资源纳入公共教学体系,推进优质教育资源在线辐射农村和边远地区薄弱学校,发展场景式、体验式学习和智能化教育管理评价。

06	智慧医疗
	完善电子健康档案和病历、电子处方等数据库,加快医疗卫生机构数据共享。推广远程医疗,推进医学影像辅助判读、临床辅助诊断等应用。运用大数据提升对医疗机构和医疗行为的监管能力。
07	智慧文旅
	推动景区、博物馆等发展线上数字化体验产品,建设景区监测设施和大数据平台,发展沉浸式体验、虚拟展厅、高清直播等新型文旅服务。
08	智慧社区
	推动政务服务平台、社区感知设施和家庭终端联通,发展智能预警、应急救援救护和智慧养老等社区惠民服务,建立无人物流配送体系。
09	智慧家居
	应用感应控制、语音控制、远程控制等技术手段,发展智能家电、智能照明、智能安防监控、智能音箱、新型穿戴设备、服务机器人等。
10	智慧政务
	推进政务服务一网通办,推广应用电子证照、电子合同、电子签章、电子发票、电子档案,健全政务服务"好差评"评价体系。

第 六 篇

全面深化改革
构建高水平社会主义市场经济体制

坚持和完善社会主义基本经济制度,充分发挥市场在资源配置中的决定性作用,更好发挥政府作用,推动有效市场和有为政府更好结合。

第十九章　激发各类市场主体活力

毫不动摇巩固和发展公有制经济,毫不动摇鼓励、支持、引导非公有制经济发展,培育更有活力、创造力和竞争力的市场主体。

第一节　加快国有经济布局优化和结构调整

围绕服务国家战略,坚持有进有退、有所为有所不为,加快国有经济布局优化、结构调整和战略性重组,增强国有经济

竞争力、创新力、控制力、影响力、抗风险能力,做强做优做大
国有资本和国有企业。发挥国有经济战略支撑作用,推动国
有经济进一步聚焦战略安全、产业引领、国计民生、公共服务
等功能,调整盘活存量资产,优化增量资本配置,向关系国家
安全、国民经济命脉的重要行业集中,向提供公共服务、应急
能力建设和公益性等关系国计民生的重要行业集中,向前瞻
性战略性新兴产业集中。对充分竞争领域的国有经济,强化
资本收益目标和财务硬约束,增强流动性,完善国有资本优化
配置机制。建立布局结构调整长效机制,动态发布国有经济
布局优化和结构调整指引。

第二节　推动国有企业完善中国
特色现代企业制度

　　坚持党对国有企业的全面领导,促进加强党的领导和完
善公司治理相统一,加快建立权责法定、权责透明、协调运转、
有效制衡的公司治理机制。加强董事会建设,落实董事会职
权,使董事会成为企业经营决策主体。按照完善治理、强化激
励、突出主业、提高效率的要求,深化国有企业混合所有制改
革,深度转换经营机制,对混合所有制企业探索实行有别于国
有独资、全资公司的治理机制和监管制度。推行经理层成员
任期制和契约化管理,完善市场化薪酬分配机制,灵活开展多
种形式的中长期激励。

第三节　健全管资本为主的国有资产监管体制

坚持授权与监管相结合、放活与管好相统一,大力推进国资监管理念、重点、方式等多方位转变。优化管资本方式,全面实行清单管理,深入开展分类授权放权,注重通过法人治理结构履职,加强事中事后监管。深化国有资本投资、运营公司改革,科学合理界定政府及国资监管机构,国有资本投资、运营公司和所持股企业的权利边界。健全协同高效的监督机制,严格责任追究,切实防止国有资产流失。加快推进经营性国有资产集中统一监管。

第四节　优化民营企业发展环境

健全支持民营企业发展的法治环境、政策环境和市场环境,依法平等保护民营企业产权和企业家权益。保障民营企业依法平等使用资源要素、公开公平公正参与竞争、同等受到法律保护。进一步放宽民营企业市场准入,破除招投标等领域各种壁垒。创新金融支持民营企业政策工具,健全融资增信支持体系,对民营企业信用评级、发债一视同仁,降低综合融资成本。完善促进中小微企业和个体工商户发展的政策体系,加大税费优惠和信贷支持力度。构建亲清政商关系,建立规范化政企沟通渠道。健全防范和化解拖欠中小企业账款长效机制。

第五节　促进民营企业高质量发展

鼓励民营企业改革创新,提升经营能力和管理水平。引导有条件的民营企业建立现代企业制度。支持民营企业开展基础研究和科技创新、参与关键核心技术研发和国家重大科技项目攻关。完善民营企业参与国家重大战略实施机制。推动民营企业守法合规经营,鼓励民营企业积极履行社会责任、参与社会公益和慈善事业。弘扬企业家精神,实施年轻一代民营企业家健康成长促进计划。

第二十章　建设高标准市场体系

实施高标准市场体系建设行动,健全市场体系基础制度,坚持平等准入、公正监管、开放有序、诚信守法,形成高效规范、公平竞争的国内统一市场。

第一节　全面完善产权制度

健全归属清晰、权责明确、保护严格、流转顺畅的现代产权制度。实施民法典,制修订物权、债权、股权等产权法律法规,明晰产权归属、完善产权权能。健全以公平为原则的产权保护制度,依法平等保护国有、民营、外资等各种所有制企业产权。健全产权执法司法保护制度,完善涉企产权案件申诉、复核、重审等保护机制,推动涉企冤错案件依法甄别纠正常态化机制化,畅通涉政府产权纠纷反映和处理渠道。加强数据、知识、环境等领域产权制度建设,健全自然资源资产产权制度和法律法规。

第二节　推进要素市场化配置改革

建立健全城乡统一的建设用地市场,统筹推进农村土地征收、集体经营性建设用地入市、宅基地制度改革。改革土地计划管理方式,赋予省级政府更大用地自主权,探索建立全国性的建设用地、补充耕地指标跨区域交易机制。建立不同产业用地类型合理转换机制,增加混合产业用地供给。健全统一规范的人力资源市场体系,破除劳动力和人才在城乡、区域和不同所有制单位间的流动障碍,减少人事档案管理中的不合理限制。发展技术和数据要素市场。健全要素市场运行机制,完善交易规则和服务体系。深化公共资源交易平台整合共享。

第三节　强化竞争政策基础地位

坚持鼓励竞争、反对垄断,完善竞争政策框架,构建覆盖事前、事中、事后全环节的竞争政策实施机制。统筹做好增量审查与存量清理,强化公平竞争审查制度的刚性约束,完善公平竞争审查细则,持续清理废除妨碍全国统一市场和公平竞争的规定及做法。完善市场竞争状况评估制度,建立投诉举报和处理回应机制。加大反垄断和反不正当竞争执法司法力度,防止资本无序扩张。推进能源、铁路、电信、公用事业等行业竞争性环节市场化改革,放开竞争性业务准入,进一步引入市场竞争机制,加强对自然垄断业务的监管。

第四节　健全社会信用体系

建立健全信用法律法规和标准体系,制定公共信用信息目录和失信惩戒措施清单,完善失信主体信用修复机制。推广信用承诺制度。加强信用信息归集、共享、公开和应用,推广惠民便企信用产品与服务。建立公共信用信息和金融信息的共享整合机制。培育具有国际竞争力的企业征信机构和信用评级机构,加强征信监管,推动信用服务市场健康发展。加强信用信息安全管理,保障信用主体合法权益。建立健全政府失信责任追究制度。

第二十一章　建立现代财税金融体制

更好发挥财政在国家治理中的基础和重要支柱作用,增强金融服务实体经济能力,健全符合高质量发展要求的财税金融制度。

第一节　加快建立现代财政制度

深化预算管理制度改革,强化对预算编制的宏观指导和审查监督。加强财政资源统筹,推进财政支出标准化,强化预算约束和绩效管理。完善跨年度预算平衡机制,加强中期财政规划管理,增强国家重大战略任务财力保障。建立权责清晰、财力协调、区域均衡的中央和地方财政关系,适当加强中央在知识产权保护、养老保险、跨区域生态环境保护等方面事权,减少并规范中央和地方共同事权。健全省以下财政体制,增强基层公共服务保障能力。完善财政转移支付制度,优化转移支付结构,规范转移支付项目。完善权责发生制政府综合财务报告制度。建立健全规范的政府举债融资机制。

第二节　完善现代税收制度

优化税制结构,健全直接税体系,适当提高直接税比重。完善个人所得税制度,推进扩大综合征收范围,优化税率结构。聚焦支持稳定制造业、巩固产业链供应链,进一步优化增值税制度。调整优化消费税征收范围和税率,推进征收环节后移并稳步下划地方。规范完善税收优惠。推进房地产税立法,健全地方税体系,逐步扩大地方税政管理权。深化税收征管制度改革,建设智慧税务,推动税收征管现代化。

第三节　深化金融供给侧结构性改革

　　健全具有高度适应性、竞争力、普惠性的现代金融体系，构建金融有效支持实体经济的体制机制。建设现代中央银行制度，完善货币供应调控机制。稳妥推进数字货币研发。健全市场化利率形成和传导机制，完善央行政策利率体系，更好发挥贷款市场报价利率基准作用。优化金融体系结构，深化国有商业银行改革，加快完善中小银行和农村信用社治理结构，规范发展非银行金融机构，增强金融普惠性。改革优化政策性金融，强化服务国家战略和规划能力。深化保险公司改革，提高商业保险保障能力。健全金融机构公司治理，强化股东股权和关联交易监管。完善资本市场基础制度，健全多层次资本市场体系，大力发展机构投资者，提高直接融资特别是股权融资比重。全面实行股票发行注册制，建立常态化退市机制，提高上市公司质量。深化新三板改革。完善市场化债券发行机制，稳步扩大债券市场规模，丰富债券品种，发行长期国债和基础设施长期债券。完善投资者保护制度和存款保险制度。完善现代金融监管体系，补齐监管制度短板，在审慎监管前提下有序推进金融创新，健全风险全覆盖监管框架，提高金融监管透明度和法治化水平。稳妥发展金融科技，加快金融机构数字化转型。强化监管科技运用和金融创新风险评估，探索建立创新产品纠偏和暂停机制。

第二十二章 提升政府经济治理能力

加快转变政府职能,建设职责明确、依法行政的政府治理体系,创新和完善宏观调控,提高政府治理效能。

第一节 完善宏观经济治理

健全以国家发展规划为战略导向,以财政政策和货币政策为主要手段,就业、产业、投资、消费、环保、区域等政策紧密配合,目标优化、分工合理、高效协同的宏观经济治理体系。增强国家发展规划对公共预算、国土开发、资源配置等政策的宏观引导、统筹协调功能,健全宏观政策制定和执行机制,重视预期管理和引导,合理把握经济增长、就业、价格、国际收支等调控目标,在区间调控基础上加强定向调控、相机调控和精准调控。完善宏观调控政策体系,搞好跨周期政策设计,提高逆周期调节能力,促进经济总量平衡、结构优化、内外均衡。加强宏观经济治理数据库等建设,提升大数据等现代技术手段辅助治理能力,推进统计现代化改革。健全宏观经济政策评估评价制度和重大风险识别预警机制,畅通政策制定参与渠道,提高决策科学化、民主化、法治化水平。

第二节　构建一流营商环境

深化简政放权、放管结合、优化服务改革，全面实行政府权责清单制度，持续优化市场化法治化国际化营商环境。实施全国统一的市场准入负面清单制度，破除清单之外隐性准入壁垒，以服务业为重点进一步放宽准入限制。精简行政许可事项，减少归并资质资格许可，取消不必要的备案登记和年检认定，规范涉企检查。全面推行"证照分离"、"照后减证"改革，全面开展工程建设项目审批制度改革。改革生产许可制度，简化工业产品审批程序，实施涉企经营许可事项清单管理。建立便利、高效、有序的市场主体退出制度，简化普通注销程序，建立健全企业破产和自然人破产制度。创新政务服务方式，推进审批服务便民化。深化国际贸易"单一窗口"建设。完善营商环境评价体系。

第三节　推进监管能力现代化

健全以"双随机、一公开"监管和"互联网＋监管"为基本手段、以重点监管为补充、以信用监管为基础的新型监管机制，推进线上线下一体化监管。严格市场监管、质量监管、安全监管，加强对食品药品、特种设备和网络交易、旅游、广告、中介、物业等的监管，强化要素市场交易监管，对新产业新业态实施包容审慎监管。深化市场监管综合行政执法改革,完善跨领域跨部门联动执法、协同监管机制。深化行业协会、商会和中介机构改革。加强社会公众、新闻媒体监督。

第 七 篇

坚持农业农村优先发展
全面推进乡村振兴

走中国特色社会主义乡村振兴道路,全面实施乡村振兴战略,强化以工补农、以城带乡,推动形成工农互促、城乡互补、协调发展、共同繁荣的新型工农城乡关系,加快农业农村现代化。

第二十三章 提高农业质量效益和竞争力

持续强化农业基础地位,深化农业供给侧结构性改革,强化质量导向,推动乡村产业振兴。

第一节 增强农业综合生产能力

夯实粮食生产能力基础,保障粮、棉、油、糖、肉、奶等重要农产品供给安全。坚持最严格的耕地保护制度,强化耕地数

图 2　粮食生产功能区和重要农产品生产保护区布局示意图

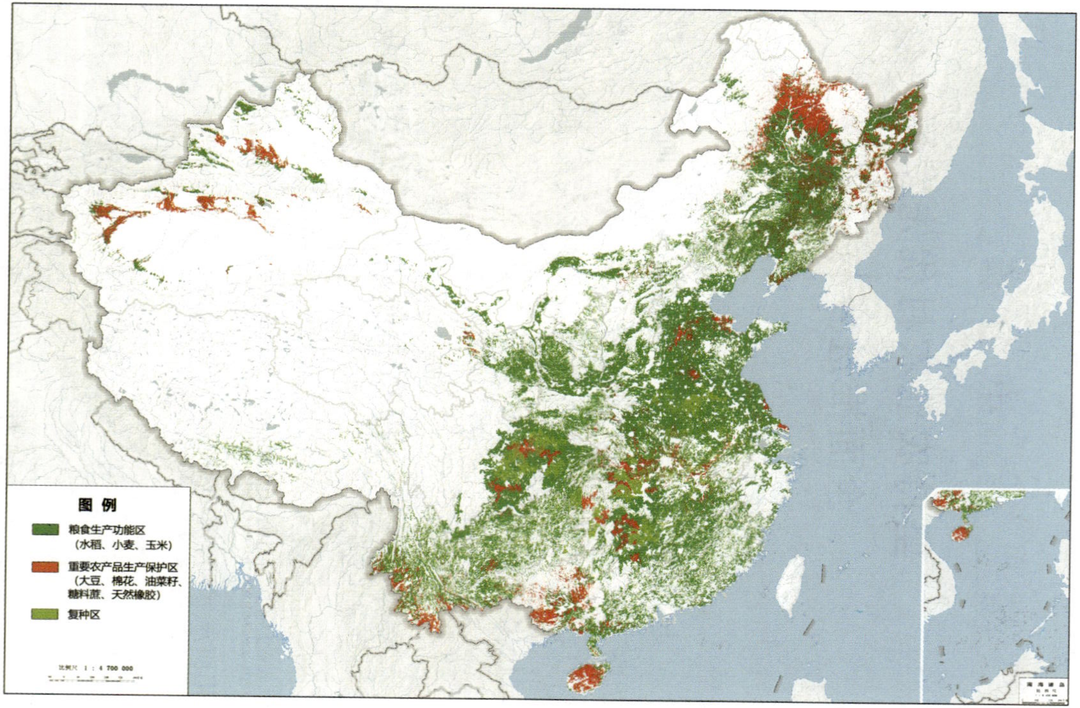
图 例
粮食生产功能区
（水稻、小麦、玉米）
重要农产品生产保护区
（大豆、棉花、油菜籽、
糖料蔗、天然橡胶）
复种区
比例尺　1：4 700 000

量保护和质量提升,严守18亿亩耕地红线,遏制耕地"非农化"、防止"非粮化",规范耕地占补平衡,严禁占优补劣、占水田补旱地。以粮食生产功能区和重要农产品生产保护区为重点,建设国家粮食安全产业带,实施高标准农田建设工程,建成10.75亿亩集中连片高标准农田。实施黑土地保护工程,加强东北黑土地保护和地力恢复。推进大中型灌区节水改造和精细化管理,建设节水灌溉骨干工程,同步推进水价综合改革。加强大中型、智能化、复合型农业机械研发应用,农作物耕种收综合机械化率提高到75%。加强种质资源保护利用和种子库建设,确保种源安全。加强农业良种技术攻关,有序推进生物育种产业化应用,培育具有国际竞争力的种业龙头企业。完善农业科技创新体系,创新农技推广服务方式,建设智慧农业。加强动物防疫和农作物病虫害防治,强化农业气象服务。

第二节　深化农业结构调整

优化农业生产布局,建设优势农产品产业带和特色农产品优势区。推进粮经饲统筹、农林牧渔协调,优化种植业结构,大力发展现代畜牧业,促进水产生态健康养殖。积极发展设施农业,因地制宜发展林果业。深入推进优质粮食工程。推进农业绿色转型,加强产地环境保护治理,发展节水农业和旱作农业,深入实施农药化肥减量行动,治理农膜污染,提升农膜回收利用率,推进秸秆综合利用和畜禽粪污资源化利用。

完善绿色农业标准体系,加强绿色食品、有机农产品和地理标志农产品认证管理。强化全过程农产品质量安全监管,健全追溯体系。建设现代农业产业园区和农业现代化示范区。

第三节 丰富乡村经济业态

发展县域经济,推进农村一二三产业融合发展,延长农业产业链条,发展各具特色的现代乡村富民产业。推动种养加结合和产业链再造,提高农产品加工业和农业生产性服务业发展水平,壮大休闲农业、乡村旅游、民宿经济等特色产业。加强农产品仓储保鲜和冷链物流设施建设,健全农村产权交易、商贸流通、检验检测认证等平台和智能标准厂房等设施,引导农村二三产业集聚发展。完善利益联结机制,通过"资源变资产、资金变股金、农民变股东",让农民更多分享产业增值收益。

第二十四章 实施乡村建设行动

把乡村建设摆在社会主义现代化建设的重要位置,优化生产生活生态空间,持续改善村容村貌和人居环境,建设美丽宜居乡村。

第一节　强化乡村建设的规划引领

统筹县域城镇和村庄规划建设,通盘考虑土地利用、产业发展、居民点建设、人居环境整治、生态保护、防灾减灾和历史文化传承。科学编制县域村庄布局规划,因地制宜、分类推进村庄建设,规范开展全域土地综合整治,保护传统村落、民族村寨和乡村风貌,严禁随意撤并村庄搞大社区、违背农民意愿大拆大建。优化布局乡村生活空间,严格保护农业生产空间和乡村生态空间,科学划定养殖业适养、限养、禁养区域。鼓励有条件地区编制实用性村庄规划。

第二节　提升乡村基础设施和公共服务水平

以县域为基本单元推进城乡融合发展,强化县城综合服务能力和乡镇服务农民功能。健全城乡基础设施统一规划、统一建设、统一管护机制,推动市政公用设施向郊区乡村和规模较大中心镇延伸,完善乡村水、电、路、气、邮政通信、广播电视、物流等基础设施,提升农房建设质量。推进城乡基本公共服务标准统一、制度并轨,增加农村教育、医疗、养老、文化等服务供给,推进县域内教师医生交流轮岗,鼓励社会力量兴办农村公益事业。提高农民科技文化素质,推动乡村人才振兴。

第三节　改善农村人居环境

开展农村人居环境整治提升行动,稳步解决"垃圾围村"和乡村黑臭水体等突出环境问题。推进农村生活垃圾就地分类和资源化利用,以乡镇政府驻地和中心村为重点梯次推进农村生活污水治理。支持因地制宜推进农村厕所革命。推进农村水系综合整治。深入开展村庄清洁和绿化行动,实现村庄公共空间及庭院房屋、村庄周边干净整洁。

专栏 10　现代农业农村建设工程
01　高标准农田 新建高标准农田 2.75 亿亩,其中新增高效节水灌溉面积 0.6 亿亩。实施东北地区 1.4 亿亩黑土地保护性耕作。
02　现代种业 建设国家农作物种质资源长期库、种质资源中期圃,提升海南、甘肃、四川等国家级育制种基地水平,建设黑龙江大豆等区域性育制种基地。新建、改扩建国家畜禽和水产品种质资源库、保种场(区)、基因库,推进国家级畜禽核心育种场建设。
03　农业机械化 创建 300 个农作物生产全程机械化示范县,建设 300 个设施农业和规模养殖全程机械化示范县,推进农机深松整地和丘陵山区农田宜机化改造。
04　动物防疫和农作物病虫害防治 提升动物疫病国家参考实验室和病原学监测区域中心设施条件,改善牧区动物防疫专用设施和基层动物疫苗冷藏设施,建设动物防疫指定通道和病死动物无害化处理场。分级建设农作物病虫疫情监测中心和病虫害应急防治中心、农药风险监控中心。建设林草病虫害防治中心。

05	农业面源污染治理 在长江、黄河等重点流域环境敏感区建设200个农业面源污染综合治理示范县,继续推进畜禽养殖粪污资源化利用,在水产养殖主产区推进养殖尾水治理。
06	农产品冷链物流设施 建设30个全国性和70个区域性农产品骨干冷链物流基地,提升田头市场仓储保鲜设施,改造畜禽定点屠宰加工厂冷链储藏和运输设施。
07	乡村基础设施 因地制宜推动自然村通硬化路,加强村组连通和村内道路建设,推进农村水源保护和供水保障工程建设,升级改造农村电网,提升农村宽带网络水平,强化运行管护。
08	农村人居环境整治提升 有序推进经济欠发达地区以及高海拔、寒冷、缺水地区的农村改厕。支持600个县整县推进人居环境整治,建设农村生活垃圾和污水处理设施。

第二十五章　健全城乡融合发展体制机制

建立健全城乡要素平等交换、双向流动政策体系,促进要素更多向乡村流动,增强农业农村发展活力。

第一节　深化农业农村改革

巩固完善农村基本经营制度,落实第二轮土地承包到期后再延长 30 年政策,完善农村承包地所有权、承包权、经营权分置制度,进一步放活经营权。发展多种形式适度规模经营,加快培育家庭农场、农民合作社等新型农业经营主体,健全农业专业化社会化服务体系,实现小农户和现代农业有机衔接。深化农村宅基地制度改革试点,加快房地一体的宅基地确权颁证,探索宅基地所有权、资格权、使用权分置实现形式。积极探索实施农村集体经营性建设用地入市制度。允许农村集体在农民自愿前提下,依法把有偿收回的闲置宅基地、废弃的集体公益性建设用地转变为集体经营性建设用地入市。建立土地征收公共利益认定机制,缩小土地征收范围。深化农村集体产权制度改革,完善产权权能,将经营性资产量化到集体经济组织成员,发展壮大新型农村集体经济。切实减轻村级组织负担。发挥国家城乡融合发展试验区、农村改革试验区示范带动作用。

第二节　加强农业农村发展要素保障

健全农业农村投入保障制度,加大中央财政转移支付、土地出让收入、地方政府债券支持农业农村力度。健全农业支持保护制度,完善粮食主产区利益补偿机制,构建新型农业补贴政策体系,完善粮食最低收购价政策。深化供销合作社改革。完善农村用地保障机制,保障设施农业和乡村产业发展合理用地需求。健全农村金融服务体系,完善金融支农激励机制,扩大农村资产抵押担保融资范围,发展农业保险。允许入乡就业创业人员在原籍地或就业创业地落户并享受相关权益,建立科研人员入乡兼职兼薪和离岗创业制度。

第二十六章　实现巩固拓展脱贫攻坚成果同乡村振兴有效衔接

建立完善农村低收入人口和欠发达地区帮扶机制,保持主要帮扶政策和财政投入力度总体稳定,接续推进脱贫地区发展。

第一节　巩固提升脱贫攻坚成果

严格落实"摘帽不摘责任、摘帽不摘政策、摘帽不摘帮扶、摘帽不摘监管"要求,建立健全巩固拓展脱贫攻坚成果长效机制。健全防止返贫动态监测和精准帮扶机制,对易返贫致贫人口实施常态化监测,建立健全快速发现和响应机制,分层分类及时纳入帮扶政策范围。完善农村社会保障和救助制度,健全农村低收入人口常态化帮扶机制。对脱贫地区继续实施城乡建设用地增减挂钩节余指标省内交易政策、调整完善跨省域交易政策。加强扶贫项目资金资产管理和监督,推动特色产业可持续发展。推广以工代赈方式,带动低收入人口就地就近就业。做好易地扶贫搬迁后续帮扶,加强大型搬迁安置区新型城镇化建设。

第二节　提升脱贫地区整体发展水平

实施脱贫地区特色种养业提升行动,广泛开展农产品产销对接活动,深化拓展消费帮扶。在西部地区脱贫县中集中支持一批乡村振兴重点帮扶县,从财政、金融、土地、人才、基础设施、公共服务等方面给予集中支持,增强其巩固脱贫成果及内生发展能力。坚持和完善东西部协作和对口支援、中央单位定点帮扶、社会力量参与帮扶等机制,调整优化东西部协作结对帮扶关系和帮扶方式,强化产业合作和劳务协作。

第 八 篇

完善新型城镇化战略
提升城镇化发展质量

坚持走中国特色新型城镇化道路,深入推进以人为核心的新型城镇化战略,以城市群、都市圈为依托促进大中小城市和小城镇协调联动、特色化发展,使更多人民群众享有更高品质的城市生活。

第二十七章　加快农业转移人口市民化

坚持存量优先、带动增量,统筹推进户籍制度改革和城镇基本公共服务常住人口全覆盖,健全农业转移人口市民化配套政策体系,加快推动农业转移人口全面融入城市。

第一节　深化户籍制度改革

放开放宽除个别超大城市外的落户限制,试行以经常居住地登记户口制度。全面取消城区常住人口 300 万以下的城市落户限制,确保外地与本地农业转移人口进城落户标准一视同仁。全面放宽城区常住人口 300 万至 500 万的 I 型大城市落户条件。完善城区常住人口 500 万以上的超大特大城市积分落户政策,精简积分项目,确保社会保险缴纳年限和居住年限分数占主要比例,鼓励取消年度落户名额限制。健全以居住证为载体、与居住年限等条件相挂钩的基本公共服务提供机制,鼓励地方政府提供更多基本公共服务和办事便利,提高居住证持有人城镇义务教育、住房保障等服务的实际享有水平。

第二节　健全农业转移人口市民化机制

完善财政转移支付与农业转移人口市民化挂钩相关政策,提高均衡性转移支付分配中常住人口折算比例,中央财政市民化奖励资金分配主要依据跨省落户人口数量确定。建立财政性建设资金对吸纳落户较多城市的基础设施投资补助机制,加大中央预算内投资支持力度。调整城镇建设用地年度指标分配依据,建立同吸纳农业转移人口落户数量和提供保障性住房规模挂钩机制。根据人口流动实际调整人口流入流出地区教师、医生等编制定额和基本公共服务设施布局。依法保障进城落户农民农村土地承包权、宅基地使用权、集体收益分配权,建立农村产权流转市场体系,健全农户"三权"市场化退出机制和配套政策。

第二十八章　完善城镇化空间布局

发展壮大城市群和都市圈,分类引导大中小城市发展方向和建设重点,形成疏密有致、分工协作、功能完善的城镇化空间格局。

第一节　推动城市群一体化发展

以促进城市群发展为抓手,全面形成"两横三纵"城镇化战略格局。优化提升京津冀、长三角、珠三角、成渝、长江中游等城市群,发展壮大山东半岛、粤闽浙沿海、中原、关中平原、北部湾等城市群,培育发展哈长、辽中南、山西中部、黔中、滇中、呼包鄂榆、兰州—西宁、宁夏沿黄、天山北坡等城市群。建立健全城市群一体化协调发展机制和成本共担、利益共享机制,统筹推进基础设施协调布局、产业分工协作、公共服务共享、生态共建环境共治。优化城市群内部空间结构,构筑生态和安全屏障,形成多中心、多层级、多节点的网络型城市群。

第二节　建设现代化都市圈

依托辐射带动能力较强的中心城市,提高 1 小时通勤圈协同发展水平,培育发展一批同城化程度高的现代化都市圈。

以城际铁路和市域(郊)铁路等轨道交通为骨干,打通各类"断头路"、"瓶颈路",推动市内市外交通有效衔接和轨道交通"四网融合",提高都市圈基础设施连接性贯通性。鼓励都市圈社保和落户积分互认、教育和医疗资源共享,推动科技创新券通兑通用、产业园区和科研平台合作共建。鼓励有条件的都市圈建立统一的规划委员会,实现规划统一编制、统一实施,探索推进土地、人口等统一管理。

第三节　优化提升超大特大城市中心城区功能

统筹兼顾经济、生活、生态、安全等多元需要,转变超大特大城市开发建设方式,加强超大特大城市治理中的风险防控,促进高质量、可持续发展。有序疏解中心城区一般性制造业、区域性物流基地、专业市场等功能和设施,以及过度集中的医疗和高等教育等公共服务资源,合理降低开发强度和人口密度。增强全球资源配置、科技创新策源、高端产业引领功能,率先形成以现代服务业为主体、先进制造业为支撑的产业结构,提升综合能级与国际竞争力。坚持产城融合,完善郊区新城功能,实现多中心、组团式发展。

第四节　完善大中城市宜居宜业功能

充分利用综合成本相对较低的优势,主动承接超大特大城市产业转移和功能疏解,夯实实体经济发展基础。立足特

图 3　城镇化空间格局示意图

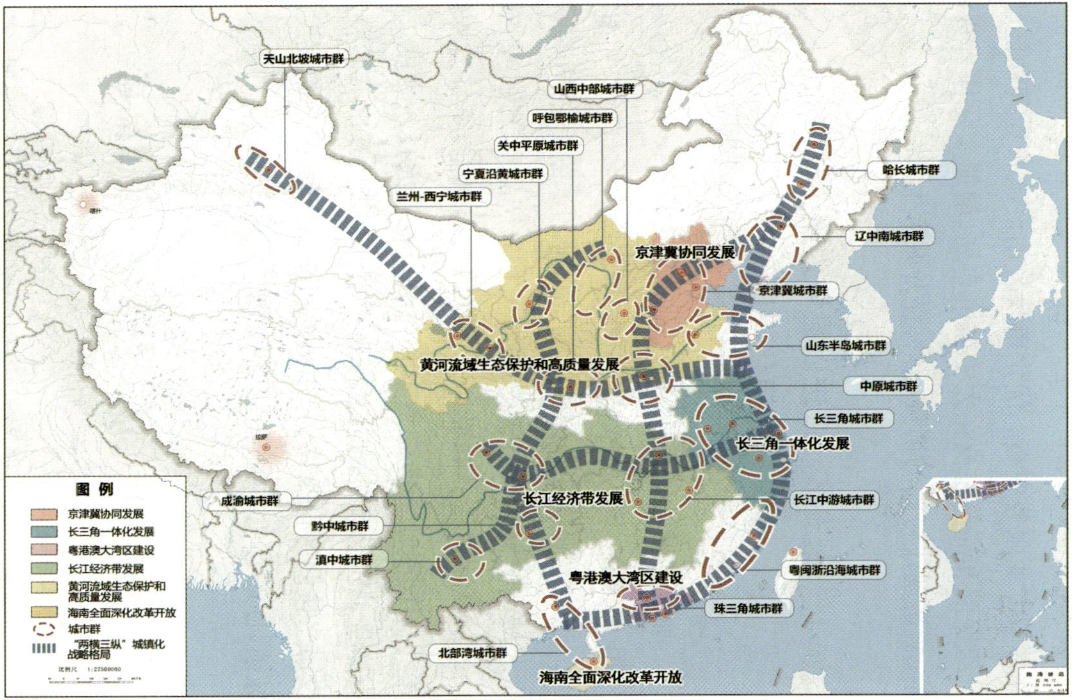

哈长城市群
辽中南城市群
中原城市群
山东半岛城市群
长三角城市群
长江中游城市群
粤闽浙沿海城市群
珠三角城市群
京津冀城市群
京津冀协同发展
长三角一体化发展
粤港澳大湾区建设
海南全面深化改革开放
山西中部城市群
呼包鄂榆城市群
关中平原城市群
宁夏沿黄城市群
黄河流域生态保护和高质量发展
长江经济带发展
兰州-西宁城市群
北部湾城市群
天山北坡城市群
黔中城市群
滇中城市群
成渝城市群

图例
京津冀协同发展
长三角一体化发展
粤港澳大湾区建设
长江经济带发展
黄河流域生态保护和高质量发展
海南全面深化改革开放
城市群
"两横三纵"城镇化战略格局
比例尺 1:27000000

85

色资源和产业基础,确立制造业差异化定位,推动制造业规模化集群化发展,因地制宜建设先进制造业基地、商贸物流中心和区域专业服务中心。优化市政公用设施布局和功能,支持三级医院和高等院校在大中城市布局,增加文化体育资源供给,营造现代时尚的消费场景,提升城市生活品质。

第五节　推进以县城为重要载体的
城镇化建设

加快县城补短板强弱项,推进公共服务、环境卫生、市政公用、产业配套等设施提级扩能,增强综合承载能力和治理能力。支持东部地区基础较好的县城建设,重点支持中西部和东北城镇化地区县城建设,合理支持农产品主产区、重点生态功能区县城建设。健全县城建设投融资机制,更好发挥财政性资金作用,引导金融资本和社会资本加大投入力度。稳步有序推动符合条件的县和镇区常住人口 20 万以上的特大镇设市。按照区位条件、资源禀赋和发展基础,因地制宜发展小城镇,促进特色小镇规范健康发展。

第二十九章　全面提升城市品质

加快转变城市发展方式,统筹城市规划建设管理,实施城市更新行动,推动城市空间结构优化和品质提升。

第一节　转变城市发展方式

按照资源环境承载能力合理确定城市规模和空间结构,统筹安排城市建设、产业发展、生态涵养、基础设施和公共服务。推行功能复合、立体开发、公交导向的集约紧凑型发展模式,统筹地上地下空间利用,增加绿化节点和公共开敞空间,新建住宅推广街区制。推行城市设计和风貌管控,落实适用、经济、绿色、美观的新时期建筑方针,加强新建高层建筑管控。加快推进城市更新,改造提升老旧小区、老旧厂区、老旧街区和城中村等存量片区功能,推进老旧楼宇改造,积极扩建新建停车场、充电桩。

第二节　推进新型城市建设

顺应城市发展新理念新趋势,开展城市现代化试点示范,建设宜居、创新、智慧、绿色、人文、韧性城市。提升城市智慧化水平,推行城市楼宇、公共空间、地下管网等"一张图"数字化管理和城市运行一网统管。科学规划布局城市绿环绿廊绿楔绿道,推进生态修复和功能完善工程,优先发展城市公共交通,建设自行车道、步行道等慢行网络,发展智能建造,推广绿色建材、装配式建筑和钢结构住宅,建设低碳城市。保护和延续城市文脉,杜绝大拆大建,让城市留下记忆、让居民记住乡愁。建设源头减排、蓄排结合、排涝除险、超标应急的城市防洪排涝体系,推动城市内涝治理取得明显成效。增强公共设施应对风暴、干旱和地质灾害的能力,完善公共设施和建筑应急避难功能。加强无障碍环境建设。拓展城市建设资金来源渠道,建立期限匹配、渠道多元、财务可持续的融资机制。

第三节　提高城市治理水平

坚持党建引领、重心下移、科技赋能,不断提升城市治理科学化精细化智能化水平,推进市域社会治理现代化。改革完善城市管理体制。推广"街乡吹哨、部门报到、接诉即办"等基层管理机制经验,推动资源、管理、服务向街道社区下沉,加快建设现代社区。运用数字技术推动城市管理手段、管理模式、管理理念创新,精准高效满足群众需求。加强物业服务监管,提高物业服务覆盖率、服务质量和标准化水平。

第四节　完善住房市场体系和住房保障体系

坚持房子是用来住的、不是用来炒的定位,加快建立多主体供给、多渠道保障、租购并举的住房制度,让全体人民住有所居、职住平衡。坚持因地制宜、多策并举,夯实城市政府主体责任,稳定地价、房价和预期。建立住房和土地联动机制,加强房地产金融调控,发挥住房税收调节作用,支持合理自住需求,遏制投资投机性需求。加快培育和发展住房租赁市场,有效盘活存量住房资源,有力有序扩大城市租赁住房供给,完善长租房政策,逐步使租购住房在享受公共服务上具有同等权利。加快住房租赁法规建设,加强租赁市场监管,保障承租人和出租人合法权益。有效增加保障性住房供给,完善住房保障基础性制度和支持政策。以人口流入多、房价高的城市为重点,扩大保障性租赁住房供给,着力解决困难群体和新市民住房问题。单列租赁住房用地计划,探索利用集体建设用地和企事业单位自有闲置土地建设租赁住房,支持将非住宅房屋改建为保障性租赁住房。完善土地出让收入分配机制,加大财税、金融支持力度。因地制宜发展共有产权住房。处理好基本保障和非基本保障的关系,完善住房保障方式,健全保障对象、准入门槛、退出管理等政策。改革完善住房公积金制度,健全缴存、使用、管理和运行机制。

专栏11 新型城镇化建设工程
01 都市圈建设 在中心城市辐射带动作用强、与周边城市同城化程度高的地区,培育发展一批现代化都市圈,推进基础设施互联互通、公共服务互认共享。
02 城市更新 完成2000年底前建成的21.9万个城镇老旧小区改造,基本完成大城市老旧厂区改造,改造一批大型老旧街区,因地制宜改造一批城中村。
03 城市防洪排涝 以31个重点防洪城市和大江大河沿岸沿线城市为重点,提升改造城市蓄滞洪空间、堤防、护岸、河道、防洪工程、排水管网等防洪排涝设施,因地制宜建设海绵城市,全部消除城市严重易涝积水区段。

04	县城补短板
	推进县城、县级市城区及特大镇补短板,完善综合医院、疾控中心、养老中心、幼儿园、市政管网、市政交通、停车场、充电桩、污水垃圾处理设施和产业平台配套设施。高质量完成 120 个县城补短板示范任务。
05	现代社区培育
	完善社区养老托育、医疗卫生、文化体育、物流配送、便民商超、家政物业等服务网络和线上平台,城市社区综合服务设施实现全覆盖。实施大学生社工计划,每万城镇常住人口拥有社区工作者 18 人。
06	城乡融合发展
	建设嘉兴湖州、福州东部、广州清远、南京无锡常州、济南青岛、成都西部、重庆西部、西安咸阳、长春吉林、许昌、鹰潭等国家城乡融合发展试验区,加强改革授权和政策集成。

第 九 篇

优化区域经济布局
促进区域协调发展

深入实施区域重大战略、区域协调发展战略、主体功能区战略,健全区域协调发展体制机制,构建高质量发展的区域经济布局和国土空间支撑体系。

第三十章　优化国土空间开发保护格局

立足资源环境承载能力,发挥各地区比较优势,促进各类要素合理流动和高效集聚,推动形成主体功能明显、优势互补、高质量发展的国土空间开发保护新格局。

第一节　完善和落实主体功能区制度

顺应空间结构变化趋势,优化重大基础设施、重大生产力和公共资源布局,分类提高城市化地区发展水平,推动农业生产向粮食生产功能区、重要农产品生产保护区和特色农产品优势区集聚,优化生态安全屏障体系,逐步形成城市化地区、农产品主产区、生态功能区三大空间格局。细化主体功能区划分,按照主体功能定位划分政策单元,对重点开发地区、生态脆弱地区、能源资源富集地区等制定差异化政策,分类精准施策。加强空间发展统筹协调,保障国家重大发展战略落地实施。

第二节 开拓高质量发展的重要动力源

以中心城市和城市群等经济发展优势区域为重点,增强经济和人口承载能力,带动全国经济效率整体提升。以京津冀、长三角、粤港澳大湾区为重点,提升创新策源能力和全球资源配置能力,加快打造引领高质量发展的第一梯队。在中西部有条件的地区,以中心城市为引领,提升城市群功能,加快工业化城镇化进程,形成高质量发展的重要区域。破除资源流动障碍,优化行政区划设置,提高中心城市综合承载能力和资源优化配置能力,强化对区域发展的辐射带动作用。

第三节 提升重要功能性区域的保障能力

以农产品主产区、重点生态功能区、能源资源富集地区和边境地区等承担战略功能的区域为支撑,切实维护国家粮食安全、生态安全、能源安全和边疆安全,与动力源地区共同打造高质量发展的动力系统。支持农产品主产区增强农业生产能力,支持生态功能区把发展重点放到保护生态环境、提供生态产品上,支持生态功能区人口逐步有序向城市化地区转移并定居落户。优化能源开发布局和运输格局,加强能源资源综合开发利用基地建设,提升国内能源供给保障水平。增强边疆地区发展能力,强化人口和经济支撑,促进民族团结和边疆稳定。健全公共资源配置机制,对重点生态功能区、农产品主产区、边境地区等提供有效转移支付。

第三十一章 深入实施区域重大战略

聚焦实现战略目标和提升引领带动能力,推动区域重大战略取得新的突破性进展,促进区域间融合互动、融通补充。

第一节 加快推动京津冀协同发展

紧抓疏解北京非首都功能"牛鼻子",构建功能疏解政策体系,实施一批标志性疏解项目。高标准高质量建设雄安新区,加快启动区和起步区建设,推动管理体制创新。高质量建设北京城市副中心,促进与河北省三河、香河、大厂三县市一体化发展。推动天津滨海新区高质量发展,支持张家口首都水源涵养功能区和生态环境支撑区建设。提高北京科技创新

图 4 京津冀地区轨道交通规划图

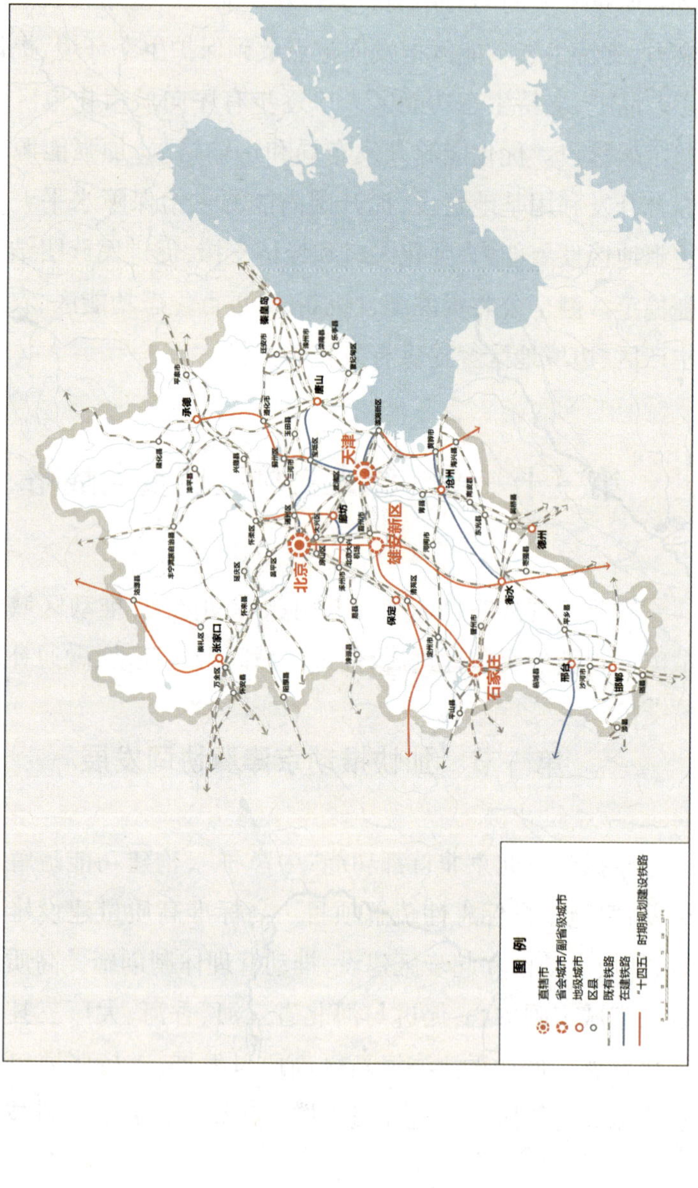

94

中心基础研究和原始创新能力,发挥中关村国家自主创新示范区先行先试作用,推动京津冀产业链与创新链深度融合。基本建成轨道上的京津冀,提高机场群港口群协同水平。深化大气污染联防联控联治,强化华北地下水超采及地面沉降综合治理。

第二节　全面推动长江经济带发展

坚持生态优先、绿色发展和共抓大保护、不搞大开发,协同推动生态环境保护和经济发展,打造人与自然和谐共生的美丽中国样板。持续推进生态环境突出问题整改,推动长江全流域按单元精细化分区管控,实施城镇污水垃圾处理、工业污染治理、农业面源污染治理、船舶污染治理、尾矿库污染治理等工程。深入开展绿色发展示范,推进赤水河流域生态环境保护。实施长江十年禁渔。围绕建设长江大动脉,整体设计综合交通运输体系,疏解三峡枢纽瓶颈制约,加快沿江高铁和货运铁路建设。发挥产业协同联动整体优势,构建绿色产业体系。保护好长江文物和文化遗产。

第三节　积极稳妥推进粤港澳大湾区建设

加强粤港澳产学研协同发展,完善广深港、广珠澳科技创新走廊和深港河套、粤澳横琴科技创新极点"两廊两点"架构体系,推进综合性国家科学中心建设, 便利创新要素跨境流

图 5 粤港澳大湾区轨道交通规划图

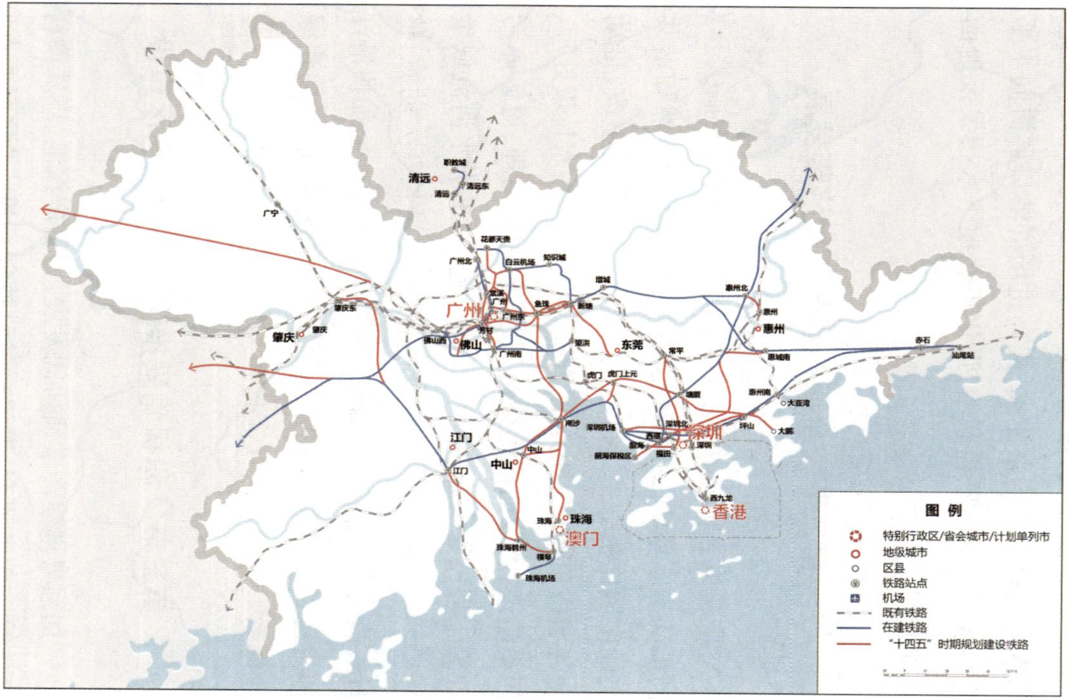

动。加快城际铁路建设,统筹港口和机场功能布局,优化航运和航空资源配置。深化通关模式改革,促进人员、货物、车辆便捷高效流动。扩大内地与港澳专业资格互认范围,深入推进重点领域规则衔接、机制对接。便利港澳青年到大湾区内地城市就学就业创业,打造粤港澳青少年交流精品品牌。

第四节　提升长三角一体化发展水平

瞄准国际先进科创能力和产业体系,加快建设长三角G60科创走廊和沿沪宁产业创新带,提高长三角地区配置全球资源能力和辐射带动全国发展能力。加快基础设施互联互通,实现长三角地级及以上城市高铁全覆盖,推进港口群一体化治理。打造虹桥国际开放枢纽,强化上海自贸试验区临港新片区开放型经济集聚功能,深化沪苏浙皖自贸试验区联动发展。加快公共服务便利共享,优化优质教育和医疗卫生资源布局。推进生态环境共保联治,高水平建设长三角生态绿色一体化发展示范区。

第五节　扎实推进黄河流域生态保护和高质量发展

加大上游重点生态系统保护和修复力度,筑牢三江源"中华水塔",提升甘南、若尔盖等区域水源涵养能力。创新中游黄土高原水土流失治理模式,积极开展小流域综合治理、

图 6 长三角地区轨道交通规划图

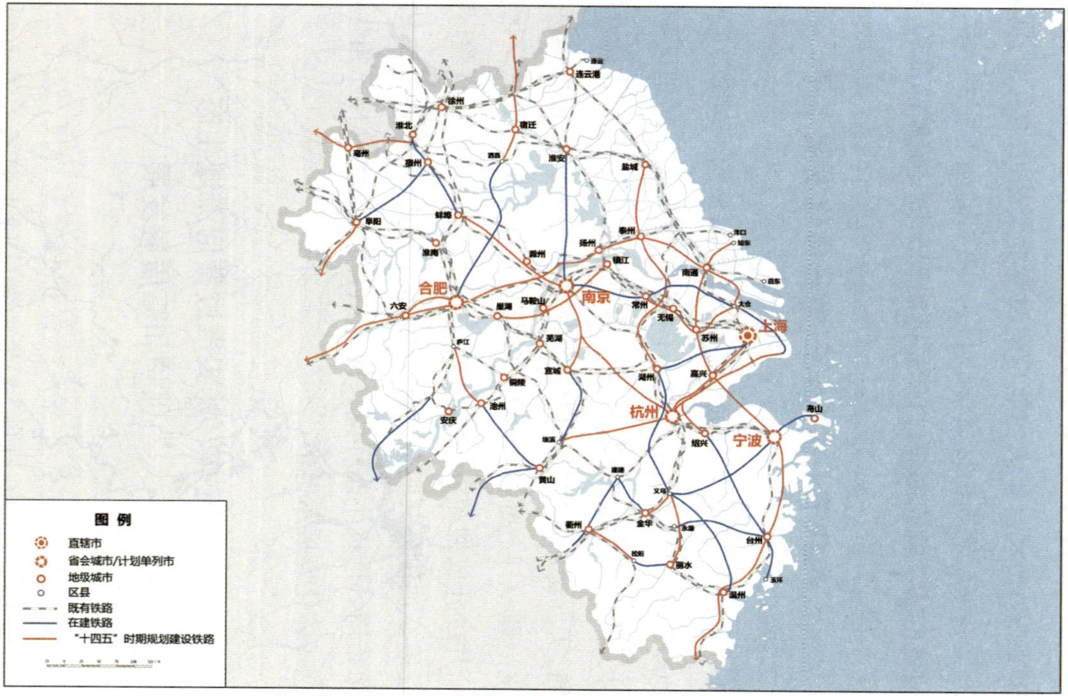

98

旱作梯田和淤地坝建设。推动下游二级悬河治理和滩区综合治理,加强黄河三角洲湿地保护和修复。开展汾渭平原、河套灌区等农业面源污染治理,清理整顿黄河岸线内工业企业,加强沿黄河城镇污水处理设施及配套管网建设。实施深度节水控水行动,降低水资源开发利用强度。合理控制煤炭开发强度,推进能源资源一体化开发利用,加强矿山生态修复。优化中心城市和城市群发展格局,统筹沿黄河县城和乡村建设。实施黄河文化遗产系统保护工程,打造具有国际影响力的黄河文化旅游带。建设黄河流域生态保护和高质量发展先行区。

第三十二章　深入实施区域协调
发展战略

深入推进西部大开发、东北全面振兴、中部地区崛起、东部率先发展,支持特殊类型地区加快发展,在发展中促进相对平衡。

第一节　推进西部大开发形成新格局

强化举措推进西部大开发,切实提高政策精准性和有效性。深入实施一批重大生态工程,开展重点区域综合治理。积极融入"一带一路"建设,强化开放大通道建设,构建内陆多层次开放平台。加大西部地区基础设施投入,支持发展特色优势产业,集中力量巩固脱贫攻坚成果,补齐教育、医疗卫生等民生领域短板。推进成渝地区双城经济圈建设,打造具有全国影响力的重要经济中心、科技创新中心、改革开放新高地、高品质生活宜居地,提升关中平原城市群建设水平,促进西北地区与西南地区合作互动。支持新疆建设国家"三基地一通道",支持西藏打造面向南亚开放的重要通道。促进400毫米降水线西侧区域保护发展。

第二节　推动东北振兴取得新突破

从维护国家国防、粮食、生态、能源、产业安全的战略高度,加强政策统筹,实现重点突破。加快转变政府职能,深化国有企业改革攻坚,着力优化营商环境,大力发展民营经济。打造辽宁沿海经济带,建设长吉图开发开放先导区,提升哈尔滨对俄合作开放能级。加快发展现代农业,打造保障国家粮食安全的"压舱石"。加大生态资源保护力度,筑牢祖国北疆生态安全屏障。改造提升装备制造等传统优势产业,培育发展新兴产业,大力发展寒地冰雪、生态旅游等特色产业,打造具有国际影响力的冰雪旅游带,形成新的均衡发展产业结构和竞争优势。实施更具吸引力的人才集聚措施。深化与东部地区对口合作。

第三节　开创中部地区崛起新局面

着力打造重要先进制造业基地、提高关键领域自主创新能力、建设内陆地区开放高地、巩固生态绿色发展格局,推动中部地区加快崛起。做大做强先进制造业,在长江、京广、陇海、京九等沿线建设一批中高端产业集群,积极承接新兴产业布局和转移。推动长江中游城市群协同发展,加快武汉、长株潭都市圈建设,打造全国重要增长极。夯实粮食生产基础,不断提高农业综合效益和竞争力,加快发展现代农业。加强生态环境共保联治,着力构筑生态安全屏障。支持淮河、汉江生态经济带上下游合作联动发展。加快对外开放通道建设,高标准高水平建设内陆地区开放平台。提升公共服务保障特别是应对公共卫生等重大突发事件能力。

第四节　鼓励东部地区加快推进现代化

发挥创新要素集聚优势,加快在创新引领上实现突破,推动东部地区率先实现高质量发展。加快培育世界级先进制造业集群,引领新兴产业和现代服务业发展,提升要素产出效率,率先实现产业升级。更高层次参与国际经济合作和竞争,打造对外开放新优势,率先建立全方位开放型经济体系。支持深圳建设中国特色社会主义先行示范区、浦东打造社会主义现代化建设引领区、浙江高质量发展建设共同富裕示范区。深入推进山东新旧动能转换综合试验区建设。

第五节　支持特殊类型地区发展

统筹推进革命老区振兴,因地制宜发展特色产业,传承弘扬红色文化,支持赣闽粤原中央苏区高质量发展示范,推进陕甘宁、大别山、左右江、川陕、沂蒙等革命老区绿色创新发展。推进生态退化地区综合治理和生态脆弱地区保护修复,支持毕节试验区建设。推动资源型地区可持续发展示范区和转型创新试验区建设,实施采煤沉陷区综合治理和独立工矿区改造提升工程。推进老工业基地制造业竞争优势重构,建设产业转型升级示范区。改善国有林场林区基础设施。多措并举解决高海拔地区群众生产生活困难。推进兴边富民、稳边固边,大力改善边境地区生产生活条件,完善沿边城镇体系,支持边境口岸建设,加快抵边村镇和抵边通道建设。推动边境贸易创新发展。加大对重点边境地区发展精准支持力度。

专栏12　促进边境地区发展工程
01　边境城镇 完善边境城镇功能,重点支持满洲里、宽甸、珲春、绥芬河、东兴、腾冲、米林、塔城、可克达拉等边境城镇提升承载能力。
02　抵边村庄 完善边境村庄基础设施和公共服务设施,新建抵边新村200个左右,实现抵边自然村道路、电力、通信、邮政、广电普遍覆盖。
03　沿边抵边公路 建设集安至桓仁、珲春至圈河、泸水至腾冲、墨脱经察隅至滇藏界、青河经富蕴至阿勒泰、布伦口至红其拉甫、巴里坤至老爷庙、二连浩特至赛罕塔拉等沿边抵边公路。
04　边境机场 建设塔什库尔干、隆子、绥芬河等机场,迁建延吉机场,建设20个左右边境通用机场。

05	边境口岸
	建设里孜、黑河、同江、黑瞎子岛口岸,改造提升吉隆、樟木、磨憨、霍尔果斯、阿拉山口、满洲里、二连浩特、瑞丽、友谊关、红其拉甫、甘其毛都、策克、吐尔尕特、伊尔克什坦口岸。

第六节　健全区域协调发展体制机制

建立健全区域战略统筹、市场一体化发展、区域合作互助、区际利益补偿等机制,更好促进发达地区和欠发达地区、东中西部和东北地区共同发展。提升区域合作层次和水平,支持省际交界地区探索建立统一规划、统一管理、合作共建、利益共享的合作新机制。完善财政转移支付支持欠发达地区的机制,逐步实现基本公共服务均等化,引导人才向西部和艰苦边远地区流动。完善区域合作与利益调节机制,支持流域上下游、粮食主产区主销区、资源输出地输入地之间开展多种形式的利益补偿,鼓励探索共建园区、飞地经济等利益共享模式。聚焦铸牢中华民族共同体意识,加大对民族地区发展支持力度,全面深入持久开展民族团结进步宣传教育和创建,促进各民族交往交流交融。

第三十三章　积极拓展海洋经济发展空间

坚持陆海统筹、人海和谐、合作共赢,协同推进海洋生态保护、海洋经济发展和海洋权益维护,加快建设海洋强国。

第一节 建设现代海洋产业体系

围绕海洋工程、海洋资源、海洋环境等领域突破一批关键核心技术。培育壮大海洋工程装备、海洋生物医药产业,推进海水淡化和海洋能规模化利用,提高海洋文化旅游开发水平。优化近海绿色养殖布局,建设海洋牧场,发展可持续远洋渔业。建设一批高质量海洋经济发展示范区和特色化海洋产业集群,全面提高北部、东部、南部三大海洋经济圈发展水平。以沿海经济带为支撑,深化与周边国家涉海合作。

第二节 打造可持续海洋生态环境

探索建立沿海、流域、海域协同一体的综合治理体系。严格围填海管控,加强海岸带综合管理与滨海湿地保护。拓展入海污染物排放总量控制范围,保障入海河流断面水质。加快推进重点海域综合治理,构建流域—河口—近岸海域污染防治联动机制,推进美丽海湾保护与建设。防范海上溢油、危险化学品泄露等重大环境风险,提升应对海洋自然灾害和突发环境事件能力。完善海岸线保护、海域和无居民海岛有偿使用制度,探索海岸建筑退缩线制度和海洋生态环境损害赔偿制度,自然岸线保有率不低于35%。

第三节　深度参与全球海洋治理

积极发展蓝色伙伴关系,深度参与国际海洋治理机制和相关规则制定与实施,推动建设公正合理的国际海洋秩序,推动构建海洋命运共同体。深化与沿海国家在海洋环境监测和保护、科学研究和海上搜救等领域务实合作,加强深海战略性资源和生物多样性调查评价。参与北极务实合作,建设"冰上丝绸之路"。提高参与南极保护和利用能力。加强形势研判、风险防范和法理斗争,加强海事司法建设,坚决维护国家海洋权益。有序推进海洋基本法立法。

第 十 篇

发展社会主义先进文化
提升国家文化软实力

坚持马克思主义在意识形态领域的指导地位,坚定文化自信,坚持以社会主义核心价值观引领文化建设,围绕举旗帜、聚民心、育新人、兴文化、展形象的使命任务,促进满足人民文化需求和增强人民精神力量相统一,推进社会主义文化强国建设。

第三十四章　提高社会文明程度

加强社会主义精神文明建设,培育和践行社会主义核心价值观,推动形成适应新时代要求的思想观念、精神面貌、文明风尚、行为规范。

第一节　推动理想信念教育常态化制度化

深入开展习近平新时代中国特色社会主义思想学习教

育,健全用党的创新理论武装全党、教育人民的工作体系。建立健全"不忘初心、牢记使命"的制度和长效机制,加强和改进思想政治工作,持续开展中国特色社会主义和中国梦宣传教育,加强党史、新中国史、改革开放史、社会主义发展史教育,加强爱国主义、集体主义、社会主义教育,加强革命文化研究阐释和宣传教育,弘扬党和人民在各个历史时期奋斗中形成的伟大精神。完善弘扬社会主义核心价值观的法律政策体系,把社会主义核心价值观要求融入法治建设和社会治理,体现到国民教育、精神文明创建、文化产品创作生产全过程。完善青少年理想信念教育齐抓共管机制。

第二节　发展中国特色哲学社会科学

加强对习近平新时代中国特色社会主义思想的整体性系统性研究、出版传播、宣传阐释,推进马克思主义中国化、时代化、大众化。深入实施马克思主义理论研究和建设工程,推进习近平新时代中国特色社会主义思想研究中心(院)、中国特色社会主义理论体系研究中心等建设,建好用好"学习强国"等学习平台。构建中国特色哲学社会科学学科体系、学术体系和话语体系,深入实施哲学社会科学创新工程,加强中国特色新型智库建设。

第三节　传承弘扬中华优秀传统文化

深入实施中华优秀传统文化传承发展工程,强化重要文化和自然遗产、非物质文化遗产系统性保护,推动中华优秀传统文化创造性转化、创新性发展。加强文物科技创新,实施中华文明探源和考古中国工程,开展中华文化资源普查,加强文物和古籍保护研究利用,推进革命文物和红色遗址保护,完善流失文物追索返还制度。建设长城、大运河、长征、黄河等国家文化公园,加强世界文化遗产、文物保护单位、考古遗址公园、历史文化名城名镇名村保护。健全非物质文化遗产保护传承体系,加强各民族优秀传统手工艺保护和传承。

第四节　持续提升公民文明素养

推进公民道德建设,大力开展社会公德、职业道德、家庭美德、个人品德建设。开展国家勋章、国家荣誉称号获得者和时代楷模、道德模范、最美人物、身边好人的宣传学习。实施文明创建工程,拓展新时代文明实践中心建设,科学规范做好文明城市、文明村镇、文明单位、文明校园、文明家庭评选表彰,深化未成年人思想道德建设。完善市民公约、乡规民约、学生守则、团体章程等社会规范,建立惩戒失德行为机制。弘扬诚信文化,建设诚信社会。广泛开展志愿服务关爱行动。提倡艰苦奋斗、勤俭节约,开展以劳动创造幸福为主题的宣传教育。加强网络文明建设,发展积极健康的网络文化。

第三十五章　提升公共文化服务水平

坚持为人民服务、为社会主义服务的方向,坚持百花齐放、百家争鸣的方针,加强公共文化服务体系建设和体制机制创新,强化中华文化传播推广和文明交流互鉴,更好保障人民文化权益。

第一节　加强优秀文化作品创作生产传播

把提高质量作为文艺作品的生命线,提高文艺原创能力。实施文艺作品质量提升工程,健全重大现实、重大革命、重大历史题材创作规划组织机制,加强农村、少儿等题材创作,不断推出反映时代新气象、讴歌人民新创造的文艺精品。建立健全文化产品创作生产、传播引导、宣传推广的激励机制和评价体系,推动形成健康清朗的文艺生态。加强文化队伍建设,培养造就高水平创作人才和德艺双馨的名家大师。

第二节　完善公共文化服务体系

优化城乡文化资源配置,推进城乡公共文化服务体系一体建设。创新实施文化惠民工程,提升基层综合性文化服务中心功能,广泛开展群众性文化活动。推进公共图书馆、文化馆、美术馆、博物馆等公共文化场馆免费开放和数字化发展。

推进媒体深度融合,做强新型主流媒体。完善应急广播体系,实施智慧广电固边工程和乡村工程。发展档案事业。深入推进全民阅读,建设"书香中国",推动农村电影放映优化升级。创新公共文化服务运行机制,鼓励社会力量参与公共文化服务供给和设施建设运营。

第三节　提升中华文化影响力

加强对外文化交流和多层次文明对话,创新推进国际传播,利用网上网下,讲好中国故事,传播好中国声音,促进民心相通。开展"感知中国"、"走读中国"、"视听中国"活动,办好中国文化年(节)、旅游年(节)。建设中文传播平台,构建中国语言文化全球传播体系和国际中文教育标准体系。

第三十六章　健全现代文化产业体系

坚持把社会效益放在首位、社会效益和经济效益相统一,健全现代文化产业体系和市场体系。

第一节　扩大优质文化产品供给

实施文化产业数字化战略,加快发展新型文化企业、文化业态、文化消费模式,壮大数字创意、网络视听、数字出版、数字娱乐、线上演播等产业。加快提升超高清电视节目制播能力,推进电视频道高清化改造,推进沉浸式视频、云转播等应用。实施文化品牌战略,打造一批有影响力、代表性的文化品牌。培育骨干文化企业,规范发展文化产业园区,推动区域文化产业带建设。积极发展对外文化贸易,开拓海外文化市场,鼓励优秀传统文化产品和影视剧、游戏等数字文化产品"走出去",加强国家文化出口基地建设。

第二节　推动文化和旅游融合发展

坚持以文塑旅、以旅彰文,打造独具魅力的中华文化旅游体验。深入发展大众旅游、智慧旅游,创新旅游产品体系,改善旅游消费体验。加强区域旅游品牌和服务整合,建设一批富有文化底蕴的世界级旅游景区和度假区,打造一批文化特色鲜明的国家级旅游休闲城市和街区。推进红色旅游、文化遗产旅游、旅游演艺等创新发展,提升度假休闲、乡村旅游等服务品质,完善邮轮游艇、低空旅游等发展政策。健全旅游基础设施和集散体系,推进旅游厕所革命,强化智慧景区建设。建立旅游服务质量评价体系,规范在线旅游经营服务。

第三节　深化文化体制改革

完善文化管理体制和生产经营机制,提升文化治理效能。完善国有文化资产管理体制机制,深化公益性文化事业单位改革,推进公共文化机构法人治理结构改革。深化国有文化企业分类改革,推进国有文艺院团改革和院线制改革。完善文化市场综合执法体制,制定未成年人网络保护、信息网络传播视听等领域法律法规。

专栏13 社会主义文化繁荣发展工程

01 中国特色社会主义理论出版传播
编辑出版习近平谈治国理政、习近平新时代中国特色社会主义思想学习问答、分领域学习纲要等系列理论读物,编辑出版党史、新中国史、改革开放史、社会主义发展史经典教材,加强海外翻译出版和宣介推广。

02 文艺精品创作
开展精神文明建设"五个一"、舞台艺术、影视精品、优秀剧本、美术创作收藏、重大出版等工程,实施当代文学艺术创作、中华文化新媒体传播、纪录片创作传播、地方戏曲传承发展、网络文艺创作传播等重大项目。

03 全媒体传播和数字文化
推进国家、省、市、县四级融媒体中心(平台)建设。推进国家有线电视网络整合和5G一体化发展。分类采集梳理文化遗产数据,建设国家文化大数据体系。实施出版融合发展工程。

04 文化遗产保护传承
加强安阳殷墟、汉长安城、隋唐洛阳城和重要石窟寺等遗址保护,开展江西汉代海昏侯国、河南仰韶村、良渚古城、石峁、陶寺、三星堆、曲阜鲁国故城等国家考古遗址公园建设。建设20个国家重点区域考古标本库房、30个国家级文化生态保护区和20个国家级非物质文化遗产馆。

05 中华典籍整理出版
整理出版300种中华典籍,组织《永乐大典》、敦煌文献等重点古籍系统性保护整理出版,实施国家古籍数字化工程。推进点校本"二十四史"及清史稿修订等重大出版工程,推进复兴文库建设,启动新编中国通史纂修工程、中华民族交往交流交融史编纂工程。

06	重大文化设施建设
	建设中国共产党历史展览馆、中央档案馆新馆、国家版本馆、国家文献储备库、故宫博物院北院区、国家美术馆、国家文化遗产科技创新中心。
07	旅游目的地质量提升
	打造海南国际旅游消费中心、粤港澳大湾区世界级旅游目的地、长江国际黄金旅游带、黄河文化旅游带、杭黄自然生态和文化旅游廊道、巴蜀文化旅游走廊、桂林国际旅游胜地,健全游客服务、停车及充电、交通、流量监测管理等设施。

第十一篇

推动绿色发展
促进人与自然和谐共生

坚持绿水青山就是金山银山理念,坚持尊重自然、顺应自然、保护自然,坚持节约优先、保护优先、自然恢复为主,实施可持续发展战略,完善生态文明领域统筹协调机制,构建生态文明体系,推动经济社会发展全面绿色转型,建设美丽中国。

第三十七章　提升生态系统
质量和稳定性

坚持山水林田湖草系统治理,着力提高生态系统自我修复能力和稳定性,守住自然生态安全边界,促进自然生态系统质量整体改善。

第一节　完善生态安全屏障体系

强化国土空间规划和用途管控,划定落实生态保护红线、

图 7　重要生态系统保护和修复重大工程布局示意图

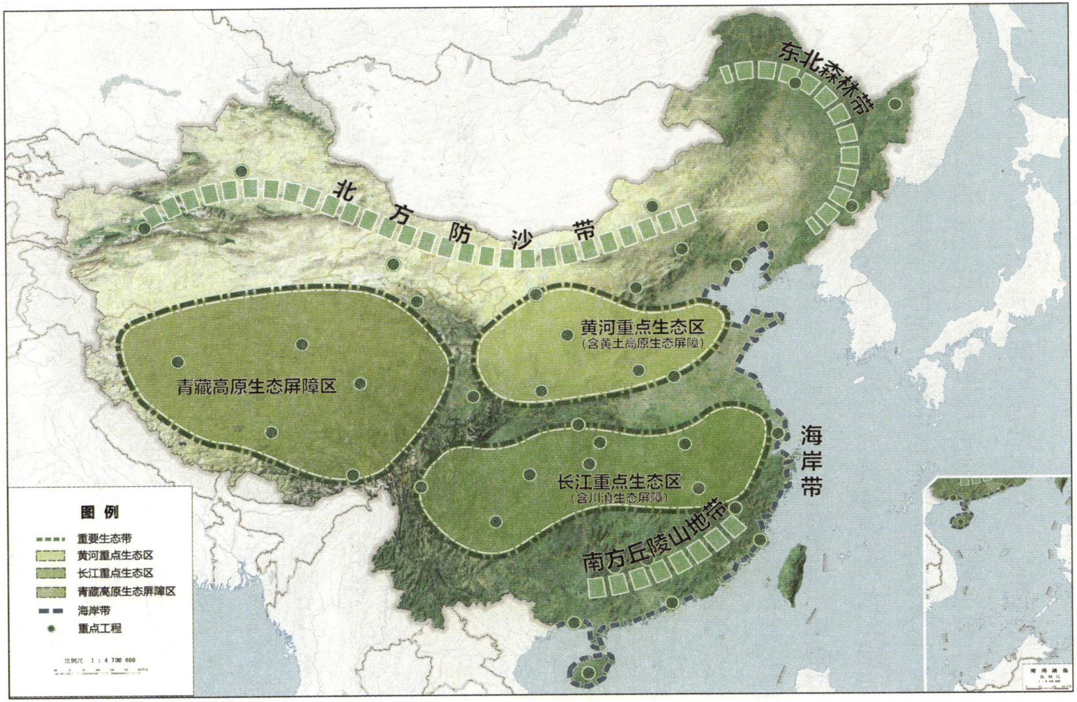

115

永久基本农田、城镇开发边界以及各类海域保护线。以国家重点生态功能区、生态保护红线、国家级自然保护地等为重点，实施重要生态系统保护和修复重大工程，加快推进青藏高原生态屏障区、黄河重点生态区、长江重点生态区和东北森林带、北方防沙带、南方丘陵山地带、海岸带等生态屏障建设。加强长江、黄河等大江大河和重要湖泊湿地生态保护治理，加强重要生态廊道建设和保护。全面加强天然林和湿地保护，湿地保护率提高到55%。科学推进水土流失和荒漠化、石漠化综合治理，开展大规模国土绿化行动，推行林长制。科学开展人工影响天气活动。推行草原森林河流湖泊休养生息，健全耕地休耕轮作制度，巩固退耕还林还草、退田还湖还湿、退围还滩还海成果。

第二节　构建自然保护地体系

科学划定自然保护地保护范围及功能分区，加快整合归并优化各类保护地，构建以国家公园为主体、自然保护区为基础、各类自然公园为补充的自然保护地体系。严格管控自然保护地范围内非生态活动，稳妥推进核心区内居民、耕地、矿权有序退出。完善国家公园管理体制和运营机制，整合设立一批国家公园。实施生物多样性保护重大工程，构筑生物多样性保护网络，加强国家重点保护和珍稀濒危野生动植物及其栖息地的保护修复，加强外来物种管控。完善生态保护和修复用地用海等政策。完善自然保护地、生态保护红线监管制度,开展生态系统保护成效监测评估。

第三节　健全生态保护补偿机制

加大重点生态功能区、重要水系源头地区、自然保护地转移支付力度,鼓励受益地区和保护地区、流域上下游通过资金补偿、产业扶持等多种形式开展横向生态补偿。完善市场化多元化生态补偿,鼓励各类社会资本参与生态保护修复。完善森林、草原和湿地生态补偿制度。推动长江、黄河等重要流域建立全流域生态补偿机制。建立生态产品价值实现机制,在长江流域和三江源国家公园等开展试点。制定实施生态保护补偿条例。

专栏14　　重要生态系统保护和修复工程
01　青藏高原生态屏障区 以三江源、祁连山、若尔盖、甘南黄河重要水源补给区等为重点,加强原生地带性植被、珍稀物种及其栖息地保护,新增沙化土地治理100万公顷、退化草原治理320万公顷,沙化土地封禁保护20万公顷。
02　黄河重点生态区(含黄土高原生态屏障) 以黄土高原、秦岭、贺兰山等为重点,加强"三化"草场治理和水土流失综合治理,保护修复黄河三角洲等湿地,保护修复林草植被80万公顷,新增水土流失治理200万公顷、沙化土地治理80万公顷。
03　长江重点生态区(含川滇生态屏障) 以横断山区、岩溶石漠化区、三峡库区、洞庭湖、鄱阳湖等为重点,开展森林质量精准提升、河湖湿地修复、石漠化综合治理等,加强珍稀濒危野生动植物保护恢复,完成营造林110万公顷,新增水土流失治理500万公顷、石漠化治理100万公顷。

04	东北森林带
	以大小兴安岭、长白山及三江平原、松嫩平原重要湿地等为重点,实施天然林保护修复,保护重点沼泽湿地和珍稀候鸟迁徙地,培育天然林后备资源 70 万公顷,新增退化草原治理 30 万公顷。
05	北方防沙带
	以内蒙古高原、河西走廊、塔里木河流域、京津冀地区等为重点,推进防护林体系建设及退化林修复、退化草原修复、京津风沙源治理等,完成营造林 220 万公顷,新增沙化土地治理 750 万公顷、退化草原治理 270 万公顷。
06	南方丘陵山地带
	以南岭山地、武夷山区、湘桂岩溶石漠化区等为重点,实施森林质量精准提升行动,推进水土流失和石漠化综合治理,加强河湖生态保护修复,保护濒危物种及其栖息地,营造防护林 9 万公顷,新增石漠化治理 30 万公顷。
07	海岸带
	以黄渤海、长三角、粤闽浙沿海、粤港澳大湾区、海南岛、北部湾等为重点,全面保护自然岸线,整治修复岸线长度 400 公里、滨海湿地 2 万公顷,营造防护林 11 万公顷。
08	自然保护地及野生动植物保护
	推进三江源、东北虎豹、大熊猫和海南热带雨林等国家公园建设,新整合设立秦岭、黄河口等国家公园。建设珍稀濒危野生动植物基因保存库、救护繁育场所,专项拯救 48 种极度濒危野生动物和 50 种极小种群植物。

第三十八章　持续改善环境质量

深入打好污染防治攻坚战,建立健全环境治理体系,推进精准、科学、依法、系统治污,协同推进减污降碳,不断改善空气、水环境质量,有效管控土壤污染风险。

第一节　深入开展污染防治行动

坚持源头防治、综合施策,强化多污染物协同控制和区域协同治理。加强城市大气质量达标管理,推进细颗粒物(PM2.5)和臭氧(O3)协同控制,地级及以上城市 PM2.5 浓度下降 10%,有效遏制 O3 浓度增长趋势,基本消除重污染天气。持续改善京津冀及周边地区、汾渭平原、长三角地区空气质量,因地制宜推动北方地区清洁取暖、工业窑炉治理、非电行业超低排放改造,加快挥发性有机物排放综合整治,氮氧化物和挥发性有机物排放总量分别下降 10% 以上。完善水污染防治流域协同机制,加强重点流域、重点湖泊、城市水体和近岸海域综合治理,推进美丽河湖保护与建设,化学需氧量和氨氮排放总量分别下降 8%,基本消除劣 V 类国控断面和城市黑臭水体。开展城市饮用水水源地规范化建设,推进重点流域重污染企业搬迁改造。推进受污染耕地和建设用地管控修复,实施水土环境风险协同防控。加强塑料污染全链条防治。加强环境噪声污染治理。重视新污染物治理。

第二节　全面提升环境基础设施水平

构建集污水、垃圾、固废、危废、医废处理处置设施和监测监管能力于一体的环境基础设施体系,形成由城市向建制镇和乡村延伸覆盖的环境基础设施网络。推进城镇污水管网全覆盖,开展污水处理差别化精准提标,推广污泥集中焚烧无害化处理,城市污泥无害化处置率达到90%,地级及以上缺水城市污水资源化利用率超过25%。建设分类投放、分类收集、分类运输、分类处理的生活垃圾处理系统。以主要产业基地为重点布局危险废弃物集中利用处置设施。加快建设地级及以上城市医疗废弃物集中处理设施,健全县域医疗废弃物收集转运处置体系。

第三节　严密防控环境风险

建立健全重点风险源评估预警和应急处置机制。全面整治固体废物非法堆存,提升危险废弃物监管和风险防范能力。强化重点区域、重点行业重金属污染监控预警。健全有毒有害化学物质环境风险管理体制,完成重点地区危险化学品生产企业搬迁改造。严格核与辐射安全监管,推进放射性污染防治。建立生态环境突发事件后评估机制和公众健康影响评估制度。在高风险领域推行环境污染强制责任保险。

第四节　积极应对气候变化

落实2030年应对气候变化国家自主贡献目标,制定2030年前碳排放达峰行动方案。完善能源消费总量和强度双控制度,重点控制化石能源消费。实施以碳强度控制为主、碳排放总量控制为辅的制度,支持有条件的地方和重点行业、重点企业率先达到碳排放峰值。推动能源清洁低碳安全高效利用,深入推进工业、建筑、交通等领域低碳转型。加大甲烷、氢氟碳化物、全氟化碳等其他温室气体控制力度。提升生态系统碳汇能力。锚定努力争取 2060 年前实现碳中和,采取更加有力的政策和措施。加强全球气候变暖对我国承受力脆弱地区影响的观测和评估,提升城乡建设、农业生产、基础设施适应气候变化能力。加强青藏高原综合科学考察研究。坚持公平、共同但有区别的责任及各自能力原则,建设性参与和引领应对气候变化国际合作,推动落实联合国气候变化框架公约及其巴黎协定,积极开展气候变化南南合作。

第五节　健全现代环境治理体系

建立地上地下、陆海统筹的生态环境治理制度。全面实行排污许可制,实现所有固定污染源排污许可证核发,推动工业污染源限期达标排放,推进排污权、用能权、用水权、碳排放权市场化交易。完善环境保护、节能减排约束性指标管理。完善河湖管理保护机制,强化河长制、湖长制。加强领导干部自然资源资产离任审计。完善中央生态环境保护督察制度。完善省以下生态环境机构监测监察执法垂直管理制度,推进生态环境保护综合执法改革,完善生态环境公益诉讼制度。加大环保信息公开力度,加强企业环境治理责任制度建设,完善公众监督和举报反馈机制,引导社会组织和公众共同参与环境治理。

第三十九章　加快发展方式绿色转型

坚持生态优先、绿色发展,推进资源总量管理、科学配置、全面节约、循环利用,协同推进经济高质量发展和生态环境高水平保护。

第一节　全面提高资源利用效率

坚持节能优先方针,深化工业、建筑、交通等领域和公共机构节能,推动5G、大数据中心等新兴领域能效提升,强化重点用能单位节能管理,实施能量系统优化、节能技术改造等重点工程,加快能耗限额、产品设备能效强制性国家标准制修订。实施国家节水行动,建立水资源刚性约束制度,强化农业节水增效、工业节水减排和城镇节水降损,鼓励再生水利用,单位GDP用水量下降16%左右。加强土地节约集约利用,加大批而未供和闲置土地处置力度,盘活城镇低效用地,支持工矿废弃土地恢复利用,完善土地复合利用、立体开发支持政策,新增建设用地规模控制在2950万亩以内,推动单位GDP建设用地使用面积稳步下降。提高矿产资源开发保护水平,发展绿色矿业,建设绿色矿山。

第二节　构建资源循环利用体系

全面推行循环经济理念,构建多层次资源高效循环利用体系。深入推进园区循环化改造,补齐和延伸产业链,推进能源资源梯级利用、废物循环利用和污染物集中处置。加强大宗固体废弃物综合利用,规范发展再制造产业。加快发展种养有机结合的循环农业。加强废旧物品回收设施规划建设,完善城市废旧物品回收分拣体系。推行生产企业"逆向回收"等模式,建立健全线上线下融合、流向可控的资源回收体系。拓展生产者责任延伸制度覆盖范围。推进快递包装减量化、标准化、循环化。

第三节　大力发展绿色经济

坚决遏制高耗能、高排放项目盲目发展,推动绿色转型实现积极发展。壮大节能环保、清洁生产、清洁能源、生态环境、基础设施绿色升级、绿色服务等产业,推广合同能源管理、合同节水管理、环境污染第三方治理等服务模式。推动煤炭等化石能源清洁高效利用,推进钢铁、石化、建材等行业绿色化改造,加快大宗货物和中长途货物运输"公转铁"、"公转水"。推动城市公交和物流配送车辆电动化。构建市场导向的绿色技术创新体系,实施绿色技术创新攻关行动,开展重点行业和重点产品资源效率对标提升行动。建立统一的绿色产品标准、认证、标识体系,完善节能家电、高效照明产品、节水器具推广机制。深入开展绿色生活创建行动。

第四节　构建绿色发展政策体系

强化绿色发展的法律和政策保障。实施有利于节能环保和资源综合利用的税收政策。大力发展绿色金融。健全自然资源有偿使用制度,创新完善自然资源、污水垃圾处理、用水用能等领域价格形成机制。推进固定资产投资项目节能审查、节能监察、重点用能单位管理制度改革。完善能效、水效"领跑者"制度。强化高耗水行业用水定额管理。深化生态文明试验区建设。深入推进山西国家资源型经济转型综合配套改革试验区建设和能源革命综合改革试点。

专栏15　环境保护和资源节约工程
01　大气污染物减排 实施8.5亿吨水泥熟料、4.6亿吨焦化产能和4000台左右有色行业炉窑清洁生产改造,完成5.3亿吨钢铁产能超低排放改造,开展石化、化工、涂装、医药、包装印刷等重点行业挥发性有机物治理改造,推进大气污染防治重点区域散煤清零。
02　水污染防治和水生态修复 巩固地级及以上城市黑臭水体治理成效,推进363个县级城市建成区1500段黑臭水体综合治理。加强太湖、巢湖、滇池、丹江口水库、洱海、白洋淀、鄱阳湖、洞庭湖、查干湖、乌梁素海等重点湖库污染防治和生态修复,实施永定河、木兰溪等综合治理,加快华北地区及其他重点区域地下水超采综合治理和黄河河口综合治理。

03	土壤污染防治与安全利用
	在土壤污染面积较大的100个县推进农用地安全利用示范。以化工、有色金属行业为重点,实施100个土壤污染源头管控项目。
04	城镇污水垃圾处理设施
	新增和改造污水收集管网8万公里,新增污水处理能力2000万立方米/日。加快垃圾焚烧设施建设,城市生活垃圾日清运量超过300吨地区实现原生垃圾零填埋,开展小型生活垃圾焚烧设施建设试点。
05	医废危废处置和固废综合利用
	补齐医疗废弃物处置设施短板,建设国家和6个区域性危废风险防控技术中心、20个区域性特殊危废集中处置中心。以尾矿和共伴生矿、煤矸石、粉煤灰、建筑垃圾等为重点,开展100个大宗固体废弃物综合利用示范。
06	资源节约利用
	实施重大节能低碳技术产业化示范工程,开展近零能耗建筑、近零碳排放、碳捕集利用与封存(CCUS)等重大项目示范。开展60个大中城市废旧物资循环利用体系建设。

第十二篇

实行高水平对外开放
开拓合作共赢新局面

坚持实施更大范围、更宽领域、更深层次对外开放,依托我国超大规模市场优势,促进国际合作,实现互利共赢,推动共建"一带一路"行稳致远,推动构建人类命运共同体。

第四十章　建设更高水平开放型
经济新体制

全面提高对外开放水平,推进贸易和投资自由化便利化,持续深化商品和要素流动型开放,稳步拓展规则、规制、管理、标准等制度型开放。

第一节　加快推进制度型开放

构建与国际通行规则相衔接的制度体系和监管模式。健全外商投资准入前国民待遇加负面清单管理制度,进一步缩减外资准入负面清单,落实准入后国民待遇,促进内外资企业公平竞争。建立健全跨境服务贸易负面清单管理制度,健全技术贸易促进体系。稳妥推进银行、证券、保险、基金、期货等金融领域开放,深化境内外资本市场互联互通,健全合格境外投资者制度。稳慎推进人民币国际化,坚持市场驱动和企业自主选择,营造以人民币自由使用为基础的新型互利合作关系。完善出入境、海关、外汇、税收等环节管理服务。

第二节 提升对外开放平台功能

统筹推进各类开放平台建设,打造开放层次更高、营商环境更优、辐射作用更强的开放新高地。完善自由贸易试验区布局,赋予其更大改革自主权,深化首创性、集成化、差别化改革探索,积极复制推广制度创新成果。稳步推进海南自由贸易港建设,以货物贸易"零关税"、服务贸易"既准入又准营"为方向推进贸易自由化便利化,大幅放宽市场准入,全面推行"极简审批"投资制度,开展跨境证券投融资改革试点和数据跨境传输安全管理试点,实施更加开放的人才、出入境、运输等政策,制定出台海南自由贸易港法,初步建立中国特色自由贸易港政策和制度体系。创新提升国家级新区和开发区,促进综合保税区高水平开放,完善沿边重点开发开放试验区、边境经济合作区、跨境经济合作区功能,支持宁夏、贵州、江西建设内陆开放型经济试验区。

第三节　优化区域开放布局

鼓励各地立足比较优势扩大开放,强化区域间开放联动,构建陆海内外联动、东西双向互济的开放格局。巩固东部沿海地区和超大特大城市开放先导地位,率先推动全方位高水平开放。加快中西部和东北地区开放步伐,支持承接国内外产业转移,培育全球重要加工制造基地和新增长极,研究在内陆地区增设国家一类口岸,助推内陆地区成为开放前沿。推动沿边开发开放高质量发展,加快边境贸易创新发展,更好发挥重点口岸和边境城市内外联通作用。支持广西建设面向东盟的开放合作高地、云南建设面向南亚东南亚和环印度洋地区开放的辐射中心。

第四节　健全开放安全保障体系

构筑与更高水平开放相匹配的监管和风险防控体系。健全产业损害预警体系,丰富贸易调整援助、贸易救济等政策工具,妥善应对经贸摩擦。健全外商投资国家安全审查、反垄断审查和国家技术安全清单管理、不可靠实体清单等制度。建立重要资源和产品全球供应链风险预警系统,加强国际供应链保障合作。加强国际收支监测,保持国际收支基本平衡和外汇储备基本稳定。加强对外资产负债监测,建立健全全口径外债监管体系。完善境外投资分类分级监管体系。构建海外利益保护和风险预警防范体系。优化提升驻外外交机构基础设施保障能力,完善领事保护工作体制机制,维护海外中国公民、机构安全和正当权益。

第四十一章　推动共建"一带一路"高质量发展

坚持共商共建共享原则,秉持绿色、开放、廉洁理念,深化务实合作,加强安全保障,促进共同发展。

第一节　加强发展战略和政策对接

推进战略、规划、机制对接,加强政策、规则、标准联通。创新对接方式,推进已签文件落实见效,推动与更多国家商签投资保护协定、避免双重征税协定等,加强海关、税收、监管等合作,推动实施更高水平的通关一体化。拓展规则对接领域,加强融资、贸易、能源、数字信息、农业等领域规则对接合作。促进共建"一带一路"倡议同区域和国际发展议程有效对接、协同增效。

第二节　推进基础设施互联互通

推动陆海天网四位一体联通,以"六廊六路多国多港"为基本框架,构建以新亚欧大陆桥等经济走廊为引领,以中欧班列、陆海新通道等大通道和信息高速路为骨架,以铁路、港口、管网等为依托的互联互通网络,打造国际陆海贸易新通道。聚焦关键通道和关键城市,有序推动重大合作项目建设,将高质量、可持续、抗风险、价格合理、包容可及目标融入项目建设全过程。提高中欧班列开行质量,推动国际陆运贸易规则制定。扩大"丝路海运"品牌影响。推进福建、新疆建设"一带一路"核心区。推进"一带一路"空间信息走廊建设。建设"空中丝绸之路"。

第三节　深化经贸投资务实合作

推动与共建"一带一路"国家贸易投资合作优化升级,积极发展丝路电商。深化国际产能合作,拓展第三方市场合作,构筑互利共赢的产业链供应链合作体系,扩大双向贸易和投资。坚持以企业为主体、市场为导向,遵循国际惯例和债务可持续原则,健全多元化投融资体系。创新融资合作框架,发挥共建"一带一路"专项贷款、丝路基金等作用。建立健全"一带一路"金融合作网络,推动金融基础设施互联互通,支持多边和各国金融机构共同参与投融资。完善"一带一路"风险防控和安全保障体系,强化法律服务保障,有效防范化解各类风险。

第四节　架设文明互学互鉴桥梁

深化公共卫生、数字经济、绿色发展、科技教育、文化艺术等领域人文合作,加强议会、政党、民间组织往来,密切妇女、青年、残疾人等群体交流,形成多元互动的人文交流格局。推进实施共建"一带一路"科技创新行动计划,建设数字丝绸之路、创新丝绸之路。加强应对气候变化、海洋合作、野生动物保护、荒漠化防治等交流合作,推动建设绿色丝绸之路。积极与共建"一带一路"国家开展医疗卫生和传染病防控合作,建设健康丝绸之路。

第四十二章　积极参与全球治理体系改革和建设

高举和平、发展、合作、共赢旗帜,坚持独立自主的和平外交政策,推动构建新型国际关系,推动全球治理体系朝着更加公正合理的方向发展。

第一节　维护和完善多边经济治理机制

维护多边贸易体制,积极参与世界贸易组织改革,坚决维护发展中成员地位。推动二十国集团等发挥国际经济合作功能,建设性参与亚太经合组织、金砖国家等机制经济治理合作,提出更多中国倡议、中国方案。推动主要多边金融机构深化治理改革,支持亚洲基础设施投资银行和新开发银行更好发挥作用,提高参与国际金融治理能力。推动国际宏观经济政策沟通协调,搭建国际合作平台,共同维护全球产业链供应链稳定畅通、全球金融市场稳定,合力促进世界经济增长。推动新兴领域经济治理规则制定。

第二节 构建高标准自由贸易区网络

实施自由贸易区提升战略,构建面向全球的高标准自由贸易区网络。优化自由贸易区布局,推动区域全面经济伙伴关系协定实施,加快中日韩自由贸易协定谈判进程,稳步推进亚太自贸区建设。提升自由贸易区建设水平,积极考虑加入全面与进步跨太平洋伙伴关系协定,推动商签更多高标准自由贸易协定和区域贸易协定。

第三节 积极营造良好外部环境

积极发展全球伙伴关系,推进大国协调和合作,深化同周边国家关系,加强同发展中国家团结合作。坚持多边主义和共商共建共享原则,维护以联合国为核心的国际体系和以国际法为基础的国际秩序,共同应对全球性挑战。积极参与重大传染病防控国际合作,推动构建人类卫生健康共同体。深化对外援助体制机制改革,优化对外援助布局,向发展中国家特别是最不发达国家提供力所能及的帮助,加强医疗卫生、科技教育、绿色发展、减贫、人力资源开发、紧急人道主义等领域对外合作和援助。积极落实联合国 2030 年可持续发展议程。

第十三篇

提升国民素质
促进人的全面发展

把提升国民素质放在突出重要位置,构建高质量的教育体系和全方位全周期的健康体系,优化人口结构,拓展人口质量红利,提升人力资本水平和人的全面发展能力。

第四十三章 建设高质量教育体系

全面贯彻党的教育方针,坚持优先发展教育事业,坚持立德树人,增强学生文明素养、社会责任意识、实践本领,培养德智体美劳全面发展的社会主义建设者和接班人。

第一节 推进基本公共教育均等化

巩固义务教育基本均衡成果,完善办学标准,推动义务教育优质均衡发展和城乡一体化。加快城镇学校扩容增位,保障农业转移人口随迁子女平等享有基本公共教育服务。改善乡村小规模学校和乡镇寄宿制学校条件,加强乡村教师队伍建设,提高乡村教师素质能力,完善留守儿童关爱体系,巩固义务教育控辍保学成果。巩固提升高中阶段教育普及水平,鼓励高中阶段学校多样化发展,高中阶段教育毛入学率提高到92%以上。规范校外培训。完善普惠性学前教育和特殊教育、专门教育保障机制,学前教育毛入园率提高到90%以上。提高民族地区教育质量和水平,加大国家通用语言文字推广力度。

第二节 增强职业技术教育适应性

突出职业技术(技工)教育类型特色,深入推进改革创新,优化结构与布局,大力培养技术技能人才。完善职业技术教育国家标准,推行"学历证书+职业技能等级证书"制度。创新办学模式,深化产教融合、校企合作,鼓励企业举办高质量职业技术教育,探索中国特色学徒制。实施现代职业技术教育质量提升计划,建设一批高水平职业技术院校和专业,稳步发展职业本科教育。深化职普融通,实现职业技术教育与普通教育双向互认、纵向流动。

第三节 提高高等教育质量

推进高等教育分类管理和高等学校综合改革,构建更加多元的高等教育体系,高等教育毛入学率提高到60%。分类建设一流大学和一流学科,支持发展高水平研究型大学。建设高质量本科教育,推进部分普通本科高校向应用型转变。建立学科专业动态调整机制和特色发展引导机制,增强高校学科设置针对性,推进基础学科高层次人才培养模式改革,加快培养理工农医类专业紧缺人才。加强研究生培养管理,提升研究生教育质量,稳步扩大专业学位研究生规模。优化区域高等教育资源布局,推进中西部地区高等教育振兴。

第四节　建设高素质专业化教师队伍

建立高水平现代教师教育体系,加强师德师风建设,完善教师管理和发展政策体系,提升教师教书育人能力素质。重点建设一批师范教育基地,支持高水平综合大学开展教师教育,健全师范生公费教育制度,推进教育类研究生和公费师范生免试认定教师资格改革。支持高水平工科大学举办职业技术师范专业,建立高等学校、职业学校与行业企业联合培养"双师型"教师机制。深化中小学、幼儿园教师管理综合改革,统筹教师编制配置和跨区调整,推进义务教育教师"县管校聘"管理改革,适当提高中高级教师岗位比例。

第五节　深化教育改革

深化新时代教育评价改革,建立健全教育评价制度和机制,发展素质教育,更加注重学生爱国情怀、创新精神和健康人格培养。坚持教育公益性原则,加大教育经费投入,改革完善经费使用管理制度,提高经费使用效益。落实和扩大学校办学自主权,完善学校内部治理结构,有序引导社会参与学校治理。深化考试招生综合改革。支持和规范民办教育发展,开展高水平中外合作办学。发挥在线教育优势,完善终身学习体系,建设学习型社会。推进高水平大学开放教育资源,完善注册学习和弹性学习制度,畅通不同类型学习成果的互认和转换渠道。

专栏16　教育提质扩容工程
01　**普惠性幼儿园** 以人口集中流入地、农村地区和"三区三州"为重点,新建、改扩建2万所幼儿园,增加普惠学位400万个以上。
02　**基础教育** 以教育基础薄弱县和人口流入地为重点,新建、改扩建中小学校4000所以上。在边境县(团场)建设100所"国门学校"。
03　**职业技术教育** 支持建设200所以上高水平高职学校和600个以上高水平专业,支持建设一批优秀中职学校和优质专业。
04　**高等教育** 加强"双一流"建设高校基础研究和协同创新能力建设,提升100所中西部本科高校办学条件,布局建设一批高水平公共卫生学院和高水平师范院校。
05　**产教融合平台** 围绕集成电路、人工智能、工业互联网、储能等重点领域,布局建设一批国家产教融合创新平台和研究生联合培养基地。建设100个高水平、专业化、开放型产教融合实训基地。

第四十四章　全面推进健康中国建设

把保障人民健康放在优先发展的战略位置,坚持预防为主的方针,深入实施健康中国行动,完善国民健康促进政策,织牢国家公共卫生防护网,为人民提供全方位全生命期健康服务。

第一节　构建强大公共卫生体系

改革疾病预防控制体系,强化监测预警、风险评估、流行病学调查、检验检测、应急处置等职能。建立稳定的公共卫生事业投入机制,改善疾控基础条件,强化基层公共卫生体系。落实医疗机构公共卫生责任,创新医防协同机制。完善突发公共卫生事件监测预警处置机制,加强实验室检测网络建设,健全医疗救治、科技支撑、物资保障体系,提高应对突发公共卫生事件能力。建立分级分层分流的传染病救治网络,建立健全统一的国家公共卫生应急物资储备体系,大型公共建筑预设平疫结合改造接口。筑牢口岸防疫防线。加强公共卫生学院和人才队伍建设。完善公共卫生服务项目,扩大国家免疫规划,强化慢性病预防、早期筛查和综合干预。完善心理健康和精神卫生服务体系。

第二节 深化医药卫生体制改革

坚持基本医疗卫生事业公益属性,以提高医疗质量和效率为导向,以公立医疗机构为主体、非公立医疗机构为补充,扩大医疗服务资源供给。加强公立医院建设,加快建立现代医院管理制度,深入推进治理结构、人事薪酬、编制管理和绩效考核改革。加快优质医疗资源扩容和区域均衡布局,建设国家医学中心和区域医疗中心。加强基层医疗卫生队伍建设,以城市社区和农村基层、边境口岸城市、县级医院为重点,完善城乡医疗服务网络。加快建设分级诊疗体系,积极发展医疗联合体。加强预防、治疗、护理、康复有机衔接。推进国家组织药品和耗材集中带量采购使用改革,发展高端医疗设备。完善创新药物、疫苗、医疗器械等快速审评审批机制,加快临床急需和罕见病治疗药品、医疗器械审评审批,促进临床急需境外已上市新药和医疗器械尽快在境内上市。提升医护人员培养质量与规模,扩大儿科、全科等短缺医师规模,每千人口拥有注册护士数提高到 3.8 人。实施医师区域注册,推动医师多机构执业。稳步扩大城乡家庭医生签约服务覆盖范围,提高签约服务质量。支持社会办医,鼓励有经验的执业医师开办诊所。

第三节 健全全民医保制度

健全基本医疗保险稳定可持续筹资和待遇调整机制,完善医保缴费参保政策,实行医疗保障待遇清单制度。做实基本医疗保险市级统筹,推动省级统筹。完善基本医疗保险门诊共济保障机制,健全重大疾病医疗保险和救助制度。完善医保目录动态调整机制。推行以按病种付费为主的多元复合式医保支付方式。将符合条件的互联网医疗服务纳入医保支付范围,落实异地就医结算。扎实推进医保标准化、信息化建设,提升经办服务水平。健全医保基金监管机制。稳步建立长期护理保险制度。积极发展商业医疗保险。

第四节　推动中医药传承创新

坚持中西医并重和优势互补,大力发展中医药事业。健全中医药服务体系,发挥中医药在疾病预防、治疗、康复中的独特优势。加强中西医结合,促进少数民族医药发展。加强古典医籍精华的梳理和挖掘,建设中医药科技支撑平台,改革完善中药审评审批机制,促进中药新药研发保护和产业发展。强化中药质量监管,促进中药质量提升。强化中医药特色人才培养,加强中医药文化传承与创新发展,推动中医药走向世界。

第五节　建设体育强国

广泛开展全民健身运动,增强人民体质。推动健康关口前移,深化体教融合、体卫融合、体旅融合。完善全民健身公共服务体系,推进社会体育场地设施建设和学校场馆开放共享,提高健身步道等便民健身场所覆盖面,因地制宜发展体育公园,支持在不妨碍防洪安全前提下利用河滩地等建设公共体育设施。保障学校体育课和课外锻炼时间,以青少年为重点开展国民体质监测和干预。坚持文化教育和专业训练并重,加强竞技体育后备人才培养,提升重点项目竞技水平,巩固传统项目优势,探索中国特色足球篮球排球发展路径,持续推进冰雪运动发展,发展具有世界影响力的职业体育赛事。扩大体育消费,发展健身休闲、户外运动等体育产业。办好北京冬奥会、冬残奥会及杭州亚运会等。

第六节　深入开展爱国卫生运动

丰富爱国卫生工作内涵,促进全民养成文明健康生活方式。加强公共卫生环境基础设施建设,推进城乡环境卫生整治,强化病媒生物防制。深入推进卫生城镇创建。加强健康教育和健康知识普及,树立良好饮食风尚,制止餐饮浪费行为,开展控烟限酒行动,坚决革除滥食野生动物等陋习,推广分餐公筷、垃圾分类投放等生活习惯。

专栏17　全民健康保障工程
01　疾病预防控制 启动中国疾病预防控制中心二期项目,依托现有疾控机构建设15个左右区域公共卫生中心,升级改造20个左右国家重大传染病防控救治基地、20个左右国家紧急医学救援基地。

02	国家医学中心
	加强国家心血管、呼吸、肿瘤、创伤、儿科等医学中心建设。聚焦重大病种,打造若干引领国内、具有全球影响力的高水平医学中心和医学创新转化中心。
03	区域医疗中心
	支持高水平医疗机构在外出就医多、医疗资源薄弱的省份建设一批区域医疗中心,建成河北、河南、山西、辽宁、安徽、福建、云南、新疆等区域医疗中心。
04	县级医院
	推动省市优质医疗资源支持县级医院发展,力争新增500个县级医院(含中医院)达到三级医院设施条件和服务能力。
05	中医药发展
	打造20个左右国家中医药传承创新中心,20个左右中西医协同旗舰医院,20个左右中医疫病防治基地,100个左右中医特色重点医院,形成一批中医优势专科。
06	全民健身场地设施
	新建、改扩建1000个左右体育公园,建设户外运动、健身休闲等配套公共基础设施。推进社会足球场地和体育健身步道建设。

第四十五章　实施积极应对人口老龄化国家战略

制定人口长期发展战略,优化生育政策,以"一老一小"为重点完善人口服务体系,促进人口长期均衡发展。

第一节　推动实现适度生育水平

增强生育政策包容性,推动生育政策与经济社会政策配套衔接,减轻家庭生育、养育、教育负担,释放生育政策潜力。完善幼儿养育、青少年发展、老人赡养、病残照料等政策和产假制度,探索实施父母育儿假。改善优生优育全程服务,加强孕前孕产期健康服务,提高出生人口质量。建立健全计划生育特殊困难家庭全方位帮扶保障制度。改革完善人口统计和监测体系,密切监测生育形势。深化人口发展战略研究,健全人口与发展综合决策机制。

第二节　健全婴幼儿发展政策

发展普惠托育服务体系,健全支持婴幼儿照护服务和早期发展的政策体系。加强对家庭照护和社区服务的支持指导,增强家庭科学育儿能力。严格落实城镇小区配套园政策,积极发展多种形式的婴幼儿照护服务机构,鼓励有条件的用人单位提供婴幼儿照护服务,支持企事业单位和社会组织等社会力量提供普惠托育服务,鼓励幼儿园发展托幼一体化服务。推进婴幼儿照护服务专业化、规范化发展,提高保育保教质量和水平。

第三节　完善养老服务体系

推动养老事业和养老产业协同发展,健全基本养老服务体系,大力发展普惠型养老服务,支持家庭承担养老功能,构建居家社区机构相协调、医养康养相结合的养老服务体系。完善社区居家养老服务网络,推进公共设施适老化改造,推动专业机构服务向社区延伸,整合利用存量资源发展社区嵌入式养老。强化对失能、部分失能特困老年人的兜底保障,积极发展农村互助幸福院等互助性养老。深化公办养老机构改革,提升服务能力和水平,完善公建民营管理机制,支持培训疗养资源转型发展养老,加强对护理型民办养老机构的政策扶持,开展普惠养老城企联动专项行动。加强老年健康服务,深入推进医养康养结合。加大养老护理型人才培养力度,扩大养老机构护理型床位供给,养老机构护理型床位占比提高到 55%,更好满足高龄失能失智老年人护理服务需求。逐步提升老年人福利水平,完善经济困难高龄失能老年人补贴制度和特殊困难失能留守老年人探访关爱制度。健全养老服务综合监管制度。构建养老、孝老、敬老的社会环境,强化老年人权益保障。综合考虑人均预期寿命提高、人口老龄化趋势加快、受教育年限增加、劳动力结构变化等因素,按照小步调整、弹性实施、分类推进、统筹兼顾等原则,逐步延迟法定退休年龄,促进人力资源充分利用。发展银发经济,开发适老化技术和产品,培育智慧养老等新业态。

专栏18 "一老一小"服务项目
01 **特殊困难家庭适老化改造** 支持200万户特殊困难高龄、失能、残疾老年人家庭实施适老化改造,配备辅助器具和防走失装置等设施。
02 **社区居家养老服务网络建设** 支持500个区县建设连锁化运营、标准化管理的示范性社区居家养老服务网络,提供失能护理、日间照料以及助餐助浴助洁助医助行等服务。
03 **养老机构服务提升** 支持300个左右培训疗养机构转型为普惠养老机构、1000个左右公办养老机构增加护理型床位,支持城市依托基层医疗卫生资源建设医养结合设施。
04 **普惠托育服务扩容** 支持150个城市利用社会力量发展综合托育服务机构和社区托育服务设施,新增示范性普惠托位50万个以上。
05 **儿童友好城市建设** 开展100个儿童友好城市示范,加强校外活动场所、社区儿童之家建设和公共空间适儿化改造,完善儿童公共服务设施。

第十四篇

增进民生福祉
提升共建共治共享水平

坚持尽力而为、量力而行,健全基本公共服务体系,加强普惠性、基础性、兜底性民生建设,完善共建共治共享的社会治理制度,制定促进共同富裕行动纲要,自觉主动缩小地区、城乡和收入差距,让发展成果更多更公平惠及全体人民,不断增强人民群众获得感、幸福感、安全感。

第四十六章 健全国家公共服务
制度体系

加快补齐基本公共服务短板,着力增强非基本公共服务弱项,努力提升公共服务质量和水平。

第一节 提高基本公共服务均等化水平

推动城乡区域基本公共服务制度统一、质量水平有效衔接。围绕公共教育、就业创业、社会保险、医疗卫生、社会服务、住房保障、公共文化体育、优抚安置、残疾人服务等领域，建立健全基本公共服务标准体系，明确国家标准并建立动态调整机制，推动标准水平城乡区域间衔接平衡。按照常住人口规模和服务半径统筹基本公共服务设施布局和共建共享，促进基本公共服务资源向基层延伸、向农村覆盖、向边远地区和生活困难群众倾斜。

第二节　创新公共服务提供方式

区分基本与非基本，突出政府在基本公共服务供给保障中的主体地位，推动非基本公共服务提供主体多元化、提供方式多样化。在育幼、养老等供需矛盾突出的服务领域，支持社会力量扩大普惠性规范性服务供给，保障提供普惠性规范性服务的各类机构平等享受优惠政策。鼓励社会力量通过公建民营、政府购买服务、政府和社会资本合作等方式参与公共服务供给。深化公共服务领域事业单位改革，营造事业单位与社会力量公平竞争的市场环境。

第三节　完善公共服务政策保障体系

优化财政支出结构，优先保障基本公共服务补短板。明确中央和地方在公共服务领域事权和支出责任，加大中央和省级财政对基层政府提供基本公共服务的财力支持。将更多公共服务项目纳入政府购买服务指导性目录,加大政府购买力度,完善财政、融资和土地等优惠政策。在资格准入、职称评定、土地供给、财政支持、政府采购、监督管理等方面公平对待民办与公办机构。

第四十七章　实施就业优先战略

健全有利于更充分更高质量就业的促进机制,扩大就业容量,提升就业质量,缓解结构性就业矛盾。

第一节　强化就业优先政策

坚持经济发展就业导向,健全就业目标责任考核机制和就业影响评估机制。完善高校毕业生、退役军人、农民工等重点群体就业支持体系。完善与就业容量挂钩的产业政策,支持吸纳就业能力强的服务业、中小微企业和劳动密集型企业发展,稳定拓展社区超市、便利店和社区服务岗位。促进平等就业,增加高质量就业,注重发展技能密集型产业,支持和规范发展新就业形态,扩大政府购买基层教育、医疗和专业化社会服务规模。建立促进创业带动就业、多渠道灵活就业机制,全面清理各类限制性政策,增强劳动力市场包容性。统筹城乡就业政策,积极引导农村劳动力就业。扩大公益性岗位安置,着力帮扶残疾人、零就业家庭成员等困难人员就业。

第二节　健全就业公共服务体系

健全覆盖城乡的就业公共服务体系,加强基层公共就业创业服务平台建设,为劳动者和企业免费提供政策咨询、职业介绍、用工指导等服务。构建常态化援企稳岗帮扶机制,统筹用好就业补助资金和失业保险基金。健全劳务输入集中区域与劳务输出省份对接协调机制,加强劳动力跨区域精准对接。加强劳动者权益保障,健全劳动合同制度和劳动关系协调机制,完善欠薪治理长效机制和劳动争议调解仲裁制度,探索建立新业态从业人员劳动权益保障机制。健全就业需求调查和失业监测预警机制。

第三节　全面提升劳动者就业创业能力

健全终身技能培训制度,持续大规模开展职业技能培训。深入实施职业技能提升行动和重点群体专项培训计划,广泛开展新业态新模式从业人员技能培训,有效提高培训质量。统筹各级各类职业技能培训资金,创新使用方式,畅通培训补贴直达企业和培训者渠道。健全培训经费税前扣除政策,鼓励企业开展岗位技能提升培训。支持开展订单式、套餐制培训。建设一批公共实训基地和产教融合基地,推动培训资源共建共享。办好全国职业技能大赛。

第四十八章　优化收入分配结构

坚持居民收入增长和经济增长基本同步、劳动报酬提高和劳动生产率提高基本同步,持续提高低收入群体收入,扩大中等收入群体,更加积极有为地促进共同富裕。

第一节　拓展居民收入增长渠道

坚持按劳分配为主体、多种分配方式并存,提高劳动报酬在初次分配中的比重。健全工资决定、合理增长和支付保障机制,完善最低工资标准和工资指导线形成机制,积极推行工资集体协商制度。完善按要素分配政策制度,健全各类生产要素由市场决定报酬的机制,探索通过土地、资本等要素使用权、收益权增加中低收入群体要素收入。完善国有企业市场化薪酬分配机制,普遍实行全员绩效管理。改革完善体现岗位绩效和分级分类管理的事业单位薪酬制度。规范劳务派遣用工行为,保障劳动者同工同酬。多渠道增加城乡居民财产性收入,提高农民土地增值收益分享比例,完善上市公司分红制度,创新更多适应家庭财富管理需求的金融产品。完善国有资本收益上缴公共财政制度,加大公共财政支出用于民生保障力度。

第二节 扩大中等收入群体

实施扩大中等收入群体行动计划,以高校和职业院校毕业生、技能型劳动者、农民工等为重点,不断提高中等收入群体比重。提高高校、职业院校毕业生就业匹配度和劳动参与率。拓宽技术工人上升通道,畅通非公有制经济组织、社会组织、自由职业专业技术人员职称申报和技能等级认定渠道,提高技能型人才待遇水平和社会地位。实施高素质农民培育计划,运用农业农村资源和现代经营方式增加收入。完善小微创业者扶持政策,支持个体工商户、灵活就业人员等群体勤劳致富。

第三节 完善再分配机制

加大税收、社会保障、转移支付等调节力度和精准性,发挥慈善等第三次分配作用,改善收入和财富分配格局。健全直接税体系,完善综合与分类相结合的个人所得税制度,加强对高收入者的税收调节和监管。增强社会保障待遇和服务的公平性可及性,完善兜底保障标准动态调整机制。规范收入分配秩序,保护合法收入,合理调节过高收入,取缔非法收入,遏制以垄断和不正当竞争行为获取收入。建立完善个人收入和财产信息系统。健全现代支付和收入监测体系。

第四十九章　健全多层次社会保障体系

坚持应保尽保原则,按照兜底线、织密网、建机制的要求,加快健全覆盖全民、统筹城乡、公平统一、可持续的多层次社会保障体系。

第一节　改革完善社会保险制度

健全养老保险制度体系,促进基本养老保险基金长期平衡。实现基本养老保险全国统筹,放宽灵活就业人员参保条件,实现社会保险法定人群全覆盖。完善划转国有资本充实社保基金制度,优化做强社会保障战略储备基金。完善城镇职工基本养老金合理调整机制,逐步提高城乡居民基础养老金标准。发展多层次、多支柱养老保险体系,提高企业年金覆盖率,规范发展第三支柱养老保险。推进失业保险、工伤保险向职业劳动者广覆盖,实现省级统筹。推进社保转移接续,完善全国统一的社会保险公共服务平台。

第二节　优化社会救助和慈善制度

以城乡低保对象、特殊困难人员、低收入家庭为重点,健全分层分类的社会救助体系,构建综合救助格局。健全基本生活救助制度和医疗、教育、住房、就业、受灾人员等专项救助制度,完善救助标准和救助对象动态调整机制。健全临时救助政策措施,强化急难社会救助功能。加强城乡救助体系统筹,逐步实现常住地救助申领。积极发展服务类社会救助,推进政府购买社会救助服务。促进慈善事业发展,完善财税等激励政策。规范发展网络慈善平台,加强彩票和公益金管理。

第三节　健全退役军人工作体系和保障制度

完善退役军人事务组织管理体系、工作运行体系和政策制度体系,提升退役军人服务保障水平。深化退役军人安置制度改革,加大教育培训和就业扶持力度,拓展就业领域,提升安置质量。建立健全新型待遇保障体系,完善和落实优抚政策,合理提高退役军人和其他优抚对象待遇标准,做好随调配偶子女工作安排、落户和教育等工作。完善离退休军人和伤病残退役军人移交安置、收治休养制度,加强退役军人服务中心(站)建设,提升优抚医院、光荣院、军供站等建设服务水平。加强退役军人保险制度衔接。大力弘扬英烈精神,加强烈士纪念设施建设和管护,建设军人公墓。深入推动双拥模范城(县)创建。

第五十章　保障妇女未成年人和
残疾人基本权益

坚持男女平等基本国策,坚持儿童优先发展,提升残疾人关爱服务水平,切实保障妇女、未成年人、残疾人等群体发展权利和机会。

第一节　促进男女平等和妇女全面发展

深入实施妇女发展纲要,持续改善妇女发展环境,促进妇女平等依法行使权利、参与经济社会发展、共享发展成果。保障妇女享有卫生健康服务,完善宫颈癌、乳腺癌综合防治体系和救助政策。保障妇女平等享有受教育权利,持续提高受教育年限和综合能力素质。保障妇女平等享有经济权益,消除就业性别歧视,依法享有产假和生育津贴,保障农村妇女土地权益。保障妇女平等享有政治权利,推动妇女广泛参与社会事务和民主管理。落实法规政策性别平等评估机制,完善分性别统计制度。提高留守妇女关爱服务水平。严厉打击侵害妇女和女童人身权利的违法犯罪行为。

第二节　提升未成年人关爱服务水平

深入实施儿童发展纲要,优化儿童发展环境,切实保障儿童生存权、发展权、受保护权和参与权。完善儿童健康服务体系，预防和控制儿童疾病，减少儿童死亡和严重出生缺陷发生，有效控制儿童肥胖和近视，实施学龄前儿童营养改善计划。保障儿童公平受教育权利，加强儿童心理健康教育和服务。加强困境儿童分类保障，完善农村留守儿童关爱服务体系，健全孤儿和事实无人抚养儿童保障机制。完善落实未成年人监护制度，严厉打击侵害未成年人权益的违法犯罪行为，完善未成年人综合保护体系。深入实施青年发展规划，促进青年全面发展，搭建青年成长成才和建功立业的平台，激发青年创新创业活力。

第三节　加强家庭建设

以建设文明家庭、实施科学家教、传承优良家风为重点，深入实施家家幸福安康工程。构建支持家庭发展的法律政策体系，推进家庭教育立法进程，加大反家庭暴力法实施力度，加强婚姻家庭辅导服务，预防和化解婚姻家庭矛盾纠纷。构建覆盖城乡的家庭教育指导服务体系，健全学校家庭社会协同育人机制。促进家庭服务多元化发展。充分发挥家庭家教家风在基层社会治理中的作用。

第四节　提升残疾人保障和发展能力

健全残疾人帮扶制度，帮助残疾人普遍参加基本医疗和基本养老保险,动态调整困难残疾人生活补贴和重度残疾人护理补贴标准。完善残疾人就业支持体系,加强残疾人劳动权益保障,优先为残疾人提供职业技能培训,扶持残疾人自主创业。推进适龄残疾儿童和少年教育全覆盖,提升特殊教育质量。建成康复大学,促进康复服务市场化发展,提高康复辅助器具适配率,提升康复服务质量。开展重度残疾人托养照护服务。加强残疾人服务设施和综合服务能力建设,完善无障碍环境建设和维护政策体系,支持困难残疾人家庭无障碍设施改造。

专栏19　社会关爱服务行动
01　**残疾人服务** 加强专业化残疾人康复、托养和综合服务设施建设,补贴110万户困难重度残疾人家庭无障碍设施改造,提升社区无障碍建设水平。
02　**困难儿童关爱** 支持儿童福利机构建设,提升孤弃儿童集中养治教康水平。加强留守儿童数量较多的欠发达地区未成年人保护设施建设。建设残疾儿童康复救助定点机构,推动残疾儿童普遍享有基本康复服务。
03　**流浪乞讨人员救助** 充分利用现有社会福利设施建设流浪乞讨人员救助设施或救助站,实现救助服务网络覆盖全部县市。
04　**精神卫生福利设施** 在精神卫生服务能力不足的地区建设100个左右精神卫生福利设施,为困难精神障碍患者提供集中养护、康复服务。
05　**公益性殡葬服务** 加强殡仪馆、公益性骨灰安葬(放)设施建设,推动老旧殡仪馆改造,推动基本殡葬服务设施覆盖全部县市。推进农村公墓建设。加大生态殡葬奖补力度。

第五十一章　构建基层社会治理新格局

健全党组织领导的自治、法治、德治相结合的城乡基层社会治理体系,完善基层民主协商制度,建设人人有责、人人尽责、人人享有的社会治理共同体。

第一节　夯实基层社会治理基础

健全党组织领导、村(居)委会主导、人民群众为主体的基层社会治理框架。依法厘清基层政府与基层群众性自治组织的权责边界,制定县(区)职能部门、乡镇(街道)在城乡社区治理方面的权责清单制度,实行工作事项准入制度,减轻基层特别是村级组织负担。加强基层群众性自治组织规范化建设,合理确定其功能、规模和事务范围。加强基层群众自治机制建设,完善村(居)民议事会、理事会、监督委员会等自治载体,健全村(居)民参与社会治理的组织形式和制度化渠道。

第二节　健全社区管理和服务机制

推动社会治理和服务重心下移、资源下沉,提高城乡社区精准化精细化服务管理能力。推进审批权限和公共服务事项向基层延伸,构建网格化管理、精细化服务、信息化支撑、开放共享的基层管理服务平台,推动就业社保、养老托育、扶残助残、医疗卫生、家政服务、物流商超、治安执法、纠纷调处、心理援助等便民服务场景有机集成和精准对接。完善城市社区居委会职能,督促业委会和物业服务企业履行职责,改进社区物业服务管理。构建专职化、专业化的城乡社区工作者队伍。

第三节　积极引导社会力量参与基层治理

发挥群团组织和社会组织在社会治理中的作用,畅通和规范市场主体、新社会阶层、社会工作者和志愿者等参与社会治理的途径,全面激发基层社会治理活力。培育规范化行业协会商会、公益慈善组织、城乡社区社会组织,加强财政补助、购买服务、税收优惠、人才保障等政策支持和事中事后监管。支持和发展社会工作服务机构和志愿服务组织,壮大志愿者队伍,搭建更多志愿服务平台,健全志愿服务体系。

第十五篇

统筹发展和安全
建设更高水平的平安中国

坚持总体国家安全观,实施国家安全战略,维护和塑造国家安全,统筹传统安全和非传统安全,把安全发展贯穿国家发展各领域和全过程,防范和化解影响我国现代化进程的各种风险,筑牢国家安全屏障。

第五十二章 加强国家安全体系和能力建设

坚持政治安全、人民安全、国家利益至上有机统一,以人民安全为宗旨,以政治安全为根本,以经济安全为基础,以军事、科技、文化、社会安全为保障,不断增强国家安全能力。完善集中统一、高效权威的国家安全领导体制,健全国家安全法治体系、战略体系、政策体系、人才体系和运行机制,完善重要领域国家安全立法、制度、政策。巩固国家安全人民防线,加强国家安全宣传教育,增强全民国家安全意识,建立健全国家安全风险研判、防控协同、防范化解机制。健全国家安全审查和监管制度,加强国家安全执法。坚定维护国家政权安全、制度安全、意识形态安全,全面加强网络安全保障体系和能力建设,切实维护新型领域安全,严密防范和严厉打击敌对势力渗透、破坏、颠覆、分裂活动。

第五十三章　强化国家经济安全保障

强化经济安全风险预警、防控机制和能力建设,实现重要产业、基础设施、战略资源、重大科技等关键领域安全可控,着力提升粮食、能源、金融等领域安全发展能力。

第一节　实施粮食安全战略

实施分品种保障策略,完善重要农产品供给保障体系和粮食产购储加销体系,确保口粮绝对安全、谷物基本自给、重要农副产品供应充足。毫不放松抓好粮食生产,深入实施藏粮于地、藏粮于技战略,开展种源"卡脖子"技术攻关,提高良种自主可控能力。严守耕地红线和永久基本农田控制线,稳定并增加粮食播种面积和产量,合理布局区域性农产品应急保供基地。深化农产品收储制度改革,加快培育多元市场购销主体,改革完善中央储备粮管理体制,提高粮食储备调控能力。强化粮食安全省长责任制和"菜篮子"市长负责制,实行党政同责。有效降低粮食生产、储存、运输、加工环节损耗,开展粮食节约行动。积极开展重要农产品国际合作,健全农产品进口管理机制,推动进口来源多元化,培育国际大粮商和农业企业集团。制定粮食安全保障法。

第二节　实施能源资源安全战略

坚持立足国内、补齐短板、多元保障、强化储备,完善产供储销体系,增强能源持续稳定供应和风险管控能力,实现煤炭供应安全兜底、油气核心需求依靠自保、电力供应稳定可靠。夯实国内产量基础,保持原油和天然气稳产增产,做好煤制油气战略基地规划布局和管控。扩大油气储备规模,健全政府储备和企业社会责任储备有机结合、互为补充的油气储备体系。加强煤炭储备能力建设。完善能源风险应急管控体系,加强重点城市和用户电力供应保障,强化重要能源设施、能源网络安全防护。多元拓展油气进口来源,维护战略通道和关键节点安全。培育以我为主的交易中心和定价机制,积极推进本币结算。加强战略性矿产资源规划管控,提升储备安全保障能力,实施新一轮找矿突破战略行动。

第三节　实施金融安全战略

健全金融风险预防、预警、处置、问责制度体系,落实监管责任和属地责任,对违法违规行为零容忍,守住不发生系统性风险的底线。完善宏观审慎管理体系,保持宏观杠杆率以稳为主、稳中有降。加强系统重要性金融机构和金融控股公司监管,强化不良资产认定和处置,防范化解影子银行风险,有序处置高风险金融机构,严厉打击非法金融活动,健全互联网金融监管长效机制。完善债务风险识别、评估预警和有效防控机制,健全债券市场违约处置机制,推动债券市场统一执法,稳妥化解地方政府隐性债务,严惩逃废债行为。完善跨境资本流动管理框架,加强监管合作,提高开放条件下风险防控和应对能力。加强人民币跨境支付系统建设,推进金融业信息化核心技术安全可控,维护金融基础设施安全。

专栏20　经济安全保障工程
01　粮食储备设施 建设高标准粮仓,实施粮食绿色仓储提升工程,整合布局一批大型粮食物流枢纽和园区,提高应急分拨集散和通道衔接能力。
02　油气勘探开发 加强四川、鄂尔多斯、塔里木、准噶尔等重点盆地油气勘探开发,稳定渤海湾、松辽盆地老油区产量,建设川渝天然气生产基地。推进山西沁水盆地、鄂尔多斯东缘煤层气和川南、鄂西、云贵地区页岩气勘探开发,推进页岩油勘探开发。开展南海等地区天然气水合物试采。
03　煤制油气基地 稳妥推进内蒙古鄂尔多斯、陕西榆林、山西晋北、新疆准东、新疆哈密等煤制油气战略基地建设,建立产能和技术储备。

04	**电力安全保障** 布局一批坚强局部电网,建设本地支撑电源和重要用户应急保安电源。建设电力应急指挥系统、大型水电站安全和应急管理平台。构建电力行业网络安全仿真验证环境和网络安全态势感知平台。
05	**新一轮找矿突破战略行动** 开展基础性地质调查,优选油气、铀、铜、铝等100~200个找矿远景区,提交可供商业勘查的靶区200~300处。
06	**应急处置能力提升** 建设6个区域应急救援中心和综合应急实训演练基地。推动救援装备现代化,升级完善中央和地方综合应急物资储备库,建设一批应急物资物流基地。建设3座区域核与辐射应急监测物资储备库。

第五十四章　全面提高公共安全保障能力

坚持人民至上、生命至上,健全公共安全体制机制,严格落实公共安全责任和管理制度,保障人民生命安全。

第一节　提高安全生产水平

完善和落实安全生产责任制,建立公共安全隐患排查和安全预防控制体系。建立企业全员安全生产责任制度,压实企业安全生产主体责任。加强安全生产监测预警和监管监察执法,深入推进危险化学品、矿山、建筑施工、交通、消防、民爆、特种设备等重点领域安全整治,实行重大隐患治理逐级挂牌督办和整改效果评价。推进企业安全生产标准化建设,加强工业园区等重点区域安全管理。加强矿山深部开采与重大灾害防治等领域先进技术装备创新应用,推进危险岗位机器人替代。在重点领域推进安全生产责任保险全覆盖。

第二节　严格食品药品安全监管

加强和改进食品药品安全监管制度,完善食品药品安全法律法规和标准体系,探索建立食品安全民事公益诉讼惩罚性赔偿制度。深入实施食品安全战略,加强食品全链条质量安全监管,推进食品安全放心工程建设攻坚行动,加大重点领域食品安全问题联合整治力度。严防严控药品安全风险,构建药品和疫苗全生命周期管理机制,完善药品电子追溯体系,实现重点类别药品全过程来源可溯、去向可追。稳步推进医疗器械唯一标识制度。加强食品药品安全风险监测、抽检和监管执法,强化快速通报和快速反应。

第三节　加强生物安全风险防控

建立健全生物安全风险防控和治理体系,全面提高国家生物安全治理能力。完善国家生物安全风险监测预警体系和防控应急预案制度,健全重大生物安全事件信息统一发布机制。加强动植物疫情和外来入侵物种口岸防控。统筹布局生物安全基础设施,构建国家生物数据中心体系,加强高级别生物安全实验室体系建设和运行管理。强化生物安全资源监管,制定完善人类遗传资源和生物资源目录,建立健全生物技术研究开发风险评估机制。推进生物安全法实施。加强生物安全领域国际合作,积极参与生物安全国际规则制定。

第四节　完善国家应急管理体系

构建统一指挥、专常兼备、反应灵敏、上下联动的应急管理体制,优化国家应急管理能力体系建设,提高防灾减灾抗灾救灾能力。坚持分级负责、属地为主,健全中央与地方分级响应机制,强化跨区域、跨流域灾害事故应急协同联动。开展灾害事故风险隐患排查治理,实施公共基础设施安全加固和自然灾害防治能力提升工程,提升洪涝干旱、森林草原火灾、地质灾害、气象灾害、地震等自然灾害防御工程标准。加强国家综合性消防救援队伍建设,增强全灾种救援能力。加强和完善航空应急救援体系与能力。科学调整应急物资储备品类、规模和结构,提高快速调配和紧急运输能力。构建应急指挥信息和综合监测预警网络体系,加强极端条件应急救援通信保障能力建设。发展巨灾保险。

第五十五章　维护社会稳定和安全

正确处理新形势下人民内部矛盾,加强社会治安防控,编织全方位、立体化、智能化社会安全网。

第一节　健全社会矛盾综合治理机制

坚持和发展新时代"枫桥经验",构建源头防控、排查梳理、纠纷化解、应急处置的社会矛盾综合治理机制。畅通和规范群众诉求表达、利益协调、权益保障通道,完善人民调解、行政调解、司法调解联动工作体系。健全矛盾纠纷多元化解机制,充分发挥调解、仲裁、行政裁决、行政复议、诉讼等防范化解社会矛盾的作用。完善和落实信访制度,依法及时就地解决群众合理诉求。健全社会矛盾风险防控协同机制。健全社会心理服务体系和危机干预机制。

第二节　推进社会治安防控体系现代化

坚持专群结合、群防群治,提高社会治安立体化、法治化、专业化、智能化水平,形成问题联治、工作联动、平安联创的工作机制,健全社会治安防控体系。继续开展好禁毒人民战争和反恐怖斗争,推动扫黑除恶常态化,严厉打击各类违法犯罪活动,提升打击新型网络犯罪和跨国跨区域犯罪能力。坚持打防结合、整体防控,强化社会治安重点地区排查整治,健全社会治安协调联动机制。推进公安大数据智能化平台建设。完善执法司法权力运行监督和制约机制,健全执法司法人员权益保障机制。建设国门安全防控体系。深化国际执法安全务实合作。

第十六篇

加快国防和军队现代化
实现富国和强军相统一

贯彻习近平强军思想,贯彻新时代军事战略方针,坚持党对人民军队的绝对领导,坚持政治建军、改革强军、科技强军、人才强军、依法治军,加快机械化信息化智能化融合发展,全面加强练兵备战,提高捍卫国家主权、安全、发展利益的战略能力,确保2027年实现建军百年奋斗目标。

第五十六章　提高国防和军队
现代化质量效益

加快军事理论现代化,与时俱进创新战争和战略指导,健全新时代军事战略体系,发展先进作战理论。加快军队组织形态现代化,深化国防和军队改革,推进军事管理革命,加快军兵种和武警部队转型建设,壮大战略力量和新域新质作战力量,打造高水平战略威慑和联合作战体系,加强军事力量联合训练、联合保障、联合运用。加快军事人员现代化,贯彻新时代军事教育方针,完善三位一体新型军事人才培养体系,锻造高素质专业化新型军事人才方阵。加快武器装备现代化,聚力国防科技自主创新、原始创新,加速战略性前沿性颠覆性技术发展,加速武器装备升级换代和智能化武器装备发展。

第五十七章　促进国防实力和经济实力同步提升

同国家现代化发展相协调,搞好战略层面筹划,深化资源要素共享,强化政策制度协调,完善组织管理、工作运行、政策制度、人才队伍、风险防控体系,构建一体化国家战略体系和能力。推动重点区域、重点领域、新兴领域协调发展,集中力量实施国防领域重大工程。促进军事建设布局与区域经济发展布局有机结合,更好服务国家安全发展战略需要。深化军民科技协同创新,加强海洋、空天、网络空间、生物、新能源、人工智能、量子科技等领域军民统筹发展,推动军地科研设施资源共享,推进军地科研成果双向转化应用和重点产业发展。强化基础设施共建共用,加强新型基础设施统筹建设,加大经济建设项目贯彻国防要求力度。加快建设现代军事物流体系和资产管理体系。加强军地人才联合培养,健全军地人才交流使用、资格认证等制度。优化国防科技工业布局,加快标准化通用化进程。推进武器装备市场准入、空中交通管理等改革。完善国防动员体系,加强应急应战协同,健全强边固防机制,强化全民国防教育,巩固军政军民团结。维护军人军属合法权益,让军人成为全社会尊崇的职业。

第十七篇

加强社会主义民主法治建设
健全党和国家监督制度

坚持中国共产党领导、人民当家作主、依法治国有机统一，推进中国特色社会主义政治制度自我完善和发展。

第五十八章　发展社会主义民主

坚持和完善党总揽全局、协调各方的领导制度体系，把党的领导落实到国家发展各领域各方面各环节。坚持和完善人民代表大会制度，加强人大对"一府一委两院"的监督，保障人民依法通过各种途径和形式管理国家事务、管理经济文化事业、管理社会事务。坚持和完善中国共产党领导的多党合作和政治协商制度，提高中国特色社会主义参政党建设水平，加强人民政协专门协商机构建设，发挥社会主义协商民主独特优势，提高建言资政和凝聚共识水平。全面贯彻党的民族政策，坚持和完善民族区域自治制度，铸牢中华民族共同体意识,促进各民族共同团结奋斗、共同繁荣发展。全面贯彻党的宗教工作基本方针,坚持我国宗教中国化方向,积极引导宗教与社会主义社会相适应。健全基层群众自治制度,增强群众自我管理、自我服务、自我教育、自我监督实效。发挥工会、共青团、妇联等人民团体作用,把各自联系的群众紧紧凝聚在党的周围。完善大统战工作格局,促进政党关系、民族关系、宗教关系、阶层关系、海内外同胞关系和谐,巩固和发展大团结大联合局面。全面贯彻党的侨务政策,凝聚侨心、服务大局。

第五十九章　全面推进依法治国

坚定不移走中国特色社会主义法治道路,坚持依法治国、依法执政、依法行政共同推进,一体建设法治国家、法治政府、法治社会,实施法治中国建设规划。健全保障宪法全面实施的体制机制,加强宪法实施和监督,落实宪法解释程序机制,推进合宪性审查。完善立法体制机制,加强重点领域、新兴领域、涉外领域立法,立改废释纂并举,完善以宪法为核心的中国特色社会主义法律体系。实施法治政府建设实施纲要,坚持和完善重大行政决策程序制度,深化行政执法体制改革,严格规范公正文明执法,规范执法自由裁量权,推进行政复议体制改革。深化司法体制综合配套改革,完善审判制度、检察制度、刑罚执行制度、律师制度,全面落实司法责任制,加强对司法活动监督,深化执行体制改革,促进司法公正。实施法治社会建设实施纲要,加强社会主义法治文化建设,深入开展法治宣传教育,实施"八五"普法规划,完善公共法律服务体系、法律援助和国家司法救助制度。全面加强人权司法保护,促进人权事业全面发展。加强涉外法治体系建设,加强涉外法律人才培养。

第六十章　完善党和国家监督体系

健全党统一领导、全面覆盖、权威高效的监督体系,形成决策科学、执行坚决、监督有力的权力运行机制。落实全面从严治党主体责任、监督责任,强化政治监督,深化政治巡视并强化整改落实。推进纪律监督、监察监督、派驻监督、巡视监督统筹衔接,以党内监督为主导、推动各类监督贯通协调,形成常态长效的监督合力,使监督体系更好融入国家治理体系。深化纪检监察体制改革,加强上级纪委监委对下级纪委监委的领导,推进纪检监察工作规范化、法治化,发挥监督保障执行、促进完善发展作用。完善权力配置和运行制约机制,健全分事行权、分岗设权、分级授权、定期轮岗制度,完善党务、政务、司法和各领域办事公开制度,健全发现问题、纠正偏差、精准问责有效机制,构建全覆盖的责任制度和监督制度。坚持无禁区、全覆盖、零容忍,一体推进不敢腐、不能腐、不想腐,营造风清气正的良好政治生态和发展环境。深化反腐败国际合作。锲而不舍落实中央八项规定精神,完善作风建设长效机制,持续纠治形式主义、官僚主义,切实防止享乐主义、奢靡之风反弹回潮,坚决整治群众身边的腐败和不正之风。

第十八篇

坚持"一国两制"
推进祖国统一

保持香港、澳门长期繁荣稳定,推进两岸关系和平发展和祖国统一,共创中华民族伟大复兴的美好未来。

第六十一章　保持香港、澳门
长期繁荣稳定

全面准确贯彻"一国两制"、"港人治港"、"澳人治澳"、高度自治的方针,坚持依法治港治澳,维护宪法和基本法确定的特别行政区宪制秩序,落实中央对特别行政区全面管治权,落实特别行政区维护国家安全的法律制度和执行机制,维护国家主权、安全、发展利益和特别行政区社会大局稳定,坚决防范和遏制外部势力干预港澳事务,支持港澳巩固提升竞争优势,更好融入国家发展大局。

第一节　支持港澳巩固提升竞争优势

支持香港提升国际金融、航运、贸易中心和国际航空枢纽地位,强化全球离岸人民币业务枢纽、国际资产管理中心及风险管理中心功能。支持香港建设国际创新科技中心、亚太区国际法律及解决争议服务中心、区域知识产权贸易中心,支持香港服务业向高端高增值方向发展,支持香港发展中外文化艺术交流中心。支持澳门丰富世界旅游休闲中心内涵,支持粤澳合作共建横琴,扩展中国与葡语国家商贸合作服务平台功能,打造以中华文化为主流、多元文化共存的交流合作基地,支持澳门发展中医药研发制造、特色金融、高新技术和会展商贸等产业,促进经济适度多元发展。

第二节　支持港澳更好融入国家发展大局

完善港澳融入国家发展大局、同内地优势互补、协同发展机制。支持港澳参与、助力国家全面开放和现代化经济体系建设,打造共建"一带一路"功能平台。深化内地与港澳经贸、科创合作关系,深化并扩大内地与港澳金融市场互联互通。高质量建设粤港澳大湾区,深化粤港澳合作、泛珠三角区域合作,推进深圳前海、珠海横琴、广州南沙、深港河套等粤港澳重大合作平台建设。加强内地与港澳各领域交流合作,完善便利港澳居民在内地发展和生活居住的政策措施,加强宪法和基本法教育、国情教育,增强港澳同胞国家意识和爱国精神。支持港澳同各国各地区开展交流合作。

第六十二章 推进两岸关系和平发展和祖国统一

坚持一个中国原则和"九二共识",以两岸同胞福祉为依归,推动两岸关系和平发展、融合发展,高度警惕和坚决遏制"台独"分裂活动。

第一节 深化两岸融合发展

完善保障台湾同胞福祉和在大陆享受同等待遇的制度和政策,持续出台实施惠台利民政策措施,让台湾同胞分享发展机遇,参与大陆经济社会发展进程。支持台商台企参与"一带一路"建设和国家区域协调发展战略。推进两岸金融合作,支持符合条件的台资企业在大陆上市。推进海峡两岸产业合作区、平潭综合实验区、昆山深化两岸产业合作试验区等两岸合作平台建设。支持福建探索海峡两岸融合发展新路,加快两岸融合发展示范区建设。加强两岸产业合作,打造两岸共同市场,壮大中华民族经济。

第二节　加强两岸人文交流

积极促进两岸交流合作和人员往来,加深相互理解,增进互信认同。推动两岸文化教育、医疗卫生等领域交流合作,促进社会保障和公共资源共享,支持两岸邻近或条件相当地区基本公共服务均等化、普惠化、便捷化,促进两岸同胞共同传承和创新发展中华优秀传统文化。加强两岸基层和青少年交流,鼓励台湾青年来大陆追梦、筑梦、圆梦。团结广大台湾同胞共同反对"台独"分裂活动,维护和推动两岸关系和平发展,致力中华民族伟大复兴。

第十九篇
加强规划实施保障

坚持党的全面领导,健全规划实施保障机制,更好履行政府职责,最大程度激发各类主体的活力和创造力,形成全面建设社会主义现代化国家的强大合力。

第六十三章　加强党中央集中统一领导

贯彻党把方向、谋大局、定政策、促改革的要求,深入学习贯彻习近平新时代中国特色社会主义思想,增强"四个意识"、坚定"四个自信"、做到"两个维护",不断提高政治判断力、政治领悟力、政治执行力,把党的领导贯穿到规划实施的各领域和全过程,确保党中央重大决策部署贯彻落实。充分发挥全面从严治党引领保障作用,把完善党和国家监督体系融入规划实施之中。完善上下贯通、执行有力的组织体系,提高各级领导班子和干部适应新时代新要求抓改革、促发展、保稳定的政治能力和专业化水平。

激发全社会参与规划实施的积极性,注重发挥工会、共青团、妇联等作用,充分发挥民主党派、工商联和无党派人士作用,最大限度凝聚全社会共识和力量。构建适应高质量发展要求的内生激励机制,健全激励导向的绩效评价考核机制和尽职免责机制,调动广大干部特别是基层干部的积极性、主动性、创造性。

第六十四章　健全统一规划体系

加快建立健全以国家发展规划为统领,以空间规划为基础,以专项规划、区域规划为支撑,由国家、省、市县级规划共同组成,定位准确、边界清晰、功能互补、统一衔接的国家规划体系。

第一节　强化国家发展规划的统领作用

更好发挥国家发展规划战略导向作用,强化空间规划、专项规划、区域规划对本规划实施的支撑。按照本规划确定的国土空间开发保护要求和重点任务,制定实施国家级空间规划,为重大战略任务落地提供空间保障。聚焦本规划确定的战略重点和主要任务,在科技创新、数字经济、绿色生态、民生保障等领域,制定实施一批国家级重点专项规划,明确细化落实发展任务的时间表和路线图。根据本规划确定的区域发展战略任务,制定实施一批国家级区域规划实施方案。加强地方规划对本规划提出的发展战略、主要目标、重点任务、重大工程项目的贯彻落实。

第二节　加强规划衔接协调

健全目录清单、编制备案、衔接协调等规划管理制度,制定"十四五"国家级专项规划等目录清单,依托国家规划综合管理信息平台推进规划备案,将各类规划纳入统一管理。建立健全规划衔接协调机制,报请党中央、国务院批准的规划及省级发展规划报批前须与本规划进行衔接,确保国家级空间规划、专项规划、区域规划等各级各类规划与本规划在主要目标、发展方向、总体布局、重大政策、重大工程、风险防控等方面协调一致。

第六十五章　完善规划实施机制

加强对本规划实施的组织、协调和督导,建立健全规划实施监测评估、政策保障、考核监督机制。

第一节　落实规划实施责任

各地区、各部门要根据职责分工,制定本规划涉及本地区、本部门的主要目标任务实施方案。本规划确定的约束性指标、重大工程项目和公共服务、生态环保、安全保障等领域任务,要明确责任主体和进度要求,合理配置公共资源,引导调控社会资源,确保如期完成。本规划提出的预期性指标和产业发展、结构调整等领域任务,主要依靠发挥市场主体作用实现,各级政府要创造良好的政策环境、体制环境和法治环境。年度计划要贯彻本规划提出的发展目标和重点任务,将本规划确定的主要指标分解纳入年度计划指标体系,设置年度目标并做好年度间综合平衡,合理确定年度工作重点。

第二节　加强规划实施监测评估

开展规划实施情况动态监测、中期评估和总结评估,中期评估和总结评估情况按程序提请中央政治局常委会审议,并依法向全国人民代表大会常务委员会报告规划实施情况,自觉接受人大监督。发挥国家监察机关和审计机关对推进规划实施的监督作用。规划实施情况纳入各有关部门、地方领导班子和干部评价体系,作为改进政府工作的重要依据。需要对本规划进行调整时,由国务院提出调整方案,报全国人民代表大会常务委员会批准。

第三节　强化政策协同保障

坚持规划定方向、财政作保障、金融为支撑、其他政策相协调,着力构建规划与宏观政策协调联动机制。按照本规划目标任务、结合经济发展形势,合理确定宏观政策取向。坚持公共财政服从和服务于公共政策,增强国家重大战略任务财力保障,加强中期财政规划和年度预算、政府投资计划与本规划实施的衔接协调,中央财政性资金优先投向本规划确定的重大任务和重大工程项目。坚持项目跟着规划走、资金和要素跟着项目走,依据本规划制定重大工程项目清单,对清单内工程项目简化审批核准程序,优先保障规划选址、土地供应和资金需求,单体重大工程项目用地需求由国家统一保障。

第四节　加快发展规划立法

坚持依法制定规划、依法实施规划的原则,将党中央、国务院关于统一规划体系建设和国家发展规划的规定、要求和行之有效的经验做法以法律形式固定下来,加快出台发展规划法,强化规划编制实施的法治保障。

总　论

开启全面建设社会主义现代化
国家新征程的宏伟蓝图

何立峰

　　"十四五"时期是我国全面建成小康社会、实现第一个百年奋斗目标之后,乘势而上开启全面建设社会主义现代化国家新征程、向第二个百年奋斗目标进军的第一个五年。习近平总书记强调,在党的领导下,发挥好中国特色社会主义制度优势,科学编制实施"十四五"规划和 2035 年远景目标纲要,对于巩固拓展全面建成小康社会和脱贫攻坚成果,开启全面建设社会主义现代化国家新征程具有重大意义。党的十九届五中全会审议通过《中共中央关于制定国民经济和社会发展第十四个五年规划和二〇三五年远景目标的建议》(以下简称《建议》),为编制规划纲要指明了方向、提供了遵循。按照党中央、国务院决策部署,国家发展改革委具体组织编制了《中华人民共和国国民经济和社会发展第十四个五年规划和 2035 年远景目标纲要(草案)》(以下简称《纲要》),已经十三届全国人大四次会议审查通过。今后五年,必须围绕准确把握新发展阶段、深入贯彻新发展理念、加快构建新发展格局,切实把《纲要》落到实处。

一、深刻认识"十四五"规划在我国 发展进程中的重大意义

《纲要》主要阐明国家战略意图、明确政府工作重点、引导规范市场主体行为,是我国开启全面建设社会主义现代化国家新征程的宏伟蓝图。《纲要》分三个板块,共 19 篇、65 章、192 节,涉及经济社会发展方方面面,内容丰富、意义深远。

《纲要》是党的主张转化为国家意志的重要途径。习近平总书记强调,用五年规划引领经济社会发展,是我们党治国理政的重要方式。党中央全会通过五年规划建议、国务院组织编制规划纲要草案、提请全国人大审查批准后组织实施,已成为规范化的工作程序。党中央重大决策部署通过这一程序,转化成为具有法律效力的政策文件在全国实施。新中国成立以来,我国已经先后编制实施了 13 个五年规划(计划),这在全世界是绝无仅有的。从"一五"计划到"十三五"规划,通过一个个规划(计划)的分步实施、接力推进、滚动落实,一以贯之地朝着既定的战略目标前进,我国在"一穷二白"的基础上迅速建立起了比较完整的工业体系和国民经济体系,人民生活实现了由解决温饱到总体小康再到全面小康的历史性跨越,创造了世所罕见的经济快速发展、社会长期稳定"两个奇迹",充分彰显了中国共产党领导和中国特色社会主义制度的显著优势。第 14 个五年规划也已经批准实施,《纲要》严格按照党中央《建议》确定的总体方向和重点任务,并从思路、布局、目标、举措上进一步细化具体化,是谋划好社会主义现代化建设新征程第一个五年的路线图,确保党中央战略安排能贯彻落实到经济社会发展各领域、各环节、全过程。

《纲要》是新阶段政府更好履职尽责的重要依据。发挥国家发展规划的战略导向作用，是创新和完善宏观调控的重要内容，是推进国家治理体系和治理能力现代化的内在要求。国家发展规划集中体现了国家战略意图和中长期发展目标，具有引导公共资源配置方向、规范市场主体行为的功能，发挥着平衡各方面关系、避免宏观失衡、引导和稳定预期的作用。政府组织编制国家发展规划，经全国人大审查批准后，必须依法依规组织实施，这也是对政府行为的规范和约束。落实好《纲要》必须推动有效市场和有为政府更好结合。一方面，《纲要》确定的约束性指标、重大工程项目和公共服务、生态环保、安全保障等领域任务，需要政府合理配置公共资源、引导社会资源，也需要市场主体积极参与、形成合力；另一方面，《纲要》提出的预期性指标和行业发展、结构调整等领域任务，主要依靠发挥市场主体作用实现，也需要政府创造良好的政策环境、体制环境和法治环境，引导各方面立足新发展阶段、贯彻新发展理念、构建新发展格局，努力推动高质量发展。

《纲要》是全国各族人民奋进新征程的共同行动纲领。规划编制过程，既是一个发扬民主、汇集众智、反映民意的过程，也是一个统一思想、科学决策、凝聚共识的过程。《纲要》编制坚持深化研究和深入调研相结合、顶层设计和问计于民相统一，汇集了全党全国各族人民的智慧，实现了国家战略意图和人民共同意愿的统一。面对错综复杂的国际环境带来的新矛盾新挑战，我国社会主要矛盾变化带来的新特征新要求，《纲要》坚持全球眼光、战略思维，统筹兼顾、精准施策，是积极主动应对世界百年未有之大变局的系统部署，是精准有效破解发展中突出矛盾问题的解决方案。随着"十三五"规划目标任务的胜利完成，决胜全面建成小康社会取得历史性成就，我国社会主义现代化建设进入新发展阶段，《纲要》站在新的起点上谋划部署"十四五"时期经济社会发展，将开启新征程、续写新辉煌，推动中华民族伟大复兴向前迈出新的一大步。

二、准确把握"十四五"时期的
指导方针和主要目标

《纲要》紧扣党中央《建议》精神,坚持以习近平新时代中国特色社会主义思想为指导,突出体现立足新发展阶段、贯彻新发展理念、构建新发展格局的核心要义,突出体现做好"两个一百年"奋斗目标的有机衔接,明确提出了指导思想、遵循原则和战略导向,共同构成了"十四五"经济社会发展的指导方针;在此基础上,按照"六个新"目标要求,实化量化具体化目标表述,并设置了主要指标。上述内容逻辑环环相扣、工作部署层层递进,在《纲要》实施过程中务必全面、系统、准确理解和把握。

《纲要》提出的指导方针进一步明确了"十四五"时期经济社会发展的大政方略。为推动"十四五"时期高质量发展,更好地体现"三个新"的核心要义,指导思想突出强调了一系列新要求。一是要坚定不移贯彻新发展理念。新发展理念是一个系统的理论体系,回答了新发展阶段的发展目的、动力、方式、路径等一系列理论和实践问题,必须把新发展理念贯穿发展全过程和各领域。二是要坚持以推动高质量发展为主题,以深化供给侧结构性改革为主线。当前,我国发展中的矛盾和问题集中体现在发展质量上,必须把高质量发展的要求贯穿到经济、社会、文化、生态等各领域。持续深化供给侧结构性改革,着力提高供给体系质量,促进供需高水平动态均衡。三是要坚持以改革创新为根本动力。改革开放和创新驱动是推动高质量发展、建设现代化经济体系的两个轮子,必须坚持用改革创新的办法,破解发展难题、应对外部挑战、跨越常规性长期性关口。四是要以满足人民日益增长的美好生活需要为根本目的。这充分体现了以人民为中心的发展思想,必须坚持发展为了人民、发展依靠人民、发展成果由人民共享,努力办好各种民生实事。五是要加快构建以国内大循环为主体、国内国际双循环相互促进的新发展格局。这是党中央根据我国发展阶段、环境、条件变化，审时度势作出的重大决策，必须从统筹国际国内两个大局、办好发展安全两件大事的高度抓好各项工作落实，确保我国社会主义现代化建设新征程开好局、起好步。

为更好贯彻落实发展指导思想，《纲要》对标对表《建议》，再次强调了"十四五"时期经济社会发展必须遵循的"五大"原则，即：坚持党的全面领导、坚持以人民为中心、坚持新发展理念、坚持深化改革开放、坚持系统观念。

在此基础上，《纲要》又专门设置战略导向一节，集中阐述了新发展阶段、新发展理念、新发展格局的相互关系，明确提出了"五个必须"，即：必须坚持深化供给侧结构性改革，以创新驱动、高质量供给引领和创造新需求；必须建立扩大内需的有效制度，加快培育完整内需体系；必须坚定不移推进改革，破除制约经济循环的制度障碍；必须坚定不移扩大开放，依托国内经济循环体系形成对全球要素资源的强大引力场；必须强化国内大循环的主导作用，以国际循环提升国内大循环效率和水平，实现国内国际双循环互促共进。

《纲要》锚定2035年远景目标，进一步细化了"十四五"时期经济社会发展的目标和指标。《纲要》按照《建议》对全面建设社会主义现代化国家的战略安排，从九个方面清晰描绘了2035年基本实现社会主义现代化的远景目标。同时，聚焦"十四五"阶段性任务，以及"六个新"的主要目标要求，从经济发展、改革开放、社会文明建设、生态文明建设、民生福祉、国家治理效能等方面，进一步细化实化了"十四五"时期经济社会发展的主要目标，并从经济发展、创新驱动、民生福祉、绿色生态、安全保障等5个方面，设置了20个主要指标。这些指标的设置，充分体现了新发展理念的要求，与高质量发展指标体系进行了充分对接；坚持远近结合的原则,"远"则衔接了2035年的远景目标,"近"则与"十三五"规划指标进行了充分衔接。具体指标值的设定,坚持实事求是、科学合理,尽力而为、量力而行,同时也为应对不确定性预留了空间。

此外,《纲要》主要指标设置还有不少创新之处。例如,经济增长目标以定性表述为主。将指标值设定为"保持在合理区间、各年度视情提出",这是从推进现代化建设的全局和整体出发,充分把握"十四五"发展趋势和内外部环境作出的一次重大创新,既体现了不能简单以GDP增速论英雄的导向,也蕴含了使经济增速与潜在经济增长率保持一致的要求;同时,考虑到这五年内外部环境仍有较大不确定性,不框定具体的量化增速目标,有利于更积极、主动、从容地应对各类风险挑战,增强发展的灵活性,也有利于引导各方面把工作重点放在提高发展质量和效益上。又如,民生福祉类指标数量最多。20个主要指标中有7个是民生福祉类的、占比超过三分之一,比重是历次五年规划(计划)中最高的,这些指标覆盖了收入、就业、教育、医疗、养老、托育等各民生领域,还有一个人均预期寿命的综合性指标,充分体现了以人民为中心的发展思想。再如,首次设置安全保障类指标。提出粮食综合生产能力达到6.5亿吨以上、能源综合生产能力达到46亿吨标准煤以上,充分体现了坚持底线思维、统筹发展和安全的要求。

三、扎实推进《纲要》确定的重点任务

《纲要》提出了17个方面的战略任务和重大举措,着力解决经济社会发展中面临的大事难事,兼顾"国家大事"与"关键小事",体现了对新发展阶段、新发展理念、新发展格局的整体把握、系统贯彻和一体落实。要突出抓好以下方面重点任务。

坚持创新驱动发展,加快发展现代产业体系。创新是引领发展的第一动力,在我国现代化建设全局中居于核心地位。《纲要》

将创新驱动作为首要任务,强调要把科技自立自强作为国家发展的战略支撑,协同推进科技创新、产业发展和数字化转型。加快建设科技强国,强化国家战略科技力量,健全社会主义市场经济条件下新型举国体制,提升企业技术创新能力,激发人才创新活力,完善科技创新体制机制,全面塑造发展新优势。巩固壮大实体经济根基,深入实施制造强国战略,推进产业基础高级化、产业链现代化,保持制造业比重基本稳定,推动战略性新兴产业创新发展,扩大服务业有效供给,加快发展现代产业体系。大力推动数字化发展,加强关键数字技术创新应用,协同推动数字产业化和产业数字化转型,加快数字社会建设步伐,提高数字政府建设水平,建设数字中国。

形成强大国内市场,构建新发展格局。构建新发展格局是事关全局的系统性、深层次变革,是塑造我国国际经济合作和竞争新优势的战略抉择。随着国内外发展环境发生深刻变化,必须把发展立足点放在国内,更多依靠国内市场实现经济发展。《纲要》提出,要坚持扩大内需这个战略基点,把实施扩大内需战略同深化供给侧结构性改革有机结合起来。畅通国内大循环,顺应消费升级和产业升级需要,打造强大国内市场,贯通生产、分配、流通、消费各环节,持续扩大优质产品和服务供给,破除制约要素合理流动的堵点,有效破除地方保护、行业垄断和市场分割,形成需求牵引供给、供给创造需求的更高水平动态平衡。促进国内国际双循环,协同推进强大国内市场和贸易强国建设,推动进出口协同发展,完善内外贸一体化调控体系,促进进口来源多元化,优化出口商品质量和结构,提高国际双向投资水平,推进多双边投资合作机制建设,推动国内国际双循环相互促进,持续增强我国经济对全球要素资源的吸引力、在世界市场的竞争力。加快培育完整内需体系,深入实施扩大内需战略,加快完善合理引导消费、储蓄、投资的体制机制,提升传统消费,培育新型消费,发展服务消费,适当增加公共消费,增强消费对经济发展的基础性作用;加大投资补短板力度,推进既促消费惠民生又调结构增后劲的新型基础设施、新型城镇化、交通水利等重大工程建设,增强投资对优化供给结构的关键性作用。

全面推进乡村振兴,完善新型城镇化战略。农业农村是现代化进程中的最大短板,城镇化是最大的内需潜力所在。《纲要》提出,要全面实施乡村振兴战略,深入推进新型城镇化战略,推动形成工农互促、城乡互补、协调发展、共同繁荣的新型工农城乡关系。坚持农业农村优先发展,深化农业供给侧结构性改革,严守 18 亿亩耕地红线,实施黑土地保护工程,实施乡村建设行动,实现巩固拓展脱贫攻坚成果同乡村振兴有效衔接。加快推动农业转移人口全面融入城市,坚持存量优先、带动增量,统筹推进户籍制度改革和城镇基本公共服务常住人口全覆盖,放开放宽除个别超大城市外的落户限制,试行以经常居住地登记户口制度。完善城镇化空间布局,发展壮大城市群和都市圈,分类引导大中小城市发展方向和建设重点,促进超大特大城市"瘦身健体",完善大中城市宜居宜业功能,推进以县城为重要载体的城镇化建设。全面提升城市品质,统筹城市规划建设管理,实施城市更新行动,推进城镇老旧小区改造,完善住房市场体系和住房保障体系。

优化区域经济布局,促进区域协调发展。缩小区域发展差距,是构建高质量发展国土空间布局的客观需要。《纲要》提出,要深入实施区域重大战略、区域协调发展战略、主体功能区战略,健全区域协调发展体制机制,构建高质量发展的区域经济布局和国土空间支撑体系。优化国土空间开发保护格局,立足资源环境承载能力,发挥各地区比较优势,完善和落实主体功能区制度,提升重要功能性区域的保障能力,积极拓展海洋经济发展空间。推动区域重大战略取得新的突破性进展,加快推动京津冀协同发展,全面推动长江经济带发展,积极稳妥推进粤港澳大湾区建设,提升长三角一体化发展水平,扎实推进黄河流域生态保护和高质量发展。深入实施区域协调发展战略,推进西部大开发形成新格局,推动东北振兴取得新突破,开创中部地区崛起新局面,鼓励东部地区加快推进现代化,支持特殊类型地区发展,在发展中促进相对平衡。

全面深化改革开放,持续增强发展动力和活力。改革开放是决定当代中国命运的关键一招。《纲要》提出,要坚持和完善社会主义基本经济制度,推动有效市场和有为政府更好结合,坚持实施更大范围、更宽领域、更深层次对外开放,开拓合作共赢新局面。构建高水平社会主义市场经济体制,坚持"两个毫不动摇",加快国有经济布局优化和结构调整,促进民营企业高质量发展,激发各类市场主体活力;建设高标准市场体系,全面完善产权制度,推进要素市场化配置改革,健全社会信用体系,形成高效规范、公平竞争的国内统一市场;加快建立现代财政制度,健全现代金融体系;加快转变政府职能,创新和完善宏观调控,构建一流营商环境,提升政府经济治理能力。实行高水平对外开放,依托我国超大规模市场优势,建设更高水平开放型经济新体制,提升对外开放平台功能,优化区域开放布局,推进贸易和投资自由化便利化;推动共建"一带一路"高质量发展,加强发展战略和政策对接,深化务实合作,加强安全保障,促进共同发展;积极参与全球治理体系改革和建设,推动共建人类命运共同体。

推动绿色发展,促进人与自然和谐共生。生态文明建设是关系中华民族永续发展的千年大计。《纲要》提出,要坚持绿水青山就是金山银山理念,坚持尊重自然、顺应自然、保护自然,建设美丽中国,促进人与自然和谐共生。推动自然生态系统质量整体改善,坚持山水林田湖草系统治理,完善生态安全屏障体系,构建自然保护地体系,健全生态保护补偿机制,不断提升生态系统质量和稳定性。持续改善环境质量,深入打好污染防治攻坚战,全面提升环境基础设施水平,制定2030年前碳排放达峰行动方案,完善能源消费总量和强度双控制度,积极应对气候变化。加快发展方式绿色转型,坚持生态优先、绿色发展,协同推进经济高质量发展和生态环境高水平保护,坚决遏制高耗能、高排放项目盲目发展,全面提高资源利用效率。

持续增进民生福祉,扎实推进共同富裕。民生是人民幸福之基、社会和谐之本,是最大的政治。《纲要》着眼于人的全面发展和改善民生福祉,强调要坚持尽力而为、量力而行,加强普惠性、基础性、兜底性民生建设,让发展成果更多更公平惠及全体人民,不断增强人民群众获得感、幸福感、安全感。把提升国民素质放在突出重要位置,构建高质量的教育体系和全方位全周期的健康体系,推动义务教育优质均衡发展和城乡一体化;构建强大公共卫生体系,扩大医疗服务资源供给;实施积极应对人口老龄化国家战略,大力发展普惠型养老服务,拓展人口质量红利,提升人力资本水平和人的全面发展能力。提高公共服务质量和水平,加快补齐基本公共服务短板,着力增强非基本公共服务弱项;实施就业优先战略,扩大就业容量,提升就业质量;加快健全覆盖全民、统筹城乡、公平统一、可持续的多层次社会保障体系;提高劳动报酬在初次分配中的比重,持续提高低收入群体收入,扩大中等收入群体,更加积极有为地促进共同富裕。发展社会主义先进文化,推进社会主义文化强国建设,传承弘扬中华民族优秀传统文化;推进城乡公共文化服务体系一体建设,加强对外交流和多层次文明对话,提升中华文化影响力;扩大优质文化产品供给,推动文化和旅游融合发展,健全现代文化产业体系和市场体系。

统筹发展和安全,建设更高水平的平安中国。安全是发展的前提,发展是安全的保障。当前和今后一个时期是各类矛盾和风险易发期,必须强化底线思维,有效防范化解各类风险挑战。《纲要》首次设立安全发展专篇,强调要坚持总体国家安全观,实施国家安全战略,把安全发展贯穿国家发展各领域和全过程,加强国家安全体系和能力建设,筑牢国家安全屏障。强化国家经济安全保障,强化经济安全风险预警、防控机制和能力建设,实现重要产业、基础设施、战略资源、重大科技等关键领域安全可控;实施粮食安全战略,抓住土地和良种两个关键,深入实施藏粮于地、藏粮于技战略,开展种源"卡脖子"技术攻关,确保口粮绝对安全、谷物基本自给、重要农副产品供应充足;实施能源资源安全战略,坚持立足国内、补齐短板、多元保障、强化储备,完善产供储销体系,增强能源持续稳定供应和风险管控能力;实施金融安全战略,守住不发生系统性风险的底线。全面提高公共安全保障能力,坚持人民至上、生命至上,健全公共安全体制机制,保障人民生命安全;完善和落实安全生产责任制,加强食品药品全链条安全监管,建立健全生物安全风险防控和治理体系;优化国家应急管理能力体系建设,提高防灾减灾抗灾救灾能力。维护社会稳定和安全,正确处理新形势下人民内部矛盾,编织全方位、立体化、智能化社会安全网;坚持和发展新时代"枫桥经验",健全社会矛盾综合治理机制,推进社会治安防控体系现代化。

同时,《纲要》还包括国防军队建设、民主法治等方面内容,并部署了引领未来的重大攻关项目、基础设施领域的世界级标志性工程、重要民生保障项目等 102 项重大工程项目,按照"项目跟着规划走、资金要素跟着项目走"的要求,推动这些重大工程项目落地见效,确保规划实施取得成效。

蓝图已经绘就,关键是狠抓贯彻落实。实施好《纲要》,必须加强党的全面领导,不断提高政治判断力、政治领悟力、政治执行力,把党的领导贯穿到规划实施的各领域和全过程,把完善党和国家监督体系融入规划实施之中,完善上下贯通、执行有力的组织体系,健全激励导向的绩效评价考核机制和尽职免责机制,调动广大干部特别是基层干部的积极性、主动性、创造性。必须健全统一规划体系,加快建立健全以《规划》为统领,以空间规划为基础,以专项规划、区域规划为支撑,由国家、省、市县级规划共同组成,定位准确、边界清晰、功能互补、统一衔接的国家规划体系。必须完善规划实施机制,加强规划实施监测评估,开展规划实施情况动态监测、中期评估和总结评估,构建规划定方向、财政作保障、金融为支撑、其他政策相协调的政策协同保障机制,确保党中央关于"十四五"时期发展的重大决策部署落到实处。

下一步,我们要更加紧密地团结在以习近平同志为核心的党中央周围,高举中国特色社会主义伟大旗帜,以习近平新时代中国特色社会主义思想为指导,增强"四个意识"、坚定"四个自信"、做到"两个维护",认识和把握发展规律,发扬斗争精神,增强斗争本领,保持战略定力,办好自己的事,齐心协力、开拓进取,努力在危机中育先机、于变局中开新局,确保全面建设社会主义现代化国家新征程开好局、起好步。

"十三五"时期经济社会
发展的主要成就

"十三五"时期是全面建成小康社会决胜阶段。面对错综复杂的国际形势、艰巨繁重的国内改革发展稳定任务特别是新冠肺炎疫情严重冲击,以习近平同志为核心的党中央不忘初心、牢记使命,团结带领全党全国各族人民砥砺前行、开拓创新,统筹推进"五位一体"总体布局,协调推进"四个全面"战略布局,坚持稳中求进工作总基调,坚定不移贯彻新发展理念,推动高质量发展,"十三五"规划主要目标指标如期实现,重大战略任务和165项重大工程项目全面落地见效,我国经济实力、科技实力、综合国力和人民生活水平跃上了新的大台阶。

一、供给侧结构性改革加大力度,经济
高质量发展迈出坚实步伐

经济实力大幅提升。国内生产总值从不到70万亿元增加到超过100万亿元,人均GDP突破1万美元,稳步迈向高收入经济体行列。全员劳动生产率预计提高到11.8万元/人。超大规模市场优势逐步显现,社会消费品零售总额稳居世界第二,货物进出口总额居世界第一,实际使用外商直接投资再创历史新高。经济结

构持续优化。三次产业增加值比重调整为 7.7∶37.8∶54.5。农业现代化稳步推进,累计建成高标准农田 8 亿亩,农作物耕种收综合机械化率超过 70%,粮食年产量连续稳定在 1.3 万亿斤以上。制造强国战略深入实施,高技术制造业、装备制造业、战略性新兴产业增加值年均分别增长 10.3%、8.4%、9.5%。产业数字化智能化转型明显加快,规模以上工业企业生产设备数字化率、关键工序数控化率、数字化设备联网率分别达到 49.9%、52.1%、43.5%。服务业拉动作用日益凸显,信息传输、软件和信息技术服务业增加值年均增速高达 20.7%。创新型国家建设成果丰硕。每万人口发明专利拥有量预计达到 15.8 件,研发人员总量和专利合作条约(PCT)国际专利申请量均居世界首位,全社会研发经费投入规模稳居世界第二、占 GDP 比重达到 2.4%,科技进步贡献率超过60%,全球创新指数排名跃升至第 14 位。在载人航天、探月工程、深海工程等领域取得一批重大科技成果。技术市场成交合同金额达到 2.8 万亿元,企业技术创新主体地位日益凸显。网络经济蓬勃发展。"宽带中国"建设加快推进,建成世界规模最大 4G 网络、用户接近 13 亿,5G 终端连接数超过 2 亿、基站初步覆盖地级以上城市,高速光纤覆盖所有城市、乡镇以及 98% 以上的行政村,固定宽带家庭普及率、移动宽带用户普及率分别达到 96%、108%。网络提速降费持续推进,手机国内长途和漫游费全部取消。数字经济规模大幅提升,电子商务交易额、网上零售额年均增速分别达到11.3%、21.9%。网络空间综合治理显著增强,网络安全保障体系进一步完善。

二、高质量打赢脱贫攻坚战,困扰中华民族 几千年的绝对贫困问题得到历史性解决

决战脱贫攻坚取得全面胜利。现行标准下 5575 万农村贫困

人口全部脱贫,832个贫困县全部摘帽,12.8万个贫困村全部出列,区域性整体贫困得到解决,完成了消除绝对贫困的艰巨任务。2012年以来,9899万农村贫困人口实现脱贫,提前10年实现《联合国2030年可持续发展议程》减贫目标,对全球减贫贡献率超过70%,创造了彪炳史册的人间奇迹和减贫治理的中国样本。贫困群众收入水平和生活质量显著改善。建档立卡贫困人口人均纯收入由2015年的2982元增加到10740元,年均增幅达29.2%。贫困群众全部实现"两不愁三保障"。易地扶贫搬迁建设任务胜利完成,累计建成集中安置区约3.5万个、安置住房266万套,960多万人"挪穷窝",摆脱了闭塞和落后,搬入了新家园。脱贫地区整体面貌发生历史性巨变。贫困地区生产生活条件明显改善,具备条件的乡镇和建制村全部通硬化路、通客车、通邮路,现行标准下贫困人口饮水安全问题得到全面解决,农网供电可靠率达到99%,大电网覆盖范围内贫困村通动力电比例达到100%,贫困村通光纤和4G比例超过98%。贫困地区特色产业不断壮大,产业扶贫、消费扶贫、电商扶贫、光伏扶贫、旅游扶贫等较快发展,以工代赈政策作用充分发挥。

三、污染防治攻坚战成效显著,生态环境保护发生历史性转折性全局性变化

污染防治攻坚战阶段性目标胜利完成。大气污染防治成效显著,化学需氧量、氨氮、二氧化硫、氮氧化物等主要污染物排放总量分别累计减少13.8%、15.0%、25.5%、19.7%,细颗粒物(PM$_{2.5}$)未达标地级及以上城市浓度累计下降28.8%,地级及以上城市空气质量优良天数比率达到87%,"大气十条"和蓝天保卫战目标全面实现。碧水保卫战成效显现,地表水达到或好于Ⅲ类水体比例提高到83.4%,劣Ⅴ类水体比例降至0.6%,地级及以上城市建成

区黑臭水体消除比例超过96%。净土保卫战扎实推进,完成农用地土壤污染状况详查,基本实现固体废物零进口目标。生态系统质量和稳定性不断提升。主体功能区布局和生态安全屏障加快形成,三条控制线划定工作逐步落实。耕地保有量和新增建设用地规模控制在规划目标内。三江源等10处国家公园体制试点顺利开展。国土绿化行动有序开展,森林蓄积量超过175亿立方米,森林覆盖率超过23%,新增水土流失综合治理面积30.6万平方公里,草原荒漠化、沙化、石漠化趋势得到初步遏制。海洋生态安全屏障进一步巩固,整治修复海岸线约1200公里。内陆七大重点流域禁渔期制度实现全覆盖。绿色发展方式和生活方式逐步形成。能源生产消费革命取得突破性进展,能源消费总量控制在50亿吨标准煤以内,单位GDP能源消耗累计下降13.2%,非化石能源占一次能源消费比重提高到15.9%,消费增量60%以上由清洁能源供应,单位GDP二氧化碳排放累计下降18.8%。最严格水资源管理制度和节水型社会建设全面推进,万元GDP用水量累计下降25%,农田灌溉水有效利用系数达到0.56。环境基础设施不断完善,城市污水处理率达到96.8%、生活垃圾无害化处理率达到99.2%,农村卫生厕所普及率超过68%,46个重点城市已基本建成生活垃圾分类处理系统。生态文明制度体系加快形成。源头严防、过程严管、损害赔偿、后果严惩等生态文明基础制度框架初步建立。国土空间开发保护日益加强。中央生态环境保护督察制度建立实施。

四、区域重大战略深入实施,城乡区域发展协调性明显增强

区域重大战略扎实推进。京津冀协同发展迈出坚实步伐,疏解北京非首都功能有力有序推进。长江经济带发展坚持共抓

大保护、不搞大开发和生态优先、绿色发展,生态环境突出问题整改成效显著,长江十年禁渔全面实施。粤港澳大湾区国际科技创新中心"两廊""两点"建设框架初步形成,支持深圳启动建设中国特色社会主义先行示范区。长三角一体化发展新局面正在形成,公共服务共享水平不断提升,轨道上的长三角跑出加速度。黄河流域生态保护和高质量发展开局起步,一批流域治理和生态环境保护修复重大工程谋划实施。区域协调发展新机制加快构建。持续推动西部大开发形成新格局,采取新的战略举措推动东北振兴取得新突破,健全政策体系促进中部地区加快崛起,强化创新引领推动东部地区率先发展。对革命老区、民族地区、边疆地区等特殊类型地区的扶持力度加大。新型城镇化战略纵深推进。户籍制度改革步伐加快,城区常住人口300万以下城市基本取消落户限制,1亿农业转移人口和其他常住人口在城镇落户目标顺利实现,向未落户常住人口累计发放居住证1.1亿张,常住人口城镇化率超过60%,户籍人口城镇化率预计达到45.4%。城镇化空间格局持续优化,城市群一体化水平不断提高,现代化都市圈建设步伐加快。城市规划建设管理水平不断提升,县城补短板强弱项工作稳步推进,特色小镇规范有序发展。新型城镇化综合试点成效显著,特大镇设市取得突破。乡村振兴实现良好开局。乡村产业链条不断延伸,农村一二三产业融合发展成效显现。农业农村绿色发展扎实推进,化肥、农药使用量实现负增长,农村人居环境整治三年行动目标任务顺利完成。农村基础设施建设提挡升级,自来水普及率和集中供水率分别达到83%和88%,新一轮农村电网改造升级提前完成。农村公共服务供给提标扩面,乡村两级医疗机构和人员"空白点"基本消除。农村土地制度改革稳步推进,城乡融合发展体制机制加快建立。

五、民生福祉不断增进,人民群众的获得感幸福感安全感不断增强

城乡居民生活质量显著提升。城乡居民收入增长与经济增长保持基本同步,2020 年全国居民人均可支配收入达到 32189 元,比 2010 年"翻一番"的目标如期实现,中等收入人群超过 4 亿,城乡居民收入比由 2015 年的 2.73:1 持续下降至 2020 年的 2.56:1。居民消费层次持续提升,每百户家用汽车拥有量达 37.1 辆,旅游成为日常消费,2020 年快递业务量达 833.6 亿件。居住条件日趋改善,城镇棚户区住房改造开工超过 2300 万套。居民出行更加便利,铁路网对 20 万人口以上城市覆盖率和高铁网对 50 万人口以上城市覆盖率分别达到 99.1% 和 91.5%,取消高速公路省界收费站。多层次公共服务体系覆盖全民。公共就业服务体系加快构建,城镇新增就业人数累计超过 6500 万,对高校毕业生等重点群体和就业困难人员帮扶力度不断加大。覆盖城乡居民的社会保障体系基本建成,全国参加基本养老保险和基本医疗保险人数分别达到 9.99 亿人和 13.6 亿人,覆盖 91% 和 95% 以上的应保人群。教育公平和质量较大提升,义务教育有保障的目标基本实现,高中阶段教育毛入学率达到 91.2%,高等教育进入普及化阶段,劳动年龄人口平均受教育年限预计提高到 10.8 年。医药卫生体制改革持续深化,每千人口医疗卫生机构床位数、执业(助理)医师数、注册护士数预计分别增加到 6.5 张、2.9 人、3.4 人,人均预期寿命如期实现规划目标。国民素质和社会文明程度显著提高。中国梦引领凝聚作用进一步增强,社会主义核心价值观深入人心,公民具备科学素质的比例超过 10%。文化事业和文化产业繁荣发展,公共文化服务体系覆盖城乡、惠及全民。文化体制改革进一步深化。国家文化软实力不断增强,中华文化影响力日益彰显。

六、改革开放迈出重大步伐,发展的 内生动力和活力不断增强

重要领域改革取得突破性进展。产权保护法治体系初步形成。要素市场化配置改革持续深化,城乡统一的建设用地市场加快构建,利率市场化改革成效显著,设立科创板、改革创业板并试点注册制,主要由市场决定价格的机制基本完善。国资国企改革持续深化,以管资本为主的国有资产监管体制逐步完善,公司制改革基本完成。"放管服"改革不断深入、成效明显,市场准入负面清单制度全面实施,公平竞争审查制度初步建立,营商环境全球排名大幅提升。中央与地方财政事权和支出责任划分改革稳步推进,营业税改征增值税全面推开。一批重大风险隐患"精准拆弹",金融风险处置取得重要阶段性成果。民主法治改革迈出重大步伐,党和国家机构改革胜利完成,民法典等重点领域法律相继出台。党的建设制度和纪检监察体制改革取得历史性突破,党统一领导、全面覆盖、权威高效的监督体系正在形成。全面实施改革强军战略,平战一体、常态运行、专司主管、精干高效的战略战役指挥体系构建完善,人民军队基本实现机械化。全方位对外开放持续扩大。共建"一带一路"不断走深走实,累计同 140 个国家和 31 个国际组织签署 205 份共建"一带一路"合作文件。外商投资法出台实施,外商投资准入前国民待遇加负面清单管理制度全面实行,外商投资准入限制措施由 2015 年的 93 条减至 33 条。新设 17 个自由贸易试验区,海南自由贸易港建设蓬勃展开。浦东开发开放再出发。关税总水平降至 7.5%。人民币国际化稳步推进。成功举办中国国际进口博览会和中国国际服务贸易交易会。积极参与全球治理体系改革。二十国集团杭州峰会等系列主场外交活动成功举办。积极支持和参与世界贸易组织改革。《区域全面经济

伙伴关系协定》（RCEP）成功签署，中欧投资协定谈判如期完成，中日韩自由贸易协定等谈判积极推进。人民币正式纳入国际货币基金组织特别提款权（SDR）货币篮子。应对气候变化国际合作持续加强。

七、新冠肺炎疫情防控取得重大战略成果，统筹推进疫情防控和经济社会发展工作取得显著成效

新冠肺炎大流行是"十三五"规划实施过程中遇到的最大变量。面对突如其来的疫情严重冲击，习近平总书记高瞻远瞩、见微知著，带领全党全国各族人民打响疫情防控的人民战争、总体战、阻击战，及时有效作出统筹疫情防控和经济社会发展重大决策，组织构建起战疫情、稳经济、保民生的工作格局，努力办好自己的事，我国在全球范围内率先控制疫情、率先复工复产、率先实现经济增长由负转正，显示出强大的抗风险能力和顽强韧性。各地区各部门紧盯决胜全面建成小康社会、决战脱贫攻坚目标任务，扎实做好"六稳"工作、全面落实"六保"任务，着力补短板强弱项堵漏洞，有力有序推动了"十三五"规划确定的主要目标任务圆满收官。

《纲要》提出的深化和港澳台地区合作发展等其他重大战略任务也顺利推进。此外，《纲要》确定的165项重大工程项目基本完成，770条细化任务全面落地实施。一批世界级标志性重大工程建成投运，北京大兴国际机场、港珠澳大桥建成运营，"八纵八横"高速铁路网加快成型、运营总里程达到3.8万公里，乌东德水电站等重大能源项目相继投产。一批前瞻引领性项目部署实施，"复兴号"中国标准动车组投入运行，C919大型客机进入审定试飞阶段，北斗三号全球卫星导航系统建成开通。一批关乎群众切身利益的工程项目扎实推进，脱贫攻坚、生态环保、乡村振兴、民生福祉、文化体育等领域重大工程进展顺利。

　　总体上看,"十三五"规划实施成效符合预期,解决了许多长期想解决而没有解决的难题,办成了许多过去想办而没有办成的大事,推动经济社会取得全方位、开创性历史成就,发生深层次、根本性历史变革。这些辉煌成就的取得,是以习近平同志为核心的党中央统揽全局、把舵定向的结果,是中国特色社会主义制度优势生生不息、厚积薄发的结果,是全党全国各族人民同心同德、携手奋进的结果。尤为重要的是,"十三五"时期,在推动改革发展的伟大探索和生动实践中,进一步发展和丰富了习近平新时代中国特色社会主义思想,这是推动高质量发展的根本遵循和科学指引;在统筹推进"五位一体"总体布局和协调推进"四个全面"战略布局中,坚持和完善了中国特色社会主义制度和国家治理体系,为实现"两个一百年"奋斗目标、实现中华民族伟大复兴提供了强大制度保障;在应对内外部风险挑战特别是中美经贸摩擦和应对新冠肺炎疫情中,锤炼和增强了敢于斗争的勇气和善于斗争的本领,成为前进道路上战胜一切艰难险阻的精神法宝。成绩来之不易,经验弥足珍贵,需要倍加珍惜。"十三五"规划目标任务胜利完成,全面建成小康社会取得伟大历史性成就,中华民族伟大复兴向前迈出了新的一大步,为乘势而上开启全面建设社会主义现代化国家新征程奠定了坚实基础。

第二讲

"十四五"时期面临的国内外环境

党的十九届五中全会《建议》指出,当前和今后一个时期,我国发展仍然处于重要战略机遇期,但机遇和挑战都有新的发展变化。科学判断认识"十四五"时期我国经济社会发展面临的国内外环境,对我们准确把握新发展阶段,深入贯彻新发展理念,加快构建新发展格局,高质量完成"十四五"时期各项工作部署,确保全面建设社会主义现代化国家开好局、起好步具有重要意义。

一、"十四五"时期我国发展面临的国际环境

"十四五"时期,世界百年未有之大变局加速演进,和平与发展仍然是时代主题,同时国际环境日趋复杂,经济增长不稳定性不确定性仍然较强,世界格局"东升西降"的趋势仍将延续。

(一)当今世界正经历百年未有之大变局

1.国际力量对比深刻调整。新冠肺炎疫情加快世界格局的演变,世界经济在大幅下行后有望出现恢复性增长,但复苏不稳定不平衡性凸显。发达经济体经济走势分化明显,新兴经济体和发展中国家复苏面临困难较多。我国对世界经济增长的引领带动作用不断增强,国际影响力、感召力、塑造力进一步提高。从中长期看,

新兴经济体和发展中国家将加快实现群体性崛起,占世界经济比重将持续提升,国际力量对比将更趋平衡。

2. 和平与发展仍然是时代主题。世界多极化、经济全球化、社会信息化、文化多样化深入发展,全球治理体系和国际秩序变革加速推进,各国相互联系和依存日益加深,和平发展的大势日益强劲。国际社会面临"治理赤字、信任赤字、和平赤字、发展赤字"四大挑战,解决应对气候变化、加强公共卫生治理等全球性难题必须开展全球行动、全球应对、全球合作,共同走和平共处、互利共赢之路已成为不可阻挡的时代潮流。

3. 新一轮科技革命和产业变革深入发展。新一轮科技革命呈现智能化主导、融合式"聚变"、多点突破的态势。以5G、人工智能、物联网、大数据、区块链等为代表的新一代信息技术正在广泛而深入地渗透到经济社会各领域,与生物工程、新能源、新材料等新兴技术交叉融合。第四次工业革命加速广泛展开,将推动生产生活方式发生颠覆性变革,现有产业形态、分工和组织方式面临深刻变化。新兴产业日益发展壮大,新技术在传统领域的广泛运用将推动新产品、新业态、新模式大量涌现。

4. 人类命运共同体理念深入人心。我国坚守和平、发展、公平、正义、民主、自由的全人类共同价值,弘扬共商共建共享的全球治理观,坚持人民至上、生命至上,积极履行国际责任,推动克服发达国家和发展中国家发展鸿沟,向世界贡献了中国智慧、提供了中国方案、分享了中国机遇,世界各国人民对构建人类命运共同体的理念更加认同。

(二)国际环境日趋复杂,不稳定性不确定性明显增加

1. 新冠肺炎疫情影响广泛深远。疫情冲击下,国际贸易和投资大幅萎缩、国际金融市场动荡、国际交往受限、地缘政治风险上升,世界经济出现大萧条以来最严重衰退,对世界经济中长期发展带来的负面冲击不容低估。疫情后世界经济虽有望重回增长轨

道,但由疫情导致的各类衍生风险不容忽视,长期存在的结构性问题积累恐将引发"灰犀牛"等重大风险。

2.经济全球化遭遇逆流。世界贸易组织(WTO)贸易规则体系面临较强改革压力,改革进程受各方分歧影响进展缓慢。部分发达经济体实施贸易保护政策,推动全球贸易规则体系重构,建立排他性保护性较强的区域贸易协定,新兴经济体面临更高贸易投资规则门槛。未来一个时期,国际经贸规则主导权之争将更趋激烈。经济全球化遭遇挫折挑战,给世界经济实现强劲、可持续、平衡、包容增长带来较大不确定性。

3.世界进入动荡变革期。伴随大国关系深刻调整,传统安全风险明显上升,恐怖主义、气候变化、重大传染性疾病、网络安全等非传统安全风险持续蔓延,传统安全和非传统安全因素相互交织,国际安全风险点增多,各国政治经济社会稳定面临新考验。地缘政治格局的不确定不稳定因素呈现增多趋势,大国博弈竞争加剧,地缘政治格局更趋复杂。

4.单边主义、保护主义、霸权主义对世界和平与发展构成威胁。一些主要经济体单边主义、保护主义与国内民粹主义相互呼应,内顾、自卷倾向有所加剧,冲击影响稳定发展的国际政治经济环境。霸权主义、强权政治依然存在,一些大国竭力渲染意识形态对立,借口人权、宗教等问题打击异己,动辄以制裁相威胁,国际关系中不公正不平等现象依然突出。

二、"十四五"时期我国发展面临的国内环境

我国经济实力、科技实力、综合国力和人民生活水平已跃上新的大台阶,有独特的政治优势、制度优势、发展优势和机遇优势,经济社会发展依然有诸多有利条件,同时,发展不平衡不充分问题仍然突出。

(一)我国已转向高质量发展阶段,继续发展具有多方面优势和条件

1. 制度优势显著。中国共产党领导是中国特色社会主义最本质的特征,是我们的最大制度优势。我们有以习近平同志为核心的党中央的坚强领导,有习近平新时代中国特色社会主义思想的科学指引,有中国特色社会主义制度的显著优势,在面对困难复杂局面时能够万众一心、众志成城,凝聚起破浪前行的强大力量,这是我国发展的最大有利条件和优势所在。

2. 治理效能提升。我国各方面制度更加成熟更加定型,国家治理体系和治理能力现代化取得重大进展,社会主义民主法治更加健全,社会公平正义进一步彰显,国家行政体系更加完善,政府作用更好发挥,行政效率和公信力显著提升,社会治理特别是基层治理水平明显提高,防范和化解重大风险体制机制不断健全,突发公共事件应急能力显著增强,自然灾害防御水平明显提升,发展安全保障更加有力。

3. 经济长期向好。2006 年以来,我国对世界经济增长的贡献已连续 15 年保持第一,成为世界经济发展的重要引擎。2020 年,面对疫情冲击,我国着力做好"六稳"工作,落实"六保"任务,国内生产总值突破一百万亿元,成为全球唯一实现正增长的主要经济体。经济发展质量和效益不断提升,创新驱动对经济发展的贡献能力明显提高。

4. 物质基础雄厚。全面建成小康社会取得伟大历史性成就,经济高质量发展的基础更加坚实。我国农业保持稳定,粮食总产量连续 6 年超过 1.3 万亿斤。工业实力显著增强,220 多种工业产品产量居世界第一位,制造业增加值连续 11 年位居世界第一。基础设施日益完善,高铁营运总里程达到 3.8 万公里,高速公路里程超过 15.5 万公里,5G 终端连接数已超过 2 亿,均居世界第一。信息、商务、研发、营销等现代服务业持续发展。

5. 人力资源丰富。我国劳动年龄人口超过 8.9 亿,基础教育质量持续优化,高等教育进入普及化阶段,实现九年义务教育巩固率 95.2%,高中阶段教育毛入学率 91.2%,劳动年龄人口平均受教育年限达 10.5 年,与发达国家的差距进一步缩小,人力资本质量明显提升。

6. 市场空间广阔。我国有 14 亿人口,人均国内生产总值突破 1 万美元,中等收入群体超过 4 亿人,已成为全球第一大消费市场。未来一个时期,我国强大国内市场的巨大潜力将进一步释放,全球吸引力将不断增强,成为加快构建以国内大循环为主体、国内国际双循环相互促进的新发展格局的重要支撑。

7. 社会大局稳定。我国始终坚持把实现好、维护好、发展好最广大人民根本利益作为发展的出发点和落脚点,不断增强人民群众获得感、幸福感、安全感。聚焦重点领域和重点人群,精准发力、补齐民生短板,社会保障、医疗健康、文化旅游等领域建设稳步推进,基本公共服务均等化程度不断提高,社会治理能力和现代化水平逐步提升。

(二)我国发展不平衡不充分问题仍然突出

1. 创新能力还不适应高质量发展要求。农业方面,农产品种植和加工技术相对落后,种子对国外依赖度仍然较高。工业方面,一些关键核心技术受制于人,部分关键元器件、零部件、原材料依赖进口。能源资源方面,油气勘探开发、新能源技术发展不足,油气对外依存度较高。

2. 地区差距、城乡差距、收入差距较大。城乡之间在居民收入、公共资源和基本公共服务等方面差距较大。区域协调发展仍不平衡,不同地区在技术、资金、人才等方面的积累和发展存在较大落差。居民收入和财富分配格局有待改善,中等收入群体规模相对滞后于经济发展水平,不利于进一步扩大消费、培育强大国内市场。

3. 重点领域关键环节改革任务仍然艰巨。国内统一大市场仍需完善,资源要素市场化配置水平有待提升,国有企业市场化经营机制尚不健全,经营效率仍有提升空间。科技体制改革仍需继续推进,科技系统分散、重复、封闭、低效问题尚未有效解决,对基础研究、前沿研究和共性技术研究的支持机制仍待完善,在前瞻性战略性技术研发和产业发展方面布局还需加力。

4. 生态环保任重道远。生态环境治理成效尚不稳固,森林草原生态系统整体仍较脆弱,土地质量问题依然严峻,近岸海域生态系统健康状况不佳。水资源供给结构性矛盾突出,部分地区水资源过度开发,流域区域生态保护和修复、用水保障、水质改善、生物多样性保护等面临严峻挑战。大气污染综合治理仍需加强,空气质量仍有较大提升空间。

5. 民生保障存在短板。公共服务供需不均衡问题仍然突出,多元主体主动参与、精准化适配供给局面尚未形成。人民群众健康需求不断增强,医疗资源紧平衡态势可能加剧,社会保障支出压力不断加大。人口老龄化程度加深,老年抚养比持续上升,对养老保障可持续性造成严峻挑战。疫情对就业带来较强冲击,部分农民工返岗困难,高校毕业生就业难度加大。

6. 社会治理还有弱项。伴随社会结构加快变化、利益格局深刻调整,治理复杂性不断增加。党委领导、政府负责、社会协同、公众参与、法治保障的社会治理体制还不完善。社会治理的社会化、法治化、智能化、专业化水平还有待提升。权责明晰、高效联动、上下贯通、运转灵活的社会治理指挥体系还有待健全。

综合分析,面对"十四五"时期发展环境的深刻复杂变化,我国经济长期向好的基本面没有改变,发展的时与势仍在我一方。要统筹中华民族伟大复兴战略全局和世界百年未有之大变局,深刻认识我国社会主要矛盾变化带来的新特征新要求,深刻认识错综复杂的国际环境带来的新矛盾新挑战,增强机遇意识和风险意识,准确识变、科学应变、主动求变,善于在危机中育先机、于变局中开新局,抓住机遇,应对挑战,趋利避害,奋勇前进。

第三讲

"十四五"时期经济社会
发展的战略导向

经济社会发展的战略导向,是我国经济长期稳定健康发展、社会安定和谐的重要保障。习近平总书记就新发展阶段、新发展理念、新发展格局的内涵、逻辑、要求等进行了系统阐述,深刻回答了事关我国发展全局的一系列方向性、根本性、战略性的重大问题,对我们深刻把握新的机遇挑战,开创全面建设社会主义现代化国家新局面,具有重大现实意义和长远指导意义。《纲要》提出,"十四五"时期推动高质量发展,必须立足新发展阶段、贯彻新发展理念、构建新发展格局,这是贯穿《纲要》始终的核心要义,必须从全局角度整体把握、系统贯彻和一体落实。

一、准确把握新发展阶段

进入新发展阶段明确了我国发展的历史方位。党的十九届五中全会提出,全面建成小康社会、实现第一个百年奋斗目标之后,我们要乘势而上开启全面建设社会主义现代化国家新征程、向第二个百年奋斗目标进军,这标志着我国进入了一个新发展阶段。这是党带领人民迎来从站起来、富起来到强起来历史性跨越的新阶段,是中华民族伟大复兴历史进程的大跨越。把我国建设成为社会主义现代化国家,是新中国成立以来历次五年规划(计划)一以贯之的主题,未来30年将是完成这个历史宏愿的新发展阶段。党的十九大对实现第二个百年奋斗目标作出分两个阶段推进的战略安排,提出到2035年基本实现社会主义现代化,到本世纪中叶把我国建成富强民主文明和谐美丽的社会主义现代化强国,明确了未来发展的路线图和时间表。

经过新中国成立以来特别是改革开放40多年的不懈奋斗,到"十三五"规划收官之时,我国已经拥有开启新征程、实现新的更高目标的雄厚物质基础。"十三五"规划确定的重大战略任务和重大工程项目全面落地见效,经济运行总体平稳,生态环境明显改善,区域重大战略深入实施,新型城镇化战略纵深推进,人民生活水平显著提高,我国经济实力、科技实力、综合国力跃上新的大台阶,全面深化改革取得重大突破,对外开放持续扩大,国家治理体系和治理能力现代化水平显著提高,特别是全面建成小康社会取得伟大历史性成就,解决了困扰中华民族几千年的绝对贫困问题。这在我国社会主义现代化建设进程中具有里程碑意义,为新发展阶段全面建设社会主义现代化国家创造了有利条件。

"十四五"时期是新发展阶段的第一个五年,世界百年未有之大变局加速演进,我国已转向高质量发展阶段,正处于转变发展方式、优化经济结构、转换增长动力的攻坚期,将由中等收入国家迈向高收入国家行列。在这个新发展阶段,我国国内外环境发生深刻变化,这既带来一系列新机遇,也带来一系列新挑战。把握新发展阶段是贯彻新发展理念、构建新发展格局的现实依据,也是《纲要》确定目标任务、制定政策举措、部署重大任务、谋划重大工程的根本依据。要深刻认识我国社会主要矛盾变化带来的新特征新要求,深刻认识错综复杂国际环境带来的新矛盾新挑战,在新的发展起点上接续奋斗,按照推动高质量发展的要求,深入实施《纲要》,推动我国经济社会发展水平再迈上新的大台阶,实现"两个一百年"奋斗目标有机衔接,确保全面建设社会主义现代化国家开好局、起好步。

二、完整准确全面贯彻新发展理念

理念是行动的先导,发展理念具有战略性、纲领性、引领性。新发展理念是我们深入探索经济社会发展规律的理论结晶,是我们党对共产党执政规律、社会主义建设规律、人类社会发展规律的科学把握,是管根本、管全局、管长远的理论指导,是推动高质量发展的根本遵循,在指导实践中已经并将继续显现出强大生命力。贯彻新发展理念明确了我国现代化建设的指导原则。作为一个系统的理论体系,新发展理念回答了关于发展的目的、动力、方式、路径等一系列理论和实践问题,阐明了党关于发展的政治立场、价值导向、发展模式、发展道路等重大政治问题,必须完整准确全面贯彻,将之贯穿经济社会发展全过程和各领域,为把握新发展阶段、构建新发展格局提供行动指南。

完整准确全面贯彻新发展理念,必须牢固树立以人民为中心的发展思想,坚持发展为了人民、发展依靠人民、发展成果由人民共享,作出更有效的制度安排,使全体人民有更多获得感,朝着共同富裕方向稳步前进。促进全体人民共同富裕本身就是社会主义现代化的重要目标,必须摆在新发展阶段更加重要的位置。《纲要》围绕推动人的全面发展和社会全面进步、促进全体人民共同富裕,按照尽力而为、量力而行的要求,在建设高质量教育体系、推进健康中国建设、完善"一老一小"服务体系、健全国家公共服务制度体系、实施就业优先战略、优化收入分配结构、健全社会保障体系、保障妇女未成年人和残疾人基本权益、构建基层社会治理格局等方面提出了一系列重大任务举措、重大工程项目。

完整准确全面贯彻新发展理念,必须根据新发展阶段的新要求,更加精准地贯彻新发展理念,切实解决好发展不平衡不充分问题,补齐发展短板弱项,提高发展质量效益。当前,创新能力不适应高质量发展要求,部分关键核心技术受制于人,庞大国内市场的潜在优势尚未完全释放,农业基础还不稳固,制造业发展面临不少困难,城乡区域发展和收入分配差距较大,民生保障存在短板,社会治理还有弱项,生态环保任重道远,实现碳达峰、碳中和任务艰巨。《纲要》聚焦制约高质量发展的突出问题,在突破"卡脖子"关键核心技术、壮大实体经济根基、形成强大国内市场、推进乡村振兴、提高城镇化质量、促进区域经济协调发展、加快发展方式绿色转型等方面提出具有针对性的政策措施。

完整准确全面贯彻新发展理念,必须深刻认识我国发展面临的内外部风险,增强忧患意识、坚持底线思维,把安全发展贯穿国家发展各领域和全过程,防范和化解影响我国现代化进程的各种风险,筑牢国家安全屏障。随着我国社会主要矛盾变化和国际力量对比深刻调整,我国发展面临的内外部环境更加错综复杂,传统安全和非传统安全交织叠加,一些重点领域风险依然较高。《纲要》坚持统筹发展和安全,在主要指标中设置安全保障类指标,引导各方面更多关注发展的安全性;设立专篇对统筹发展和安全、加快国防和军队现代化等作出具体安排,加强国家安全体系和能力建设,并重点突出保障粮食、能源资源和金融安全;在科技创新、产业链供应链、数字化发展、生态保护、对外开放等各领域中,都强调堵漏洞、强弱项,注重防范化解各类风险挑战,充分体现了统筹办好发展和安全两件大事的要求。

三、加快构建新发展格局

构建新发展格局明确了我国经济现代化的路径选择,是党中央把握全球政治经济环境的深刻变化、基于我国新发展阶段的历史任务和比较优势作出的重大战略决策,是把握未来发展主动权的战略性布局和先手棋,是应对新发展阶段机遇和挑战、贯彻新发展理念的战略选择,对当前和今后一个时期我国经济社会发展具有纲举目张的作用。新发展格局的构建是一个系统工程,关键在于经济循环的畅通无阻,最本质的特征是实现高水平的自立自强,根本要求是提升供给体系的创新力和关联性。《纲要》提出,"十四五"时期构建新发展格局必须牢牢把握"五个必须坚持"。

(一)必须坚持深化供给侧结构性改革,以创新驱动、高质量供给引领和创造新需求,提升供给体系的韧性和对国内需求的适配性

在我国发展现阶段,畅通经济循环最主要的任务是供给侧有效畅通,只有贯通生产、分配、流通、消费各环节,消除供给侧瓶颈制约,才能形成需求牵引供给、供给创造需求的更高水平动态平衡。"十四五"时期,必须坚持深化供给侧结构性改革这条主线,通过提高创新能力、提升产业链供应链现代化水平、推动数字化发展、建设现代化基础设施体系、发展现代农业、构建服务业产业新体系等措施,推动生产模式和产业组织方式创新,全面优化升级产业结构,形成更高效率和更高质量的投入产出关系,实现经济在高水平的动态平衡。

(二)必须建立扩大内需的有效制度,加快培育完整内需体系,加强需求侧管理,建设强大国内市场

实施扩大内需战略,是保持我国经济长期持续健康发展的需要,也是满足人民日益增长的美好生活的需要。"十四五"时期,内需主导型增长的特征会更加明显,经济增长的内需潜力会不断释放,要牢牢把握扩大内需这一战略基点,以满足国内需求为基本立足点,把实施扩大内需战略同深化供给侧结构性改革有机结合起来,建立扩大内需的有效制度,加快培育完整内需体系,加强需

求侧管理,全面促进消费,拓展投资空间,建设消费和投资需求旺盛的强大国内市场,使生产、分配、流通各环节更多依托国内市场实现良性循环。

(三)必须坚定不移推进改革,破除制约经济循环的制度障碍,推动生产要素循环流转和生产、分配、流通、消费各环节有机衔接

构建新发展格局本质上是改革问题,同全面深化改革紧密关联。"十四五"时期,要发挥全面深化改革在构建新发展格局中的关键作用,围绕实现高水平自立自强、畅通经济循环、扩大内需、实现高水平对外开放、推动全面绿色转型、推进城乡融合发展等方面深化改革,在国资国企、财税金融、土地、市场准入、劳动力等领域改革取得更大突破,扫除制约国内大循环和国内国际双循环畅通的体制机制障碍。要把深化改革同促进制度集成结合起来,聚焦基础性和具有重大牵引作用的改革举措,加强制度创新充分联动和衔接配套,提升改革综合效能。

(四)必须坚定不移扩大开放,持续深化要素流动型开放,稳步拓展制度型开放,依托国内经济循环体系形成对全球要素资源的强大引力场

构建新发展格局是开放的国内国际双循环,不是封闭的国内单循环。"十四五"时期,必须顺应我国经济深度融入世界经济的趋势,实施更大范围、更宽领域、更深层次对外开放,持续深化商品和要素流动型开放,稳步拓展规则、规制、管理、标准等制度型开放,提升对外开放平台功能,优化区域开放布局,健全开放安全保障体系,使国内市场和国际市场更好联通,更好利用国际国内两个市场、两种资源,更好争取开放发展中的战略主动,依托国内经济循环体系形成对全球要素资源的强大吸引力。

(五)必须强化国内大循环的主导作用,以国际循环提升国内大循环效率和水平,实现国内国际双循环互促共进

以国内大循环为主体,是顺应世界大国经济发展规律、发挥我

国超大规模经济体优势的内在要求,是满足国内需求、提高人民生活品质、增进民生福祉的主动选择。国内循环越顺畅就越能形成对全球资源要素的引力场、提升国际竞争力,国际循环流转顺畅也有利于进一步畅通国内大循环,提升经济发展的自主性、可持续性和韧性。"十四五"时期,要坚持立足国内大循环,发挥比较优势,协同推进强大国内市场和贸易强国建设,推动进出口协同发展,提高国际双向投资水平,促进内需和外需、进口和出口、引进外资和对外投资协调发展,改善我国生产要素质量和配置水平,加快培育参与国际合作和竞争新优势。

2035 年远景目标和"十四五"时期经济社会发展主要目标指标

《纲要》依据党的十九届五中全会《建议》，坚持目标导向和问题导向相结合，坚持守正和创新相统一，研究设置发展目标和指标。

一、2035 年远景目标和"十四五"时期经济社会发展主要目标

《纲要》进一步深化细化了 2035 年基本实现社会主义现代化远景目标和"十四五"时期经济社会发展主要目标。

（一）2035 年远景目标

立足 2035 年基本实现社会主义现代化的主客观条件，既充分考虑我国继续发展具有多方面优势和有利条件，也充分考虑各种风险和挑战，从 9 个方面对 2035 年远景目标进行展望和顶层设计。一是经济实力、科技实力、综合国力大幅跃升，进入创新型国家前列。二是基本实现新型工业化、信息化、城镇化、农业现代化。三是基本实现国家治理体系和治理能力现代化。四是建成文化强国、教育强国、人才强国、体育强国、健康中国。五是广泛形成绿色生产生活方式，美丽中国建设目标基本实现。六是形成对外开放

新格局。七是人均国内生产总值达到中等发达国家水平,基本公共服务实现均等化。八是平安中国建设达到更高水平。九是人民生活更加美好,人的全面发展、全体人民共同富裕取得更为明显的实质性进展。

(二)"十四五"时期经济社会发展主要目标

锚定 2035 年远景目标,综合考虑"十四五"时期国内外发展趋势和我国发展条件,提出"十四五"时期经济社会发展 6 大主要目标。一是经济发展取得新成效,在质量效益明显提升的基础上实现经济持续健康发展,增长潜力充分发挥,创新能力显著提升,现代化经济体系建设取得重大进展。二是改革开放迈出新步伐,高标准市场体系基本建成,产权制度改革和要素市场化配置改革取得重大进展,更高水平开放型经济新体制基本形成。三是社会文明程度得到新提高,人民思想道德素质、科学文化素质和身心健康素质明显提高。四是生态文明建设实现新进步,国土空间开发保护格局得到优化,生产生活方式绿色转型成效显著。五是民生福祉达到新水平,实现更加充分更高质量就业,居民人均可支配收入增长和国内生产总值增长基本同步。六是国家治理效能得到新提升,国家行政体系更加完善,发展安全保障更加有力。

二、"十四五"时期经济社会发展主要指标

《纲要》依据 2035 年远景目标和"十四五"时期经济社会发展主要目标,按照定性为主、蕴含定量原则,在经济发展、创新驱动、民生福祉、绿色生态、安全保障等 5 方面设置了 20 项主要指标。在研究设置时,突出"十四五"时期的阶段性任务,设置抓重点、补短板、强弱项的指标;突出对高质量发展综合绩效评价指标体系的充分对接,更好体现指标激励约束导向作用;突出指标的代表性,在每个重要领域仅设置一个最具代表性的指标;突出指标的可测

性,确保指标数据可获得、测算科学简洁。

（一）国内生产总值（GDP）增长

GDP是衡量一国经济发展水平的核心指标,反映综合经济实力和国际竞争力。我国仍处于并将长期处于社会主义初级阶段,仍然是世界上最大的发展中国家,发展仍然是解决一切问题的基础和关键。中央《建议》提出到2035年人均GDP达到中等发达国家水平,蕴含着未来15年我国GDP需要保持一定的增长速度,"十四五"时期要保持经济持续健康发展,努力使经济增速与潜在经济增长率保持一致。《纲要》提出"十四五"时期GDP年均增长"保持在合理区间、各年度视情提出",充分考虑了"十四五"时期发展环境的复杂性,有利于更加积极、主动、从容地应对各种不稳定性不确定性因素,增强发展的灵活性;也有利于引导各方面集中精力贯彻新发展理念、构建新发展格局、推动高质量发展,不简单地以GDP增速论英雄,把工作重点放在提高发展质量和效益上。《纲要》对经济增长目标以定性表述为主,并不意味着经济工作中不设定GDP增长的量化指标。相对于五年来说,年度形势较易研判,因此在年度工作中,可根据内外部环境变化和经济运行状况等,更加科学合理地提出年度增长目标,具体是高一点还是低一点,可以依据实际情况有针对性地予以确定。

（二）全员劳动生产率增长

设置该指标,有利于引导提高劳动力配置效率和人力资本水平。"十三五"时期,我国全员劳动生产率年均增长5.8%,与GDP增长大致同步,全员劳动生产率从8.9万元/人增至13.1万元/人。《纲要》提出"十四五"时期全员劳动生产率增长"高于GDP增长",在"十三五"基础上提出更高要求,充分体现了质量第一、效率优先的导向。"十四五"时期,劳动年龄人口将从8.95亿人减至8.6亿人左右,全部就业人数也将从7.74亿人减至7.7亿人左右,经济发展需要更多依靠劳动者素质提高、科技进步和制度创新,将人口数量红利转为人力资本红利。

（三）常住人口城镇化率

该指标是城镇化领域的国际通用指标,有利于客观反映我国城镇化发展进程。"十三五"前4年,我国常住人口城镇化率从56.1%提高到60.6%。从世界城镇化普遍规律看,我国仍处于城镇化率30%—70%的较快发展区间,常住人口城镇化率仍有较大提升空间。"十四五"时期,常住人口城镇化率提高幅度将略低于"十三五"时期,预计城镇常住人口增加超过7000万人,常住人口城镇化率年均提高0.8个百分点左右。

（四）全社会研发经费投入增长

研发经费投入可综合反映科技创新能力,一般用研发经费投入增长或研发经费投入强度来衡量。其中,研发经费投入增长指标更加简明扼要、清晰明了,易评估、可考核,不受GDP波动影响,能够更直观反映各方面增加研发经费投入的工作实绩,也能够直接落实到地方政府和各有关部门及企业的工作目标安排上。我国研发经费投入持续增长,"十一五""十二五""十三五"期末投入总量比基期年度分别增加4613亿、7107亿、10256亿元,2020年研发经费投入总量达到24426亿元。《纲要》提出"十四五"时期全社会研发经费投入"年均增长7%以上、力争投入强度高于'十三五'时期实际",体现了把创新摆在现代化建设全局核心位置的导向。

（五）每万人口高价值发明专利拥有量

高价值发明专利包括:①战略性新兴产业的有效发明专利;②在海外有同族专利权的有效发明专利;③维持年限超过10年的有效发明专利;④实现较高质押融资金额的有效发明专利;⑤获得国家科学技术奖或中国专利奖的有效发明专利。设置该指标,有利于真实反映专利资源的技术含量和市场价值,引导发明专利从追求数量向追求质量转变。"十三五"时期,我国每万人口高价值发明专利拥有量分别为 3.0、3.8、4.5、5.4、6.3 件。"十四五"时期,通过强化知识产权创造运用保护管理等措施,高价值发明专利有望继续快速增长,2025 年每万人口高价值发明专利拥有量可达 12 件。

(六)数字经济核心产业增加值占 GDP 比重

数字经济核心产业包括:①"计算机、通信和其他电子设备制造业"全部小类;②机电器材制造(含"电气机械和器材制造业"部分小类等);③电子设备制造(含"仪器仪表制造业"部分小类等);④"电信、广播电视和卫星传输服务业"全部小类;⑤互联网服务(含"互联网和相关服务业"全部小类等);⑥"软件和信息技术服务业"全部小类;⑦文化数字内容服务(含"广播、电视、电影和录音制作业"全部小类等)。设置该指标,有利于客观反映数字经济核心竞争力,引导数字经济高质量发展。2020 年,我国数字经济核心产业增加值占 GDP 比重为 7.8%。"十四五"时期,数字技术将加快创新应用,2025 年数字经济核心产业增加值占 GDP 比重可达 10%。

(七)居民人均可支配收入增长

设置该指标,有利于引导各方面把居民增收摆在突出位置,扎实推动共同富裕。《纲要》提出"十四五"时期居民人均可支配收入增长"与 GDP 增长基本同步",这延续了"十二五"以来居民收入增长和经济增长基本同步的政策导向。"十三五"时期,居民人均可支配收入从 2.2 万元增至 3.2 万元、年均实际增长 5.6%,同期 GDP 年均实际增长 5.8%。"十四五"时期,通过提高劳动报酬在初次分配中比重、健全工资合理增长机制、多渠道增加财产性收入,以及通过土地和资本等要素使用权收益权增加中低收入群体要素收入等途径,预计可实现这一目标。

(八)城镇调查失业率

该指标是反映就业形势的国际通用指标,已逐步运行成熟,可实现与城镇登记失业率指标的平稳过渡。设置该指标,有利于引导各方面继续把扩大就业摆在突出位置,推动实现更充分更高质量的就业。2017—2020年,我国城镇调查失业率分别为5.0%、4.9%、5.2%、5.2%。"十四五"时期,综合考虑经济增长、就业岗位增加和城镇劳动年龄人口数量、劳动参与率等因素,通过加强职业技能培训、缓解结构性失业矛盾、增加公益性岗位等措施,可将城镇调查失业率控制在5.5%以内。

(九)劳动年龄人口平均受教育年限

设置该指标,有利于引导增加公平而有质量的公共教育服务,提高人力资本水平。"十三五"时期,我国劳动年龄人口平均受教育年限从10.2年增至10.8年。《中国教育现代化2035》提出2035年达到12年的目标,未来平均每五年提高0.4年。"十四五"时期,通过推动义务教育优质均衡发展、普及高中阶段教育、增强职业技术教育适应性、提高高等教育入学率等措施,使2025年义务教育巩固率保持在95%以上、高中阶段教育毛入学率提高到92%以上、高等教育毛入学率提高到60%,劳动年龄人口平均受教育年限可达11.3年。

(十)每千人口拥有执业(助理)医师数

设置该指标,有利于引导加强医师队伍建设。"十三五"时期,我国执业(助理)医师数从304万人增至408万人,每千人口拥有执业(助理)医师数从2.21人增至2.90人。"十四五"时期,在近些年快速增长基础上,综合考虑医学高校招生规模等因素,2025年执业(助理)医师数可达450万人左右,每千人口拥有执业(助理)医师数为3.2人。

(十一)基本养老保险参保率

设置该指标,有利于积极应对人口老龄化,进一步夯实城乡居民养老的最基本保障。"十三五"时期,基本养老保险参保人数从8.58亿增至9.99亿,2020年基本养老保险参保率超过91%。"十四五"时期,应按照应保尽保、自愿参保原则,基本实现法定参保人员全覆盖。考虑到参保人员基数已较大、少数人口自愿选择不参保等因素,预计2025年基本养老保险参保率可达95%。

(十二)每千人口拥有3岁以下婴幼儿托位数

设置该指标,有利于引导增加3岁以下婴幼儿照护服务供给。"十三五"时期,我国3岁以下婴幼儿托育服务刚刚起步,2020年每千人口拥有3岁以下婴幼儿托位数约为1.8个。"十四五"时期,通过加快建设托育服务体系、推动各地增加托育服务资源、鼓励社会力量建设综合性托育服务机构和社区托育服务设施等措施,2025年每千人口拥有3岁以下婴幼儿托位数可达4.5个,托位总数可达640万个左右。

(十三)人均预期寿命

该指标综合体现医疗卫生、人民健康、生活质量和社会发展状况,是联合国人类发展指数(HDI)的3个合成指标之一。"十三五"前4年,我国人均预期寿命从76.34岁增至77.3岁。按照近年来每五年提高1岁左右的增长趋势,综合采取完善国民健康政策、加强公共卫生和基本医疗服务、实施全民健身计划等措施,预计"十四五"时期人均预期寿命可提高1岁,也能够促进实现《"健康中国2030"规划纲要》提出的2030年达到79岁的目标。

(十四)单位GDP能源消耗降低

设置该指标,有利于引导提高能源利用效率,以能耗约束倒逼产业结构转型和发展动能转换。"十三五"时期,我国单位GDP能源消耗降低13.2%。由于产业结构偏重、投资占比偏高,我国单位GDP能耗约为经济合作与发展组织(OECD)国家的3倍左右、世界平均水平的 1.5 倍左右,下降空间仍然较大。"十四五"时期,在非化石能源占能源消费总量比重达到 20% 左右的情况下,为使单位 GDP 二氧化碳排放下降 18%,要求单位 GDP 能源消耗降低 13%—14%。综合考虑经济增长和能源消费弹性变化趋势,预计"十四五"时期单位 GDP 能源消耗可降低 13.4%—14.2%。据此,将单位 GDP 能源消耗降低目标值设定为 13.5%。

(十五)单位 GDP 二氧化碳排放降低

设置该指标,有利于引导能源清洁低碳高效利用和产业绿色转型,确保 2030 年前实现碳排放达峰,展现我国负责任大国担当。"十三五"时期,我国单位 GDP 二氧化碳排放降低 18.8%,2020 年底比 2005 年降低 48.4%。按照 2030 年单位 GDP 二氧化碳排放比 2005 年下降 65% 以上的新承诺目标倒推,"十四五"和"十五五"时期单位 GDP 二氧化碳排放平均需降低 17.6%。"十四五"时期,通过推进工业、建筑、交通等领域低碳转型,严格控制化石能源特别是煤炭消费,大力发展非化石能源,可推动"十四五"时期单位 GDP 二氧化碳排放降低 18%。这与单位 GDP 能源消耗降低 13.5%、非化石能源占能源消费总量比重达到 20% 左右的目标,是衔接一致的。

(十六)地级及以上城市空气质量优良天数比率

设置该指标,能够综合反映空气环境质量改善情况。"十三五"前 4 年,我国地级及以上城市空气质量优良天数比率从 76.7% 提高到 82.0%。2020 年新冠肺炎疫情导致工业发展受到阶段性冲击,地级及以上城市空气质量优良天数比率大幅提高至 87%,一定程度上高于正常年份。"十四五"时期,通过推动北方地区清洁取暖、工业窑炉治理、非电行业超低排放改造等措施,主要空气污染物排放能够继续得到削减。在细颗粒物(PM2.5)浓度下降 10%、臭氧(O_3)浓度快速增长趋势得到遏制的情况下,预计 2025 年地级及以上城市空气质量优良天数比率可达 87.5%。

（十七）地表水达到或好于Ⅲ类水体比例

设置该指标,有利于引导加大地表水污染防治力度。"十三五"前4年,我国地表水达到或好于Ⅲ类水体比例从66.0%提高至74.9%。2020年新冠肺炎疫情导致生产生活活动强度降低,地表水达到或好于Ⅲ类水体比例大幅提高至83.4%,高出正常年份3—4个百分点。"十四五"时期,通过开展河湖水质改善技术指导、实施人工湿地水质净化工程、持续推进黑臭水体治理、加强工业园区综合整治和排污口排查整治等措施,2025年地表水达到或好于Ⅲ类水体比例可达85%。

（十八）森林覆盖率

设置该指标,有利于综合体现森林资源丰富程度、国土绿化状况和碳汇能力。"十三五"时期,我国森林覆盖率从21.7%提高到23%以上。按照《全国重要生态系统保护和修复重大工程总体规划（2021—2035年）》提出的2035年森林覆盖率达到26%的目标倒推,平均每五年需提高1个百分点左右。"十四五"时期,通过深化开展国土绿化行动、实施天然林保护工程和防护林体系建设工程、开展全民义务植树等措施,2025年森林覆盖率可达24.1%。

（十九）粮食综合生产能力

设置该指标,有利于引导提高粮食供应保障能力。2015—2020年,我国粮食年产量连续6年稳定在6.5亿吨以上。2020年粮食消费量为7.4亿吨左右,统筹考虑总人口增长、畜牧业发展和工业用粮等因素,预计2025年将达到7.5亿吨左右,其中谷物消费量超过6亿吨。按照"谷物基本自给、口粮绝对安全"的要求,稻谷、小麦、玉米等三种粮食产量需超过5.9亿吨,加上大豆及其他粮食作物,"十四五"时期粮食综合生产能力需达到6.5亿吨以上。"十四五"时期,通过稳定粮食播种面积、提升农业科技水平等措施,可保障粮食综合生产能力稳中有升。按照供需大体平衡、适当留有余地的原则,将2025年粮食综合生产能力目标值设定为不低于6.5亿吨。

(二十)能源综合生产能力

设置该指标,有利于引导提高国内能源供给能力。"十三五"时期,我国能源产量从36.2亿吨标准煤增至40.2亿吨标准煤,能源自给率从83.4%降至80.7%,期间曾降至78.4%。预计2025年能源消费总量为54.5亿—55亿吨标准煤,按84%左右的能源自给率把握,国内能源产量需达46亿吨标准煤以上。"十四五"时期,通过加大国内油气勘探开发力度、发展风光水核等非化石能源、促进煤炭向先进产能集中等措施,预计2025年国内原煤产量约为42亿吨、石油2亿吨、天然气2300亿立方米、非化石能源11亿吨标准煤,折算后国内能源产量可达47亿吨标准煤。按照坚决守住底线并引导节能降耗的原则,将2025年能源综合生产能力目标值设定为不低于46亿吨标准煤。

三、《纲要》章节指标

此外,《纲要》正文章节提出了20项量化章节指标。①基础研究经费投入占研发经费投入比重提高到8%以上。②战略性新兴产业增加值占GDP比重超过17%。③5G网络用户普及率提高到56%。④非化石能源占能源消费总量比重提高到20%左右。⑤建成10.75亿亩集中连片高标准农田。⑥农作物耕种收综合机械化率提高到75%。⑦自然岸线保有率不低于35%。⑧湿地保护率提高到55%。⑨地级及以上城市$PM_{2.5}$浓度下降10%。⑩氮氧化物和挥发性有机物排放总量分别下降10%以上。⑪化学需氧量和氨氮排放总量分别下降8%。⑫城市污泥无害化处置率达到90%。⑬地级及以上缺水城市污水资源化利用率超过25%。⑭单位GDP用水量下降16%左右。⑮新增建设用地规模控制在

2950 万亩以内。⑯高中阶段教育毛入学率提高到 92%以上。⑰学前教育毛入园率提高到 90%以上。⑱高等教育毛入学率提高到 60%。⑲每千人口拥有注册护士数达到 3.8 人。⑳养老机构护理型床位占比提高到 55%。

第五讲

强化国家战略科技力量

国家战略科技力量是体现国家意志、服务国家需求、代表国家水平的科技中坚力量,强化国家战略科技力量是新时代实现我国科技自立自强,支撑全面建设社会主义现代化国家的必然选择,是加快建设科技强国的重要任务。《纲要》提出,要坚持创新在我国现代化建设全局中的核心地位,把科技自立自强作为国家发展的战略支撑,强化国家战略科技力量。

一、国家战略科技力量建设取得历史性成就

党的十八大以来,以习近平同志为核心的党中央把科技创新摆在国家发展全局的核心位置,以前所未有的力度强化国家战略科技力量,战略性科技任务实施取得重大突破,战略性创新平台体系不断完善,战略性资源空间布局不断优化,重要科研主体能力不断提升,推动我国科技事业实现跨越式发展,发生了历史性、整体性、格局性重大变化。

(一)战略性科技任务实施取得重大突破

基础研究和应用基础研究取得重大原创性成果。铁基超导材料保持国际最高转变温度,量子反常霍尔效应、多光子纠缠世界领

先,中微子振荡、干细胞、利用体细胞克隆猕猴等取得重要原创性突破,"悟空"、"墨子"、"慧眼"、碳卫星等系列科学实验卫星成功发射。战略高技术研究有力支撑国家核心竞争力提升。载人航天和探月工程取得"天宫""神舟""嫦娥""长征"等系列重要成果,北斗全球系统全面建成,载人深潜、深地探测、国产航母、大型先进压水堆和高温气冷堆核电、天然气水合物勘察开发、纳米催化、金属纳米结构材料等加快进入世界先进行列。重大装备、工程引领产业向中高端迈进。复兴号高速列车迈出从追赶到领跑的关键一步,超超临界燃煤发电、特高压输变电、杂交水稻、海水稻等世界领先,移动通信、语音识别、第三代核电"华龙一号"、掘进装备等跻身世界前列。

(二)战略性创新平台体系不断完善

国家重大科技基础设施"创新利器"作用进一步发挥。已布局建设57个重大科技基础设施,中国"天眼"、全超导托卡马克、散裂中子源等一批设施处于国际先进水平,为前沿科学研究探索、产业关键技术开发提供了极限研究手段。推动科研设施与仪器开放共享,已有4000余家单位9.4万台(套)大科学仪器和82个重大科研设施纳入开放共享网络。产业创新平台建设体系化拓展。面向集成电路、生物育种、先进高分子材料和智能制造等战略性新兴产业领域布局建设一批国家产业创新中心。围绕解决实验室技术熟化、工程化和成果转化问题,建设一批国家工程研究中心,为关键核心技术和装备突破、科研成果工程化实验验证创造有利条件,解决了一大批经济社会发展中的现实问题。

(三)战略性资源空间布局不断优化

加快打造创新发展战略高地,初步形成"3个国际科技创新中心+4个综合性国家科学中心"创新空间布局。北京国际科技创新中心建设成果丰硕,怀柔综合性国家科学中心建设形成基本框架体系,在空间科学、物质科学、能源科学等领域建设一批国家重大科技基础设施和科教基础设施,原始创新能力显著提高,人工智能、量子信息、生命健康等技术长板不断做强。上海具有全球影响力的科技创新中心建设成绩斐然,张江综合性国家科学中心建设集中度、显示度不断提升,正在加速形成国内最大、国际领先的光子与微纳电子重大科技基础设施集群,集成电路、人工智能、生物医药3大产业创新高地建设进展迅速。粤港澳大湾区国际科技创新中心建设成效初显,大湾区综合性国家科学中心建设顺利起步,5G等领域产业优势不断显现。安徽合肥综合性国家科学中心聚焦能源、信息、生命、环境等领域,加快国家重大科技基础设施等重大平台建设,原始创新能力不断提高。

(四)战略性科研体系水平不断提升

中国科学院"率先行动"计划第一阶段目标任务全面完成,解决了一大批事关国家全局的重大科技问题,突破了一大批制约发展的关键核心技术,取得了一大批一流水平的原创成果。"双一流"大学建设全面启动,42所大学加快建设世界一流大学,95所大学加快建设世界一流学科,高等院校基础研究和人才培养能力显著提升。首批国家实验室挂牌组建,加快组织实施重点领域产学研用协同攻关,聚集培养高水平人才和创新团队。国家重点实验室体系加快优化重组,科技创新基础能力不断强化。

二、新时期、新形势对强化国家
战略科技力量提出新要求

"十四五"时期,全球百年未有之大变局加速演进,国际力量对比深刻调整,创新成为影响和改变全球竞争格局的关键变量。进入新发展阶段,贯彻新发展理念,构建新发展格局,对强化国家战略科技力量提出新要求。

（一）塑造国际竞争"非对称"优势，必须强化国家战略科技力量

新一轮科技革命和产业变革深度演进，以群体突破、跨界融合为特征，各学科、各领域间深度交叉融合、广泛扩散渗透，国与国之间的科技较量已经下沉到由基础研究、共性基础技术、基础科学教育、重大科技基础设施等构成的系统能力对抗上来。目前，我国在科技创新系统能力上与发达国家还有差距，需要采取"非对称"赶超战略。实现"非对称"赶超，塑造"非对称"优势，必须要依靠国家战略科技力量，通过发挥国家战略科技力量建制化优势，在关系国家发展全局的关键领域下功夫，带动科技创新系统能力提升。

（二）实现科技自立自强，必须强化国家战略科技力量

近年来，逆全球化趋势更加明显，全球产业链、供应链面临重大冲击，风险加大。我国生产体系内部循环不畅和供求脱节现象显现，"卡脖子"问题突出，结构转换复杂性上升。加快科技自立自强是应对新挑战、解决新问题的必然选择，是畅通国内大循环、塑造我国在国际大循环中主动地位的关键。要通过强化国家战略科技力量，更好地发挥新型举国体制优势，整合各方面力量开展协同攻关，加快提升自主创新能力，实现科技自立自强。

（三）提升国家创新体系整体效能，必须强化国家战略科技力量

进入新发展阶段，我国创新能力还不适应高质量发展要求，基础研究和原始创新能力不强，关键领域核心技术受制于人的格局没有从根本上改变，科技创新资源分散、重复、低效的问题还没有从根本上得到解决，实验室体系有待进一步完善，科研体系的引领作用有待进一步强化，企业技术创新能力有待进一步提高。国家战略科技力量是国家创新体系的关键组成部分，在各类创新主体组成的"创新金字塔"中，处于塔尖位置，要通过强化国家战略科技力量引领国家创新体系整体效能提升。

三、"十四五"时期强化国家战略
科技力量的主要任务

《纲要》明确提出,"十四五"期间要制定科技强国行动纲要,健全社会主义市场经济条件下新型举国体制,打好关键核心技术攻坚战,提高创新链整体效能。重点做好以下几个方面的工作。

（一）整合优化科技资源配置

一是充分发挥国家作为重大科技创新组织者的作用。坚持战略性需求导向,确定科技创新方向和重点,着力解决制约国家发展和安全的重大难题。加快建立国家实验室、研究型大学、一流科研院所和创新型领军企业共同参与的高效协同创新体系。以重大科技任务攻关实施为统领,探索国家战略科技力量新型治理结构和运行机制,探索重大科技任务定向委托机制,加强重点领域产学研用协同攻关。

二是加快提升科研主体创新能力。聚焦量子信息、光子与微纳电子、网络通信、人工智能、生物医药、现代能源系统等领域组建一批国家实验室,支撑重大创新领域前沿实现突破。通过调整、充实、整合、撤销等方式,做大、做强、做优国家重点实验室,强化多学科交叉融合,提升承担和完成国家重大科技任务的能力。以加强基础学科发展和科教融合发展为目标,发展新型研究型大学,提升基础研究能力,培养创新型人才。以前沿为引领、以市场为导向,聚焦区域性、行业性重大技术需求,发展新型研发机构,探索新型研发组织形态,推动科研院所、高校科技资源向企业开放,促进各类创新要素向企业集聚,促进产学研用深度融合。

三是持续推动重大创新基地和平台优化布局。聚焦重点行业和产业发展需求,布局建设国家产业创新中心、国家工程研究中心、国家技术创新中心、国家制造业创新中心等创新基地。按照科学、技术和创新基本规律,进一步明确各类中心的战略定位和建设目标,通过多种方式进行优化提升,促进各类创新基地有序发展。

(二)加强原创性引领性科技攻关

一是实施一批具有前瞻性、战略性的国家重大科技项目。从国家急迫需要和长远需求出发,瞄准人工智能、量子信息、集成电路、生命健康、脑科学、生物育种、空天科技、深地深海等前沿领域,实施一批国家重大科技项目。推动重点领域项目、基地、人才、资金一体化配置。改进科技项目组织管理方式,实行"揭榜挂帅"等制度。

二是制定实施战略性科学计划和科学工程。用好国家实验室、综合性国家科学中心、国家重大科技基础设施等战略性创新载体和国际创新合作平台,发挥战略科学家的作用,适时牵头发起国际大科学计划和大科学工程,创新战略性科学计划和科学工程的发起、组织、建设、运行和管理方式。

(三)持之以恒加强基础研究

一是强化支持基础研究顶层设计。制定实施基础研究十年行动方案,兼顾国家紧迫需求与长远储备、目标导向和自由探索,优化重大科研任务部署,打造基础研究体系化力量,营造良好创新生态。布局一批基础学科研究中心,开展数学、物理、化学等基础学科前瞻性、引领性和独创性基础理论研究和前沿方向探索,培养和稳定一批基础学科人才,推动涌现更多"从0到1"重大原始创新成果。

二是探索基础研究经费多元投入机制。持续加大中央财政投入力度,引导地方政府围绕区域经济社会需求加大基础研究和应用基础研究投入。强化企业投入主体地位,推动出台企业投入基础研究税收优惠政策。鼓励社会力量以捐赠和建立基金等方式多渠道投入基础研究,加快形成多元投入格局和稳定投入机制。推动基础研究经费投入占研发经费投入比重提高到8%。

　　三是建立符合基础研究规律的评价和激励机制。遵循科技创新规律,坚持分类评价,对自由探索、长期探索的基础研究实行长周期评价机制,创造有利于基础研究的良好科研生态,鼓励基础研究人员潜心致研,把冷板凳坐热。

　　(四)建设重大科技创新平台

　　一是加快完善区域创新空间布局。加快推进北京、上海、粤港澳大湾区国际科技创新中心建设,大力支持北京怀柔、上海张江、安徽合肥、大湾区综合性国家科学中心建设,加快打造引领高质量发展的动力源。围绕国家重大区域发展战略,支持有条件的地方建设区域科技创新中心,强化国家自主创新示范区、高新技术产业开发区、经济技术开发区等创新功能,引导创新要素集聚流动,构建跨区域创新网络,加快形成多层次、体系化的区域创新格局。

　　二是适度超前布局国家重大科技基础设施。按照“四个面向”要求,聚焦制约国家发展和安全的重大难题,布局建设一批具有前瞻性、战略性的国家重大科技基础设施,抢占事关长远和全局的科技战略制高点,为核心技术攻关和产业创新发展提供支撑。完善设施建设、运行、评价全周期管理机制,推动重大科技基础设施开放共享。

　　三是建设完善科技创新公共服务平台。集约化建设自然科技资源库、国家野外科学观测研究站(网)和科学大数据中心。构建国家科研论文和科技信息高端交流平台。加强科技创新基础支撑与条件保障类国家科技创新基地与平台建设。推进自然科技资源库、数据中心优化整合,加强科研论文原创发布(发表)平台、科技文献战略保障平台、科技信息深度整合平台、科技情报分析与技术监测平台之间的衔接融合。

第六讲

提升企业技术创新能力

企业是科技和经济紧密结合的重要力量,是技术创新决策、研发投入、科研组织、成果转化的主体。《纲要》提出,要完善技术创新市场导向机制,强化企业创新主体地位,促进各类创新要素向企业集聚,形成以企业为主体、市场为导向、产学研用深度融合的技术创新体系。

一、企业技术创新能力建设成效显著

"十三五"时期,我国企业技术创新能力快速提升,创新投入持续加强,创新产出质量稳步提升,创新活力进一步激发,激励企业创新政策环境不断完善,为经济高质量发展提供了有力支撑。

（一）创新投入持续加强

"十三五"期间,我国企业研发经费支出年均增长率达 11.3%,2020 年为 1.86 万亿元,占全社会研发经费支出的 76.2%。2019 年企业研发人员全时当量 366.8 万人年,占当年全国研发人员全时当量的 76.4%,年均增长率约为 6%（2015—2019 年）。2019 年规模以上工业企业研发经费支出为 1.4 万亿元,年均增长率达 8.8%（2015—2019 年）。欧盟委员会发布的 2020 年工业企业研发投资 2500 强显示, 我国上榜企业达 536 家, 仅次于美国, 居全球第二位。

(二) 创新产出质量稳步提升

2019 年, 发明专利企业申请与授权量再创新高, 分别达 80.8 万件与 22.2 万件, 企业有效发明专利拥有量累计 133.2 万件, 较"十二五"末增长 18.9%。企业海外专利布局能力持续增强, 2019 年通过《专利合作条约》(PCT) 途径提交的专利申请量达 5.9 万件, 居世界第一位, 4 家中国企业位居全球 PCT 申请量前十位。规模以上工业企业共实现新产品销售收入 21.2 万亿元, 新产品出口 3.9 万亿元, 分别较 2015 年 (15.1 万亿元、2.9 万亿元) 增长 40.4% 和 34.5%。

(三) 创新活力进一步激发

2019 年, 规模以上工业企业有研发活动的企业数 12.9 万家, 较 2015 年增长 75.6%。全国技术交易市场成交额 2.2 万亿元, 较 2015 年 (9835.8 亿元) 增长 128%。全国开展创新活动的规模以上企业达到 36.3 万家, 同比增长 17.9%, 占全部企业数的 45.2%。实现创新 (包括产品创新、工艺创新、组织创新、营销创新) 的企业达到 33.6 万家, 同比增长 16.7%, 占全部企业数的 41.7%。全国新登记企业数达到 739.1 万家, 同比增长 10.3%, 较 2015 年增长 66.5%, 日均新设企业数量 2.02 万家, 是 2015 年的 1.68 倍。

(四) 激励企业创新政策环境不断完善

优化公平竞争的市场环境成效明显, 激励创新创业的政策体系持续完善, 投资审批、市场竞争、价格管理、产权保护等领域重大改革深入推进; 包容审慎监管制度不断健全, 大数据、电子商务等新兴领域一系列政策措施陆续出台; 知识产权保护制度不断强化, 实施惩罚性赔偿等一系列制度制定实施。技术创新的市场导向机制基本形成, 企业在组织实施国家重大专项等活动中的作用愈发突出。支持企业创新的普惠性税收优惠政策覆盖面不断拓展、优惠力度不断加大。企业牵头的订单式研发和成果转化等新模式不断涌现。金融支持创新的模式不断创新，科技金融服务、投贷联动试点、金融支持高技术服务业发展等系列改革举措相继落地。科创板与注册制试点为资本市场服务企业创新提供了重要模式探索。

二、提升企业技术创新能力机遇与挑战并存

当今世界正经历百年未有之大变局，新冠肺炎疫情影响广泛深远，世界经济持续低迷，全球市场加剧萎缩，国际经济大循环动能进一步弱化，但新一轮科技革命和产业变革蓬勃发展，为企业技术创新拓展新空间。我国经济发展进入新阶段，需求结构和生产函数发生重大变化，生产体系内部循环不畅和供求脱节现象显现，推动企业技术创新的机遇更加明显、需求更加迫切。

（一）全球产业链供应链竞争深度调整，对企业技术创新提出了新挑战

国际经济政治格局复杂多变，美国对我国遏制打压不断升级，新冠肺炎疫情加速全球产业链供应链格局向区域化、多元化调整，美西方国家加快打造产业链供应链"小圈子"，我国产业链供应链稳定安全面临重大风险。同时，制造业数字化、网络化、智能化转型升级加速，全球产业分工加速重构，产业链供应链竞争日趋激烈。企业参与全球竞争不能再走低要素成本的老路，亟须通过提升技术创新能力构建持久稳固的核心竞争力。

（二）创造高水平的供需平衡，对企业技术创新提出了新要求

当前，我国经济运行面临的主要矛盾仍然在供给侧。优化供给结构、改善供给质量要依靠创新，以创新驱动、高质量供给引领和创造新需求。企业作为主要的微观市场主体，在优化供给体系中发挥着不可替代的作用。但我国企业技术创新能力还不适应高

质量发展要求,企业研发投入强度不高,2019年制造业研发强度仅为1.45%,很多产业还处于全球产业链、价值链中低端。必须大力提升企业技术创新能力,尽快突破关键核心技术,以企业技术创新不断推动供给创造和引领需求,催生新发展动能。

(三)技术创新的复杂性不断提升,对企业技术创新组织范式提出了新要求

当前,技术创新的复杂性和不确定性越来越高,创新链的各个环节已难以在一个企业、一个地区乃至一个国家内部完成,需要获取超过本国传统专长的知识基础和创新条件。传统封闭、独立、线性化的研发模式已不能满足技术创新新趋势的要求,研发和创新的组织方式、组织形态越来越国际化、开放式、分布式、网络化。企业提升技术创新能力,需要充分适应研发模式和创新组织方式形态的演变趋势,不断革新技术创新组织范式,打破组织边界,打造网络化平台,链接全球资源,联合上中下游、大中小企业实现融通创新。

三、"十四五"时期提升企业创新能力的主要任务

《纲要》明确指出,"十四五"时期要激励企业加大研发投入、支持产业共性基础技术研发、完善企业创新服务体系,并对提升企业技术创新能力进行了具体部署。

(一)激励企业加大研发投入

一是实施更大力度的普惠性税收优惠政策。以强化协同性、扩大覆盖面、提高针对性为目标,不断完善支持科技创新的普惠性税收优惠政策。完善企业研发费用计核方法,调整目录管理方式,合理扩大研发费用加计扣除比例与优惠政策适用范围,降低高新技术企业认定门槛,扩大高新技术企业所得税税收优惠政策激励范围。制定更大力度支持企业研发仪器设备加速折旧办法。优化对首台(套)重大技术装备生产与购买的财政资金支持制度,建立

健全符合国际规则的政府采购政策,加大采购力度。推动首台(套)重大技术装备保险补偿机制试点,对首台(套)重大技术装备应做到"应保尽保、应赔尽赔"。完善激励科技型中小企业创新的税收优惠政策,充分发挥科技型中小企业的生力军作用。

二是完善标准、质量等竞争规制措施。强化竞争政策的基础性地位,深入实施《优化营商环境条例》。完善国家质量基础设施,加强标准体系建设。强化知识产权保护,更加灵活、普遍地运用技术标准、环境保护等促进创新手段,强化其与产业政策的协同,通过不断提高技术门槛,推动企业加大研发投入,加快产业技术升级和新技术应用的步伐。

三是健全鼓励国有企业研发的考核制度。设立独立核算、免于增值保值考核、容错纠错的研发准备金制度。落实国有企业投资研发责任,制定国有企业开展研发工作考核办法,推动将企业研发经费投入作为国有企业及其负责人业绩考核的强制性内容。确保中央国有工业企业研发支出年增长率超过全国平均水平,多措并举发挥国有企业在关键领域和重点行业创新中的主力军作用。

(二)支持产业共性基础技术研发

一是建设国家产业创新中心。聚焦解决目前"小"创新平台无法解决的系统性技术问题,支持行业龙头企业联合高等院校、科研院所和行业上下游企业共建国家产业创新中心,整合盘活行业上下游、产学研创新资源,形成大平台、大团队、大网络。强化技术系统集成、中试验证和推广应用能力,服务和支撑关键核心技术攻关任务实施。

二是组建行业研究院。面向行业共性基础技术、前沿引领技术,支持有条件的企业联合转制科研院所组建行业研究院,提供公益性共性技术服务,开展下一代战略性技术和产品开发。面对未来跨领域融合的新产业新业态,打造新型共性技术平台,解决跨行业领域关键共性技术问题。

240

三是打造创新联合体。大力发展大企业牵头,产学研用相结合,风险共担、利益共享、稳定协作的创新联合体。鼓励采取研发众包、"互联网+平台"、大企业内部创业和构建企业生态圈等模式,促进大中小企业上中下游协作、资源共享和系统集成,加快构建内部循环畅通、外部开放合作的产业创新生态体系。鼓励有条件地方依托产业集群创办混合所有制产业技术研究院,服务区域共性基础技术研发。

(三)完善企业创新服务体系

一是创新科技成果转化机制。推动国家科研平台、科技报告、科研数据进一步向企业开放,提高企业获得科技资源的能力。进一步明确财政资金支持形成的科技成果的公益属性,完善财政资金支持形成科技成果知识产权使用与权益分配制度,将符合条件的由财政资金支持形成的科技成果强制许可给中小企业使用。

二是推进创新创业机构发展。建设专业化市场化技术转移机构和技术经理人队伍,让专业的人干专业的事。以技术市场、资本市场、人才市场为纽带,以重大需求和场景为驱动,发展研发设计、中试熟化、创业孵化、检验检测认证、知识产权等各类创新创业服务机构,聚焦破解"死亡之谷"和"达尔文之海"难题,加速推动科技成果转化为创新产品。

三是完善金融机构支持创新体系。以促进各类资金向创新活动配置为目标,鼓励金融机构发展知识产权质押融资、科技保险等科技金融产品,开展科技成果转化贷款风险补偿试点。畅通科技型企业国内上市融资渠道,增强科创板"硬科技"特色,提升创业板服务成长型创新创业企业功能,鼓励发展天使投资、创业投资,更好发挥创业投资引导基金和私募股权基金作用。加快大数据、互联网、区块链技术在金融领域的应用,构建财政支持、科技慈善、天使投资、创业和产业投资、信用贷款、科技保险、创业担保、科创板上市等全链条的创新金融普惠化法务体系。

第七讲

构建现代产业体系

实体经济是经济发展的根基,也是现代产业体系的核心。全面建设社会主义现代化国家,必须加快发展现代产业体系,推动经济体系优化升级。《纲要》第三篇对构建现代产业体系作出战略部署,明确了"十四五"时期我国加快发展现代产业体系、巩固壮大实体经济根基的重大任务、重大工程和重要举措。

一、"十三五"时期产业高质量发展迈出坚实步伐

"十三五"时期,我国产业发展综合实力稳步提升,核心竞争力持续增强,国际竞争优势进一步巩固,全社会重视实业、崇尚制造的氛围更加浓厚,有利于产业转型升级和提质增效的发展环境加快形成,产业高质量发展迈出坚实步伐。

（一）综合实力迈上新台阶

2016—2020 年,我国制造业增加值由 21.43 万亿元增至 26.59 万亿元,规模连续 11 年位居世界首位。服务业增加值由 2016 年的 38.42 万亿元增长到 2020 年的 55.4 万亿元,吸纳就业能力更加凸显,成为拉动国民经济增长的重要动力。钢铁、水泥、汽车等主要工业品产量稳居世界第一,工业机器人、新能源汽车、集成电

路等新兴产品保持快速增长。我国是全球唯一拥有联合国产业分类中全部工业门类的国家,在抗击新冠肺炎疫情的大战大考中,我国在较短时间内迅速构筑起强大的医疗防护物资和应急物资生产供应体系,彰显了我国完备产业体系和产业转换能力的巨大优势。

(二)创新发展实现新突破

2019年,我国规模以上工业企业研发投入强度达到1.32%,比2015年提高0.42个百分点。我国在全球创新指数中的排名从2015年的第29位跃升至2020年的第14位,成为跻身前30名的唯一中等收入经济体。质量、标准、计量、专利等体系和能力建设不断加强,工业基础能力进一步夯实,服务业新产业、新业态、新模式不断涌现。民机铝材、高强碳纤维、抽芯铆钉、红外焦平面探测器等一批基础领域瓶颈短板得到初步缓解,500米口径球面射电望远镜(FAST)、"天问一号"火星探测器、"嫦娥五号"月球探测器、"奋斗者"号全海深载人潜水器、"复兴号"中国标准动车组、"蓝鲸2号"半潜式钻井平台等一批重大技术和产品创新成果取得突破,部分优势领域呈现与国际先进水平并跑甚至领跑的发展格局。

(三)结构优化呈现新成效

"十三五"时期,高技术制造业、装备制造业增加值增速高于制造业平均水平。服务业利用外资总量和质量双提升,服务贸易发展驶入快车道。化解过剩产能取得显著成效,钢铁行业全面完成"十三五"去产能目标任务。传统产业转型步伐加快,制造业数字化网络化智能化深入推进,绿色发展水平稳步提升,大数据、云计算、物联网、人工智能、区块链等新技术新业态日新月异。区域产业布局持续优化,世界一流石化产业集群初具规模,轻工、纺织等行业一批先进制造业集群加快发展,新一代信息技术、高端装备制造等领域一批战略性新兴产业集群蓬勃兴起,成为推动区域经济发展的强大动力。

（四）融合发展取得新进展

先进制造业和现代服务业融合发展步伐加快，一批有利于提升制造业核心竞争力的服务能力和服务模式加快形成。以研发服务、工程技术服务、检验检测等为代表的服务外包业务快速增长，2019年我国服务外包执行额首次突破万亿元。金融、物流、研发等生产性服务业企业以制造业为主要市场，营业收入年增长达12.9%。广大地方和企业积极探索，催生了一批可复制可推广的融合新业态新模式新路径，对我国制造业迈向全球价值链中高端形成有力支撑。

（五）优质企业展现新气象

企业综合实力、竞争能力显著增强，一批骨干龙头企业脱颖而出，2020年我国有133家企业进入《财富》世界500强榜单，比2016年增加23家，跃居世界首位。一批创新型高技术企业加快成长，一批"专精特新"中小企业蓬勃发展，大中小企业融通发展的产业生态不断完善。品牌建设取得新成效，国务院批准设立"中国品牌日"，全社会品牌发展意识不断增强、氛围更加浓厚、理念深入人心，自主品牌加快崛起，世界品牌实验室发布的《2020年世界品牌500强榜单》中，我国有44个品牌入选，跃居世界第四位。

（六）发展环境实现新提升

"放管服"改革持续深化，制造业领域需政府核准的投资项目事项大幅减少，非行政许可审批事项全部取消，工业生产许可证种类减少近60%。减税降费成效初显，制造业增值税税率由17%降至13%，企业社保缴费费率从20%降至16%。新冠肺炎疫情以来，系列惠企政策密集出台，多措并举帮助企业渡过难关。开放合作层次显著提升，一般制造业有序放开，服务业对外开放步伐加快，一批重大外资项目批复落地。营商环境持续优化，根据世界银行《全球营商环境报告2020》，我国营商环境总体排名跃居全球第31位。

二、"十四五"时期我国产业发展面临的形势

"十三五"时期,我国产业发展取得了历史性成就,但也要清醒看到,我国产业发展仍然存在结构性供需失衡突出、质量效益不高、核心竞争力不强等问题,在全球价值链中仍处于中低端,建设创新引领、协同发展的现代产业体系依然任重道远。"十四五"时期,我国发展仍然处于重要战略机遇期,随着内外部发展环境发生复杂深刻变化,我国产业发展也将面临新的机遇和挑战。

一方面,外部挑战增多、内部短板凸显。国际环境日趋复杂,不稳定性不确定性明显增加,新冠肺炎疫情影响广泛深远,经济全球化遭遇逆流,全球贸易摩擦和壁垒增多,投资保护主义抬头。发达国家对我国产业链压制升级,新兴经济体对我国追赶步伐加快,国际产业格局加快调整。产业链供应链稳定运行面临的困难明显增多,产业安全面临挑战。自身短板亟须补齐,制造业在国民经济中占比有所下降、关键核心技术面临受制于人问题、细分行业存在诸多短板。生产性服务业社会化、专业化程度不高,引领制造业价值链攀升的作用有待提升,产业发展大而不强问题依然突出、亟待解决。

另一方面,发展前景广阔、发展优势显著。从世界产业发展趋势看,新一轮科技革命和产业变革方兴未艾,传统制造模式和企业形态加速变革,以新技术为支撑的新兴产业快速成长,全球制造业的产业形态结构、组织方式、发展生态、竞争条件正在加快重塑。从国内发展条件来看,我国超大规模市场优势突出、内需市场潜力巨大、产业体系比较系统完备,随着新型工业化、信息化、城镇化、农业现代化深入推进,需求结构不断升级、消费潜力持续释放,推动产业高质量发展前景广阔、大有可为。

三、"十四五"时期构建现代产业体系的主要任务

"十四五"时期,要坚持把发展经济着力点放在实体经济上,坚定不移建设制造强国,推进产业基础高级化、产业链现代化,构建实体经济、科技创新、现代金融、人力资源协同发展的现代产业体系,提高经济质量效益和核心竞争力。

(一)深入实施制造强国战略

制造业是实体经济的基础,是国家经济命脉所系。"十四五"时期,要深入实施制造强国战略,构建自主可控、安全高效的产业链供应链,保持制造业比重基本稳定,增强制造业竞争优势,推动制造业高质量发展。

一是加强产业基础能力建设。与世界制造强国相比,我国产业基础不牢问题突出,也成为影响我国制造业核心竞争力的重要因素之一。"十四五"要加快补齐产业基础瓶颈短板,实施产业基础再造工程,加大重要产品和关键核心技术攻关力度,推动首台(套)装备、首批次材料、首版次软件示范应用,完善国家质量基础设施,加强标准、计量、专利等体系和能力建设。

二是提升产业链供应链现代化水平。新冠肺炎疫情全球大流行让人们更加深刻地认识到,一个安全稳定高效的产业链供应链对国家发展和安全极端重要,这就需要我们统筹发展和安全,一方面要分行业做好供应链战略设计和精准施策,推动全产业链优化升级,巩固产业链竞争优势,促进产业在国内有序转移,优化区域产业链布局,培育一批优质企业。另一方面要强化技术安全评估,加强国际产业安全合作,推动产业链供应链多元化,形成具有更强创新力、更高附加值、更安全可靠的产业链供应链。

三是推动制造业优化升级。这是提高制造业供给质量和效率的重要举措。"十四五"要牢牢把握高端化、智能化、绿色化、服务

化的升级方向,培育先进制造业集群、深入实施质量提升行动、鼓励企业扩大制造业设备更新和技术改造投资。针对不同行业发展特点,要坚持聚焦重点、注重分业施策,着力防范重点领域产能过剩风险,持续推动产业结构调整和产品供给优化升级。

四是实施制造业降本减负行动。与许多发展中国家相比,当前我国综合性生产成本相对偏高,制度性交易成本、融资成本等仍有较大下降空间,对我国制造业转型升级形成了制约。"十四五"要加快解决这一突出矛盾,持续推进减税降费、创新用地供给、加强金融支撑、完善服务机制等工作,多措并举降低制造业企业综合成本,帮助企业"松绑减负",使企业"轻装上阵"。

(二)发展壮大战略性新兴产业

战略性新兴产业是引导未来经济社会发展的重要力量。"十四五"时期,要着眼于抢占未来产业发展先机,培育先导性和支柱性产业,推动战略性新兴产业融合化、集群化、生态化发展。

一是构筑产业体系新支柱。培育形成一批规模大、效益好、竞争力强的新型支柱产业,对于国民经济行稳致远,打造国际竞争新优势具有重要意义。"十四五"重点要做好四个"新":培育发展"新动能",聚焦战略性新兴产业重点领域,加快关键核心技术创新应用,增强要素保障能力;把握发展"新机遇",做大做强生物经济,深化北斗系统推广应用;构建增长"新引擎",深入推进国家战略性新兴产业集群发展工程,健全产业集群组织管理和专业化推进机制,建设创新和公共服务综合体;发挥引导服务"新效能",鼓励技术创新和企业兼并重组,防止低水平重复建设,更好发挥产业投资基金作用,加强融资担保和风险补偿。

二是前瞻谋划未来产业。近年来,随着新一轮科技革命和产业变革深入发展,具有颠覆力量的前沿科技蓄势待发,有望成为赢得未来全球产业发展先机、影响未来发展方向的重要力量。"十四五"时期,要围绕若干前沿技术、颠覆性技术等未来产业领域,组织实施未来产业孵化与加速计划,抢占未来科技革命和产业发展制高点。在科教资源优势突出、产业基础雄厚的地区,布局一批国家未来产业技术研究院,加强前沿技术多路径探索、交叉融合和颠覆性技术供给。实施产业跨界融合示范工程,打造未来技术应用场景,加速形成若干未来产业。

(三)促进服务业繁荣发展

"十四五"时期,要聚焦产业转型升级和居民消费升级需要,扩大服务业有效供给,提高服务效率和服务品质,构建优质高效、结构优化、竞争力强的服务产业新体系。

一是推动生产性服务业融合化发展。生产性服务业涉及农业、工业等产业的多个环节,具有专业性强、创新活跃、产业融合度高、带动作用显著等特点,对于促进制造业转型升级具有重要意义。"十四五"推动生产性服务业发展,要突出服务制造业高质量发展的导向,聚焦提高产业创新能力、提高要素配置效率、增强全产业链优势,加快推动现代服务业与先进制造业、现代农业深度融合,推动生产性服务业向专业化和价值链高端延伸,培育具有国际竞争力的服务企业。

二是加快生活性服务业品质化发展。生活性服务业领域宽、范围广,涉及人民群众的方方面面,与经济社会发展密切相关。"十四五"加快生活性服务业发展,要以提升便利度和改善服务体验为导向,以更好满足人民群众消费需求为目标,加强公益性、基础性服务业供给,健全重点领域服务标准和认证认可制度,推动生活性服务业高品质、多样化升级和诚信化、职业化发展。

三是深化服务领域改革开放。促进服务业繁荣发展,关键要破除制约服务业高质量发展的体制机制障碍,增强服务业发展动力和活力。要进一步放宽市场准入,完善有利于支持服务业发展的土地、财税、金融、价格等政策体系,健全标准、监管体系和人才评价制度,深入推进服务业综合改革试点和扩大开放。在坚守国家安全底线的前提下,推进服务业重点领域对外开放,在开放中提升服务供给质量和竞争力。

第八讲

建设现代化基础设施体系

基础设施包括交通、能源、水利、物流等传统基础设施以及以信息网络为核心的新型基础设施，在国家发展全局中具有战略性、基础性、先导性作用。《纲要》提出，"十四五"时期要统筹推进传统基础设施和新型基础设施建设，打造系统完备、高效实用、智能绿色、安全可靠的现代化基础设施体系。

一、"十三五"时期发展主要成就

"十三五"时期，我国基础设施网络布局持续完善，整体质量显著提升，综合效率明显提高，体制改革稳步推进，形成超大规模基础设施网络，有力支撑引领经济社会发展。

一是网络规模优势凸显。"十三五"时期，是我国基础设施网络加快完善的关键时期。综合交通网络规模由 2015 年底的 483万公里增加到 2019 年底的 530 万公里，光缆总长度由 2486 万公里增加到 4750 万公里，发电装机容量由 15.3 亿千瓦增加到 20.1亿千瓦，220 千伏及以上输电线路由 60.9 万公里增加到 75.5 万公里，输油（气）管道里程由 10.9 万公里增加到 15 万公里，水库总库容由 8581 亿立方米增加到 9035 亿立方米，农田有效灌溉面积由 6587 万公顷增加到 6827 万公顷、约占全球总灌溉面积的五分之一,城市基础设施综合承载能力不断增强。高速铁路营业里程、高速公路通车里程、城市轨道交通运营里程、港口万吨级及以上泊位数、电力装机、电网规模、第四代移动通信(4G)网络规模等均居世界第一。

二是服务能力不断提升。"十三五"时期,我国旅客周转量由 2015 年的 3 万亿人公里增加到 2019 年的 3.5 万亿人公里,货物运输量、周转量分别由 2015 年的 417 亿吨、17.8 万亿吨公里增加到 2019 年的 470 亿吨、19.9 万亿吨公里,铁路客运周转量和货运量、公路客货运量及周转量、水路货运量及周转量均居世界第一。"西电东送"输电能力由 2015 年底的 1.4 亿千瓦增加到 2019 年底的 2.4 亿千瓦,天然气主干管网里程由 2015 年的 6.4 万公里增长到 2019 年的 9.4 万公里。南水北调工程东中线累计调水 300 多亿立方米,直接受益人口超过 1 亿。信息服务涵盖更多领域、惠及更多百姓,移动通信用户数、互联网上网人数分别由 2015 年的 12.7 亿户、6.8 亿人次增加到 2019 年的 16 亿户、8.3 亿人次,居世界第一。城市公共供水普及率、燃气普及率、污水处理率等公共服务指标普遍超过 90%。

三是创新水平明显提高。"十三五"时期,我国基本形成完备、成套的技术装备体系,拥有一批具有自主知识产权的技术创新成果,高速铁路、大跨度桥梁、特高压输电、特大型水利工程、新一代移动通信、新一代互联网等技术领域实现跨越发展,建成并积极运营全球第一条量子保密通信骨干线路"京沪干线",离岸深水港、巨型河口航道整治、大型机场工程等建造技术迈入世界先进或领先行列,形成从规划咨询、工程设计、资金筹措、建设施工、运行维护等全链条基础设施产业体系,5G、人工智能等新型基础设施建设提速,大数据、云计算、区块链在传统基础设施领域加快应用,国际联通水平稳步提升。

四是体制机制不断完善。"十三五"时期,铁路股份制改革迈出实质性步伐,原中国铁路总公司成功改组为中国国家铁路集团有限公司;油气管网体制改革走出重要一步,国家石油天然气管网集团有限公司挂牌成立;电力体制改革深入推进,推动电网企业聚焦主业,竞争性业务有序放开;供水体制改革取得重大进展,中国南水北调集团有限公司挂牌成立。投融资改革不断深化,政府和社会资本合作模式推广应用加快,中央和地方财政事权和支出责任划分逐步清晰,投资协调机制进一步完善。基础设施建设运营在长江经济带、京津冀、长三角、粤港澳等区域一体化体制机制不断完善,设施联通、服务互保水平明显提升。

二、面临的问题和困难

虽然我国基础设施发展取得历史性伟大成就,但对标高质量发展要求,基础设施体系仍不完善,协调性、系统性和整体性发展水平不高,服务能力、运行效率、服务品质短板还比较明显。一是系统性协同性水平不高。空间布局尚待优化,区域间发展不平衡,农村基础设施欠账较多,城市群、都市圈互联互通和共建共享水平不高。点线面不匹配不衔接,节点能力不足、功能尚不完善。各类基础设施统筹不够、平衡不足,相互替代、互补、协调、制约关系处理不到位。二是设施服务效能不高。重建设轻管养、重硬件轻软件仍普遍存在,全生命周期协同发展水平不高,精细化管理水平有待提升,设施服务供给难以适应多样化、多元化需求。三是智能化发展有待加快。传统领域数字化升级和新型基础设施建设刚刚起步,与发达国家还有较大差距。新型与传统基础设施融合场景还不清晰、标准规范和政策制度仍不健全。四是绿色发展方式尚未全面形成。发展模式可持续性不足,建设运营中的资源、环境、生态等问题考虑不足,能源结构、运输结构有待优化,基础设施节能空间尚未充分挖掘。五是安全保障能力仍然不足。面对自然灾害、公共卫生、重大事故等突发事件应急能力较弱,网络韧性有待增强,关键基础设施和技术装备"卡脖子"问题仍然突出,对国家总体安全保障能力有待提升。

同时应该看到,"十四五"时期基础设施高质量发展还面临一些困难。一是发展方式需加快转变。长期以来,我国形成以建设为重点、以项目为抓手、以政府为主体、以银行贷款为主要融资手段的基础设施发展模式,对尽快消除基础设施瓶颈制约发挥了重要作用。随着我国基础设施进入补齐短板、提升功能、优化服务和融合发展并重的发展阶段,传统发展模式难以适应未来发展需要、亟须转变。二是要素保障难度日益增大。当前,待建项目普遍具有工程造价高、经济效益差、地方财力有限等特点,社会资本参与意愿不强。在碳达峰碳中和目标倒逼下生态环境约束增强,土地、廊道等资源日益紧张,原材料、用工等要素成本上升,基础设施项目建设推进困难。三是体制机制改革尚未到位。铁路等领域部分竞争性业务尚未向市场主体公平开放,空域管理体制改革相对滞后,水利领域市场机制作用发挥不充分,电力、油气等重点领域和关键环节改革尚需深化落地。投融资模式创新不足,过度依赖政府投资,金融作用没有充分发挥,与新型基础设施技术经济特征不相匹配。

三、"十四五"时期面临的形势要求

从国际看,发达国家加快推动基础设施代际更替,美国、英国、日本等相继提出基础设施智能化改造行动计划或国家战略。我们要把握基础设施代际更替方向,增强基础设施网络规模优势、服务能力及对需求适配性,加快传统基础设施智能化升级和新型基础设施发展。

从国内看,构建新发展格局,形成强大国内市场,进一步释放内需潜力,要求提高基础设施投资精准性和有效性,提升全生命周期协同发展水平和服务品质。以城市群、都市圈为主要资源要素承载地和增长极的空间形态加快形成,城乡一体和乡村振兴深入推进,要求因地制宜、精准推进不同区域基础设施建设。加快建设创新型国家,要求加快 5G、大数据、人工智能、工业互联网、物联网等新型基础设施布局。推进经济社会发展全面绿色转型,建设美丽中国,要求尽快转变基础设施要素投入方式、运营管理模式,发展绿色低碳基础设施。坚持总体国家安全观,筑牢国家安全屏障,要求将安全贯彻基础设施发展各环节和全过程,提升战略安全保障能力。

四、"十四五"时期的发展方向和重点任务

"十四五"时期,要以整体优化、协同融合为导向,统筹推进基础设施建设,提升网络化、融合化发展水平和系统韧性。

(一)加快建设新型基础设施

"十四五"时期是全球新型基础设施大建设大发展大演进的关键期,是依托现代信息智能技术改造升级传统基础设施的加速期。围绕强化数字转型、智能升级、融合创新支撑,布局建设信息基础设施、融合基础设施、创新基础设施等新型基础设施。

一是建设高速泛在、天地一体、集成互联、安全高效的信息基础设施。加快 5G 网络规模化部署,推动 5G 融合应用。推广升级千兆光纤网络,扩容骨干网互联节点,实施基础网络完善工程。加快构建全国一体化大数据中心体系,强化算力统筹智能调度,建设国家枢纽节点。打造全球覆盖、高效运行的通信、导航、遥感空间基础设施体系。

二是提升融合基础设施发展水平。结合各类基础设施发展方

向和要求,以需求为导向,加快交通、能源、市政、物流、水利等传统基础设施数字化改造,推进物联网全面发展,积极稳妥发展工业互联网和车联网。

三是加快建设创新基础设施。深入实施创新驱动发展战略,强化统筹谋划和布局,持续提升国家创新体系各设施的联动建设和一体发展。超前谋划重大科技基础设施,优化提升科教基础设施布局,加快推动国家产业创新中心、工程研究中心等产业创新平台建设。建设 E 级和 10E 级超级计算中心,有效服务科学探索与研究。

四是建立健全新型基础设施发展政策体系。新型基础设施涵盖范围更广,市场需求变化快、支撑技术创新快、发展环境变化快,需要更好发挥市场在资源配置中的决定性作用,调动社会资本积极性。更好发挥政府作用,坚持因业施策、因地制宜,进一步完善制度设计、机制创新和政策保障。

(二)加快建设交通强国

"十四五"时期,我国交通运输处于率先实现现代化的加速推进期、精准补齐设施短板的关键攻坚期、提升整体效能的持续发力期,要按照交通强国建设要求,推动全方位转型发展,构建安全、便捷、高效、绿色、经济的现代化综合交通运输体系。

一是完善综合运输大通道。目前,"十纵十横"综合运输通道格局已经基本形成,但通道结构功能性问题还很突出。要加快推进战略骨干通道建设,加快贯通缺失路段,有序推进能力紧张通道升级扩容。以共建"一带一路"为重点,加强与周边国家基础设施互联互通,推进中欧班列集结中心建设。

二是建设高质量综合立体交通网。要完善快速网布局,基本贯通"八纵八横"高速铁路主通道,提升国家高速公路网络质量,加快建设京津冀、长三角、粤港澳大湾区等世界级机场群和港口群。要提升干线网质量,统筹新建和既有改造,坚持客货并重,加快普速铁路建设,推进普通国省道瓶颈路段升级、待建路段贯通,推动内河高等级航道扩能升级,稳步建设支线机场、通用机场和货运机场。推动实施快递"进村进厂出海"工程,提升物流服务普惠性。要夯实基础网能力,提高交通通达深度,推动区域性铁路建设,加快抵边沿边公路建设,实施乡村振兴公路工程,推进道路安全设施建设。

三是率先推进城市群都市圈交通现代化。围绕主要城市群和都市圈,加快城际铁路、市域(郊)铁路建设,有序推进城市轨道交通发展,推动干线铁路、城际铁路、市域(郊)铁路、城市轨道交通"四网融合"。要结合实际构建高速公路环线系统,有效分离城市交通和过境交通,减少交通拥堵。

四是强化综合交通网络一体衔接和全链条服务能力。要大力发展旅客联程运输和货物多式联运,推广全程"一票制""一单制"服务。完善枢纽城市层级功能布局,围绕枢纽场站提升方式间换乘换装效率和集疏运系统建设。完善国家物流枢纽、国家骨干冷链物流基地等重大物流基础设施网络,推动形成"通道+枢纽+网络"的现代物流运行体系。加强枢纽综合开发,促进与城市功能深度融合。全面深化铁路、空管体制、公路收费和养护体制等重点领域改革。

(三)构建现代能源体系

"十四五"时期,积极应对全球气候变化和国际能源稳定供应的不确定性,双向作用共同推动能源加速转型。要坚持控煤、稳油、增气,大力发展非化石能源,同步提升电力系统调节能力,构建清洁低碳、安全高效的能源体系。

一是加快发展非化石能源。统筹支撑经济发展和应对气候变化,非化石能源成为必然选择。"十四五"时期,光伏发电和风电市场竞争优势逐步显现,要坚持集中式和分布式并举、陆上海上并重,建设光伏发电和风电基地,加快分布式发展,有序建设海上风电。启动雅鲁藏布江下游水电开发工程,充分利用大型水电调节能力,建设一批风光水储一体化能源基地。推动在役煤电基地升级为风光火(储)一体化基地。安全稳妥建设沿海核电。

二是大幅提升电力系统调节能力。要加快建设适应光伏发电和风电高比例、大规模接入的新一代电力系统,推动电网基础设施智能化改造和智能微电网建设,提高电网对光伏发电、风电的接纳、配置和调控能力。持续推动既有煤电灵活性改造,加快储能规模化、商业化发展,大力建设抽水蓄能电站,实施电化学、压缩空气、氢能、飞轮等储能示范项目,增强源网荷储配套能力,推动光伏发电、风电和储能一体规划、同步建设、联合运行。

三是推动煤炭和煤电定位转型。发挥好煤炭和煤电对能源安全的基础性作用,又要严格控制发展规模,为非化石能源发展留出空间。要优化煤炭生产布局,推动煤炭生产向资源富集地区集中,提高煤炭供给弹性。加大电代煤力度,分区域逐步减少煤炭散烧,降低终端消费中煤炭占比。支撑西部地区光伏发电、风电外送和东中部地区电网运行,严格控制煤电建设规模和发展节奏。

四是拓展油气领域发展空间。要进一步加大油气矿业权竞争性出让力度,推动石油企业难动用储量公平公开引入社会合作者共同开发。以四川、塔里木、准噶尔、鄂尔多斯、松辽等盆地为重点,加强深层常规油气、海域和页岩油、页岩气、煤层气等非常规油气勘探开发。稳步扩大天然气消费,加快与非化石能源融合发展。

五是完善天然气基础设施布局。加快建设完善天然气干线管网和区域、支线管道,推动形成互联互通全国一张网。重点建设中俄东线境内段、川气东送二线、西气东输三线中段等天然气主干管道。加快建设中原文23、辽河储气库群等地下储气库。推进已建LNG接收站增建储罐,提高储气和应急保供能力,有序推进LNG接收站前期工作。

（四）实施国家水网工程

"十四五"时期，要以全国江河湖泊水系为基础、输排水工程为通道、控制性调蓄工程为节点、智慧化调控为手段，加快构建国家水网，统筹解决水资源、水生态、水环境、水灾害问题，在更高水平上保障水安全。

一是实施大江大河干流堤防建设和河道综合整治。全面开展重要河道堤防达标建设，适时推进涉及国家重大战略区、经济区、城市群、防洪城市的重点河段提标建设。加快推进大江大河大湖综合治理，重点加快长江河势控制和崩岸治理及"两湖治理"、黄河河道和滩区综合治理提升等，恢复河道行洪和生态功能，增强应对流域性大洪水的能力。

二是推进重大输配水通道工程建设。构建国家骨干输排水通道，建设一批跨流域、跨区域骨干输水通道。抓紧推进南水北调东、中线后续工程建设，开展西线工程规划方案比选论证。加快滇中引水、引江济淮以及珠三角、渝西水资源配置等工程建设。新（扩）建淮河入海水道二期、太湖骨干引排通道等工程，提高泄洪能力。

三是推动综合性水利枢纽和调蓄工程建设。加快大藤峡、洋溪等综合控制性枢纽建设，重点在西南等地区建设一批大型水库工程，加快完成现有大中型病险水库除险加固，推进重要蓄滞洪区和部分一般蓄滞洪区建设，发挥水利基础设施综合功能效益。

四是推进国家水网智能化改造提升。利用新一代信息技术，以在线实时监控为基础，以网络协同共享为纽带，加快智慧水利建设，加快水利工程智能化、流域水系数字化、国家水网智慧化，建设国家水网大数据中心和调度中心，推进长江、黄河等七大江河流域水工程联合调度和综合监控系统建设。

第九讲

加快培育完整内需体系

　　加快培育完整内需体系,是党中央深刻洞悉国内国际发展大势作出的重大科学判断和战略选择。我国已转向高质量发展阶段,近年来经济增长主要依靠内需拉动。当前和今后一个时期,我国发展仍处于重要战略机遇期,但内外部发展环境正在发生深刻复杂变化,要在一个更加不稳定不确定的世界中谋发展,确保在各种可以预见和难以预见的狂风暴雨、惊涛骇浪中,增强我们的生存力、竞争力、发展力、持续力,实现中华民族伟大复兴,要求我们必须坚持扩大内需战略基点,加快培育完整内需体系,加快构建以国内大循环为主体、国内国际双循环相互促进的新发展格局,牢牢把握发展主动权。

一、"十三五"时期的主要成就

　　"十三五"时期,以习近平同志为核心的党中央团结带领全党全国各族人民奋发有为推进各项事业,我国经济社会发展取得新成效,全面建成小康社会取得伟大历史性成就,人民生活品质显著改善。各地区各部门贯彻落实新发展理念,深化供给侧结构性改革,深入挖掘和激发国内市场需求潜力,促进形成强大国内市场,着力畅通供需更高水平良性循环,内需对经济增长的拉动作用稳步提升。

（一）居民消费扩容提质

商品消费显著增长,汽车新车销量稳居世界第一,城乡居民住房条件大为改善,社会消费品零售总额达到39.2万亿元。服务消费加快发展,养老、育幼、家政、文化、旅游、体育等服务不断提质扩容,在2019年全国居民人均消费支出中,服务性消费支出占比已提高到45.9%。消费新业态新模式不断涌现,共享经济、平台经济不断扩围深化,电子商务、在线支付等已达世界一流水平,2020年全国网上零售额为11.8万亿元,连续多年位居全球第一大网络零售国。居民消费能力持续提高,居民人均可支配收入与经济增长基本同步,全国居民人均可支配收入达到32189元,城乡收入比由2015年的2.73∶1下降到2020年的2.56∶1。

（二）投资结构持续优化

加大补短板领域投资力度,一批交通、能源、水利等重大项目建成投运,城乡基础设施、社会民生、生态环保等领域短板弱项加快补齐,社会领域投资增长持续快于整体投资增速。大力推进新型城镇化建设,开展棚户区和老旧小区改造,公共设施建设成果显著。着力推进新型基础设施建设,5G、人工智能、工业互联网、物联网等加快布局建设。多措并举激发制造业投资活力,推动传统企业技术改造和设备更新,大力发展战略性新兴产业,高技术制造业投资保持较快增长。深入推进投融资体制改革,全面深化投资审批制度改革,出台《企业投资项目核准和备案管理条例》和《政府投资条例》,在下放核准权限、清理规范报建审批事项、建立并联审批制度、推行告知性备案管理等方面出台了一系列改革措施,为扩大有效投资营造良好环境。

（三）国内大市场加快形成

着力深化要素市场化改革,加快完善要素市场化配置体制机制,竞争有序、畅通高效的市场环境正加快形成。统筹推进以人为核心的新型城镇化建设,大力推动户籍制度改革,有序推进农业转移人口市民化,农业人口有序向城镇转移。持续优化城镇化空间格局,城乡融合发展步伐坚实。持续推进流通体制改革,加强物流基础设施建设,大力发展电子商务,畅通商贸货物流通,物流行业降本增效取得积极进展。

二、"十四五"时期的发展形势

"十三五"时期,扩大内需取得显著成效,但仍面临不少制约和挑战,需要加大力度予以破除。一是供需结构不匹配阻碍需求潜力释放,我国生产能力大而不强,无效和低端供给过剩问题仍然存在,中高端供给仍显不足,多样化、个性化、高端化需求难以得到满足。二是收入分配差距制约最终消费能力,居民增收面临较大困难,劳动报酬在初次分配中占比偏低,收入分配调节力度不够,多层次社会保障体系有待健全,缩小城乡间、地区间、不同行业间收入差距必须下大力气推动解决。三是市场体系不完善制约资源配置效率,国内统一大市场尚不健全,商品、服务、要素流动存在体制机制障碍,物流网络分布尚不均衡、衔接水平不高、智能化程度有待提升,市场统一性和竞争公平性有待加强,监管体制改革滞后阻碍市场活力迸发,市场配置资源效率不高。

同时也要看到,经过多年发展,我国经济规模不断扩大,综合国力日益提高,经济发展结构日益优化,内需已成为拉动经济的主要动力,培育完整内需体系具有坚实支撑。一是超大规模市场优势显著。我国有 14 亿人口,国内生产总值已超过 100 万亿元,人均国内生产总值超过 1 万美元,城镇化率超过 60%,有 4 亿多中等收入群体,是全球最有潜力的超大规模消费市场。我国发展正处于新型工业化、信息化、城镇化、农业现代化快速发展阶段,具有巨大的区域发展战略纵深,内需潜力巨大。二是大国经济的优势就是内部可循环。我国经济发展潜力足、韧性强、回旋空间大、政策工具多,具有全球最完整、规模最大的工业体系和强大的生产能力、完善的配套能力,拥有 1 亿多市场主体和 1.7 亿多受过高等教育或具有各类专业技能的人才,有条件有能力进一步畅通国内经济大循环。三是改革创新红利对内需发展的支撑进一步彰显。我国不断深化市场化改革、推进高水平开放、强化科技战略支撑,注重健全改革创新举措落实落地的实施机制,将宏观层面的政策红利顺畅传导到微观主体,推动扩大内需释放更大潜力、激发更大活力,将为加快培育内需体系提供强大动力和体制机制保障。

三、"十四五"时期加快培育完整内需体系的主要任务

"十四五"时期,要更好发挥超大规模市场优势,在合理引导消费、储蓄、投资等方面进行有效制度安排,推动构建完整的内需体系,注重需求侧管理,贯通生产、分配、流通、消费各环节,加快经济结构优化升级,提升供给体系对国内需求的适配性,形成需求牵引供给、供给创造需求的更高水平动态平衡,增强经济发展韧性,提升国民经济体系整体效能,为加快构建以国内大循环为主体、国内国际双循环相互促进的新发展格局奠定坚实基础。

(一)顺应居民消费升级趋势全面促进消费

紧扣满足人民群众日益增长的美好生活需要,努力提高产品和服务供给质量,以高质量供给引领创造新需求,充分释放消费潜力,提升消费层次,进一步增强消费对经济发展的基础性作用。一是提升传统消费。推动汽车等消费品由购买管理向使用管理转变,鼓励新能源汽车消费,积极发展汽车后市场。坚持"房住不炒"定位,完善长租房政策,扩大保障性租赁住房供给。健全耐用

消费品回收处理体系,推动更新消费。二是培育新型消费。大力发展"互联网+"新模式,发展无接触交易服务,探索发展智慧超市、智慧商店等新零售业态,培育丰富在线办公、在线教育、在线医疗、在线文娱等服务消费新业态,支持依托互联网的外卖配送、网约车、即时递送等新业态发展。推动消费新业态新模式向农村市场拓展。倡导绿色、健康消费新理念,培育消费新增长点。三是发展服务消费。健全养老服务体系,培育婴幼儿照护服务新业态新模式,丰富旅游产品供给,着力扩大体育产品和服务供给,推动生活性服务业向高品质和多样化升级。四是适当增加公共消费。稳步提高公共服务水平,推进教育、医疗、养老、育幼等公共服务领域补齐短板,加强公益性、基础性服务业供给。逐步缩小城乡之间、区域之间公共服务保障水平差距,推动分配结构明显改善。五是优化消费环境。培育国际消费中心城市,建设区域消费中心,改善县域消费环境,推动农村消费梯次升级。完善多元化消费维权机制和纠纷解决机制,加强消费者权益保护。六是提升居民消费能力和意愿。坚持在发展中改善收入分配结构,提高劳动报酬在初次分配中的比重,健全各类生产要素参与分配机制,更好发挥财税调节作用,持续扩大中等收入群体规模,完善多层次社会保障体系。

（二）优化投资结构增强发展后劲

聚焦关键领域和薄弱环节,持续优化投资结构,保持投资合理增长,强化投资对补短板、促消费、惠民生、调结构、强后劲等的支撑,充分发挥投资对优化供给结构的关键性作用。一是瞄准重点领域加大投资力度。加快补齐公共卫生、物资储备、生态环保、防灾减灾等领域短板,推进新型基础设施、交通水利能源等重大工程建设。面向服务国家重大战略,支持有利于城乡区域协调发展的重大项目建设。二是着力激发制造业投资活力。鼓励企业加大设备更新和技术改造投资,推动传统产业高端化、智能化、绿色化发展。着眼于加快培育新增长点,扩大战略性新兴产业投资,推动先进制造业集群化发展,增强新产业新业态顺应新需求新模式的能力。三是加快推进新型城镇化和城市更新。推进以人为核心的新型城镇化建设,完善市政公用设施和公共服务设施,健全应急防控救援体系,推进城市内涝治理,建设海绵城市、韧性城市。实施城市更新行动,推进城市生态修复、功能完善工程,全面推进城镇老旧小区改造,加快智慧城市基础设施建设,促进城市品质提升。推动县城城镇化补短板强弱项,提升服务县域经济能力。四是深化投融资体制改革。深入推进投资审批制度改革,推动投资审批权责"一张清单"、审批数据"一体共享"、审批事项"一网通办"。建立健全向民间投资推介项目长效机制,规范推广政府和社会资本合作(PPP),稳妥开展基础设施领域不动产投资信托基金(REITs)试点。

(三)提升供给体系对需求的适配性

抓住新一轮科技革命和产业变革带来的新机遇,深入推进供给侧结构性改革,全面优化升级产业结构,提升创新能力、竞争力和综合实力,形成更高效率和更高质量的投入产出关系。一是推动制造业转型升级。推动互联网、大数据、人工智能等同各产业深度融合,推进智能制造、绿色制造,推动生产方式向柔性、智能、精细化转变,发展服务型制造。二是壮大战略性新兴产业。面向车联网、无人机、远程医疗等新兴产业,在若干战略性新兴产业集群试点开展新兴产业应用场景建设,着力推动技术孕育成熟,促进新兴产业发展壮大。加快布局引领产业变革的重大前沿技术,更加重视基础研究、原始创新和颠覆性技术创新。三是加快培育新业态新模式。推动新一代信息技术、生物医药、数字创意等产业与其他产业的融合发展,促进新产品新技术不断推陈出新,加快在线经济、智慧物流、智能制造等新业态新模式高质量发展。

(四)加快流通体系建设促进形成统一大市场

顺应加快推进国家治理体系和治理能力现代化的要求,加快形成高效规范、公平竞争的国内统一市场,发展高水平交易市场,破除商品要素跨区域流通壁垒,完善统一的流通标准规则,提高市场运行和流通效率,降低全社会交易成本,促进产需顺畅衔接。一是推动建设高标准市场体系。加快消除各类市场封锁和地方保护,建立破除市场准入隐性壁垒工作机制,健全公平竞争审查机制,增强公平竞争审查制度刚性约束。建立健全现代监管体系,统一市场监管,加强和改进反垄断与反不正当竞争执法。二是健全现代流通体系。加快发展现代物流体系,构建现代物流基础设施网络,加强重要商品储备库、农产品冷链物流设施建设,加强应急物流建设。完善现代商贸流通体系,加强大型农产品批发市场、农村物流设施等流通设施建设,支持便利店、农贸市场等商贸流通设施改造升级,积极培育商贸流通新业态新模式,发展无接触交易服务。充分发挥流通领域信用支撑作用,完善流通金融支付系统,加快重要产品追溯系统建设。培育一批具有全球竞争力的现代流通企业。三是深化要素市场化配置。健全城乡统一的建设用地市场,推动经营性土地要素市场化配置。加快建立协调衔接的劳动力、人才流动政策体系和交流合作机制,推动劳动力要素有序流动,促进资本市场健康发展。大力发展知识、技术和数据要素市场。

推动形成以国内大循环为主体、国内国际双循环相互促进的新发展格局

加快构建以国内大循环为主体、国内国际双循环相互促进的新发展格局，是一项关系我国发展全局的重大战略任务，对做好今后一个时期的经济工作具有纲举目张的作用。《纲要》明确了今后五年加快构建新发展格局的重要任务和行动方向，我们要深入理解、全面贯彻、积极推进。

一、加快构建新发展格局意义重大、影响深远

习近平总书记在党的十九届五中全会上指出，构建以国内大循环为主体、国内国际双循环相互促进的新发展格局，是根据我国发展阶段、环境、条件变化，特别是基丁我国比较优势变化，审时度势作出的重大决策，是事关全局的系统性、深层次变革，是立足当前、着眼长远的战略谋划，对于我国实现更高质量、更有效率、更加公平、更可持续、更为安全的发展，意义重大而深远。

（一）构建新发展格局是适应我国新发展阶段的主动选择

随着我国进入全面建设社会主义现代化国家、向第二个百年奋斗目标进军的新发展阶段，需求结构、产业结构、技术体系和经济增长动能等都在发生变化。我国对外贸易依存度从 2006 年峰

值的64.2%下降到2019年的31.8%,经常项目顺差占国内生产总值比重由最高时的10%以上降至目前的1%左右,内需对经济增长的贡献率有7个年份超过100%,经济发展更多依靠内需拉动,国内经济循环同国际经济循环的关系客观上存在调整的需要。我们必须顺应经济发展趋势和大国发展规律,按照新发展阶段的新要求,主动优化完善发展战略,增强国内市场对经济发展的主导作用,塑造我国在国际循环中的新优势。

(二)构建新发展格局是应对国际环境变化的战略举措

近年来,国际力量对比呈现趋势性变迁,经济全球化遭遇逆流,国际经济循环格局发生深度调整。同时,新冠肺炎疫情全球大流行影响深远,全球产业链供应链面临冲击,世界经济复苏动能不足,外需对我国经济增长的支撑作用面临不确定性,可能对我国国内经济循环产生负面影响。我们必须努力扭转一些领域对外依存度过高的局面,更多立足国内实现自主安全发展,着力提升经济发展的自主性、可持续性,保持我国经济平稳健康发展。

(三)构建新发展格局是发挥我国发展优势的内在要求

大国经济的特征都是以内需为主导、内部可循环。我国有14亿人口,其中有4亿多中等收入人群,人均国内生产总值突破1万美元,是全球最大和最有潜力的消费市场。同时,我国有雄厚的物质基础、丰富的人力资源、完整的产业体系、强大的科技实力和持续提升的宏观经济治理能力。这些既是我国增强国内大循环主体地位的重要保障,也是支撑我国深度融入国际经济循环的底气所在。我们有条件、有能力充分发挥大国经济的规模效应和集聚效应,更好利用国内国际两个市场两种资源,有力推动我国经济高质量发展。

二、准确把握构建新发展格局的重要内涵

构建新发展格局的关键在于经济循环的畅通无阻,最本质的

特征是实现高水平的自立自强。要深入理解把握构建新发展格局的深刻内涵，充分考虑我国经济社会发展实际，从全局和战略的高度准确把握好以下几个重大关系。

（一）统筹处理供给与需求的关系

在我国发展的现阶段，畅通经济循环最主要的任务是供给侧有效畅通，要坚持深化供给侧结构性改革这条主线，以强大的有效供给能力穿透循环堵点、消除瓶颈制约，增强供给体系韧性，形成更高效率和更高质量的投入产出关系。同时，要高度重视需求侧管理，坚持扩大内需这个战略基点，加快培育完整的内需体系，把实施扩大内需战略同深化供给侧结构性改革有机结合起来，推动形成需求牵引供给、供给创造需求的更高水平动态平衡。

（二）统筹处理自主与开放的关系

坚持把科技自立自强作为国家发展的战略支撑，着力提升产业核心竞争力，提高供给体系质量和水平，有力保障经济社会发展安全稳定。同时，要坚持实施更大范围、更宽领域、更深层次对外开放，建设更高水平开放型经济新体制，更好争取开放发展中的战略主动，努力实现我国与世界各国的互利共赢。

（三）统筹处理全局与局部的关系

坚持站在全局的角度系统谋划、统筹推进，坚持全国一盘棋，维护统一大市场，坚决破除地区之间的利益藩篱和政策壁垒，避免搞自我小循环。同时，要坚持因地制宜，发挥各地区比较优势，努力实现差异竞争、错位发展，在有条件的地区率先探索有利于促进全国构建新发展格局的有效路径，引领带动全国形成畅通、高效的国内大循环。

（四）统筹处理政府与市场的关系

坚持和完善社会主义基本经济制度，使市场在资源配置中起决定性作用，更好发挥政府作用，要加快构建要素自由流动、价格反应灵活、竞争公平有序、资源高效配置的全国统一大市场。同时,要推进国家治理体系和治理能力现代化,营造长期稳定可预期的制度环境,激发市场主体活力,为构建新发展格局提供强大动力。

三、加快构建新发展格局的重点任务

"十四五"时期是构建新发展格局的关键时期。我们要不断提高把握新发展阶段、贯彻新发展理念、构建新发展格局的能力,找准加快构建新发展格局的着力点和突破口,切实将《纲要》关于加快构建新发展格局的任务部署落到实处。

(一)强化科技自立自强对新发展格局的战略支撑

要坚持创新在我国现代化建设全局中的核心地位,全面加强对科技创新的部署,实现高水平的自立自强。强化国家战略科技力量,实施一批具有前瞻性、战略性的国家重大科技项目,加快推进关键核心技术攻关。强化企业创新主体地位,提升企业技术创新能力。加强科学研究与市场应用的有效衔接。以科研评价制度改革为突破口激发人才创新活力,健全职务科技成果产权制度,实行"揭榜挂帅"等制度。强化知识产权全链条保护,为保护创新提供基础保障。

(二)畅通生产、分配、流通、消费经济循环各环节

要着力打通制约国民经济循环的关键堵点,以满足国内需求为基本立足点,以创新驱动、高质量供给引领和创造新需求。大力推动制造业高质量发展,推动传统产业高端化、智能化、绿色化,抓紧布局一批具有长远带动作用的战略性新兴产业,加快发展现代服务业。坚定实施扩大内需战略,促进传统消费不断提质扩容,推动新型消费加快成长,积极拓展县域消费空间,发挥投资对拉动社会需求、优化供给结构的关键作用。提高劳动报酬在初次分配中的比重,完善再分配调节体系,扎实推动共同富裕。统筹推进现代

流通体系硬件和软件建设,推动流通新技术新业态新模式发展,加大物流业降本增效力度,促进生产、消费各环节高效对接。

(三)促进城乡区域经济循环畅通

要坚持优先发展农业农村、全面推进乡村振兴,完善新型城镇化战略,实施区域重大战略、区域协调发展战略、主体功能区战略,优化国内大循环的空间布局。做好巩固拓展脱贫攻坚成果同乡村振兴有效衔接。打通城乡要素平等交换和双向流动堵点,推动形成工农互促、城乡互补、协调发展、共同繁荣的新型工农城乡关系。深化户籍制度改革,促进大中小城市和小城镇协调发展,加强县城补短板强弱项,提高城市治理水平。以京津冀协同发展、长江经济带发展、粤港澳大湾区建设、长三角一体化发展、黄河流域生态保护和高质量发展等重大战略为引领,以西部、东北、中部、东部四大板块为基础,优化重大基础设施、重大生产力和公共资源布局,促进区域间相互融通补充,促进形成全国统一、竞争有序的商品和要素市场。

(四)强化绿色低碳循环发展

要坚持绿水青山就是金山银山重要理念,深入实施可持续发展战略,加强生态文明建设,促进经济社会发展全面绿色转型。聚焦实现 2030 年前碳排放达峰和 2060 年前碳中和要求,加快调整优化产业结构、能源结构,提高清洁能源消费占比,推进重点行业和重要领域绿色化改造。加快构建废旧物资循环利用体系,加强大宗固体废弃物综合利用,有序扩大城市垃圾分类覆盖范围。健全生态产品价值实现机制,完善市场化、多元化生态补偿。

(五)打造顺畅联通的国内国际双循环

要坚持实施更大范围、更宽领域、更深层次对外开放,依托我国大市场优势,打造国际经济合作及竞争新优势。推进外贸企业转型升级,持续提升出口质量,努力稳定传统市场份额,提高新兴市场比重。鼓励发展跨境电商、市场采购贸易、外贸综合服务等外贸新业态新模式,完善内外贸一体化调控体系。推动进口规模扩大、结构优化,促进进口来源多元化。全面落实外商投资法及其配套法规,进一步健全外商投资准入前国民待遇加负面清单管理制度,有序扩大服务业对外开放,加强外商投资权益保护,加强国际创新交流合作。维护拓展经贸合作朋友圈,深化双边、多边、区域合作,推动共建"一带一路"高质量发展,稳步推进海南自由贸易港建设,赋予自由贸易试验区更大改革自主权,维护多边贸易体制。

（六）全面提升安全发展能力

要坚持总体国家安全观,统筹好发展和安全,实施国家安全战略,牢牢守住新发展格局的安全底线。落实藏粮于地、藏粮于技战略,坚持最严格的耕地保护制度,加强农业良种技术攻关。保障能源和战略性矿产资源安全。维护金融安全,健全金融宏观审慎管理和金融风险防范处置机制。妥善处理房地产领域风险,推动金融、房地产同实体经济均衡发展。维护水利、电力、供水、油气、交通、通信、网络、金融等重要基础设施安全。优化国家应急能力体系建设。

第十一讲

建设数字中国

以习近平同志为核心的党中央高度重视数字经济发展,明确提出数字中国战略。习近平总书记强调指出,加快数字中国建设,就是要适应我国发展新的历史方位,全面贯彻新发展理念,以信息化培育新动能,用新动能推动新发展,以新发展创造新辉煌。《纲要》提出"加快数字化发展,建设数字中国",深刻阐明了加快数字经济发展对于把握数字时代机遇,建设数字中国的关键作用。

一、我国数字经济发展的总体情况

"十三五"时期,我国数字经济发展取得了举世瞩目的成就,总规模稳居全球第二位,彰显出强劲的发展韧性和潜力。数字技术创新应用进一步向更大范围、更高层次和更深程度拓展,新业态新模式不断涌现,源源不断迸发出强大的发展活力。

(一)带动基础设施建设全面提速

我国数字基础设施建设突飞猛进。固定宽带家庭普及率由2015年底的52.6%提升到91.5%,移动宽带用户普及率由2015年底的57.4%提升到96%以上,已经建成全球最大的光纤网络,覆盖所有城市、乡镇及98%以上的行政村。4G基站规模占全球一半以上,5G商用全球领先,基站超过70万个,占全球比重近70%。北斗三号全球卫星导航系统开通,全球范围定位精度优于10米。超大型数据中心全球占比达10%以上,布局持续优化。

(二)牵引产业创新实力稳步增强

我国数字技术创新能力显著提升,专利申请数量迅猛增长,产业实力稳步增强,电子信息制造业增加值保持年增长9%以上,软件业务收入保持年增长13%以上。2020年,信息传输、软件和信息技术服务业同比增速达16.9%。高技术制造业、装备制造业增加值同比增长7.1%、6.6%。工业机器人、集成电路、微型计算机设备等产品产量同比增长19.1%、16.2%、12.7%。人工智能、大数据、区块链等战略性技术产业发展和配套产业链不断优化。

(三)助力经济结构持续优化调整

我国数字经济规模迈上新台阶,对GDP增长贡献率连续六年保持在50%以上。产业数字化水平不断提升,一二三产业数字化转型步伐加快,越来越多的企业加速"上云",产业数字化增加值规模年均增长率超过20%。农业生产领域的物联网、大数据、人工智能应用比例超过8%。工业领域有一定影响力的互联网平台超过80个,连接了40万家企业,连接工业设备已达6000万台(套),工业应用程序超过25万个。数字技术驱动商业、金融、物流与服务业变革,移动支付交易额累计达到近600万亿元。全国网上零售额年均增长率超过20%。

(四)支撑社会服务发展普惠均衡

"互联网+社会服务"持续推进,扩大了社会服务的半径,极大地方便了群众的生活。在线教育、智慧医疗等快速推广普及。截至2020年底,我国线上教育、远程医疗用户规模已分别占所有网民的34.6%、21.7%。全国中小学互联网接入率达99.7%。网约车、共享单车等新业态已成为广大群众日常出行中的重要组成。

虚拟养老院、虚拟健身房等新模式蓬勃兴起。特别是新冠肺炎疫情防控常态化条件下,"防疫健康码"成为出行标配,全国各地博物馆"云旅游""云看展"项目超过2000项。

(五)推动政务服务水平显著提高

电子政务发展指数国际排名提升至第45位,在线服务指数国际排名跃升至第9位,政务服务网上可办率已超过90%。"互联网+政务服务"向纵深推进,国家数据共享交换平台体系基本建成,全国一体化在线政务服务平台已经上线运行,初步实现了62个部门和32个地方的网络通、数据通、业务通,有力支撑各级政府部门数据共享和业务协同。各地依托政务服务平台,大力推广普及"最多跑一次""一次不用跑""不见面审批"等便民模式,更好地解决企业和群众办事难、办事慢、办事繁问题。

二、我国数字化发展面临的形势

当今世界正经历百年未有之大变局,新一轮科技革命和产业变革深入发展,全球经济越来越呈现数字化特征。加快数字化发展,建设数字中国,是顺应数字时代发展趋势、构筑国家竞争新优势的战略选择,应准确把握数字化发展的机遇和挑战。

(一)数据作为新要素深刻影响人类生产生活方式

人类社会正在进入以数字化生产力为主要标志的全新历史阶段。随着智能终端、传感器等设备广泛部署应用,大量数据资源被有效采集、挖掘和利用,渗透到人类社会活动的全过程、全领域。数据要素正在驱动劳动力、资本、土地、技术、管理等要素高效利用,驱动实体经济生产主体、生产对象、生产工具和生产方式深刻变革调整。随着经济社会各领域数字化进程的持续加快,数据要素将对经济运行效率和全要素生产率跃升发挥更大作用,注入新的强劲动能。

（二）数字经济成为各国经济转型升级的战略抉择

当今世界，能否抓住数字化变革的"时间窗口"，成为决定国家竞争力的关键。世界各国都把数字化作为经济发展重点，纷纷通过制定出台政策、设立机构、加大投入等，加快布局大数据、人工智能等领域，抢抓发展机遇。特别是面对新冠肺炎疫情常态化趋势，数字化已经成为关乎生存发展的"必选项"，为各国摆脱经济困境发挥越来越重要的作用。同时，全球化的大潮势不可挡，数字全球化呼唤构建新的全球数字治理体系，各主要国家积极参与WTO、G20、OECD等框架下的数字议程，推动国内规则国际化，全球数字治理规则进入到了重构关键期。

（三）传统行业转型升级对数字化的需求日益迫切

我国经济已由高速增长阶段转向高质量发展阶段。数字技术有效牵引生产和服务体系智能化升级，促进产业链、价值链延伸拓展，融合发展、产业转型已经成为大势所趋。许多传统行业低端产能过剩与高端产品有效供给不足等矛盾仍然突出，需要进一步发挥信息技术优势，带动生产制造、供应链管理等实体经济重要领域转型升级，全面优化生产、流通、消费、进出口等各个环节，促进加快构建以国内大循环为主体、国内国际双循环相互促进的新发展格局。

（四）消费升级趋势为数字经济发展提供广阔市场空间

我国拥有全球最大规模的单体数字市场，网民规模相当于全球网民的1/5，已近10亿，蕴藏巨大的数字化消费需求。网络零售额连续8年保持全球第一，消费新业态新模式持续涌现。"十四五"期间，在全面建成小康社会的基础上，中等收入群体规模进一步增加，广大群众对美好生活的向往更加强烈，居民消费的提挡升级，将给数字经济发展提供广阔的市场空间，成为数字化发展的重要牵引，高质量的数字化发展将引领创造新需求。更大的消费潜力通过数字化发展被进一步释放。

与此同时,我们也要看到,我国数字经济发展还面临着一些风险和挑战。核心技术受制于人的局面尚未有效改观,适应新产业新业态新模式发展的数字治理亟待完善,数字经济与实体经济融合有待深化,网络安全风险挑战还需防范。

三、"十四五"时期建设数字中国的工作重点

《纲要》明确指出,"十四五"期间要迎接数字时代,激活数据要素潜能,推进网络强国建设,加快建设数字经济、数字社会、数字政府,以数字化转型整体驱动生产方式、生活方式和治理方式变革。重点强化以下4方面工作。

(一)打造数字经济新优势

一是加强关键数字技术创新应用。加快推进高端芯片、操作系统、人工智能关键算法、传感器、通用处理器等领域研发突破和迭代应用。加快布局量子计算、量子通信等前沿技术,支持数字技术开源社区等创新联合体发展,完善相关配套政策。二是加快推动数字产业化。培育壮大新兴数字产业,提升通信设备、核心电子元器件、关键软件等产业水平。构建基于5G的应用场景和产业生态,在智能交通、智慧物流等重点领域组织试点示范。三是推进产业数字化转型。实施"上云用数赋智"行动,推动数据赋能全产业链协同转型。在重点行业和区域建设国际水准的工业互联网平台和数字化转型促进中心。深入推进服务业数字化转型,培育众包设计、智慧物流、新零售等新增长点。加快发展智慧农业,推进农业生产经营和管理服务数字化改造。

(二)加快数字社会建设新步伐

一是提供智慧便捷的公共服务。推进学校、医院、养老院等公共服务机构资源数字化,加大资源开放共享服务力度。积极发展在线课堂、互联网医院、智慧图书馆等。鼓励社会力量参与"互联

网+公共服务"，创新提供服务模式和产品。二是建设智慧城市和数字乡村。分级分类推进新型智慧城市建设，将物联网感知设施、通信系统等纳入公共基础设施统一规划建设，推进市政公共设施智能化改造，推进城市数据大脑建设。构建面向农业农村的综合信息服务体系。三是构筑美好数字生活新图景。推进智慧社区建设，发展线上线下融合的社区生活服务、社区治理等。加强全民数字技能教育和培训，普及提升公民数字素养。

（三）提升数字政府服务新水平

一是加强公共数据开放共享。建立健全国家公共数据资源体系，健全数据资源目录和责任清单制度，推进数据跨部门、跨层级、跨地区汇聚融合和深度利用。扩大公共数据有序开放，开展政府数据授权运营试点。二是推动政务信息化共建共用。加大政务信息化建设统筹力度，健全政务信息化项目清单，持续深化政务信息系统整合。完善国家电子政务网络，加强政务信息化建设快速迭代，增强政务信息系统快速部署能力和弹性扩展能力。三是提高数字化政务服务效能。全面推进政府运行方式、业务流程和服务模式数字化智能化。深化"互联网+政务服务"，加快构建数字技术辅助决策机制，强化数字技术在公共卫生、自然灾害、事故灾难、社会安全等突发公共事件应对中的运用。

（四）营造数字化发展新生态

一是建立健全数据要素市场规则。加快建立数据资源产权、交易流通、跨境传输和安全保护等基础制度和标准规范，培育规范的数据交易平台和市场主体。加快推进数据安全、个人信息保护等领域基础性立法，强化数据资源全生命周期安全保护，推动数据跨境安全有序流动。二是营造规范有序的政策环境。构建与数字经济发展相适应的政策法规体系。健全共享经济、平台经济和新个体经济管理规范，依法依规加强监管。完善垄断认定法律规范，打击垄断和不正当竞争行为。探索建立针对新业态的监管框架。

健全数字经济统计监测体系。三是加强网络安全防护。健全国家网络安全法律法规和制度标准，建立健全关键信息基础设施保护体系，加强网络安全风险评估和审查。强化跨领域网络安全信息共享和工作协同，加强网络安全宣传教育和人才培养。四是推动构建网络空间命运共同体。推进网络空间国际交流与合作，推动以联合国为主渠道、以联合国宪章为基础原则制定数字和网络空间国际规则。推动建立多边、民主、透明的全球互联网治理体系，建立更加公平合理的互联网重要基础资源分配机制。积极参与国际规则和数字技术标准制定，构建保护数据要素、处置网络安全事件、打击网络犯罪的国际协调合作机制。推进网络文化交流互鉴。

第十二讲

激发各类市场主体活力

市场主体是社会主义市场经济的微观基础,是经济社会发展的力量载体。《纲要》按照党的十九大和十九届四中、五中全会关于激发市场主体活力的决策部署,专列一章对"十四五"时期坚持"两个毫不动摇",激发各类市场主体活力,培育更有活力、创造力和竞争力的市场主体作出全面部署,提出了明确的任务要求。

一、"十三五"时期激发市场主体活力取得显著成效

"十三五"时期,我国国有企业、民营企业等各类市场主体快速发展。截至 2020 年底,我国登记注册市场主体近 1.4 亿户,比"十二五"期末增长 80.5%,其中企业 4342.2 万户、个体工商户 9418.7 万户,分别比"十二五"期末增长 98.7%和 74.2%。这些市场主体作为我国经济活动的主要参与者、就业机会的主要提供者、技术进步的主要推动者,在我国经济社会发展中发挥着十分重要的作用。

（一）国有企业改革发展取得重要成就

以习近平同志为核心的党中央亲自谋划部署推动国有企业改

革,更加注重改革的顶层设计和改革的系统性整体性协同性,2015年以来制定形成了以《中共中央　国务院关于深化国有企业改革的指导意见》为纲领的国企改革"1+N"政策体系,各项改革举措逐步落实。国有资本布局结构不断优化,国有企业公司制改制全面完成,以重要领域混改试点为牵引的混合所有制改革取得重要成效,企业市场化经营机制初步形成,电力、石油、天然气等重点行业改革取得历史性突破,以管资本为主的国有资产监管体制逐步建立,剥离企业办社会职能基本完成,国有企业党的领导党的建设全面加强。截至 2019 年底,全国国有企业(不含金融企业,下同)资产总额 233.9 万亿元,是 2015 年的 1.96 倍;所有者权益合计64.9 万亿元,是 2015 年的 1.62 倍。2020 年国有企业实现营业总收入 63.3 万亿元,是 2015 年的 1.39 倍,年均增长 6.8%;利润总额 3.4 万亿元,是 2015 年的 1.48 倍,年均增长 8.3%。2020 年《财富》世界 500 强企业榜单,我国 92 家国有企业上榜。国有企业创新能力不断增强,在载人航天、探月工程、深海探测、高速铁路、特高压输变电、移动通信等领域取得了一批具有世界先进水平的重大科技成果。在抗击新冠肺炎疫情的大战大考中,国有企业主动担当、积极作为,在疫情防控保障和复工复产中发挥了顶梁柱作用。

(二)民营企业成为推动我国发展的重要力量

"十三五"时期,民营企业取得了长足进步和发展,具有"五六七八九"的特征,即贡献了 50% 以上的税收、60% 以上的国内生产总值、70% 以上的技术创新成果、80% 以上的城镇劳动就业和 90%以上的企业数量,在稳态强磁场、散裂中子源、500 米口径射电望远镜等重大科技基础设施建设项目中发挥了重要作用,引领着新经济业态发展,在 2020 中国新经济企业 500 强中,民营企业上榜数量达到 426 家,前 10 强中民营企业占 8 席,前 50 强占 40 席。民营企业还成为我国对外贸易第一大主体,占据我国对外投资半壁江山。民营企业勇于承担社会责任,积极参与脱贫攻坚战等重大国家战略,截至2020年6月,"万企帮万村"民营企业精准帮扶12.71万个村,产业投入915.92亿元,公益投入152.16亿元,安置就业79.9万人,技能培训116.3万人,在抗击新冠肺炎疫情中积极投身各条战线,充分展现活力与担当,发挥了重要作用。民营企业已经成为市场主体的重要构成、解决社会就业的重要依托、科技创新的重要主体、国家税收的重要来源、对外贸易的重要力量,在经济社会发展中日益发挥更加重要的作用。

二、激发各类市场主体活力意义重大

"十四五"时期是我国开启全面建设社会主义现代化国家新征程、向第二个百年奋斗目标进军的第一个五年。市场主体是推动经济社会发展的重要力量,充分激发各类市场主体活力,对于构建高水平社会主义市场经济体制、推动高质量发展和构建新发展格局具有重大意义。

(一)激发各类市场主体活力是构建高水平社会主义市场经济体制的重要内容

党的十九届五中全会强调,全面深化改革,构建高水平社会主义市场经济体制。国有企业、民营企业等作为社会主义市场经济的重要主体,也必须体现高水平的要求。当前,国有企业还存在布局结构不够合理、治理体制和经营机制不完善、效率效益有待提高等问题,民营企业还存在发展水平总体不高、内外部环境有待优化等问题,市场主体的活力还没有充分激发出来,迫切需要进一步深化改革,解决制约企业发展的体制机制问题,不断激发企业活力。

(二)激发各类市场主体活力是推动高质量发展的内在要求

当前,我国进入高质量发展阶段,但市场主体创新能力仍不强,供给结构不能适应需求结构变化,产品和服务品种、质量难以满足多层次、多样化市场需求。企业等各类市场主体是推动创新、优化供给体系、提升供给能力的重要力量。"十四五"时期，推动经济社会高质量发展，迫切需要激发市场主体活力，激活企业创新源泉，大力提升科技创新能力，以创新驱动、高质量供给引领和创造新需求。

（三）激发各类市场主体活力是加快构建新发展格局的关键举措

构建新发展格局，关键在于实现经济循环和产业关联畅通。市场主体是贯通生产、分配、流通、消费各环节的重要载体，市场主体活力在提升市场主体能力中处于核心地位。面对当前更加复杂严峻的国内外环境，加快构建新发展格局，迫切需要激发市场主体活力，打通经济循环堵点、淤点，畅通循环体系，锻造产业链供应链长板，补齐产业链供应链短板，提升产业链供应链现代化水平，把竞争和发展的主动权牢牢掌握在自己手中。

三、"十四五"时期激发各类市场
主体活力的重点任务

《纲要》提出，要毫不动摇巩固和发展公有制经济，毫不动摇鼓励、支持、引导非公有制经济发展，培育更有活力、创造力和竞争力的市场主体。

（一）加快国有经济布局优化和结构调整

围绕服务国家战略，坚持有进有退、有所为有所不为，加快国有经济布局优化、结构调整和战略性重组，进一步聚焦战略安全、产业引领、国计民生、公共服务等功能，调整存量结构，优化增量投向，充分发挥国有经济战略支撑作用。根据国家发展战略、科技进步和产业变革需要，动态保持国有经济在关系国家安全、国民经济命脉的重要行业领域的控制地位，维护国家战略安全。以提高我

国产业创新力为目标,加强国有资本对创新能力体系建设、基础研究和前沿技术研究的支持,提升产业链水平,维护产业链安全。加大国有资本对公共服务领域的投入力度,发挥国有经济的公益性、保障性作用,有效弥补市场失灵,地方国有经济优先布局地方公共服务、城乡基础设施及地方优势产业领域,推动国有经济扎实履行社会责任。建立健全充分竞争领域国有资本市场化流动机制,强化资本收益目标和财务硬约束,依托市场竞争机制实现优胜劣汰,提高国有资本收益。健全布局结构调整长效机制,更多采取改革办法和市场化手段,动态发布国有经济布局优化和结构调整指引,定期编制全国国有资本布局与结构调整专项规划,优化创新国有经济的实现形式。

（二）推动国有企业完善中国特色现代企业制度

全面落实"两个一以贯之",把加强党的领导与完善公司治理统一起来,把企业党组织内嵌到公司治理结构之中,充分发挥党组织把方向、管大局、保落实的领导作用。加快建立各司其职、各负其责、协调运转、有效制衡的公司治理机制,加强董事会建设,落实董事会职权,使董事会成为企业经营决策主体。按照完善治理、强化激励、突出主业、提高效率的要求,积极稳妥深化国有企业混合所有制改革,合理设计和调整优化混合所有制企业股权结构,积极引入高匹配度、高认同感、高协同性的战略投资者参与公司治理,推动混合所有制企业着力完善治理体制,深度转换经营机制。对混合所有制企业探索实行有别于国有独资、全资公司的治理机制和监管制度,支持对公司治理健全的国有相对控股混合所有制企业依法实施更加市场化的差异化管控。着力深化国有企业劳动、人事、分配三项制度改革,推行经理层任期制和契约化管理,支持商业类子企业加快推行职业经理人制度,全面推进用工市场化,建立健全按业绩贡献决定薪酬的分配机制,灵活开展多种方式的中长期激励,进一步激发活力、提高效率。

（三）健全管资本为主的国有资产监管体制

聚焦管资本转变国资监管职能,推进监管理念、监管重点、监管方式、监管导向等多方位转变,坚持授权与监管相结合、放活与管好相统一,提高监管的系统性、针对性、有效性。优化管资本的方式手段,全面实行清单管理,注重通过法人治理结构履职,国资监管机构依据股权关系依法依规向所出资企业委派董事或提名董事人选,通过董事体现出资人意志。深化国有资本投资、运营公司改革,科学合理界定政府及国资监管机构、国有资本投资运营公司和所持股企业的权责边界,有效发挥国有资本投资、运营公司在授权经营、结构调整、资本运营、激发所出资企业活力和服务实体经济等方面作用。统筹管资本要求改进考核评价体系,对不同功能定位、行业领域、发展阶段的企业实行差异化分类考核,强化质量效益。健全协同高效的监督机制,推动各类监督有机贯通、相互协调,提高监督效能,推进经营性国有资产集中统一监管,切实防止国有资产流失。

（四）优化民营企业发展环境

健全支持民营企业发展的法治环境、政策环境和市场环境,依法平等保护民营企业产权和企业家权益。保障民营企业依法平等使用资源要素、公开公平公正参与竞争、同等受到法律保护,支持形成与民营经济贡献相匹配的要素投入结构。在电力、电信、铁路、民航、石油、天然气等重点行业和领域,进一步放宽民营企业市场准入,重点解决单独对民营企业设置准入附加条件、"准入不准营"、互为前置审批等问题,破除招投标等领域各种壁垒。创新金融支持民营企业政策工具,健全融资增信支持体系,对民营企业信用评级、发债一视同仁,降低综合融资成本。完善促进中小微企业和个体工商户发展的政策体系,加大税费优惠和信贷支持力度。构建亲清政商关系,推动领导干部同民营企业家交往既坦荡真诚、真心实意靠前服务,又清白纯洁、守住底线、把握分寸。健全防范和化解拖欠中小企业账款长效机制。

（五）促进民营企业高质量发展

引导民营企业改革创新，提升经营能力和管理水平。鼓励有条件的民营企业建立现代企业制度，建立规范的法人治理结构。畅通国家科研资源开放渠道，支持民营企业开展基础研究和科技创新、参与关键核心技术研发和国家重大科技项目攻关。完善民营企业参与国家重大战略实施机制。在人才引进、培训培养、职称评审等方面对民营企业平等支持。推动民营企业守法合规经营，鼓励民营企业积极履行社会责任、参与社会公益和慈善事业。弘扬企业家精神，引导企业家爱国敬业、遵纪守法、创业创新、服务社会，调动广大企业家积极性、主动性、创造性，发挥企业家作用，实施年轻一代民营企业家健康成长促进计划。鼓励民营企业高质量参与国际竞争，推动民营经济走向更加广阔的舞台。

第十三讲

建设高标准市场体系

市场是最稀缺的战略资源,市场体系是社会主义市场经济体制的重要组成部分和有效运转基础。《纲要》把建设高标准市场体系放在十分突出的位置,这是中央从发展改革全局出发作出的重大战略部署,要充分认识到这项工作的重大意义,努力完成《纲要》提出的建设高标准市场体系的目标和任务。

一、深刻认识建设高标准市场体系的重大意义

建设高标准市场体系是新时期构建更加成熟、更加定型的高水平社会主义市场经济体制的内在要求,对推动高质量发展、加快构建新发展格局具有重要意义。

首先,建设高标准市场体系是构建新发展格局的基础支撑。构建新发展格局必须利用好大国经济纵深广阔的优势,把我国巨大的市场潜力转化为实际需求,为我国经济发展增添动力。建设高标准市场体系,破除妨碍生产要素市场化配置和商品服务流通的体制机制障碍,畅通市场循环,疏通政策堵点,打通流通大动脉,推进市场提质增效,才能充分发挥大国经济规模效应与集聚效应,贯通生产、分配、流通、消费各环节,促进国内供需有效对接,实现

内部可循环,并提供强大国内市场和供给能力,支撑并带动外循环,为构建新发展格局提供有力的制度支撑。

其次,建设高标准市场体系是推动经济高质量发展的重要动力。高质量发展要求推动实现质量变革、效率变革、动力变革,市场体系的基础制度、运行效率、开放程度、监管体制等都要与之相匹配。建设高标准市场体系,坚持平等保护各类所有制经济产权,健全产权执法司法保护制度,强化竞争政策基础地位,有利于形成市场主体公平竞争的市场环境,充分激发市场主体活力和创造力,实现企业优胜劣汰,提高经济质量效益和核心竞争力,持续增强发展动力和活力。

再次,建设高标准市场体系是构建高水平社会主义市场经济体制的内在要求。改革开放以来,我国市场体系建设取得长足进展。市场规模体量快速增长,市场结构持续优化,市场环境不断改善,市场运行更加规范,国内市场的对外吸引力明显增强。但同时也要看到,市场体系的基础制度仍不健全,要素市场发展滞后,市场竞争环境还不够完善,市场内外开放广度和深度仍需继续拓展,市场监管还不适应经济社会发展需要等。以更高的标准要求来建设市场体系,是构建更加成熟、更加定型的高水平社会主义市场经济体制的内在要求。

二、"十三五"时期市场体系建设取得积极进展

"十三五"以来,我国市场体系建设取得重要进展,市场在资源配置中的决定性作用日益增强,为促进我国社会主义市场经济体制不断完善和经济社会健康发展提供了强有力支撑。

市场规模不断拓展。"十三五"以来,我国市场规模不断迈上新台阶。商品市场规模优势明显。2020 年我国社会消费品零售总额 39.2 万亿元,相比 2015 年增长 36%以上,成为全球第二大商

品消费市场。网络零售新业态、新模式发展迅猛,全国网上零售额从2015年的3.83万亿元增长到2020年的11.76万亿元,连续8年成为全球第一大网络零售市场。要素市场规模迅速壮大。截至2019年底,我国银行业金融机构总资产全球第一,截至2020年三季度末我国沪深股市总市值全球第二;全国技术合同成交额从2015年的不到1万亿元增长到2019年的2.24万亿元,实现翻一番;我国网民数量达9.89亿,规模世界第一,企业数字化转型发展步伐加快。

市场结构持续优化。我国拥有全球最多的中等收入群体,消费旺盛和不断升级是我国国内市场的动力之源。"十三五"以来,我国的消费对经济增长的贡献率一直稳定在50%以上;中高端商品和服务消费较快增长;线下消费转向线上线下融合发展。资本市场结构有所优化,直接融资占社会融资比重逐年提高。截至2020年9月末,直接融资存量达到79.8万亿元,约占社会融资规模存量的29%。其中,"十三五"时期新增直接融资38.9万亿元,占同期社会融资规模增量的32%。2019年推出科创板试点注册制积累经验,外资金融机构数量和资产规模迅速增长。

市场制度规则基本确立。产权保护制度加快完善。市场准入负面清单制度全面实施,清单事项由2016年试点版的328项缩减至2020年版的123项,缩减比例高达62.5%。竞争政策基础地位得以强化,推进统一开放的市场体系建设和促进公平竞争成为市场共识。要素市场化配置改革取得积极进展,土地管理制度不断完善,资本市场基础制度建设取得重大突破,更加完善的要素市场化配置体制机制正在加快构建。现代市场监管体系不断健全,基本实现日常监管"双随机、一公开"全覆盖。信用监管机制取得重要进展,全面建成国家企业信用信息公示系统,完善涉企信息归集共享机制,强化各部门协同监管和联合惩戒。

国内市场的对外吸引力不断增强。利用外资规模创历史新高,"十三五"期间中国利用外资总规模接近 7000 亿美元。在疫情冲击下,2020 年实际利用外资 9999.8 亿元,增长 6.2%,一举跃升为全球最大外资流入国。金融对外开放政策不断推出,金融市场国际化迎来重要里程碑,人民币资产日益受到境外投资者青睐,2016 年至 2020 年上半年,境外投资者累计净增持中国债券和股票4673 亿美元。自由贸易试验区、自由贸易港等开放新高地加快建设,成功签署《区域全面经济伙伴关系协定》(RCEP),如期完成中欧投资协定谈判。跨国企业纷纷拓展在中国的投资深度和广度。随着市场开放程度不断提高、营商环境持续优化,我国市场的对外吸引力不断增强,超大规模市场的吸引力和凝聚力得到进一步彰显。

同时,必须清醒地看到,我国市场体系建设短板犹在,主要是,市场体系的基础制度尤其是产权制度有待进一步完善,土地、劳动力等要素自主有序流动仍存在不少障碍,公平竞争的市场环境还需完善,社会信用体系有待进一步健全。"十四五"时期,要以习近平新时代中国特色社会主义思想为指导,深入贯彻党的十九大和十九届二中、三中、四中、五中全会精神,坚持问题导向和目标导向,深入实施高标准市场体系建设行动,加快解决制约市场体系发展的突出问题和矛盾,健全市场体系基础制度,为推动经济高质量发展、加快构建新发展格局、推进国家治理体系和治理能力现代化打下坚实基础。

三、"十四五"时期建设高标准市场体系的重点任务

《纲要》根据"十四五"经济社会发展目标,提出"实施高标准市场体系建设行动,健全市场体系基础制度,坚持平等准入、公正监管、开放有序、诚信守法,形成高效规范、公平竞争的国内统一市场",并对建设高标准市场体系的重点任务作出了部署。

(一)全面完善产权制度

严格的产权保护,是激发各类市场主体活力的原始动力。要着力在产权保护等基础制度建设方面有质的提升,确保市场机制高效发挥作用。一是完善平等保护产权的法律法规体系。健全归属清晰、权责明确、保护严格、流转顺畅的现代产权制度。实施民法典,制修订物权、债权、股权等产权法律法规,明晰产权归属、完善产权权能。二是健全产权执法司法保护制度。健全以公平为原则的产权保护制度,依法平等保护国有、民营、外资等各种所有制企业产权。完善涉企产权保护案件申诉、复核、重审等机制,推动涉企冤错案件依法甄别纠正常态化机制化,畅通涉政府产权纠纷反映和处理渠道。三是加强数据、知识、环境等领域产权制度建设。研究根据数据性质完善产权性质。制定数据隐私保护制度和安全审查制度。强化知识产权保护,健全自然资源资产产权制度和法律法规。

(二)推进要素市场化配置改革

深化要素市场化配置体制机制改革是建设高标准市场体系的重点和难点。要着力打破妨碍生产要素自由流动的各种壁垒,推进要素市场化改革,实现要素资源高效配置。一是推动经营性土地要素市场化配置。建立健全城乡统一的建设用地市场,统筹推进农村土地征收、集体经营性建设用地入市、宅基地制度改革。改革土地计划管理方式,赋予省级政府更大用地自主权,探索建立全国性的建设用地、补充耕地指标跨区域交易机制。深化产业用地市场化改革,建立不同产业用地类型合理转换机制,增加混合产业用地供给。二是推动劳动力要素有序流动。完善全国统一的社会保险公共服务平台,加快建设全国统一的医疗保障信息系统。破除劳动力和人才在城乡、区域和不同所有制单位之间的流动障碍,减少人事档案管理中的不合理限制。三是发展技术和数据要素市场。加强对技术合同和科技成果的规范管理,完善职务科技成果转化激励政策和科研人员职务发明成果权益分享机制。建立数据资源产权、交易流通、跨界传输和安全保护等基础制度和标准规范，推动数据资源开发利用。四是健全要素市场运行机制。市场交易是市场形成价格的前提，要完善交易规则和服务体系，深化公共资源交易平台整合共享，提升要素交易监管水平。

（三）强化竞争政策基础地位

强化竞争政策基础地位是建设高标准市场体系的重要路径。要进一步深化对竞争政策重要地位的认识，正确理解和把握竞争政策与其他经济政策的关系，更好设计确立竞争政策基础地位的路径和体制机制。一是进一步放宽准入限制，促进公平竞争。全面落实"全国一张清单"管理模式，制定市场准入效能评估标准并开展综合评估。选择符合条件的地区开展放宽市场准入试点，实现平等准入，促进公平竞争。二是增强公平竞争审查制度刚性约束。健全公平竞争审查机制，进一步明确和细化纳入审查范围的政策措施类别。持续清理废除妨碍全国统一市场和公平竞争的规定和做法，探索建立公平竞争审查举报和处理回应机制。三是加强和改进反垄断与反不正当竞争执法。推动完善平台企业垄断认定、数据收集使用管理、消费者权益保护等方面的法律规范，加强平台经济、共享经济等新业态领域反垄断和反不正当竞争规制。四是推进能源、铁路、电信、公共事业等行业竞争性环节市场化改革。放开竞争性业务准入，进一步引入市场竞争机制，加强对自然垄断业务的监管。

（四）健全社会信用体系

健全的社会信用体系是建设高标准市场体系的基础支撑。要坚持依法合规、保护权益、审慎适度、清单管理，规范和完善失信约束制度，有序健康推进社会信用体系建设。一是科学界定信用信息纳入范围和程序。建立健全信用法律法规和标准体系，制定公共信用信息目录和失信惩戒措施清单，完善失信主体信用修复机制。二是规范信用信息共享公开范围和程序。推广信用承诺制度。加强信用信息归集、共享、公开和应用,推广惠民便企信用产品与服务。建立公共信用信息和金融信息的共享整合机制。三是依法依规开展失信惩戒。推动更多重点领域深入实施信用分级分类监管,根据监管对象信用状况采取差异化监管措施。对失信主体采取减损权益或增加义务的惩戒措施,做到轻重适度,确保过惩相当。四是加强信息安全和隐私保护。加强信用信息安全管理,保障信用主体合法权益。严格信用信息查询使用权限和程序,严厉打击非法收集、买卖信用信息违法行为。

第十四讲

建立现代财税金融体制

　　财政是国家治理的基础和重要支柱,金融是现代经济的核心。建立现代财税金融体制,是推动高质量发展的内在需要,是推进国家治理体系和治理能力现代化的重大任务,是构建新发展格局的重要内容。《纲要》提出了建立现代财税金融体制的目标要求、主要任务和实现路径。"十四五"时期,要坚持以习近平新时代中国特色社会主义思想为指导,把建立现代财税金融体制的各项任务落到实处。

一、加快建立现代财政制度

　　(一)"十三五"时期财税体制改革主要成就
　　"十三五"以来,按照党中央关于全面深化改革的决策部署,财税体制改革从夯基垒台、立柱架梁,到全面推进、积厚成势,再到系统集成、协同高效,现代财政制度框架基本确立。
　　一是预算管理制度改革持续深化。完善政府预算体系,加大政府性基金预算、国有资本经营预算与一般公共预算的统筹力度。强化预算约束,建立了跨年度预算平衡机制,实施中期财政规划管理。加大人大审查监督力度,预决算公开透明取得成效。全面实施预算绩效管理。初步建立政府财务报告制度。

二是税制改革取得重大进展。持续深化增值税改革,营业税退出历史舞台,增值税税率简并为13%、9%、6%三档,逐步建立增值税留抵退税制度。推进综合与分类相结合的个人所得税制度改革,提高综合所得基本减除费用标准,增加了子女教育、继续教育、首套房贷、赡养老人、住房租金、大病医疗等六项专项附加扣除。开征环境保护税,全面改革资源税。税收法定进程全面提速,现行18个税种中,立法税种已达11个。

三是中央和地方财政事权和支出责任改革稳步推进。印发《关于推进中央与地方财政事权和支出责任划分改革的指导意见》,目前已出台了基本公共服务、医疗卫生、科技、教育、交通运输等10多个领域改革方案。加快完善转移支付制度,完善一般性转移支付增长机制,设立共同财政事权转移支付,清理规范专项转移支付,创建新增财政资金直达机制。推进中央与地方收入划分改革,将中央和地方增值税收入划分由"营改增"前的75∶25调整为50∶50。

四是地方政府债务管理制度更加完善。明确地方政府只能通过发行地方政府债券的方式举借债务,初步形成覆盖限额管理、预算管理、风险预警、应急预案、违约处置、日常监督等各个环节的"闭环"管理体系。着力防范化解地方政府隐性债务风险,严控地方政府隐性债务增量,分类施策稳妥化解存量,对违法违规行为终身问责、倒查责任。逐步扩大地方政府债券规模,丰富地方政府专项债券品种,鼓励专项债券配套市场化融资,并允许专项债券筹集资金作为特定重大项目资本金。

(二)"十四五"时期建立现代财税体制的重大举措

1.进一步深化预算管理制度改革。围绕更好贯彻国家战略和体现政策导向,在挖掘潜力、规范管理、提质增效、释放活力上下更大功夫。一是加强财政资源统筹。强化对预算编制的宏观指导,统筹各类资源,集中力量办大事。完善政府预算体系,强化四本预算的统筹衔接。将依托行政权力和国有资源(资产)获取的各项收入,按规定全面纳入预算管理。二是加强财政支出标准化。建立国家基础标准和地方标准相结合的基本公共服务保障标准体系,探索基本公共服务项目清单化管理,加快建设项目支出标准体系。三是加强预算约束和绩效管理。严格执行人大批准的预算,坚持先有预算后有支出。规范预算调剂行为。加大预算公开力度,提高财政透明度。完善预算绩效管理制度体系,稳步推动预算和绩效管理一体化。四是加强中期财政规划管理。优化财政支出结构,坚持有保有压,推动国家重大战略、重点改革和重要政策落实落地。完善跨年度预算平衡机制,聚焦应对重大挑战、抵御重大风险,加强政府债务和中长期支出责任管理。

2.进一步完善现代税收制度。建立健全有利于高质量发展、社会公平、市场统一的税收制度体系,优化税制结构,切实发挥税收功能作用。一是健全直接税体系。完善综合与分类相结合的个人所得税制度,推进扩大综合征收范围,完善专项附加扣除项目,优化税率结构。规范完善税收优惠,健全鼓励创新的企业所得税政策体系。二是深化增值税改革。聚焦支持稳定制造业、巩固产业链供应链,优化增值税税率结构,完善留抵退税制度。三是健全地方税体系。完善地方税税制,培育地方主体税种,合理配置地方税权,理顺税费关系。调整优化消费税征收范围和税率,后移消费税征收环节并稳步下划地方。推进房地产税立法。通过立法授权,适当扩大省级税收管理权限。四是深化税收征管制度改革。提高政府税收和非税收入征收管理规范化、协调化、法治化水平。建设智慧税务,推动税收征管现代化。

3.进一步理顺中央和地方财政关系。着力建立权责清晰、财力协调、区域均衡的中央和地方财政关系,推动形成稳定的各级政府事权、支出责任和财力相适应的制度,充分发挥中央和地方两个积极性。一是明确中央和地方政府事权与支出责任。落实好已出台的相关领域中央与地方财政事权和支出责任划分改革方案。适当加强中央在知识产权保护、养老保险、跨区域生态环境保护等方面事权,减少并规范中央和地方共同财政事权。二是完善财政转移支付制度。优化转移支付结构,规范转移支付项目。加大对财力薄弱地区的支持力度,增强基层公共服务保障能力。健全转移支付定期评估机制。三是健全省以下财政体制。推进省以下财政事权和支出责任划分改革,科学确定地方各级政府收入划分,加快完善省以下转移支付制度,逐步建立基层"三保"长效保障机制。

4.进一步健全政府举债融资机制。既有效发挥政府债务融资的积极作用,又坚决防范化解风险,促进财政可持续。一是开好合法合规举债"前门"。适应不同地区经济社会发展需要,合理确定分地区地方政府债务限额,防范地方政府法定债务风险。二是完善专项债券管理。做好专项债券发行使用相关工作,引导地方精准聚焦党中央、国务院明确的使用方向和重点领域,发挥专项债券资金效益,形成对经济的有效拉动。三是坚决堵住违法违规举债"后门"。严禁地方政府以各种名义违法违规或变相举债。强化监督问责,对地方政府、金融机构违法违规融资行为,发现一起、查处一起、问责一起,做到终身问责,倒查责任。四是持续推进信息公开。健全政府债务信息公开机制,稳步推进地方政府债务"阳光化",更好发挥社会公众对地方政府举债融资的监督作用。五是完善政府债券发行管理机制。优化国债和地方政府债券品种结构和期限结构,健全国债收益率曲线,推动国债市场健康发展和对外开放。

二、建立现代金融体制

(一)"十三五"时期金融业发展的主要成就

"十三五"以来,在党中央、国务院领导下,我国金融业紧紧围

绕服务实体经济、防控金融风险、深化金融改革三大目标,坚持以
服务实体经济为宗旨、以防范系统性金融风险为底线、以深化改革
开放为动力、以加强法治建设为保障、以加强党的领导为根本,加
快深化金融供给侧结构性改革,金融业综合实力进一步增强,金融
服务经济社会发展能力稳步提升。

一是货币政策和宏观审慎政策双支柱调控框架初步建立。稳
步推进利率市场化改革,完善贷款市场报价利率(LPR)形成机制。
稳妥有序推进人民币汇率市场化形成机制改革,不断增强人民币
汇率弹性。完善货币政策调控框架,通过优化货币政策目标体系、
构建目标利率和利率走廊机制,不断提高政策透明度。建立健全
宏观审慎管理体系,加强实施逆周期调节。

二是金融监管体制改革深入推进。防范化解重大金融风险攻
坚战取得阶段性成果,宏观杠杆率过快上升势头得到遏制,影子银
行无序发展得到有效治理,高风险中小金融机构处置取得阶段性
成果,互联网金融和非法集资等涉众金融风险得到全面治理。初
步构建了系统重要性金融机构、金融控股公司、金融基础设施等统
筹监管框架。建立起系统重要性金融机构的识别、监管和处置机
制,完善问题金融机构市场化处置和退出机制。

三是合理分工、相互补充、功能完整的现代金融体系初步形
成。金融机构方面,银行业初步形成多层次、广覆盖、有差异的体
系结构,国有大型商业银行加快战略转型,积极推动落实开发性、
政策性金融机构深化改革方案,中小银行稳健经营能力进一步提
升,民营银行实现常态化设立和稳妥有序发展。金融市场方面,全
面深化资本市场改革,健全多层次资本市场体系。设立科创板并
试点注册制。2020年末,沪深两市上市公司近4200家,总市值近
80万亿元,债券市场规模达117万亿元,成为全球第二大股票市
场和第二大债券市场。

四是金融服务经济社会发展效率和水平稳步提升。强化国家

重大战略金融服务,引导金融机构提供中长期建设资金供给,推动重大项目落地。2020年末,制造业中长期贷款余额5.26万亿元,其中高技术制造业中长期贷款余额1.11万亿元。健全完善绿色金融体系,绿色信贷市场保持快速增长,服务绿色产业发展的能力不断提升。构建普惠金融体系,着力提升金融服务的覆盖面、可得性和满意度。2020年末,全国普惠小微企业贷款余额15.3万亿元,比上年增长30%以上。2020年全年共支持3228万户经营主体,比上年增加524万户。

(二)"十四五"时期建立现代金融体制的重大举措

1. 建设现代中央银行制度。合理优化货币政策目标体系,货币政策以币值稳定为首要目标,更加重视充分就业。完善货币供应调控机制,保持广义货币供应量和社会融资规模增速同名义经济增速基本匹配。健全市场化利率形成和传导机制,完善政策利率体系,深化贷款市场报价利率改革。稳妥推进数字货币研发。保持宏观杠杆率基本稳定。

2. 健全具有高度适应性、竞争力、普惠性的现代金融体系。金融机构方面,深化国有商业银行改革,引导中小银行和农村信用社回归本源,规范发展非银行金融机构。改革优化政策性金融,强化服务国家战略和规划能力。深化保险公司改革,提高商业保险保障能力。金融市场方面,完善资本市场基础制度,健全多层次资本市场体系,提高直接融资特别是股权融资比重。全面实行股票发行注册制,建立常态化退市机制,提高上市公司质量。完善市场化债券发行机制,稳步扩大债券市场规模,丰富债券品种,发行长期国债和基础设施长期债券。完善投资者保护制度和存款保险制度。

3. 构建金融有效支持实体经济的体制机制。创新结构性货币政策工具,引导金融机构优化信贷结构,加大对国民经济重点领域和薄弱环节的支持力度,加大对实体经济的中长期融资和信用贷款,畅通金融向实体经济的传导机制。健全农村金融服务体系,保持县域金融机构法人地位总体稳定。加大对小微、民营企业的金融支持力度,探索以数字普惠金融等方式提升普惠金融的覆盖面、可获得性和可持续性。完善金融支持创新体系,围绕创新链和产业链打造资金链,形成金融、科技和产业三角良性互动。完善创业投资监管体制和发展政策,加快培育创业投资机构体系,多渠道拓宽创业投资资金来源,畅通创业投资市场化退出渠道。构建支持经济绿色低碳发展的绿色金融体系。积极推动绿色金融标准国内统一、国际接轨。

4.完善现代金融监管体系。加强系统重要性金融机构和金融控股公司等金融集团的监管,健全防范化解风险长效制度。建立权威高效专业的风险处置机制,发挥存款保险制度在问题机构有序退出中的作用,继续完善中央和地方双层金融监管体制。健全金融风险预防、预警、处置、问责制度体系,对违法违规行为零容忍。提高金融监管透明度和法治化水平。在审慎监管前提下有序推进金融创新,稳妥发展金融科技。强化监管科技运用和金融创新风险评估,探索建立创新产品纠偏和暂停机制。

第十五讲

提升政府经济治理能力

政府是国家治理的主体之一,经济治理是国家治理的重要方面。推进国家治理体系和治理能力现代化,必须加快转变政府职能,优化政府职责体系,全面提高政府经济治理效能。《纲要》明确提出,"十四五"时期,要健全目标优化、分工合理、高效协同的宏观经济治理体系,持续优化市场化法治化国际化营商环境,推进监管能力现代化。这为促进"十四五"时期加快转变政府职能、提升政府经济治理能力明确了路径方向。

一、"十三五"时期完善政府经济治理取得的成效

"十三五"时期,世界经历百年未有之大变局,新冠肺炎疫情加速了大变局的演进,世界经济增长面临严峻挑战;我国处于全面建成小康社会决胜阶段,社会主要矛盾转化为人民日益增长的美好生活需要和不平衡不充分的发展之间的矛盾,推动经济良性循环和发展质量提升难度增大,各类风险挑战明显增多。面对复杂严峻形势,在以习近平同志为核心的党中央坚强领导下,我国政府机构全面系统改革,职能深刻转变、持续优化,经济治理能力不断提升,对解放发展生产力、促进经济社会持续发展发挥了重要作用。

一是宏观经济治理思路不断创新完善。理念是行动的先导，宏观经济治理始终坚定不移贯彻新发展理念，坚持高质量发展方向不动摇。明确以供给侧结构性改革为主线，在"巩固、增强、提升、畅通"八字方针引领下，供给体系对需求升级的适应性稳步提高。针对经济运行中出现的新情况新特点，在区间调控基础上加强定向调控、相机调控、精准调控，统筹稳增长、促改革、调结构、惠民生、防风险、保稳定，不搞"大水漫灌"式的强刺激，有针对性实施喷灌、滴灌。特别是面对中美经贸摩擦影响，及时作出"六稳"部署，在新冠肺炎疫情应对中，全面落实"六保"任务，有效对冲外部冲击影响，保持经济大盘稳定。

二是宏观调控制度体系进一步健全。科学有效的宏观调控，是推进国家治理体系和治理能力现代化的客观要求。充分发挥国家发展规划战略导向和年度计划宏观引导作用，加强财政、货币、就业、产业、区域、投资、消费等政策的协调配合，季度经济形势分析和政策建议以及年度经济工作思路研究机制、宏观经济部门会商等机制作用有效发挥。强调"一分部署、九分落实"，重大规划、重大改革、重大政策等均明确时间表路线图。通过二十国集团领导人峰会、"一带一路"国际合作高峰论坛、金砖国家领导人会晤等，主导形成了一系列开创性、引领性、机制性成果，国际宏观经济政策协调更趋深入。

三是社会主义市场经济体制加快完善。围绕进一步发挥市场在资源配置中的决定性作用，加快推进重点领域改革，市场主体信心和活力明显增强。着力构建更加完善的要素市场化配置体制机制，城乡统一的建设用地市场逐步形成，劳动力要素流动壁垒加快突破，多层次资本市场不断完善，数据要素市场规模迅速增长。加快完善产权制度，正式颁布《民法典》，农村集体产权制度改革加快推进。坚持"两个毫不动摇"，深化国有企业改革，持续做强做优做大国有资本，推动国资监管从管企业为主向管资本为主转变；

营造更好发展环境,支持民营企业改革发展。

四是营商环境在"放管服"改革推动下持续优化。当前,国际竞争日趋激烈,其中营商环境竞争已成为重要方面。连续取消下放行政审批事项,精简核准审批事项。全面实施市场准入负面清单,连续缩减外商投资准入负面清单。积极推进国家"互联网+监管"系统上线运行,加快构建以信用为基础的新型监管机制,全面推行"双随机、一公开"监管。加强和规范事中事后监管,加大反垄断执法力度。建成运行全国一体化在线政务服务平台,全面推进"一网通办",深化公共资源交易平台整合共享。出台《优化营商环境条例》,建立健全营商环境评价机制,构建中国营商环境评价体系,并逐步在全国推行。

五是社会公共服务水平明显提升。加强社会公共服务是坚持以人民为中心发展思想的充分体现。"十三五"时期,我国不断健全国家基本公共服务制度体系,普惠性、基础性、兜底性民生建设进一步加强。面对突如其来的新冠肺炎疫情,采取最严格、最全面、最彻底的防控举措,疫情防控阻击战取得重大战略成果,人民群众基本生活得到较好保障。千方百计提升公共服务供给能力,在幼有所育、学有所教、劳有所得、病有所医、老有所养、住有所居、弱有所扶上不断取得新进展。坚持和完善共建共治共享的社会治理制度,社会大局安定有序。坚持绿色发展,扎实推进生态文明建设,污染防治攻坚战圆满完成阶段性目标任务。

在上述举措带动下,"十三五"时期经济社会发展取得新的历史性成就。2020 年我国经济总量首破 100 万亿元大关,稳居世界第二,占世界经济的比重预计为 17%左右,五年来年均名义增量达到 6.5 万亿元;居民消费价格涨幅保持在 3%以内;城镇累计新增就业 6564 万人,城镇调查失业率年度平均保持在 5.6%以内的较低水平;国际收支保持基本平衡;2019 年、2020 年人均国内生产总值超过 1 万美元;重大科技成果持续涌现,新产业新业态新产品快速发展;2020年城乡居民人均可支配收入之比下降至2.56∶1;全国地级及以上城市空气质量优良天数比率达到87%;区域全面经济伙伴关系(RCEP)、中欧投资协定正式签署;多层次社会保障体系加快构建,基本公共服务保障能力持续增强。中国营商环境全球排名大幅提升至2019年的第31位,连续两年入列全球优化营商环境改善幅度最大的十大经济体;五年来年均净增市场主体1247.7万户。

二、"十四五"时期政府经济治理
面临的新形势新挑战

"十四五"时期,中华民族伟大复兴战略全局和世界百年未有之大变局相互交汇,新冠肺炎疫情影响广泛深远,世界将呈现竞争优势重塑、力量格局重构、治理规则重建的叠加态势,我国进入全面建设社会主义现代化国家、向第二个百年奋斗目标进军的新发展阶段,迫切需要政府职能"有进有退",在完善宏观经济治理、加强公共服务、维护公平竞争、改善营商环境等方面发挥更大作用。但要看到,我国政府职能尚未完全转变到位,政府经济治理体系和能力还不能完全适应统筹国际国内两个大局和构建新发展格局新形势、新挑战、新任务的需要。

(一)国内经济循环尚存在一些难点堵点

一些领域关键核心技术受制于人,"卡脖子"问题还比较突出,部分领域自主创新的产品和技术可靠性稳定性不强,基础研究能力较为薄弱。供需结构不够匹配,高质量的产品和服务供给不足,居民多样化需求还难以得到有效满足。城乡区域发展不平衡问题较为突出,劳动者报酬在初次分配中占比偏低,收入分配调节力度不够。流通体系现代化程度不高,国内统一大市场尚不健全。

（二）统筹利用国际国内两个市场、两种资源受到一定阻碍

我国区域开放布局不均衡、产业开放不平衡问题比较突出，贸易和投资自由化便利化仍有较大提升空间，对国际资本、人才等要素的吸引力有待提高。我国参与国际经贸规则调整、构建全球区域合作格局的能力总体不足，用好国际大循环面临挑战。

（三）制约市场有效发挥作用的一些体制机制障碍仍需破除

一方面，畅通国内大循环和国内国际双循环仍存在制度、观念和利益羁绊，生产要素市场化配置和商品服务流通还有一些体制机制障碍。另一方面，政府在经济治理方面越位和缺位的问题仍不同程度存在，对如何有效发挥市场配置资源的决定性作用和更好发挥政府作用还把握不准、方法不多，政策设计和机制建设仍相对滞后。

（四）现代化监管能力亟待提升

优化营商环境一些改革举措需要持续推进。覆盖生产、分配、流通、消费各个环节的全过程、全链条监管体系有待进一步完善。平台经济、互联网金融等领域新业态、新模式不断涌现，开展非公平竞争的方式手段不断翻新，而相应的管理制度、监管手段还难以跟上。大数据使用深度和广度还不充分，部门间数据共享还不够通畅，运用区块链、人工智能等实施智慧监管的水平亟待提升。

（五）重点领域安全风险依然存在

国内农业基础还不稳固，耕地保护面临挑战，一些现代农业发展所需的重要核心种源仍主要依赖进口，粮食安全仍然存在隐患。我国石油、天然气等能源稳定进口的潜在风险依然存在。同时，经济领域风险挑战不容忽视，稳就业压力仍然较大，基层"三保"支出和地方政府债务还本付息压力较大，财政困难和金融风险仍存，重大突发事件等"黑天鹅"现象需要高度警惕。

三、"十四五"时期提升政府经济治理
能力的基本思路和重点工作

政府经济治理的目标就是要解决问题,长期看要实现国家发展战略愿景,短期看要熨平国民经济波动。《纲要》立足"十四五"时期提升政府经济治理能力的新形势新要求,明确提出了"加快转变政府职能,建设职责明确、依法行政的政府治理体系,创新和完善宏观调控,提高政府治理效能"的目标,并从完善宏观经济治理、构建一流营商环境、推进监管能力现代化等方面入手,提出了提升政府经济治理能力的基本思路和重点工作。

（一）加快转变政府职能

构建高水平社会主义市场经济体制,核心是处理好政府和市场的关系,使市场在资源配置中起决定性作用,更好发挥政府作用。这要求抓住加快转变政府职能这个关键,将有效市场和有为政府更好结合起来。一方面,要更加尊重市场经济一般规律,最大限度减少政府对市场资源的直接配置和对微观经济活动的直接干预,着力保护和激发市场主体活力。另一方面,要持续完善宏观经济治理,优化营商环境,提升监管能力,有效弥补市场失灵,推动加快形成新发展格局。

（二）健全宏观经济治理目标体系

着力发挥国家发展规划的战略导向作用,锚定 2035 年远景目标科学设定五年规划的目标指标,强化专项规划、区域规划、国土空间规划、地方规划与国家总体发展规划的有机衔接,增强中长期规划对年度计划、公共预算、金融信贷、国土开发、公共服务、数据信息的引导功能和统筹功能。突出高质量发展目标引领,按照国家发展规划明确的方向目标,科学设定年度宏观调控目标,加强目标间总量平衡和结构平衡,在此基础上调整完善年度国民经济和

社会发展计划指标体系和专项计划体系。

（三）构建高效的宏观经济治理政策体系

加强财政资源统筹，进一步优化财政支出结构，健全地方税、直接税体系，更好发挥再分配功能，增强国家重大战略任务财力保障。健全现代货币政策框架，完善货币供应调控机制，健全结构性货币政策工具体系，提升金融服务实体经济的能力。促进就业、产业、投资、消费、环保、区域等政策协同发力，坚持实施就业优先政策，强化产业政策对技术创新和结构升级的支持，发挥投资对优化供给结构的关键性作用，完善促进消费的政策体系，实施因地制宜、分类指导的区域政策，强化环保政策约束性指标管理刚性。

（四）完善宏观经济政策制定执行机制

加强基于大数据的经济监测预警能力建设，加快建立宏观经济治理基础数据库，进一步完善宏观经济预测模型。持续加强中长期、跨周期政策储备预研，针对经济运行中周期性和突发性等不同情形，分类研究形成综合性应对预案和专项应对预案。健全宏观经济政策部门会商和协调机制，充分发挥经济综合部门统筹协调作用，促进央地间形成政策落实的长效协同机制。针对政策落实情况，用好高质量发展综合绩效评价考核。进一步提升宏观经济预期管理能力，及时做好与市场主体的沟通。积极主动参与国际宏观经济政策沟通协调。推进发展规划法立法工作。

（五）持续优化市场化法治化国际化营商环境

全面落实并巩固维护全国统一的市场准入负面清单制度，逐项推动破除市场准入负面清单之外的隐性准入壁垒，开展市场准入效能评估工作。全面清理、精简行政审批事项，推进企业注销便利化。鼓励东部地区、省会城市对标国际先进先行先试，支持中西部和东北地区、非省会城市以改革促进营商环境明显改善。推广"一业一证""一企一证""证照联办"等创新举措。深入实施"互联网+政务服务"，推动政府部门协同联动、流程再造、系统整合。

（六）努力提升监管能力现代化水平

进一步增强事中事后监管的针对性有效性。实行政府权责清单制度，做到部门权责事项完整、准确、规范、公开，促进公正监管。推进部门联合"双随机、一公开"监管常态化。完善市场主体信用承诺制度，建立企业信用状况综合评价体系，大力推进信用分级分类监管，依托全国信用信息共享平台推动各级政府监管部门信息共享。健全对新技术、新产业、新业态、新模式等的包容审慎监管制度。强化对互联网平台企业反垄断和防止资本无序扩张。依托国家"互联网+监管"系统，推进监管信息跨部门、跨地区共享。

第十六讲

全面推进乡村振兴

民族要复兴、乡村必振兴。随着我国迈入新发展阶段,"三农"工作重心实现了向全面推进乡村振兴的历史性转移。全面建设社会主义现代化国家、实现中华民族伟大复兴,最艰巨最繁重的任务依然在农村,最广泛最深厚的基础依然在农村。必须优先发展农业农村,全面推进乡村振兴,加快农业农村现代化步伐。

一、"十三五"时期乡村振兴实现良好开局

"十三五"时期,以习近平同志为核心的党中央始终把解决好"三农"问题作为全党工作重中之重,把全面推进乡村振兴作为实现中华民族伟大复兴的一项重大任务,现代农业建设取得重大进展,乡村振兴实现良好开局,农业农村发展取得新的历史性成就,为党和国家战胜各种艰难险阻、稳定经济社会发展大局,发挥了"压舱石"作用。

(一)新时代脱贫攻坚目标任务如期完成

现行标准下 9899 万农村贫困人口全部脱贫,832 个贫困县全部摘帽,消除了绝对贫困和区域性整体贫困。易地扶贫搬迁任务全面完成,960 多万农村贫困人口通过易地扶贫搬迁摆脱了"一方

水土养不好一方人"的困境,教育、医疗、文化等社会事业取得长足进步,基本公共服务主要领域指标接近全国平均水平,1710 万农村贫困人口饮水不安全问题全面解决。

（二）乡村产业取得新发展

粮食综合生产能力进一步提升,划定 10.58 亿亩粮食生产功能区和重要农产品生产保护区,完成 8 亿亩高标准农田建设任务,粮食产量连续 6 年超过 1.3 万亿斤,14 亿多中国人的饭碗牢牢端在自己手中。农业现代化水平逐步提高,农作物耕种收综合机械化率超过 70%。农村产业融合发展加快推进,新产业新业态蓬勃发展,2020 年农产品加工营业收入提高到 23.5 万亿元左右,累计建成 200 个国家级农村产业融合发展示范园。生猪生产持续恢复,2020 年产能达到正常年份的 90% 以上。

（三）乡村建设开创新局面

农村人居环境整治三年行动目标任务顺利完成,农村卫生厕所加快普及,农村生活垃圾收运处置体系覆盖大部分行政村。具备条件的建制村基本实现通硬化路、通客车。巩固提升 2.6 亿农村人口饮水保障水平,农村自来水普及率、农村集中式供水人口比例分别达到 83% 和 88%。农村电网改造升级,建成一批"宽带乡村""百兆乡村"。乡村生态保护与修复成效显著,国土绿化行动深入开展,森林覆盖率超过 23%。

（四）乡风文明焕发新气象

中国农民丰收节、"我们的中国梦"文化进万家活动等蓬勃开展,乡村文化生活日益丰富。乡村公共文化服务体系不断优化,建成村级综合性文化服务中心 57 万个。认定 118 项中国重要农业文化遗产,其中 15 项被联合国粮农组织认定为全球重要农业文化遗产。中国传统村落、少数民族特色村寨分别达到 6819 个和 1057 个。

（五）乡村治理谱写新篇章

农村基层党组织带头人队伍整体优化提升,乡村治理示范村镇、民主法治示范村、红色村组织振兴等试点工作扎实推进。农村集体经济不断发展壮大,集体经济年经营性收入5万元以下的薄弱村空壳村减至30%以下。"枫桥经验"在各地创新发展,移风易俗成效显著,村规民约覆盖面逐步扩大。

(六)农村民生跃上新水平

农村居民收入比2010年翻番的目标提前实现,2020年农村居民人均可支配收入增至17131元,城乡居民收入比下降到2.56:1。乡村教育质量明显提升,95%的县通过了县域义务教育基本均衡发展评估认定。乡村两级医疗机构和人员"空白点"基本消除,城乡居民医保门诊统筹普遍建立。城乡基本公共服务均等化扎实推进,城乡统一的居民基本养老保险制度、居民基本医疗保险制度和大病保险制度基本建立。

二、"十四五"时期全面推进乡村振兴面临的挑战与机遇

当前和今后一个时期,农业农村发展面临的挑战和机遇并存。需要保持清醒头脑,准确识变、科学应变、抢抓机遇,在危机中育先机、于变局中开新局。

(一)内外部环境错综复杂,"三农"领域风险挑战增加

一是国际环境不确定性增加。新冠肺炎疫情影响广泛深远,美国对我持续升级打压阻遏,单边主义、贸易保护主义抬头,国际产业链供应链不稳定性增加,对我国粮食安全和农业农村发展带来较大影响。二是粮食安全基础仍不稳固。虽然我国农业连续多年丰收、市场供应总体充裕,但粮食供求紧平衡的格局没有改变,今后一个时期粮食需求将继续增加,影响粮食安全的隐患仍然存在。三是农村补短板任务十分艰巨。多数村庄的村内道路没有硬化,生活污水治理设施覆盖的行政村占比低,农村民生领域欠账较

多,城乡基本公共服务和收入水平差距大。四是农业农村改革有待深化。农业农村改革在"扩面、提速、集成"方面存在不足,农村土地制度改革和集体产权制度改革在基层实践中面临一些困难,农村支持保护政策有待完善,乡村振兴面临的人才、土地、资金等要素瓶颈比较突出。五是农民持续增收的动力减弱。受疫情冲击和国际经济下行影响,农民工就业形势较为严峻,加上产业转型升级、人工智能等技术进步影响,农民工就业空间有所缩小。

(二)我国迈入新发展阶段,为全面推进乡村振兴带来难得机遇

挑战前所未有,但机遇也前所未有,总体上机遇大于挑战。一是政策导向更加鲜明。以习近平同志为核心的党中央高度重视"三农"工作,不断加大强农重农惠农力度。农业农村优先发展政策落实落地,多元投入格局加快形成,发展条件持续改善,更多资源要素向乡村集聚,为加快农业农村现代化提供坚强保障。二是市场驱动更加强劲。我国超大规模市场优势不断显现,中等收入群体逐渐扩大,优质农产品消费需求增加,乡村消费潜力持续激发、建设需求得到释放,为加快农业农村现代化拓展广阔空间。三是科技支撑更加有力。新一轮科技革命和产业变革深入发展,生物技术、信息技术等加快向农业农村领域渗透,乡村产业加快转型升级,新产业新业态新模式不断涌现,为加快农业农村现代化提供新引擎。

三、"十四五"时期全面推进乡村振兴的重点政策举措

"十四五"时期,要坚持加强党对"三农"工作的全面领导,坚持农业农村优先发展,坚持农业现代化与农村现代化一体设计、一并推进,深入推进农业供给侧结构性改革,健全城乡融合发展体制

机制,加快形成工农互促、城乡互补、协调发展、共同繁荣的新型工农城乡关系,促进农业高质高效、乡村宜居宜业、农民富裕富足。

(一)增强农业综合生产能力

一是夯实粮食生产能力基础,保障粮、棉、油、糖、肉、奶等重要农产品供给安全。坚持最严格的耕地保护制度,坚决守住 18 亿亩耕地红线,坚决遏制耕地"非农化"、防止"非粮化"。以粮食生产功能区和重要农产品生产保护区为重点,建设国家粮食安全产业带。二是实施高标准农田建设工程,新建 2.75 亿亩、累计建成 10.75 亿亩集中连片高标准农田,实施东北地区 1.4 亿亩黑土地保护性耕作。三是加强大中型、智能型、复合型农业机械研发应用,农作物耕种收综合机械化率提高到 75%。四是加强种源"卡脖子"技术攻关,建设国家农作物种质资源长期库、种质资源中期库,打好种业翻身仗,确保种源安全。五是加强农业良种技术攻关,有序推进生物育种产业化应用,培育种业龙头企业,创新农技推广服务方式。

(二)深化农业结构调整

一是优化农业产业布局,建设优势农产品产业带和特色农产品优势区。二是推进粮经饲统筹、农林牧渔协调,优化种植业结构,大力发展现代畜牧业,保护生猪基础产能,积极发展牛羊产业,促进水产生态健康养殖。三是积极发展设施农业,因地制宜发展林果业。四是推进农业绿色转型,加强产地环境保护治理,深入实施化肥农药减量行动,治理农膜污染,提升农膜回收利用率,推进秸秆综合利用和畜禽粪污资源化利用。五是完善绿色农业标准体系,加强绿色食品、有机农产品和地理标志农产品认证管理。

(三)丰富乡村经济业态

一是推动种养加结合和产业链再造,壮大休闲农业、乡村旅游、民宿经济等特色产业。二是发展特色农产品产地初加工和精深加工,健全农村产权交易、商贸流通、检验检测认证、智能标准厂房等公共配套设施。三是加强农产品仓储保鲜和冷链物流设施建设,建设 30 个全国性和 70 个区域性农产品骨干冷链物流基地。四是完善利益联结机制,通过"资源变资产、资金变股金、农民变股东",让农民更多分享产业增值收益。

(四)强化乡村建设的规划引领

一是统筹县域城镇和村庄规划建设,2021 年基本完成县级国土空间规划编制。二是科学编制县域村庄布局规划,因地制宜、分类推进村庄建设,规范开展全域土地综合整治,保护传统村落、民族村寨和乡村风貌,严禁随意撤并村庄搞大社区、违背农民意愿大拆大建。三是鼓励有条件地区编制实施实用性村庄规划,没有编制规划的村庄按照县乡两级国土空间规划确定的用途管制和建设管理要求进行建设。四是优化布局乡村生活空间,严格保护农业生产空间和乡村生态空间,科学划定养殖业适养、限养、禁养区域。

(五)提升乡村基础设施和公共服务水平

一是健全城乡基础设施统一规划、统一建设、统一管护机制,推进城乡基本公共服务标准统一、制度并轨。二是推动市政公用设施向郊区乡村和规模较大中心镇延伸,完善乡村水、电、路、气、邮政通信、广播电视、物流等基础设施,因地制宜推动自然村通硬化路,加强村组连通和村内道路建设。三是多渠道增加农村普惠性学前教育资源供给,改善乡镇寄宿制学校办学条件,保留并办好必要的乡村小规模学校,推进县域内义务教育学校校长教师交流轮岗。四是加强县级医院和县级疾控机构建设,提升乡镇卫生院医疗服务能力,采取派驻、巡诊等方式提升村卫生室标准化建设和健康管理水平。五是开展农村人居环境整治提升行动,支持 600 个县整县推进人居环境整治,推进农村生活垃圾就地分类和资源化利用,以乡镇政府驻地和中心村为重点梯次推进农村生活污水治理,支持因地制宜推进农村厕所革命。

（六）实现巩固拓展脱贫攻坚成果同乡村振兴有效衔接

一是严格落实"四不摘"要求,持续推进脱贫地区发展。对摆脱贫困的县,从脱贫之日起设立 5 年过渡期,过渡期内保持主要帮扶政策和财政投入力度总体稳定。二是健全防止返贫动态监测和精准帮扶机制,对易返贫致贫人口实施常态化监测,分层分类及时纳入帮扶政策范围。完善农村社会保障和救助制度,开展农村低收入人口动态监测,实行分层分类帮扶。推广以工代赈方式,带动低收入人口就地就近就业。三是对脱贫地区继续实施城乡建设用地增减挂钩结余指标省内交易政策,调整完善跨省域交易政策。加强扶贫项目资金资产管理和监督,推动特色产业可持续发展。四是在西部地区脱贫县中确定一批国家乡村振兴重点帮扶县,从财政、金融、土地、人才、基础设施、公共服务等方面给予集中支持。五是坚持和完善东西部协作和对口支援、中央单位定点帮扶、社会力量参与帮扶等机制,强化产业合作和劳务协作。

第十七讲

健全城乡融合发展体制机制

习近平总书记高度重视城乡融合发展工作,作出了一系列重要论述,为健全城乡融合发展体制机制指明了方向、提供了基本遵循。党的十九大和十九届五中全会,对健全城乡融合发展体制机制作出了明确部署。《纲要》明确提出要建立健全城乡要素平等交换、双向流动政策体系,促进要素更多向乡村流动,增强农业农村发展活力。

一、推进城乡融合发展具有重大意义

加快推进城乡融合发展,有利于立足新发展阶段、贯彻新发展理念、构建新发展格局,有利于统筹推进新型城镇化和乡村振兴,既有长远的历史意义,又有重要的现实意义。

(一)城乡融合发展是破解新时代社会主要矛盾、解决发展不平衡不充分问题的最有力抓手

我国社会主要矛盾已转变为人民日益增长的美好生活需要和不平衡不充分的发展之间的矛盾。而最大的不平衡就是城乡发展不平衡,最大的不充分就是乡村发展不充分,我国仍处于并将长期处于社会主义初级阶段的特征很大程度上表现在乡村。因此,不能

就农业谈农业、就乡村谈乡村,必须通过健全城乡融合发展体制机制,走以工补农、以城带乡的新路子,为全面推进乡村振兴提供制度保障。

（二）城乡融合发展是现代化的重要标志

西方发达国家的现代化历时 200 余年,是工业化、城镇化、农业现代化、信息化顺次发展的串联式过程。我国要在新中国成立 100 周年时建成社会主义现代化强国,决定了现代化是工业化、城镇化、信息化、农业现代化同步发展的并联式过程。通过健全城乡融合发展体制机制,统筹推进城镇化和农业现代化,既是现代化的必由之路,也是一个拥有 14 亿人口大国的必然选择。

（三）城乡融合发展是形成强大国内市场的重要支撑

"十四五"时期我国发展环境错综复杂,特别是新冠肺炎疫情影响、美国对我打压阻遏、世界经济持续低迷,均使我国经济增长面临很大的不稳定性不确定性。现阶段更应集中精力办好自己的事情,培育强大国内市场。健全城乡融合发展体制机制,特别是推动乡村资源与全国大市场相对接,将有效提高供给质量、拓展需求空间,正是强大国内市场之所在。从消费看,当前农民和未落户城镇的常住人口人均消费支出分别仅为城镇居民的 1/2、2/3 左右,若能通过市民化解除其消费的后顾之忧,消费支出将以几千亿元的规模逐年递增;乡村拥有优美生态和优质农产品,若能供应适合市民下乡消费的产品和服务,将释放出极为可观的增长潜力。从投资看,当前城乡基础设施和公共服务设施存在多处短板弱项,农民人均公共设施投入仅是城镇居民的 1/5 左右,若能推动城乡基础设施和公共服务一体化发展,将开辟出巨大的投资空间。

二、"十三五"时期推进城乡融合发展取得的历史性成就

以习近平同志为核心的党中央站在全局和战略的高度,始终

坚持把"三农"工作作为重中之重,协同推进新型城镇化战略和乡村振兴战略,出台《中共中央　国务院关于建立健全城乡融合发展体制机制和政策体系的意见》,积极探索实施符合我国国情的城乡融合发展体制机制,全面深化农村改革,推出了一系列重大改革举措,城乡居民收入比降至 2.56∶1,在缩小城乡发展差距方面取得了历史性成就。

(一)城乡有序流动的人口迁徙制度初步形成

一是农业转移人口进城落户的门槛不断降低、通道逐步拓宽,城区常住人口 300 万以下的城市基本取消落户限制,针对重点人群的落户限制大幅放宽,1 亿非户籍人口在城市落户的目标顺利完成。二是城市人才入乡发展机制初步建立,允许符合条件的入乡就业创业人员在原籍地或就业创业地落户并依法享有相关权益,外出农民工及经商人员回乡创业兴业态势良好。

(二)城乡统一的建设用地市场加快建立

一是农村集体经营性建设用地入市制度基本建立,《中共中央　国务院关于建立健全城乡融合发展体制机制和政策体系的意见》提出了入市方向和思路,修订后的土地管理法明确了农村集体经营性建设用地入市等规定和改革措施。二是农村宅基地制度改革持续深化,明确了城镇户籍子女可继承农村宅基地使用权,《深化农村宅基地制度改革试点方案》印发实施,在 107 个地区开展新一轮试点。三是农村承包地"三权分置"取得重大进展,极大程度提高了农村承包地和劳动力的利用效率,第二轮土地承包到期后再延长 30 年政策给农民吃下了长效"定心丸"。

(三)城市反哺农村的资金支持机制不断健全

一是全国财政资金投至农林水领域的规模持续较快增长,"十三五"时期年均投入超过 2 万亿元,2020 年增至 2.4 万亿元左右,同比增长 4.4%,比全国一般公共预算支出增速高出 1.6 个百分点。二是金融机构加大支持力度,农村抵质押物范围逐步拓宽,农村承包土地抵押贷款全面推开,农村集体资产股权、农民住房财产权(含宅基地使用权)等抵押融资稳步探索。截至 2020 年 9 月,全国涉农贷款余额增至 38.7 万亿元,其中普惠型涉农贷款余额增至 7.5 万亿元。

(四)城乡公共资源配置向普惠共享方向迈出一大步

一是城乡一体的基本公共服务提供机制逐步建立,向制度接轨、质量均衡、水平均等的方向迈进。城乡统一、重在农村的义务教育经费保障机制初步建立,统一的城乡居民基本养老保险、基本医疗保险、大病保险制度逐步建立。截至 2020 年底,城乡居民基本医保覆盖了 13.6 亿人,基本养老保险参保率提高到 91%。二是城乡一体的基础设施建设取得显著成效,向联通化、一体化的方向迈进,乡村水、电、路、网等基础设施水平全面提升,农民生产生活条件得到极大改善。

(五)作为城乡融合发展重要载体的县城建设取得积极进展

以县域为基本单元推进城乡融合发展,县城综合服务能力和乡镇服务农民功能不断完善。县城补短板强弱项"1+N+X"系列文件体系初步形成,目标任务、项目范畴和建设标准得到明确。中央预算内投资、企业债券、政策性信贷等各类资金统筹支持力度加大,县城公共服务、环境卫生、市政公用、产业培育等设施加快提挡升级,带动乡村基础设施和公共服务持续完善,对县域经济的辐射作用不断增强,对提振农民消费的支撑作用更加彰显。120 个县城建设示范地区积极谋划启动示范性项目,初步形成一批行之有效的先进经验和可行模式。

同时也要清醒地看到,城乡融合发展体制机制还不够健全,存在一些明显的制度短板和薄弱环节。

一是城乡要素流动障碍仍然存在。城乡劳动力流动限制仍然较多,一些超大特大城市及大城市对外来人口尤其是普通劳动者的落户门槛仍然较高,乡村吸引人才、留住人才的通道还没有完全打开。农村集体经营性建设用地入市尚未全面推开,入市主体、入市规则和收益分配等具体制度细则尚不明确。乡村各类资产抵押担保存在各种制度障碍,乡村金融资金供给不足。

二是城乡公共资源配置有待优化。乡村基础设施和基本公共服务设施历史欠账仍然较多。农村污水和生活垃圾处理率远低于城市。农村义务教育阶段教师待遇不高、生活条件差,城乡教师流动施教机制尚未构建,影响城乡教育一体化发展。县级医院和农村基层医疗服务设施较差,城乡医生流动执业机制尚未建立,与基层群众就医需求相比仍有差距。

三是农民增收长效机制不够完善。城乡居民收入差距是检验乡村振兴和城乡融合发展成效的重要尺度。虽然近年来城乡居民收入比逐步下降,2020 年降至 2.56∶1,但农民收入特别是财产性收入增长乏力,城乡居民收入比降幅有所收窄,未来继续缩小城乡居民收入差距仍然任重道远。

三、"十四五"时期健全城乡融合发展体制机制的主要举措

《纲要》提出,"十四五"时期健全城乡融合发展体制机制,重在深化农业农村改革、加强农业农村发展要素保障。

(一)改革完善农村承包地制度

巩固完善农村基本经营制度,保持农村土地承包关系稳定并长久不变,落实第二轮土地承包到期后再延长 30 年政策。完善农村承包地"三权分置"制度,在依法保护承包地集体所有权和农户承包权前提下,平等保护并稳步有序放活承包地经营权。健全土地流转规范管理制度,发展多种形式适度规模经营,加快培育家庭农场、农民合作社等新型农业经营主体,健全农业专业化社会化服务体系,实现小农户和现代农业有机衔接。

（二）稳慎改革农村宅基地制度

深化农村宅基地制度改革试点，探索宅基地"三权分置"实现形式，落实宅基地集体所有权，保障宅基地农户资格权和农民房屋财产权，稳慎适度放活宅基地和农民房屋使用权。加快完成房地一体的宅基地确权颁证，完善宅基地分配、流转、抵押、退出、使用、收益、审批、监管等制度。在符合规划、用途管制和尊重农民意愿前提下，允许县级政府优化村庄用地布局，有效利用乡村零星分散存量建设用地，鼓励农村集体经济组织及其成员盘活利用闲置宅基地和闲置房屋。推动各地制定省内统一的宅基地面积标准，对增量宅基地实行集约有奖，对存量宅基地实行退出有偿。

（三）探索实施农村集体经营性建设用地入市制度

加快完成农村集体建设用地使用权确权颁证。按照国家统一部署，在符合国土空间规划、用途管制和依法取得前提下，依法允许集体经营性建设用地入市，允许就地入市或异地调整入市；允许农民集体在农民自愿前提下，依法稳妥把有偿收回的闲置宅基地、废弃的集体公益性建设用地转变为集体经营性建设用地入市；推动城中村、城边村、村级工业园等可连片开发区域土地依法合规整治入市；稳妥探索集体经营性建设用地使用权和地上建筑物所有权房地一体、分割转让。改革农村土地征收制度，建立土地征收公共利益认定机制，缩小征地范围、规范征地程序。

（四）深化农村集体产权制度改革

加快完成农村集体资产清产核资。完善集体产权权能，完善农民对集体资产股份占有、收益、有偿退出及担保、继承权。推进集体经营性资产股份合作制改革，稳步探索以股份或份额形式量化到本集体成员；对财政资金投入农业农村形成的经营性资产，鼓励各地探索将其折股量化到集体经济组织成员。发展壮大新型农村集体经济，创新运行机制，探索混合经营等多种实现形式，确保集体资产保值增值和农民收益。

(五)健全农业农村投入保障制度

加大中央财政转移支付、土地出让收入、地方政府债券等财政性资金支持农业农村力度。健全农业支持保护制度,完善粮食主产区利益补偿机制,构建新型农业补贴政策体系,完善粮食最低收购价政策。健全农村金融服务体系,完善金融支农激励机制,扩大农村资产抵押担保融资范围,发展农业保险。完善农村用地保障机制,保证设施农业和乡村产业发展合理用地需求。

(六)建立城市人才入乡发展机制

制定人才加入乡村制度细则,允许符合条件的入乡就业创业人员在原籍地或就业创业地落户并依法享有相关权益,探索以投资入股、合作等多种方式吸收人才入乡。鼓励原籍普通高校和职业院校毕业生、外出农民工及经商人员回乡创业兴业。探索通过岗编适度分离等多种方式,推进城市教科文卫体等工作人员定期服务乡村。建立科研人员入乡兼职兼薪和离岗创业制度,深入推行科技特派员制度,引导规划、建筑、园林等设计人员入乡。

(七)推动试点示范地区探索创新

发挥国家城乡融合发展试验区、农村改革试验区的示范带动作用,建设嘉兴湖州、福州东部、广州清远、南京无锡常州、济南青岛、成都西部、重庆西部、西安咸阳、长春吉林、许昌、鹰潭等国家城乡融合发展试验区,加强改革授权和政策集成,推动其探索行之有效的改革路径、为全国面上改革提供借鉴。总结提炼典型经验,条件成熟时上升为全国性制度安排和政策设计。

第十八讲

实现巩固拓展脱贫攻坚成果
同乡村振兴有效衔接

"十三五"时期,彻底消除绝对贫困,不仅在中华民族发展史上具有重要里程碑意义,更是中国人民对人类文明和全球反贫困事业的重大贡献。打赢脱贫攻坚战、全面建成小康社会后,"十四五"期间,要进一步巩固拓展脱贫攻坚成果,接续推动脱贫攻坚成果同乡村振兴有效衔接,加快推进脱贫地区乡村产业、人才、文化、生态、组织等全面振兴,为全面建设社会主义现代化国家开好局、起好步奠定坚实基础。

一、脱贫攻坚取得决定性胜利

脱贫攻坚是实现我们党第一个百年奋斗目标的标志性指标,是全面建成小康社会必须完成的硬任务。党的十八大以来,以习近平同志为核心的党中央把脱贫攻坚作为全面建成小康社会的标志性工程,组织推进人类历史上规模空前、力度最大、惠及人口最多的脱贫攻坚战。经过8年持续奋斗,如期完成了新时代脱贫攻坚目标任务,现行标准下近1亿农村贫困人口全部脱贫,832个贫困县全部摘帽,历史性解决了困扰中华民族几千年的绝对贫困问题,取得了令全世界刮目相看的重大胜利,为实施乡村振兴战略积累了宝贵经验。

（一）贫困群众生活水平显著提高

贫困人口全部实现不愁吃、不愁穿，全面实现义务教育、基本医疗、住房安全和饮水安全有保障，获得感、幸福感、安全感显著增强。建档立卡贫困人口人均纯收入从 2015 年的 2982 元增加到 2020 年的 10740 元，年均增幅比全国农民收入高 20 个百分点，工资性收入和生产经营性收入占比逐年上升，转移性收入占比逐年下降，生活质量明显提高。

（二）贫困地区基础设施显著改善

贫困地区群众行路难、吃水难、用电难、通信难等问题得到历史性解决，具备条件的乡镇和建制村全部通硬化路、通客车、通邮路，新改建一批旅游路、生产路，全国农村大电网覆盖范围内全部通动力电，千百年来饮用苦咸水的历史彻底结束。以前贫困群众房子破破烂烂、有的家徒四壁，如今普遍建起了富有特色的民居。

（三）贫困地区公共服务水平明显提升

贫困地区义务教育阶段控辍保学实现动态清零，贫困人口受教育机会和教育水平持续提高。贫困地区群众基本实现小病不出村、常见病慢性病不出县，小病拖、大病扛现象和看病难、看病贵问题明显改观，西藏青海的包虫病、新疆南疆的肺结核等基本遏制。贫困地区综合保障体系逐步健全，充分发挥了兜底保障作用。

（四）贫困地区经济社会加快发展

贫困地区以脱贫攻坚统揽经济社会发展全局，特色产业不断壮大，新业态蓬勃发展，生态环境明显改善，地区生产总值持续保持较快增长，人均一般公共预算财政收入年均增幅高于同期全国平均水平。东西部扶贫协作推进劳动密集型产业梯度转移，促进了区域经济协调发展。28 个人口较少民族实现了从贫困落后到全面小康的历史跨越。脱贫攻坚不仅使贫困地区、贫困人口受益，而且带动了整个农村的发展，为实现乡村全面振兴打下了良好基础。

（五）贫困群众精神面貌明显变化

通过开发式扶贫，帮助有劳动能力的贫困群众增强技能、发展产业、稳定就业，贫困群众自主脱贫能力稳步提高。过去一些贫困群众"揣着手等""背着手看"，现在"甩开手干"、比学赶超。贫困群众生活好了，信心更足了，笑脸更多了，精神面貌焕然一新。

（六）党在农村的执政基础更加巩固

通过抓党建促脱贫攻坚和开展精准扶贫精准脱贫，基层党组织凝聚力战斗力不断增强，基层干部能力明显提高。贫困村集体经济不断发展壮大，从几乎都是空白村，发展到村村都有集体经济收入。第一书记和驻村干部在攻坚克难中快速成长。扶贫干部用心用情为老百姓干实事、解难题，党群干群关系进一步密切。

（七）为做好"三农"工作和实施乡村振兴战略积累了宝贵经验

脱贫攻坚集中了全党的智慧和人民群众的实践，探索了乡村治理的成功方式和有效途径，包括中央统筹、省负总责、市县乡抓落实的工作机制，五级书记一起抓，建档立卡、精准施策，选派第一书记和驻村工作队，强化资源要素供给，强化实绩考核制度等，这些都可以在今后全面推进乡村振兴中发挥重要作用。

（八）为全球减贫事业作出重大贡献

在全球仍有7亿左右极端贫困人口、许多国家贫富分化加剧的背景下，我国如期打赢脱贫攻坚战，提前10年实现《联合国2030年可持续发展议程》相关减贫目标，彰显了中国共产党领导和社会主义制度的显著优势。我国探索创造的精准扶贫和开发式扶贫的理论与实践，为全球减贫事业贡献了中国智慧和中国方案。

二、巩固拓展脱贫攻坚成果推动乡村全面振兴的重点任务

脱贫摘帽不是终点，而是新生活、新奋斗的起点。脱贫攻坚目

标任务完成后,"三农"工作重心将实现向全面推进乡村振兴的历史性转移。"十四五"时期,脱贫地区要深入学习贯彻党的十九届五中全会精神,按照《纲要》和《中共中央　国务院关于实现巩固拓展脱贫攻坚成果同乡村振兴有效衔接的意见》要求,做好领导体制、工作体系、发展规划、政策举措、考核机制等有效衔接,从解决建档立卡贫困人口"两不愁三保障"为重点转向实现乡村产业兴旺、生态宜居、乡风文明、治理有效、生活富裕,从集中资源支持脱贫攻坚转向巩固脱贫攻坚成果和全面推进乡村振兴。

(一)保持主要帮扶政策和财政投入力度总体稳定

脱贫攻坚过渡期内严格落实"四个不摘"要求,摘帽不摘责任,防止松劲懈怠;摘帽不摘政策,防止急刹车;摘帽不摘帮扶,防止一撤了之;摘帽不摘监管,防止贫困反弹。现有帮扶政策该延续的延续、该优化的优化、该调整的调整、该创设的创设,确保政策连续性。兜底救助类政策要继续保持稳定。落实好教育、医疗、住房、饮水等民生保障普惠性政策,并根据脱贫人口实际困难给予适度倾斜。优化产业就业等发展类政策。脱贫攻坚期间给予贫困地区的强化财政保障能力政策,总体上维持一段时间,并与全面推进乡村振兴加强衔接。

(二)健全防止返贫动态监测和帮扶机制

对脱贫不稳定户、边缘易致贫户,以及因病因灾因意外事故等刚性支出较大或收入大幅缩减导致基本生活出现严重困难户,开展定期检查、动态管理,重点监测其收入支出状况、"两不愁三保障"及饮水安全状况,合理确定监测标准。建立健全易返贫致贫人口快速发现和响应机制,分层分类及时纳入帮扶政策范围,实行动态清零。健全防止返贫大数据监测平台,加强相关部门、单位数据共享和对接,充分利用先进技术手段提升监测准确性,以国家脱贫攻坚普查结果为依据,进一步完善基础数据库。建立农户主动申请、部门信息比对、基层干部定期跟踪回访相结合的易返贫致贫人口发现和核查机制,实施帮扶对象动态管理。坚持预防性措施和事后帮扶相结合,精准分析返贫致贫原因,采取有针对性的帮扶措施。

(三)加强扶贫项目资产资金管理和监督

分类摸清各类扶贫项目形成的资产底数。公益性资产要落实管护主体,明确管护责任,确保继续发挥作用。经营性资产要明晰产权关系,防止资产流失和被侵占,资产收益重点用于项目运行管护、巩固拓展脱贫攻坚成果、村级公益事业等。确权到农户或其他经营主体的扶贫资产,依法维护其财产权利,由其自主管理和运营。

(四)做好易地扶贫搬迁后续帮扶

完善后续扶持政策体系,构建完善省级及以下政府负主责、中央部门统筹指导支持的后续扶持工作格局。聚焦"三区三州"等深度贫困地区和大型特大型安置区,推动社会事业、生态环保、就业创业等各专项中央预算内投资向易地扶贫搬迁安置区倾斜,重点支持集中安置区配套基础设施、公共服务设施和后续产业提升完善。进一步加大对易地扶贫搬迁后续扶持重点领域、重大项目的投入力度,因地制宜发展产业,千方百计抓好搬迁群众就业,深化社区治理和社会融入,实现搬迁群众"稳得住、有就业、逐步能致富"。

(五)探索建立欠发达地区帮扶机制

完善财政转移支付制度,加大对欠发达地区财力支持。持续改善欠发达地区基础设施和基本公共服务条件。加强欠发达地区村级综合服务设施建设,提升服务能力和水平。在欠发达地区安排的新增建设用地计划指标优先保障巩固拓展脱贫攻坚成果和乡村振兴用地需要。坚持和完善东西部协作和对口支援、社会力量参与帮扶等机制,通过健全区域战略统筹、市场一体化发展、区域合作互助、区际利益补偿等机制,更好促进发达地区和欠发达地区共同发展。

（六）进一步发挥以工代赈政策作用

督促指导地方按照"资金跟着项目走、项目带着就业走"的原则，谋划实施一批以工代赈项目，确保以工代赈中央投资落实到具体项目，尽最大可能提高劳务报酬发放比例，带动更多低收入群体特别是"三区三州"脱贫群众就业增收。指导各地因地制宜积极推广以工代赈方式，在农村人居环境、小型水利、乡村道路、农田整治、水土保持、产业园区、林业草原基础设施等领域实施一批投资规模小、技术门槛低、前期工作简单、务工技能要求不高的建设项目，扩大农村就业容量，促进更多农村低收入群众参与乡村建设。

（七）深化拓展消费帮扶助力脱贫人口增收致富

聚焦农村低收入人口和欠发达地区，坚持市场化导向，更加注重尊重消费者意愿和发挥市场主体作用，充分挖掘党政机关、国有企事业单位和广大人民群众消费潜力，促进产销对接，持续扩大脱贫地区产品和服务消费规模，加快形成"政府引导、市场主导、社会参与"的消费帮扶可持续发展模式。建立健全部际协调机制，进一步强化各部门工作合力，加强对参与消费帮扶市场主体的联合监管，促进消费帮扶工作更加规范、有序发展。

第十九讲

完善新型城镇化战略

　　城镇化是国家现代化的必由之路和重要标志。党的十八大以来,以习近平同志为核心的党中央确立实施了以人为核心的新型城镇化战略,我国城镇化取得重大历史性成就。锚定基本实现新型城镇化的远景目标,《纲要》从加快农业转移人口市民化、完善城镇化空间布局、全面提升城市品质等三个方面,明确了完善新型城镇化战略、提升城镇化发展质量的方向路径、主要任务和政策举措,为今后五年推进新型城镇化指明了方向、提供了遵循。

一、"十三五"时期推进新型城镇化取得重大历史性成就

　　五年来,各有关部门和各地方认真贯彻落实中共中央、国务院印发的《国家新型城镇化规划(2014—2020年)》,新型城镇化制度和政策体系全面确立,主要目标任务顺利完成,重点领域改革取得突破,城镇化水平和质量稳步提升,红利惠及亿万人民群众,为经济持续健康发展、全面建成小康社会提供了强大动力和坚实支撑。

　　一是农业转移人口市民化成效显著。户籍制度改革深入推

进,城区常住人口 300 万以下城市的落户限制基本取消,城区常住人口 300 万以上城市的落户条件大幅放宽,超过 1 亿农业转移人口和其他常住人口在城镇落户,户籍人口城镇化率达到 45.4%。居住证制度建立实施,向未落户常住人口累计发放居住证 1.1 亿张,以居住证为载体的城镇常住人口基本公共服务提供机制基本建立。城镇基本公共服务加快覆盖农业转移人口,85%左右随迁子女在流入地公办学校或政府购买学位的学校接受义务教育,城镇基本公共卫生服务实现常住人口全覆盖,统一的城乡居民基本养老保险和医疗保险制度基本建立,农民工职业技能培训累计超过 1 亿人次。"人地钱挂钩"配套政策不断完善,2016—2020 年共下达中央财政市民化奖励资金 1250 亿元。

二是以城市群为主体的城镇化空间格局总体形成。京津冀协同发展、粤港澳大湾区建设、长三角一体化发展有序推进,成渝地区双城经济圈建设开局起步,长江中游、北部湾、关中平原、兰州—西宁等城市群建立省际协调机制,城市群集聚人口和经济作用持续显现。多地积极推动都市圈发展,城际铁路、市域(郊)铁路、城际公交加快建设,便捷通勤网络逐渐形成。中心城市辐射带动能力增强,中小城市功能显著提升,县城补短板强弱项工作稳步推进,特大镇设市取得突破,城市数量增加至 685 个。

三是城市发展质量显著提高。城市产业加快转型升级,吸纳就业能力持续提升,城镇新增就业年均超过 1300 万人。公共设施不断完善,城市污水处理率、生活垃圾无害化处理率分别达到 96.8%、99.3%,光网城市全面建成,5G 基站初步覆盖地级以上城市,城市轨道交通运营里程超过 6000 公里,社区卫生服务中心(站)基本实现街道全覆盖。住房保障工作扎实推进,棚户区改造累计开工建设超过 2300 万套,5000 多万城镇居民出棚进楼,老旧小区改造全面推进。城市规划建设管理水平不断提高,绿色、智慧、人文等新型城市建设取得明显成效。

四是城乡融合发展迈出新步伐。《中共中央 国务院关于建立健全城乡融合发展体制机制和政策体系的意见》印发实施,11个国家城乡融合发展试验区建设正式启动,新型城乡关系迈出关键一步。城乡基本公共服务加快接轨,城乡统一、重在农村的义务教育经费保障机制建立实施。城乡一体化基础设施建设取得积极进展,城镇与乡村道路联通程度加快提高。农村水、电、路、网等基础设施水平全面提升,农村人居环境明显改善。城乡居民收入比由2014年的2.75∶1稳步下降到2019年的2.64∶1。

二、"十四五"时期完善新型城镇化战略的总体要求

在新发展阶段,深入推进新型城镇化意义重大而深远。一是新型城镇化有利于促进劳动力、资本等要素进一步在城乡间合理配置,优化产业布局,激发新动能,是提升要素配置效率、优化经济结构的重要手段。二是新型城镇化可以带动大量投资和消费需求,是拉动有效投资的"加速器"和扩大消费需求的"倍增器",成为培育形成强大国内市场、扩大有效需求的关键举措。三是新型城镇化有利于促进农业转移人口在城镇稳定就业居住,推动城乡融合发展,成为实现乡村振兴、缩小城乡发展差距的根本途径。总的来看,推进新型城镇化,既是构建以国内大循环为主体、国内国际双循环相互促进新发展格局的重要支撑,也是深化供给侧结构性改革和实施扩大内需战略的重要结合点,有利于优化经济发展空间格局、实现区域协调发展,有利于带动乡村振兴、促进城乡融合发展,更好促进人的全面发展和推动实现共同富裕。

当前,我国常住人口城镇化率超过60%,城镇已经成为人民享受美好生活的重要载体。2020年我国仍有2亿多农业转移人口尚未充分享有城镇基本公共服务,农业转移人口市民化质量仍

有待提升，与此同时，一些城市群一体化发展机制还不健全，一些超大特大城市"大城市病"问题突出、辐射带动能力尚未有效发挥，不少中小城市及县城功能品质存在诸多短板，城市治理尤其是基层治理仍然薄弱。要顺应城镇化发展规律，努力破解突出问题和矛盾，推动城镇化全面提高质量、全面转型发展。

"十四五"时期，要深入学习领会习近平总书记关于新型城镇化的重要论述精神，全面贯彻落实党中央、国务院决策部署，坚持走中国特色新型城镇化道路，深入推进以人为核心的新型城镇化战略，坚持创新、协调、绿色、开放、共享的发展理念，统筹城市布局的经济需要、生活需要、生态需要、安全需要，以城市群、都市圈为依托促进大中小城市和小城镇协调联动、特色化发展，使更多人民群众享有更高品质的城市生活。

三、"十四五"时期完善新型城镇化
战略的主要任务举措

（一）加快农业转移人口市民化

解决好人的问题是推进新型城镇化的关键，推进农业转移人口市民化仍是新型城镇化的首要任务。"十四五"时期，要坚持存量优先、带动增量，统筹推进户籍制度改革和城镇基本公共服务常住人口全覆盖，健全农业转移人口市民化配套政策体系，加快推动农业转移人口全面融入城市。

一是深化户籍制度改革。以促进在城市稳定就业居住的农业转移人口举家进城落户为目标，按照党中央、国务院关于户籍制度改革的决策部署，放开放宽除个别超大城市外的城市落户限制，试行以经常居住地登记户口制度。以推动非户籍常住人口逐步享有与户籍人口同等的基本公共服务为目标，健全以居住证为载体、与居住年限等条件相挂钩的基本公共服务提供机制，鼓励地方政府

提供更多基本公共服务和办事便利,提高居住证持有人城镇义务教育、住房保障等服务的实际享有水平。

二是健全农业转移人口市民化机制。推动中央财政农业转移人口市民化奖励资金主要用于支持跨省农业转移人口市民化,提高均衡性转移支付与常住人口挂钩力度,完善财政转移支付与农业转移人口市民化挂钩相关政策;强化对农业转移人口落户较多省份及城市的市政基础设施、教育医疗、保障性住房等公共服务设施用地保障。依法坚决维护进城落户农民的农村"三权",同时建立农村产权流转市场体系,健全农户"三权"市场化退出机制和配套政策。

(二)完善城镇化空间格局

产业和人口向中心城市和城市群等经济发展优势区域集中是客观规律和长期趋势,中心城市和城市群的引领作用日益凸显。同时,大中小城市应形成更为科学的功能定位和更为协调的空间布局,特别是作为城乡融合发展关键纽带的县城具有满足人民群众就业安家需求的巨大潜力。"十四五"时期,要发展壮大城市群和都市圈,分类引导大中小城市发展方向和建设重点,形成疏密有致、分工协作、功能完善的城镇化空间格局。

一是推动城市群一体化发展。根据城市群发展现状和潜力,分类推进城市群发展,打造高质量发展的动力源和增长极,全面形成"两横三纵"城镇化战略格局。推动各城市群特别是跨省区城市群有关地方政府建立健全多层次常态化的协调管理机制,引导城市群结合发展实际完善成本共担和利益共享机制,促进基础设施互联互通、公共服务共建共享、生态环境共保共治、产业与科技创新协作,保留城市间生态安全距离,形成多中心、多层级、多节点的网络型城市群结构。

二是建设现代化都市圈。都市圈是城市群内部以超大特大城市或辐射带动功能强的大城市为中心、以 1 小时通勤圈为基本范围的城镇化空间形态。要推动中心城市与周边城市(镇)以同城化发展为方向,以轨道交通建设为先导,以创新体制机制为抓手,稳妥有序发展市域(郊)铁路和城际铁路,构建高效通勤的多层次轨道交通网络,促进产业梯次分布和链式配套,统筹优化公共服务功能布局。支持有条件的都市圈设立规划委员会,实现规划统一编制、统一实施,探索推进土地、人口等统一管理。

三是优化提升超大特大城市中心城区功能。以推动超大特大城市内涵式发展为目标,按照减量提质、瘦身健体的要求,科学规划城市生产、生活、生态空间,有序疏解与城市发展方向不适应、比较优势弱化的产业及功能设施,引导过度集中的公共资源向外转移,合理降低中心城区开发强度和人口密度。营造高标准国际化营商环境,增强高端服务功能,提升城市现代化治理水平,提升城市核心竞争力。

四是完善大中城市宜居宜业功能。充分利用综合成本相对较低的优势,主动承接超大特大城市产业转移和功能疏解,夯实实体经济发展基础。立足特色资源和产业基础,确立制造业差异化定位,推动制造业规模化集群化发展,因地制宜建设先进制造业基地、商贸物流中心和区域专业服务中心。优化市政公用设施布局和功能,支持三级医院和高等院校在大中城市布局,增加文化体育资源供给,营造现代时尚的消费场景,提升城市生活品质。

五是推进以县城为重要载体的城镇化建设。县城是城镇体系的重要一环,是城乡融合发展的关键纽带。在一些有条件的地区县城及县级市推进公共服务、环境卫生、市政公用、产业配套等设施提级扩能,加快补齐公共卫生防控救治、垃圾无害化资源化处理、污水收集处理、排水管网建设、老旧小区改造等 17 个领域短板弱项,增强综合承载能力和治理能力,引导劳动密集型产业、县域特色经济及农村二三产业在县城集聚发展,补强城镇体系重要环节。同时,按照区位禀赋和发展基础的差异,分类促进小城镇健康发展,促进特色小镇规范健康发展。

(三)全面提升城市品质

城市是人民的城市、人民城市为人民,这是做好城市工作的根本出发点和落脚点。随着城市成为人口和经济的重要载体,城市居民对优美环境、健康生活、文体休闲等方面的要求日益提高。"十四五"时期,要加快转变城市发展方式,统筹城市规划建设管理,实施城市更新行动,推动城市空间结构优化和品质提升。

一是转变城市发展方式。按照资源环境承载能力,以水定人、以水定地,合理确定城市规模和空间结构,统筹安排城市建设、产业发展、生态涵养、基础设施和公共服务。推行功能复合、立体开发、公交导向的集约紧凑型发展模式,统筹地上地下空间利用。推行城市设计和风貌管控,加强新建高层建筑管控。加快推进城市更新,改造提升老旧小区、老旧厂区、老旧街区和城中村等存量片区功能,积极扩建新建停车场、充电桩。

二是推进新型城市建设。顺应城市发展新理念新趋势,开展城市现代化试点示范,建设宜居、创新、智慧、绿色、人文、韧性城市。提升城市智慧化水平,推进生态修复和功能完善工程,建设低碳城市。保护和延续城市文脉,杜绝大拆大建。推动城市内涝治理取得明显成效。完善公共设施和建筑应急避难功能。加强无障碍环境建设。拓展城市建设资金来源渠道,建立期限匹配、渠道多元、财务可持续的融资机制。

三是提高城市治理水平。城市治理是国家治理体系和治理能力现代化的重要内容,一流城市要有一流治理。坚持党建引领、重心下移、科技赋能,不断提升城市治理科学化精细化智能化水平,推进市域社会治理现代化。改革完善城市管理体制。推广"街乡吹哨、部门报到、接诉即办"等基层管理机制经验,推动资源、管理、服务向街道社区下沉,加快建设现代社区。运用数字技术推动城市管理手段、管理模式、管理理念创新,精准高效满足群众需求。

加强物业服务监管,提高物业服务覆盖率、服务质量和标准化水平。

　　四是完善住房市场体系和住房保障体系。坚持房子是用来住的、不是用来炒的定位,加快建立多主体供给、多渠道保障、租购并举的住房制度,让全体人民住有所居、职住平衡。坚持因地制宜、多策并举,夯实城市政府主体责任,稳定地价、房价和预期。支持合理自住需求,遏制投资投机性需求。加快培育和发展住房租赁市场,有力有序扩大城市租赁住房供给,完善长租房政策。有效增加保障性住房供给,以人口流入多、房价高的城市为重点,扩大保障性租赁住房供给,着力解决困难群体和新市民住房问题。

第二十讲

深入实施区域重大战略

《纲要》提出,深入实施区域重大战略,聚焦实现战略目标和提升引领带动能力,推动区域重大战略取得新的突破性进展,促进区域间融合互动、融通补充。这为"十四五"乃至今后一个时期实施区域重大战略提出了要求,明确了目标任务。

一、"十三五"时期区域重大战略的实践与成果

"十三五"以来,区域重大战略实施取得明显成效,京津冀、长三角、粤港澳大湾区逐渐成为引领全国高质量发展的动力源,长江经济带生态环境保护发生转折性变化,黄河流域生态保护和高质量发展迈出新的步伐,区域发展格局更加优化完善。

一是京津冀协同发展向纵深推进。顶层设计"四梁八柱"搭建形成,贯彻落实《京津冀协同发展规划纲要》,12 个专项规划陆续出台。北京非首都功能疏解稳妥有序推进,一批区域性批发市场、一般制造业企业等非首都功能项目向外疏解转移,北京市常住人口总量自 2017 年以来连续 4 年减少。雄安新区建设高标准高质量推进,"1+N"的规划和政策体系基本形成,重点项目加快建设,新区呈现塔吊林立、热火朝天的局面,白洋淀湖心区水质由劣

V类转为IV类。北京城市副中心建设高质量推进,北京市级机关35个部门共1.4万人正式搬入副中心办公,北京市通州区与河北省三河、大厂、香河三县市协同发展深入推进。交通、生态、产业等重点领域实现率先突破,京哈高铁、京张高铁、京雄城际建成通车,北京大兴国际机场正式投运,蓝天保卫战取得明显成效。医疗卫生、教育、文化旅游等公共服务共建共享深入推进。协同创新和体制改革不断深化。

二是长江经济带发展取得明显成效。生态环境保护修复稳步推进,长江流域水质显著改善,2020年首次实现消除劣V类水体,重点推进生态环境突出问题整改,扎实开展沿江城镇污水垃圾处理、化工污染治理、农业面源污染治理、船舶污染治理和尾矿库污染治理等污染治理"4+1"工程,长江岸线得到充分整治,全面实施"十年禁渔"。综合运输大通道加速形成,长江"黄金水道"功能显著提升,沿江高铁规划建设有序推进,西部陆海新通道加快建设。绿色发展示范和生态产品价值实现机制试点稳步推进,形成一批可复制推广的经验成果。体制机制不断完善,我国第一部流域法《长江保护法》颁布,负面清单管理制度全面建立实施。

三是粤港澳大湾区建设持续推进。以广深港、广珠澳科创走廊和深港河套、粤澳横琴创新极点为主体的大湾区国际科技创新中心框架基本建立,大湾区综合性国家科学中心先行启动区建设全面提速。广深港高铁、港珠澳大桥、南沙大桥相继建成运营,"合作查验、一次放行"等通关模式实施。境外高端人才在大湾区个人所得税优惠政策全面落地,港澳居民在珠三角九市同等享受购房、就业、就学、参加社会保障等政策。深圳建设中国特色社会主义先行示范区顺利开局。前海、河套、南沙、横琴等重大合作平台迈上新台阶。

四是长三角一体化发展取得积极进展。长三角地区经济发展活力持续增强,上海张江、安徽合肥综合性国家科学中心科创产业协同创新取得重要突破,长三角 G60 科创走廊建设开始起步。长三角生态绿色一体化发展示范区作为制度创新"试验田",在统一规划管理、联合生态保护、要素自由流动等方面形成一批经验成果。上海自由贸易试验区临港新片区、虹桥国际开放枢纽等协同开放平台建设进展顺利。基础设施互联互通不断优化,铁路营业里程、打通省际断头路、港航以及能源设施等都取得了长足进步。生态环境共保联治不断加强,开展环太湖综合整治和自然保护区生态修复,推动新安江—千岛湖生态补偿试验区建设。推进公共服务标准化便利化,推动教育合作发展,共筑文旅发展高地,共建医疗等社会保障体系。

五是黄河流域生态保护和高质量发展开局良好。流域用水增长过快局面得到有效控制,实现了黄河连续 21 年不断流。三江源开展国家公园试点,黄河河源区水源涵养、生态修复工作力度明显加大。通过开展标准化堤防等工程建设,下游防洪能力进一步增强。黄河三角洲湿地面积逐年回升,被国际湿地公约组织列入国际重要湿地名录。支持河南、山东两省实施黄河滩区居民迁建工程,解决了近百万人的防洪安全和安居乐业问题,人民群众获得感、幸福感、安全感显著提升。

二、推动区域重大战略"十四五"时期取得新的更大成效

"十四五"时期,实施好区域重大战略,我们将坚持以习近平新时代中国特色社会主义思想为指导,全面贯彻党的十九大和十九届二中、三中、四中、五中全会精神,立足新发展阶段,贯彻新发展理念,构建新发展格局,坚持目标导向和问题导向相结合,尊重客观规律,发挥比较优势,完善空间治理,保障民生底线,不断完善区域经济政策体系,加快构建高质量发展的动力系统,推动形成优

势互补、高质量发展的区域经济布局,支持各地区走上合理分工、优化发展的路子。

（一）加快推动京津冀协同发展

牢牢把握北京非首都功能疏解这个"牛鼻子",高标准高质量建设雄安新区,推动京津冀协同发展取得新突破。一是深入推进北京非首都功能疏解。稳妥有序启动实施一批标志性疏解项目,加快构建功能疏解政策体系。二是高标准高质量建设雄安新区。滚动推进重大项目建设,推进白洋淀生态环境治理和保护工作。三是优化拓展区域发展新空间。高质量建设北京城市副中心,支持天津滨海新区高质量发展,加快张家口首都水源涵养功能区和生态环境支撑区建设。四是大力推进交通等基础设施建设。打造"轨道上的京津冀",提升机场群港口群协作水平,系统布局新型基础设施建设。五是持续强化生态环境治理。完善京津冀大气污染联防联控机制,推进华北地区地下水超采治理。六是加强科技创新和产业转移升级。加快推进北京国际科技创新中心建设,发挥北京科技创新优势带动津冀传统行业改造升级,提升产业链供应链现代化水平。七是推进公共服务共建共享。推动教育、医疗养老、文化旅游协同发展。八是构建改革开放新高地。深化制度改革创新,开展试点示范,支持京津冀自贸试验区错位联动发展。

（二）全面推动长江经济带发展

坚持生态优先、绿色发展的战略定位和共抓大保护、不搞大开发的战略导向,推动长江经济带高质量发展。一是加强生态环境系统保护修复。把修复长江生态环境摆在压倒性位置,构建综合治理新体系。强化源头治理,持续推进生态环境突出问题整改和污染治理"4+1"工程。完善国土空间管控和负面清单管理等综合管控措施。加快建立生态产品价值实现机制。二是推进畅通国内大循环。加强综合交通运输体系建设,加快沿江高铁规划建设。发挥中心城市和城市群带动作用,推进上中下游协同联动发展,促进公共服务便利共享。三是构筑高水平对外开放新高地。完善自由贸易试验区布局,加快培育内陆开放高地,推动与共建"一带一路"融合。四是加快产业基础高级化和产业链现代化。布局一批重大创新平台,提高自主创新能力。提高企业技术创新水平,打造自主可控、安全高效并为全国服务的产业链供应链。五是保护传承弘扬长江文化。保护长江文物和文化遗产,发展文化产业。推动山水人城和谐发展。

(三)积极稳妥推进粤港澳大湾区建设

着眼于高质量发展和促进香港、澳门融入国家发展大局,有序推动规则衔接和机制对接,推进生产要素流动和人员往来便利化,打造富有活力和国际竞争力的国际一流湾区和世界级城市群。一是高标准打造国际科技创新中心。以科技创新推动大湾区加快实现高质量发展,构筑我国创新发展新高地。充分发挥粤港澳三地科技和产业综合优势,推动在关键核心技术创新上实现重大突破。二是持续推动要素高效便捷流动。坚持基础设施的"硬联通"和体制机制的"软联通"并举,全力实施大湾区基础设施互联互通规划,促进人员、货物、信息、资金等要素高效便捷流动,提升市场一体化水平。三是加快构建优质生活圈。便利港澳居民到内地就业生活,促进粤港澳三地合作交流,加强青少年交流交往,共同推进美丽湾区建设。

(四)提升长三角一体化发展水平

紧扣"一体化"和"高质量"两个关键,以一体化的思路和举措打破行政壁垒,提高政策协同,促进高质量发展。一是率先构建新发展格局。率先贯通生产、分配、流通、消费各环节。在共建"一带一路"中发挥更重要作用,进一步扩大制造业、服务业领域对外开放。二是推进重点区域联动发展。高水平建设长三角生态绿色一体化发展示范区和上海自由贸易试验区临港新片区,支持浦东打造社会主义现代化建设引领区,大力推进毗邻地区协同发展,全面补齐欠发达地区发展短板。三是加快构建协同创新产业体系。强化战略科技力量,建设长三角 G60 科创走廊和沿沪宁产业创新带,推进科技产业融合创新。四是推进更高水平协同开放。推动三省一市自由贸易试验区高质量发展,协同推进开放合作,打造国际一流营商环境。五是加强基础设施互联互通。加快铁路、公路、航运、数字、能源、水利等基础设施建设,整体提升长三角城镇基础设施水平。六是共同建设绿色美丽长三角。加强生态共同保护,推进环境协同治理,创新生态产品价值实现机制。七是共享更高品质公共服务。加快基本公共服务标准化便利化,共享优质教育医疗文化资源,共建公平正义的社会环境,提高长三角城市包容性。

(五)扎实推进黄河流域生态保护和高质量发展

全面贯彻以水定城、以水定地、以水定人、以水定产,坚持《黄河流域生态保护和高质量发展规划纲要》一张蓝图干到底,推动上中下游共抓大保护,坚决遏制生态退化恶化趋势,让母亲河充分休养生息、恢复元气。一是推动深度节水控水。实行最严格的水资源保护利用制度,提高农业用水效率,严控不合理用水需求和高耗水产业发展,建设节水型社会。二是大力保护生态环境。坚持分区施策,上游提升水源涵养能力,中游加大水土保持能力,下游统筹推进黄河三角洲等湿地保护和沿黄生态带建设。在全流域开展农业面源、工业、城乡生活和矿区污染综合治理。三是确保黄河长治久安。统筹干支流防洪体系,联防联控水旱灾害,加强河道和滩区综合治理。四是构建高质量发展格局。支持沿黄主要城市、城市群加快高质量发展,加大基础设施补短板力度,建设好沿黄粮食主产区。五是保护弘扬黄河文化。推进黄河流域文化遗产资源保护,深入挖掘优秀传统文化内涵,讲好新时代黄河故事,筑牢中华文明根基。

实施好区域重大战略,还要健全区域战略统筹机制,加强重大战略的协调对接,统筹解决区域发展重大问题,在重大规划、产业发展、制度创新方面加强沟通,促进人才、资金、数据、技术等要素全方位流动,形成彼此呼应、融合发展的良好局面。

第二十一讲

深入实施区域协调发展战略

　　《纲要》提出,深入实施区域协调发展战略,深入推进西部大开发、东北全面振兴、中部地区崛起、东部率先发展,支持特殊类型地区加快发展,在发展中促进相对平衡。这为"十四五"乃至今后一个时期实施区域协调发展战略指明了方向,提供了遵循。

一、"十三五"时期区域协调发展取得积极进展

　　"十三五"时期,我国区域发展形势日趋向好,区域发展协调性持续增强,人民生活质量普遍改善,向着基本公共服务均等化、基础设施通达程度比较均衡、人民基本生活保障水平大体相当的区域协调发展目标迈出了坚实步伐。

　　区域发展相对差距逐步缩小。2020 年,中部和西部地区生产总值分别为 22.2 万亿元、21.3 万亿元,较 2015 年增加 7.4 万亿元、7.4 万亿元,占四大板块的比重由 2015 年的 21.4%、20%提高到 2020 年的 22%、21.1%。中、西部地区经济增速连续多年高于东部地区。东部与中、西部人均地区生产总值差距不断缩小。

　　基本公共服务均等化水平不断提高。各地义务教育资源基本均衡,特别是贫困地区义务教育得到有效保障,控辍保学实现动态

清零,东、中、西部地区 9 年义务教育师生比基本持平,中西部地区与东部地区义务教育生均用房面积差距明显缩小。基本医疗保障实现全覆盖,贫困人口医疗费用实际报销比例大幅提升。

基础设施通达均衡程度明显改善。"十三五"期间,中西部地区铁路总里程达到 9 万公里,可达性与东部差距明显缩小。西部地区在建高速公路、国省干线公路规模超过东中部总和,有的省份已实现县县通高速。西气东输、西电东送等一批重大能源工程相继竣工,最后一批无电人口用电问题有效解决。西部农村边远地区信息网络覆盖水平进一步提高。

人民生活水平跃上新台阶。东、中、西部和东北地区居民人均可支配收入差距明显缩小,低收入群体人均可支配收入增速持续高于全国平均水平。东部产业持续向中西部转移,中西部地区就业机会和吸引力不断增加,"十三五"期间中西部地区城镇就业增长对全国的贡献率超过 50%。

我国区域发展在取得重大成就的同时,地区发展差距仍然客观存在,这是经济规律内在作用的结果,下一步要在发展中促进相对平衡。

二、"十四五"时期推动区域协调发展的重点任务

"十四五"时期做好区域协调发展工作,我们将坚持以习近平新时代中国特色社会主义思想为指导,全面贯彻党的十九大和十九届二中、三中、四中、五中全会精神,立足新发展阶段,贯彻新发展理念,构建新发展格局,尊重客观规律、发挥比较优势,按照宜工则工、宜商则商、宜农则农、宜粮则粮、宜山则山、宜水则水的要求,深入实施区域协调发展战略,健全更加有效的区域协调发展新机制,推动我国区域发展更加协调、更有效率、更高质量。

（一）推进西部大开发形成新格局

西部大开发要强化举措抓重点、补短板、强弱项，提高政策精准性，推动形成大保护、大开放、高质量发展的新格局。一是筑牢生态安全屏障。进一步加大水土保持、天然林保护等重点生态工程实施力度，加快推进国家公园体系建设，加强青藏高原、祁连山等保护修复。二是加大开放力度。积极参与和融入共建"一带一路"，大力推进西部陆海新通道建设，优化中欧班列组织运营模式，构建包括自由贸易试验区、内陆开放型经济试验区等在内的多层次开放平台。三是构建现代化产业体系。提升创新发展能力，充分发挥比较优势，推动具备条件的产业集群化发展，提升能源资源开发利用效率。四是强化基础设施规划建设。加强横贯东西、纵贯南北的运输通道和沿边、跨境、旅游等基础设施建设，加快川藏铁路等重大工程规划建设，完善综合枢纽布局，系统布局新型基础设施。五是推动区域合作发展。推进成渝地区双城经济圈建设，加强西北地区与西南地区合作互动。六是提升民生保障水平。补齐教育、医疗等民生领域短板，完善社会保障体系，提升基本公共服务均等化水平。

（二）推动东北振兴取得新突破

东北振兴要从"五大安全"战略高度出发，着力破解体制机制障碍，着力激发市场主体活力，着力推动产业结构调整优化，走出一条质量更高、效益更好、结构更优、优势充分释放的发展新路。一是深化重点领域改革。以混合所有制改革为突破口深化国资国企改革，完善国有企业现代企业制度和市场化经营机制，优化调整国有经济布局，支持民营经济发展壮大。二是建设开放合作发展新高地。深化与东部地区对口合作，加大对内开放合作力度。推进与周边国家经贸合作，提升东北亚国际合作水平。三是推动产业结构调整升级。支持装备制造、汽车、石化等传统优势产业改造升级,因地制宜培育壮大新一代信息技术、生物医药、新能源、寒地冰雪等新兴产业。四是构建高质量发展的区域动力系统。建设沈阳等现代化都市圈,推动哈长、辽中南等城市群和辽宁沿海经济带发展,巩固国家粮食安全"压舱石"地位,筑牢祖国北疆生态安全屏障。五是完善基础设施补齐民生短板。加快推进交通、能源、水利、信息等领域重点项目建设,完善区域基础设施网络。推进乡村振兴,提升民生保障能力。

(三)开创中部地区崛起新局面

中部地区要以高质量发展为主线,在自主创新上下功夫、在区域协调上求突破、在生态绿色上做文章、在内陆开放上找出路、在服务共享上出实招,推动综合实力和竞争力再上新台阶,在全面建设社会主义现代化国家新征程中作出更大贡献。一是大力推动制造业高质量发展。积极承接国内外产业转移,加快数字化、网络化、智能化技术在各领域的应用,推动制造业发展质量变革、效率变革、动力变革。二是促进城乡融合发展。全面推进乡村振兴,积极主动融入区域重大发展战略,推进省际协作和交界地区协同发展。三是推进内陆高水平开放。加快内陆开放通道和对外开放平台建设,积极参与"一带一路"国际合作,培育市场化法治化国际化营商环境。四是加强生态环境保护与修复。推动资源节约集约利用,加快形成绿色生产方式和生活方式,促进人与自然和谐共生,建设绿色发展的美丽中部。五是做好民生领域重点工作。着力补齐民生短板,完善社会保障体系,加强和创新社会治理,更好满足人民对美好生活的需要。

(四)鼓励东部地区加快推进现代化

东部地区要发挥改革开放先行、创新要素集聚、现代制造领先等优势,提升科技创新能力,培育壮大高质量发展动力源,更高层次参与国际经济合作和竞争,在全国率先实现高质量发展。一是创新引领实现优化发展。深化科技体制改革,加强科技成果转化,打造具有全球影响力的创新平台。加快培育世界级先进制造业集群，推动工业化、信息化融合发展。二是建立全方位开放型经济体系。打造对外开放新优势，全面提升对外开放水平，形成与国际投资贸易通行规则相衔接的制度创新体系。三是构建高质量发展动力系统。深入实施京津冀协同发展、粤港澳大湾区建设、推进海南全面深化改革开放、长三角一体化发展等重大战略，支持经济发展优势地区提高经济和人口承载能力。支持深圳建设中国特色社会主义先行示范区、浦东打造社会主义现代化建设引领区、浙江高质量发展建设共同富裕示范区。深入推进山东新旧动能转换综合试验区建设。

（五）发展海洋经济建设海洋强国

坚持陆海统筹，走依海富国、以海强国、人海和谐、合作共赢的发展道路，高质量发展海洋经济，坚定维护海洋权益，加快建设海洋强国。一是建设现代海洋产业体系。围绕海洋工程、海洋资源、海洋环境等领域，突破一批关键核心技术。做强船舶制造、海工装备等全球海洋竞争优势企业，培育壮大海洋生物医药、海水淡化等新兴和前沿产业，推进海洋能规模化应用，促进海洋渔业持续健康发展。完善海洋经济布局，发展北部、东部、南部三大海洋经济圈，建设一批高质量海洋经济发展示范区。二是打造可持续海洋生态环境。构建沿海、流域、海域相统筹的海洋空间治理体系。除国家重大项目外，全面禁止围填海。拓展入海污染物排放总量控制范围，协同推进入海河流和排污口精准治理。强化重点海域和突出环境问题治理，推进海域海岛精细化管理。加强风险管控，提升抵御台风、风暴潮等海洋灾害能力。三是深度参与全球海洋治理。积极参与国际海洋治理机制和相关规则制定与实施，构建海洋命运共同体。坚决维护国家海洋权益，增强国家海洋软实力。共建21世纪海上丝绸之路，巩固拓展蓝色伙伴关系，建设"冰上丝绸之路"，提高参与南极保护和利用能力。

（六）支持特殊类型地区发展

统筹支持欠发达地区、革命老区、边境地区、生态退化地区、资源型地区、老工业城市等特殊类型地区发展，切实维护生态安全、边疆安全和能源资源安全。做好易地扶贫搬迁后续帮扶、以工代赈和消费帮扶等工作，推动巩固拓展脱贫攻坚成果同乡村振兴有效衔接。统筹推进革命老区振兴，因地制宜发展特色产业，传承弘扬红色文化，完善基础设施和基本公共服务。统筹发展和安全，增强边境地区自我发展能力，提高人口和经济支撑能力，确保边疆巩固和边境安全。完善对口支援、对口帮扶等机制，强化智力扶持，加强重点领域合作。推进生态退化地区综合治理和生态脆弱地区保护修复，推动生态保护和经济发展迈上新台阶。支持资源型地区经济转型，建设可持续发展示范区和转型创新试验区，实施采煤沉陷区综合治理和独立工矿区改造提升工程。推动老工业城市转型发展，统筹推进制造业竞争优势重构和工业遗产保护利用，促进产业转型升级示范区高质量发展。

（七）健全区域协调发展体制机制

建立区域战略统筹机制，加快构建各区域间融合互动发展新模式。健全市场一体化发展机制，促进各类要素有序自由流动。深化区域合作机制，加强城市群内部、省际交界地区合作。优化区域互助机制，更好促进发达地区和欠发达地区共同发展。健全区际利益补偿机制，积极探索生态地区、粮食主产区等补偿方式。完善基本公共服务均等化机制，提高基本公共服务统筹层次。创新区域政策调控机制，建立健全区域政策与其他宏观调控政策联动机制。健全区域发展保障机制，加快建立促进区域协调发展的法律法规体系。

第二十二讲

建设更高水平开放型
经济新体制

对外开放是我国的基本国策,建设更高水平开放型经济新体制是对外开放的重大举措。《纲要》提出,全面提高对外开放水平,推进贸易和投资自由化便利化,持续深化商品和要素流动型开放,稳步拓展规则、规制、管理、标准等制度型开放。这是"十四五"时期建设更高水平开放型经济新体制的总体部署,擘画了实行高水平对外开放、开拓合作共赢新局面的宏伟蓝图。

一、"十三五"时期开放型经济
新体制建设取得显著成就

以开放促改革、促发展、促创新,是我国发展不断取得新成就的重要法宝。"十三五"时期,在党中央坚强领导下,各地区各部门坚持习近平新时代中国特色社会主义思想为指导,以共建"一带一路"为引领,推动开放型经济新体制建设迈上新台阶。

(一)对外贸易稳中提质

"十三五"时期我国进出口额年均增长 3.3%,高于全球平均增速 2.5 个百分点。2020 年我国对新兴市场出口占比达 48.6%,较 2015 年提高 2.8 个百分点。国内区域布局更加均衡,中西部地区出口占比达到19.4%,较2015年提高2.9个百分点。出口产品向价值链上游攀升,机电产品出口占比达到59.5%,较2015年提高1.9个百分点。一般贸易出口占比达到59.3%,较2015年提高5.8个百分点。贸易新业态新模式加快发展,跨境电商综合试验区增加105个,进出口规模达"十二五"末的5倍,区内企业建设1800多个海外仓。外贸对国民经济贡献愈加突出,"十三五"时期外贸带动就业约1.8亿人,关税、进口环节增值税、消费税累计超过8.9万亿元。

（二）利用外资成效显著

"十三五"时期我国利用外资总规模接近7000亿美元,在全球跨国投资大幅下滑的背景下,实现逆势增长。外商投资法及其实施条例出台实施,建立了新时期外商投资促进、保护、管理等基本制度。2017—2020年连续四年修订全国外资准入负面清单,限制措施由93条减至33条,较2015年压减近2/3。营商环境全球排名从2015年的第84位大幅提高至2019年的第31位,埃克森美孚、巴斯夫、壳牌等新型石化项目陆续签约开工,特斯拉、宝马、奔驰等积极布局汽车新工厂、新技术、新产线,三星、乐金、SK海力士等电子类项目相继投产扩能,为丰富国内市场供给、提高产业链现代化水平发挥了重要作用。

（三）区域开放布局逐步优化

广东、上海、江苏、浙江等省市外商投资和对外贸易保持全国领先地位,东部沿海地区持续发挥开放引领作用;陕西西咸新区、贵州贵安新区等10个国家级新区相继获批成立,内陆开放高地建设进展明显;中欧班列实现常态化、规模化运行,西部陆海新通道建设加快推进,带动中西部地区对外开放不断扩大;边境（跨境）经济合作区、沿边重点开发开放试验区稳步发展,沿边开放新支点建设成效初显。自贸试验区改革创新深入推进,对外开放试验田作用更加凸显。《海南自由贸易港建设总体方案》发布,自由贸易港建设进入实质性推进阶段。开发区转型升级成效显著,示范带动作用更加突出。

（四）企业"走出去"迈出坚实步伐

"十三五"时期我国境外投资流量累计 7673.3 亿美元，约为"十二五"时期的 1.4 倍。2020 年末存量超过 2.2 万亿美元，约为 2015 年末的 2 倍，位次出全球第八上升至全球第三。对外承包工程累计完成营业额 8258.9 亿美元，是"十二五"时期的 1.3 倍；新签合同额 12668.8 亿美元，是"十二五"时期的 1.5 倍。中老铁路、匈塞铁路、希腊比雷埃夫斯港、阿联酋哈利法港等一批重大项目落地。出台《企业境外投资管理办法》，强化全口径管理，提高便利化水平。取消对外承包工程资格审批和项目投议标许可，制度性交易成本继续降低。签证、外汇、进出口等手续进一步简化，人员、资金、货物跨境流动便利化程度不断提升。各类公共信息服务平台建设不断加强，企业获取重点信息服务渠道更加畅通。

（五）服务开放发展的金融体系逐步形成

银行、保险、证券、基金管理、期货等领域外资股比限制完全取消，外资金融机构准入不断放宽。资本市场双向开放稳步推进，银行间债券市场的境外发行主体和投资主体不断扩大。沪港通、深港通、债券通、沪伦通相继推出，境内外金融市场互联互通取得实质性突破。人民币汇率形成机制改革不断深化，全口径外债管理质量和水平不断提升，外债结构持续优化，跨境融资便利化水平大幅提高，企业中长期外债实现提质增效，服务实体经济发展导向更加突出。人民币国际化稳步推进，在直接投资跨境收付中的份额不断扩大，由 2010 年的不到 5% 逐年上升至 2019 年的近 50%。人民币被纳入特别提款权（SDR）货币篮子，国际货币地位初步奠定。

（六）开放条件下经济安全保障能力逐步增强

外商投资安全审查法律体系形成，安全审查决定的法律效力更加明确，范围逐步完善。出台《关于进一步引导和规范境外投资方向的指导意见》，发布企业境外经营合规管理指引和境外投资经营行为规范,指导"走出去"企业切实防范境外各类风险。发布电力、建材等行业国际产能合作文件,及时发布东道国政策调整、舆情动向、风险预警等信息,行业协会等社会组织作用进一步彰显。

二、"十四五"时期建设更高水平开放型经济新体制面临新形势

"十四五"时期,我国进入新发展阶段,开启全面建设现代化国家新征程。建设更高水平开放型经济新体制面临的机遇和挑战都有新的发展变化,总体上机遇大于挑战。

从国内看,我国已转向高质量发展阶段,制度优势显著,经济长期向好,物质基础雄厚,市场空间广阔,发展韧性强劲,在产业配套、创新研发、基础设施和人力资源等方面的对外开放优势逐步形成,建设更高水平开放型经济新体制具备诸多有利条件。同时,我国区域开放布局不均衡、产业开放不平衡等问题仍然存在,需要通过深层次的改革破除体制机制障碍,实现改革和开放互促共进。

从国际看,世界处于百年未有之大变局,国际力量对比深刻调整,新一轮科技革命和产业变革深入发展,国际生产方式和分工格局面临重大变化,为我国企业参与重塑全球产业链供应链创新链提供契机。同时,新冠肺炎疫情影响广泛深远,世界经济陷入低迷,经济全球化遭遇逆流,单边主义、保护主义抬头,投资贸易自由化便利化进程受阻,非传统安全和传统安全风险交织,建设开放型经济新体制面临诸多不稳定不确定因素。

三、"十四五"时期建设更高水平开放型经济新体制的主要任务和举措

更高水平开放型经济新体制基本形成是《纲要》明确提出的

"十四五"时期经济社会发展主要目标之一。要坚持以习近平新时代中国特色社会主义思想为指导,立足新发展阶段,贯彻新发展理念,以共建"一带一路"为引领,认真落实《纲要》部署的各项任务和举措,实施更大范围、更宽领域、更深层次开放,建设更高水平开放型经济新体制,构建以国内大循坏为主体、国内国际双循坏相互促进的新发展格局。

（一）加快推进制度型开放

经过 40 多年改革开放,我国商品和要素流动型开放取得长足进展。建设更高水平开放型经济新体制对开放的层次提出了更高要求,"十四五"时期要在持续深化商品和要素流动型开放的同时,稳步拓展制度型开放,在有利于开放发展的制度建设上下功夫。构建与国际通行规则相衔接的制度体系和监管模式。健全外商投资准入前国民待遇加负面清单管理制度,进一步缩减外资准入负面清单,落实准入后国民待遇,促进内外资企业公平竞争。建立健全跨境服务贸易负面清单管理制度,健全技术贸易促进体系。稳妥推进银行、证券、保险、基金、期货等金融领域开放,深化境内外资本市场互联互通,健全合格境外投资者制度。稳慎推进人民币国际化,坚持市场驱动和企业自主选择,营造以人民币自由使用为基础的新型互利合作关系。完善出入境、海关、外汇、税收等环节管理服务。

（二）推动进出口协同发展

对外贸易是开放型经济的重要组成部分,对于促进国内国际双循环具有重要意义。随着外部环境和我国要素禀赋的变化,"十四五"时期,要进一步加快外贸发展方式转变,推动进出口协同发展。完善内外贸一体化调控体系,促进内外贸法律法规、监管体制、经营资质、质量标准、检验检疫、认证认可等相衔接,推进同线同标同质。降低进口关税和制度性成本,扩大优质消费品、先进技术、重要设备、能源资源等进口,促进进口来源多元化。完善出口政策,优化出口商品质量和结构,稳步提高出口附加值。优化国际市场布局,引导企业深耕传统出口市场、拓展新兴市场,扩大与周边国家贸易规模,稳定国际市场份额。推动加工贸易转型升级,深化外贸转型升级基地、海关特殊监管区域、贸易促进平台、国际营销服务网络建设,加快发展跨境电商、市场采购贸易等新模式,鼓励建设海外仓,保障外贸产业链供应链畅通运转。创新发展服务贸易,推进服务贸易创新发展试点开放平台建设,提升贸易数字化水平。实施贸易投资融合工程。办好中国国际进口博览会、中国进出口商品交易会、中国国际服务贸易交易会。

(三)提升国际化双向投资水平

双向投资是整合利用国内国际两个市场、高效配置全球资源的重要途径。经过多年的发展,我国已成为利用外资和境外投资大国。"十四五"时期,要坚持引进来和走出去并重,以高水平双向投资高效利用全球资源要素和市场空间,完善产业链供应链保障机制,推动产业竞争力提升。更大力度吸引和利用外资,有序推进电信、互联网、教育、文化、医疗等领域相关业务开放。全面优化外商投资服务,加强外商投资促进和保护,发挥重大外资项目示范效应,支持外资加大中高端制造、高新技术、传统制造转型升级、现代服务等领域和中西部地区投资,支持外资企业设立研发中心和参与承担国家科技计划项目。鼓励外资企业利润再投资。坚持企业主体,创新境外投资方式,优化境外投资结构和布局,提升境外投资风险防范能力和收益水平。完善境外生产服务网络和流通体系,加快金融、咨询、会计、法律等生产性服务业国际化发展,推动中国产品、服务、技术、品牌、标准走出去。支持企业融入全球产业链供应链,提高跨国经营能力和水平。引导企业加强合规管理,防范化解境外政治、经济、安全等各类风险。推进多双边投资合作机制建设,健全促进和保障境外投资政策和服务体系,推动境外投资立法。

（四）提升对外开放平台功能

各类开放平台是持续扩大对外开放的前沿阵地，是不断探索体制机制创新的试验田。"十四五"时期，要进一步发挥各类开放平台的示范引领作用。统筹推进各类开放平台建设，打造开放层次更高、营商环境更优、辐射作用更强的开放新高地。完善自由贸易试验区布局，赋予其更大改革自主权，深化首创性、集成化、差别化改革探索，积极复制推广制度创新成果。稳步推进海南自由贸易港建设，以货物贸易"零关税"、服务贸易"既准入又准营"为方向推进贸易自由化便利化，大幅放宽市场准入，全面推行"极简审批"投资制度，开展跨境证券投融资改革试点和数据跨境传输安全管理试点，实施更加开放的人才、出入境、运输等政策，制定出台《海南自由贸易港法》，初步建立中国特色自由贸易港政策和制度体系。创新提升国家级新区和开发区，促进综合保税区高水平开放，完善沿边重点开发开放试验区、边境经济合作区、跨境经济合作区功能，支持宁夏、贵州、江西建设内陆开放型经济试验区。

（五）优化区域开放布局

当前我国区域发展不平衡不充分的问题还比较突出，东快西慢、沿海强内陆弱的局面还没有根本扭转，"十四五"时期，要引导沿海内陆沿边开放优势互补、协同发展。鼓励各地立足比较优势扩大开放，强化区域间开放联动，构建陆海内外联动、东西双向互济的开放格局。巩固东部沿海地区和超大特大城市开放先导地位，率先推动全方位高水平开放。加快中西部和东北地区开放步伐，支持承接国内外产业转移，培育全球重要加工制造基地和新增长极，研究在内陆地区增设国家一类口岸，助推内陆地区成为开放前沿。推动沿边开发开放高质量发展，加快边境贸易创新发展，更好发挥重点口岸和边境城市内外联通作用。支持广西建设面向东盟的开放合作高地、云南建设面向南亚东南亚和环印度洋地区开放的辐射中心。

（六）健全开放安全保障体系

越开放越要重视安全，着力增强自身竞争能力、开放监管能力、风险防控能力。"十四五"时期要统筹发展和安全，构筑与更高水平开放相匹配的监管和风险防控体系。健全产业损害预警体系，丰富贸易调整援助、贸易救济等政策工具，妥善应对贸易摩擦。健全外商投资国家安全审查、反垄断审查和国家技术安全清单管理、不可靠实体清单等制度。建立重要资源和产品全球供应链风险预警系统，加强国际供应链保障合作。加强国际收支监测，保持国际收支基本平衡和外汇储备基本稳定。加强对外资产负债监测，建立健全全口径外债监管体系。完善境外投资分类分级监管体系。构建海外利益保护和风险预警防范体系。优化提升驻外外交机构基础设施保障能力，完善领事保护工作体制机制，维护海外中国公民、机构安全和正当权益。

推动共建"一带一路"
高质量发展

"十三五"时期,共建"一带一路"取得丰硕成果。"十四五"时期,共建"一带一路"的外部环境和内部条件都在发生深刻变化,既面临良好机遇,也面临严峻挑战,但机遇总体大于挑战。要立足新发展阶段,贯彻新发展理念,构建新发展格局,着力推动共建"一带一路"高质量发展。

一、"十三五"时期共建"一带一路"
取得重要进展和明显成效

在习近平总书记亲自部署、亲自指挥、亲自推动下,在世界各国和各有关方面共同努力下,共建"一带一路"各领域合作成果丰硕,为世界经济增长开辟了新空间,为完善全球经济治理拓展了新实践,为增进各国民生福祉作出了新贡献,为构建人类命运共同体搭建了新平台,成为共同的机遇之路、繁荣之路。

(一)在政策沟通方面,共建"一带一路"国际共识广泛凝聚

秉持共商共建共享原则,与国际社会充分沟通协调,形成广泛国际合作共识。"朋友圈"稳步扩大。累计与 138 个国家和 31 个国际组织签署了 203 份共建"一带一路"合作文件,范围涵盖五大

洲大多数国家以及联合国等各主要国际组织。成功举办两届"一带一路"国际合作高峰论坛,论坛规模、内容、成果不断扩大丰富。规则标准对接有序推进。发布《标准联通共建"一带一路"行动计划(2018—2020年)》,累计与50多个国家和国际组织签署近100份标准化合作文件。建立和完善共建"一带一路"国家标准信息平台,实现45个共建"一带一路"国家、5个国际和区域标准化组织的标准信息检索。积极参与国际标准制定,发布中国标准外文版1000余项。

(二)在设施联通方面,国际互联互通水平持续提升

"六廊六路多国多港"架构基本形成,一大批合作项目落地生根。基础设施联通不断深化。中老铁路、中泰铁路、匈塞铁路、雅万高铁等取得积极进展。比雷埃夫斯港、瓜达尔港、汉班托塔港等合作港口建设运营良好。中俄东线天然气管道等建设稳步推进。中欧班列安全高效畅通运行。中欧班列成为共建"一带一路"的旗舰项目和明星品牌。"十三五"时期,中欧班列累计开行超3.2万列,运送货物286.4万标箱。在新冠肺炎疫情期间,中欧班列逆势增长,跑出了"加速度",发挥了重要战略通道作用。

(三)在贸易畅通方面,经贸合作再上台阶

积极维护多边贸易体制,促进贸易投资自由化便利化,实现合作共赢。对外贸易投资稳中有升。"十三五"时期,我国与沿线国家货物贸易进出口总额接近6万亿美元,对沿线国家非金融类直接投资超770亿美元,在沿线国家承包工程新签合同额超6920亿美元,承包工程完成营业额近4400亿美元。面对新冠肺炎疫情冲击,我国与沿线国家贸易投资逆势增长,为促进世界经济恢复提供强大动力。贸易投资环境不断优化。发起《推进"一带一路"贸易畅通合作倡议》。成功举办三届中国国际进口博览会,主动向世界开放市场。签署《区域全面经济伙伴关系协定》(RCEP)。如期

完成中欧投资协定谈判。深化丝路电商合作,推进跨境电商综合试验区建设。

(四)在资金融通方面,多元化投融资体系逐步健全

围绕推动构建长期、稳定、可持续、风险可控的多元化融资体系,为共建"一带一路"项目提供充足、安全的资金保障。建设资金有效保障。29国财政部门共同核准了《"一带一路"融资指导原则》。发布《"一带一路"债务可持续性分析框架》,成立多边开发融资合作中心(MCDF)。开发银行、进出口银行、中国信保等银行和保险机构为共建"一带一路"项目提供资金支持。人民币国际化稳慎推进。累计与20多个共建"一带一路"国家建立了双边本币互换安排。在10多个共建"一带一路"国家建立了人民币清算安排。人民币跨境支付系统(CIPS)业务已覆盖70多个共建"一带一路"国家。

(五)在民心相通方面,民意基础不断夯实

同共建"一带一路"国家就文化交流、公共卫生、生态环保等加强交流,为各国人民带来更大获得感、幸福感、安全感。文化交流合作进一步深化。认定建设两批33家"一带一路"联合实验室。"一带一路"科技创新行动计划累计培训学员5000余人。持续实施"丝绸之路"中国政府奖学金项目。扎实推进亚洲文化遗产保护行动。健康、绿色丝绸之路建设进一步推进。向亚、非、拉美和欧洲的50多个国家派出援外医疗队,持续开展"光明行""爱心行"等活动。积极与世界卫生组织及有关国家和地区保持密切沟通,向120多个共建"一带一路"国家和11个国际组织提供抗击新冠肺炎疫情紧急援助。成立"一带一路"绿色发展国际联盟,目前已有150多家中外机构合作伙伴,建立"一带一路"绿色发展国际研究院。发布绿色照明、绿色高效制冷、绿色走出去三项行动倡议。

二、"十四五"时期共建"一带一路"
面临新的机遇与挑战

（一）大国竞争博弈加剧，共建"一带一路"面临的国际环境复杂多变

世界政治格局大发展大变革大调整态势更加显现，新兴市场国家和发展中国家的群体性崛起速度之快前所未有，发展模式和道路交织碰撞，中美战略博弈向多领域蔓延，"一带一路"建设面临日趋复杂的国际政治环境。同时，和平与发展仍是时代主题，国际政治经济环境相对稳定，各国对坚持共商共建共享原则，以制度化、规则化方式解决国际事务诉求越来越强烈。

（二）全球经贸规则重塑，共建"一带一路"参与全球经济治理面临新挑战

世界经济总体呈现竞争优势重塑、经贸规则重构、力量格局重构的叠加态势，保护主义、民粹主义、逆全球化趋势日渐显现，全球治理体系与国际形势变化的不适应、不对称前所未有，在更大范围、更宽领域、更深层次对共建"一带一路"提出了更高要求。同时，RCEP顺利签署、中欧投资协定谈判如期完成，经济全球化仍是时代潮流，共建"一带一路"所秉持的共商共建共享原则赢得了更广泛认同。

（三）全球经济复苏不稳定不平衡，共建"一带一路"国家经济金融风险凸显

国际金融危机深层次影响仍未消除，新冠肺炎疫情冲击导致世界经济陷入衰退，产业链供应链循环受阻，贸易投资大幅萎缩，大宗商品和金融市场动荡，部分共建"一带一路"国家经济社会发展受挫。同时，随着我国经济率先恢复正增长，并继续引领全球经济复苏，其他国家与我合作诉求预计会显著上升，共建"一带一

路"框架下开展产业、健康、绿色、数字合作空间更加广阔。

（四）非传统安全与传统安全风险高企，共建"一带一路"安全形势更加严峻

部分共建"一带一路"国家地缘政治风险长期处于较高水平，局部地区有冲突升级迹象。此外，全球生态环境恶化、恐怖主义活动、网络犯罪等威胁日益加剧，各国亟须加强生态环境治理和安全保障。新冠肺炎疫情蔓延进一步加剧了有关风险。同时，国际经贸摩擦和新冠肺炎疫情导致各国在抢占重要战略资源以及资源分配领域斗争激烈，推动构建人类命运共同体意义凸显。

（五）我国经济发展韧劲和国际影响力上升，共建"一带一路"具有坚实国内基础

受疫情影响冲击，世界经济下行压力加大，我国经济全面恢复的基础尚不牢固，一些地方政府、企业的经济和财务也比较困难，投入共建"一带一路"资源将受到影响。同时，疫情的冲击和影响是阶段性的、总体可控的，改变不了我国发展潜力大、韧性强、经济长期向好的基本面，特别是我国长期发展积累了雄厚的物质技术和人才储备，具有超大市场规模和充足后发优势，将为共建"一带一路"提供坚实保障。

三、"十四五"时期共建"一带一路"主要任务

"十四五"时期，推进共建"一带一路"要以习近平新时代中国特色社会主义思想为指导，全面贯彻党的十九大和十九届二中、三中、四中、五中全会精神，立足新发展阶段，贯彻新发展理念，构建新发展格局，坚持稳中求进工作总基调，以推动高质量发展为主题，以深化供给侧结构性改革为主线，保持战略定力，坚持共商共建共享原则，秉持绿色、开放、廉洁理念，深化务实合作，加强安全保障，促进共同发展，推动共建"一带一路"行稳致远。

（一）着力推进战略、规划、机制对接，加强政策、规则、标准联通

一是加强与国际和区域发展议程对接，有序推动与合作基础较好、合作意愿较强的国家围绕发展战略和合作规划加强有效对接，落实好已签署的共建"一带一路"合作文件，巩固扩大共建"一带一路"朋友圈。二是加强与各国和国际组织之间规则标准对接，继续深化融资、贸易、能源、数字信息、农业等领域标准化务实合作。加强海关、税收和监管等合作，推动通关一体化发展。

（二）着力推进基础设施建设，完善互联互通网络体系

一是全力推进国际经济合作走廊建设，以跨境互联互通关键项目为重点，大力推进陆上大通道建设。巩固提升中欧班列发展成效，加强中欧班列通道能力、枢纽节点、口岸扩能及海外仓建设，积极打造"数字班列"。二是深化与重要港口城市合作，不断完善海运物流网络，深化海洋环保、航道安全、海上搜救、防灾减灾等领域合作。打造"丝路海运"国际航运品牌。三是扩大空中快线和物流体系合作，稳步推进与共建"一带一路"国家签订双多边航空运输协定，探索推动更高水平航空开放。四是促进信息基础设施安全高效互通，合作推进跨境陆缆和海底光缆建设。统筹建设和利用我国空间信息资源，推进空间信息走廊建设与应用。

（三）着力构筑互利共赢的产业链供应链合作体系，扩大双向贸易和投资

一是推动对外贸易创新发展，深化丝路电商合作，推进跨境电商综合试验区建设，鼓励建设海外仓。办好中国国际进口博览会、中国进出口商品交易会、中国国际服务贸易交易会等活动。二是聚焦重点国别和重点行业深化国际产能合作，积极与美欧日等发达市场投资机构共同拓展第三方市场。积极深化国际产业链供应链合作，增强产业链供应链弹性和韧性。三是提高贸易投资自由化便利化水平，推动 RCEP 早日生效实施，推动签署中欧投资协

定。积极做好风险防范和处置应对,强化安全保障、法务服务等支撑,有效维护境外投资经营合法权益。

（四）着力拓展投融资渠道,进一步健全多元化投融资体系

一是继续发挥共建"一带一路"专项贷款、丝路基金、各类专项投资基金、政策性出口信用保险的作用,支持各类金融机构参与项目投融资。二是坚持以企业为主体,以市场为导向,遵循国际惯例和债务可持续原则,鼓励多边开发机构与各国金融机构开展联合融资,推广股权投资、PPP项目融资等方式,动员长期资本及私人部门资本参与。三是稳慎推动人民币国际化,稳步推进与共建"一带一路"国家双边本币合作,鼓励金融机构在对外投融资中更多使用人民币。建立健全金融合作网络,加强跨境监管合作,促进金融基础设施互联互通。

（五）着力推进健康、绿色、数字等领域合作,开展广泛深入、多元互动的人文交流

一是扩大文化交流,健全文化交流平台,打造文化交流品牌,深入开展教育、科学、文化、体育、旅游、考古等各领域人文合作,加强议会、政党、民间组织往来,密切妇女、青年、残疾人等群体交流。加强对外宣传,推动公共外交和民间交流,讲好新时代"丝路故事"。二是顺应新发展趋势,推动健康、绿色、数字、创新丝绸之路建设。深化传染病疫情通报、疾病防控、医疗救援、传统医药等领域互利合作,积极参与全球公共卫生治理体系改革和建设。深化生态环保重点领域合作,继续开展绿色丝路使者计划,助力共建"一带一路"国家提升环境治理能力。推进实施共建"一带一路"科技创新行动计划,加强数字经济、信息通信、新型基础设施等领域合作,探索建立数字合作伙伴关系。

第二十四讲

积极参与全球经济治理
体系改革和建设

　　"十四五"规划《纲要》就"积极参与全球经济治理体系改革"提出,高举和平、发展、合作、共赢旗帜,坚持独立自主的和平外交政策,推动构建新型国际关系,推动全球治理体系朝着更加公正合理的方向发展。"十四五"时期是全球经济治理体系改革和建设的重要时期,我国将以建立更加公平公正的国际经济新秩序为目标,积极参与全球经济治理体系改革和建设,提升在全球经济治理中的制度性话语权,承担与我国家地位相应的国际责任,构建以合作共赢为核心的国际关系,打造人类命运共同体,为我国发展创造和谐有利的国际环境,为促进全球经济的长久繁荣做出贡献。

一、"十三五"时期我国参与全球
经济治理取得积极进展

　　"十三五"时期,我国开创性推进中国特色大国外交,积极参与全球治理体系的改革和建设,为我各类市场主体参与全球公平竞争提供稳定、开放、可预见的制度保障,营造了有利的外部环境,同时积极承担国际责任,赢得了国际社会的广泛赞誉。

（一）深度参与全球经济治理

"十三五"时期,我国主办二十国集团（G20）领导人杭州峰会、金砖国家领导人厦门会晤、"一带一路"国际合作高峰论坛等一系列重大主场外交活动,倡导共商共建共享的全球治理观,推动建设开放型世界经济,成为全球经济治理的重要参与者和贡献者。二十国集团领导人杭州峰会通过峰会公报和28项成果文件,首次将发展问题置于全球宏观政策协调的核心位置,首次围绕落实2030年可持续发展议程制定系统性行动计划,首次制定多边投资框架。以主办金砖国家领导人厦门会晤为契机,推动金砖国家巩固经贸财金、政治安全、人文交流"三轮驱动"合作架构,拓展"金砖+"合作,推动金砖国家就支持多边主义积极发声。深入参与亚欧会议、中亚区域经济合作等机制,成功主办大图们倡议、大湄公河次区域经济走廊论坛部长级会议。充分利用联合国、G20、APEC、上海合作组织等平台,加强国际经济政策协调,提出了推进亚太自贸区、全球投资指导原则等中国方案,就价值链、投资便利化、电子商务、中小微企业等议题提出多项中国倡议,中国提出的构建人类命运共同体理念获得国际社会广泛认同。

（二）积极参与和推动世贸组织改革进程

坚定维护以国际法为基础的国际秩序,坚定维护以联合国为核心的国际体系,坚定维护以世界贸易组织为基石的多边贸易体制。提出世贸组织改革中国方案,就世贸组织改革提出三个基本原则和五项主张。不断拓展世贸组织谈判功能,推动世贸组织巴厘部长会议通过《贸易便利化协定》、完成了《信息技术协定》扩围谈判并如期实施降税。积极参与渔业补贴谈判,推动投资便利化、电子商务、医疗产品自由化等新议题讨论。维护发展中成员共同利益,团结发展中成员,捍卫世贸组织给予的特殊和差别待遇。2015年底以来,主动对同我国建交的最不发达国家97%税目产品实施零关税,体现作为负责任发展中大国的担当。

（三）区域和双边自由贸易区建设取得重要进展

"十三五"期间，我新签署了《区域全面经济伙伴关系协定》（RCEP）以及与格鲁吉亚、马尔代夫、毛里求斯、柬埔寨等5个自由贸易协定，结束与智利、新加坡、新西兰等3个自由贸易协定升级谈判、与巴基斯坦自由贸易协定第二阶段谈判，积极推动中日韩、中国—海合会、中国—挪威等10个自贸协定谈判。截至目前，我已与26个国家、地区签署了19个自由贸易协定，自贸伙伴遍及亚洲、欧洲、拉丁美洲、大洋洲和非洲。其中，2020年签署的RCEP是当前全球人口最多、经贸规模最大、最具发展潜力的自由贸易区，涵盖我国每年1.4万亿美元以上的进出口贸易额，约占我国外贸总额的1/3。2019年，我国已实施自贸协定综合利用率为77%，其中与东盟、新西兰、智利、秘鲁、澳大利亚自贸协定利用率超过97%。自由贸易区建设深化了我与相关国家、地区的经贸往来，我与自贸伙伴国之间的贸易额已接近我对外贸易额的40%。

（四）积极参与全球金融治理和国际金融规则制定

利用G20平台加强妥善应对低收入国家债务风险、发展绿色金融等重要议题上加强合作。将"绿色金融"首次引入G20议程，为G20留下中国印记。积极推动国际货币金融体系改革，以客观反映新兴市场经济体和发展中国家在全球经济中的话语权和代表性。目前，我国在国际货币基金组织份额占比提升为6.39%，仅低于美国和日本。2016年人民币正式加入特别提款权（SDR）货币篮了。继续深化金砖务实金融合作，推动金砖各方在重要经济金融议题上加强沟通协调，提高发展中国家在全球经济金融治理中的发言权和代表性。同时，不断深化务实金融合作，推动完善金砖国家应急储备安排（CRA），持续推动金砖国家本币债券基金筹建。积极参与国际金融监管规则制定，加强与全球主要中央银行和监管机构的对话与合作；广泛参与金融稳定理事会、巴塞尔委员会等机构关于金融稳定良好实践、金融监管标准制定的讨论,积极开展标准实施的监测工作。加强区域金融合作,通过东盟与中日韩(10+3)金融合作机制、东亚及太平洋中央银行行长会议组织、东南亚中央银行组织等区域合作机制,促进亚太区域宏观经济政策沟通与协调,维护区域金融稳定。亚洲基础设施投资银行开业以来运营顺利,成员达 103 个,全球代表性和影响力不断提升,为改革、完善国际金融体系发挥了重要作用。

（五）对外援助展现大国担当、取得新的重大成就

一是首脑外交展现大国担当。习近平主席在联合国成立 70 周年系列峰会、首届"一带一路"国际合作高峰论坛等多个重大国际场合宣布了一系列对外援助的务实举措,加大对发展中国家援助力度,为全球发展作出中国贡献。围绕政策沟通、设施联通、贸易畅通、资金融通、民心相通,组织实施相关援助项目,为共建"一带一路"增添助力。二是推动落实联合国 2030 年可持续发展议程。深入开展减贫、粮食安全、卫生发展、优质教育、性别平等、基础设施、数字经济、生态环保等领域对外合作和援助,向发展中国家提供人力资源、发展规划、经济政策等方面咨询培训,切实帮助发展中国家增强自主发展能力。三是携手应对全球人道主义挑战。积极响应突发疫情、自然灾害等全球人道主义呼吁,帮助发展中国家提高防灾减灾能力及开展灾后恢复重建。新冠肺炎疫情全球暴发后,实施了新中国成立以来援助时间最集中、涉及范围最广的紧急人道主义抗疫援助,以实际行动践行了人类命运共同体理念。四是加强国际交流合作。积极与有关国际机构和双边援助方开展对话交流,以开放务实的态度同官方和非官方援助方开展三方合作,加大对联合国、世界银行等国际组织捐资力度,为国际发展合作注入新动力。五是突破性推进援外体制机制改革。2018年 4 月,国家国际发展合作署组建成立,作为国务院直属机构,标志着中国对外援助事业踏上新征程。

二、参与全球经济治理体系
改革和建设面临的形势

当前,我国已成为世界第二大经济体、第一大货物贸易国和主要对外投资大国,经济实力不断增强。各国越来越重视与我深化经贸往来,我参与和引领全球经济治理改革的基础更加稳固。经济全球化加深世界各国之间的利益融合,形成了"你中有我,我中有你"的利益共同体。特别是新冠肺炎疫情暴发等全球挑战使国际社会更深入地意识到,全球治理必须反映大多数国家意愿和利益,实现平等参与、共同发展;这将使我国提出的"人类命运共同体"理念更加深入人心,"共商共建共享"的全球治理观得到更广泛的认同,我参与全球经济治理具备更好的条件。"十四五"时期,世界正经历百年未有之大变局,世界经济进入动荡变革期,国际秩序加速转换,我参与全球经济治理也面临一定的挑战和困难。

(一)全球经济格局发生深刻变化,国际经贸规则制定模式呈现新特点

一方面,世界经济"东升西降"明显,中国等新兴经济体开始崛起、产业逐渐升级,与发达国家竞争的一面增强;另一方面,跨国公司成为越来越独立于国家而存在的利益实体,政府在推动贸易投资自由化便利化中的动力和作用相对下降,美欧等发达成员引领谈判的能力和意愿被削弱。

(二)全球贸易体系正经历乌拉圭回合以来的最大一轮重构,自由贸易区成为大国制定经贸规制的新平台

近年来,世贸组织框架下的贸易规则谈判久拖未决,上诉机构陷入瘫痪,其自身改革势在必行。在此背景下,各国都更加重视区域和双边自由贸易区域建设,截至目前向世贸组织通报的自贸协定已超过 700 个。近年来,美墨加协定签署、美日达成贸易协定、

欧日经贸伙伴关系协定获批、全面与进步跨太平洋伙伴关系协定（CPTPP）生效，不但延续了传统领域的高水平开放，还涉及越来越多的国内规制议题。自由贸易区成为抢夺国际经贸规则话语权的新抓手，将对国际经贸规则重构产生深远影响。而我国国际合作人才队伍、议题设置能力和舆论引导能力仍存在短板，已有自贸协定与国际高水平高标准自贸协定还有差距。

（三）贸易保护主义势力逐渐抬头，加大新共识形成难度

金融危机以来，全球经济处于下行期，一些西方国家归咎于自由贸易以及新兴经济体违反国际贸易规则，保护主义因而抬头。特别是本轮新冠肺炎疫情对国际贸易、投资、消费等经济活动造成巨大影响，全球产业链供应链面临冲击，国际宏观经济政策协调难度增大，进一步加剧贸易保护主义。

此外，随着经济全球化的深入发展，各国之间的互联互动十分密切，需要全球合作解决的全球性挑战增加，网络安全、重大传染性疾病、气候变化等非传统安全威胁等对全球治理体系提出新要求，对我参与全球治理带来了新问题、新挑战。

三、"十四五"时期参与全球经济治理体系改革和建设的主要任务和举措

"十四五"时期，我国将顺应深度融入世界经济的趋势，积极构建新发展格局，充分发挥我国在综合国力、市场容量、产业竞争力等方面的优势和条件，以建设性和引领者的姿态积极参与全球经济治理，着力提升包括我国在内的发展中国家的制度性话语权，实现我与各国互利共赢、共同发展。

（一）维护和完善多边贸易体制

以更加积极的姿态参与世贸组织改革和多边贸易谈判进程，维护世贸组织在全球贸易投资中的主渠道地位，建立更加均衡、共

赢、包容发展的多边贸易体制,减少和消除贸易投资壁垒。与广大发展中成员加强团结,推动形成更加公正、合理、透明的多边经贸规则体系,反对各种形式的贸易保护主义,维护我产业利益和企业合法权益。依托世贸组织等机制,推动在全球层面深入讨论投资便利化问题,推动建立投资便利化多边框架。

(二)推动国际宏观经济政策沟通协调

推动国际宏观经济政策沟通协调,促进 G20 更好发挥国际经济合作主要论坛作用。以我国主办 2022 年金砖国家领导人第十四次会晤为契机,推动金砖国家深化战略伙伴关系,在重大国际和地区问题上发出更响亮的金砖声音,拓展"三轮驱动"和"金砖+"合作。推进上合组织、大湄公河、中亚、大图们倡议等区域次区域合作不断深入。深化中俄新时代全面战略协作,为世界和平安全和全球战略稳定打造中俄支柱。增进中欧互信,汇集更多共识,拓展务实合作,引领中欧关系提质升级。推动美方对华政策回归理性,将中美关系置于健康稳定发展的战略框架。进一步践行亲诚惠容周边外交理念,推进与周边国家的命运共同体建设。继续秉持正确义利观和真实亲诚理念,加强同发展中国家团结合作,建设更加紧密的中非、中阿、中拉命运共同体。

(三)共同维护全球产业链供应链稳定畅通和金融市场稳定

克服新冠肺炎疫情等公共卫生危机对全球粮食生产、消费、贸易、市场、供应等环节带来的严重冲击,促进我国产业链供应链价值链更加完整、更具韧性、更有竞争力。加快完善产业链生态构建,同时发挥数字经济的引领作用,加强技术标准和产业合作,深化全球中高端制造业技术合作。继续积极参与全球经济金融治理,维护全球经济金融稳定。推动主要多边金融机构深化治理改革,推动国际货币基金组织和世界银行进一步完善份额和治理结构,提升我发言权和代表性,巩固我制度性权利;建设性地参与国际金融监管标准制定;支持亚洲基础设施投资银行和新开发银行更好发挥作用。促进区域金融市场互联互通,维护区域金融稳定,依托双边对话机制加强与主要经济体的协调与合作。

(四)推动新兴领域经济治理规则制定

面对新一轮科技革命和产业变革深入发展给全球经济治理带来的新机遇和新挑战,积极参与新兴领域全球合作与规则制定,促进建立开放、安全的全球数字经济发展环境。加强数字货币治理合作,积极参与全球数字货币的合规、立法和监管规则制定。积极构建跨境电子商务标准框架,为制定全球数字规则提供参考。循序渐进增强我国在数字贸易规则领域的制度型话语权,构建有利于我国及世界经济增长的数字贸易生态环境。

(五)构建面向全球的高标准自由贸易区网络

优化自由贸易区布局,推动区域全面经济伙伴关系协定实施,加快中日韩自由贸易协定谈判进程,推动与海合会、以色列、挪威等自贸谈判进程,稳步推进亚太自贸区建设,积极考虑加入全面与进步跨太平洋伙伴关系协定,推动商签更多高标准自由贸易协定和区域贸易协定。提升自由贸易区建设水平,不断提高货物贸易自由化便利化程度,进一步提高货物贸易零关税比例,放宽服务贸易和投资市场准入;推进高标准服务投资负面清单谈判,积极参与新议题的研究和谈判,加强同世界高标准自贸区交流互鉴,积极探索既符合自身改革发展需要,又与国际通行规则对接的自贸规则。做好自由贸易协定的实施和推广工作,进一步提高自由贸易协定利用率。

(六)积极营造良好外部环境

高举构建人类命运共同体旗帜,积极发展全球伙伴关系,推进大国协调和合作,深化同周边国家关系,加强同发展中国家团结合作。坚持多边主义和共商共建共享原则,在以联合国为核心的国际体系和以国际法为基础的国际秩序总体稳定的基础上,推动全球治理理念创新,促进国际经济秩序朝着平等公正、合作共赢的方向发展,共同应对全球性挑战。以人类命运共同体理念为指引,紧密围绕服务国家外交总体布局和共建"一带一路",积极开展国际发展合作。深化对外援助体制机制改革,优化对外援助布局,向发展中国家特别是最不发达国家提供力所能及的帮助,践行新冠疫苗研发成功后作为全球公共产品的承诺,为发展中国家减贫、减债、减灾以及提高自主发展能力作出贡献,与发展中国家携手应对全球性挑战。

第二十五讲

提升生态系统质量和稳定性

"十四五"时期,必须坚持山水林田湖草系统治理,着力提高生态系统自我修复能力和稳定性,守住自然生态安全边界,促进自然生态系统质量整体改善,为建设美丽中国奠定坚实生态基础。

一、"十三五"时期生态保护和修复成效显著

党的十八大以来,以习近平同志为核心的党中央将生态文明建设纳入"五位一体"总体布局、新时代基本方略、新发展理念,将污染防治纳入三大攻坚战,开展了一系列根本性、开创性、长远性工作,推动生态环境保护发生了历史性、转折性、全局性变化。生态保护红线、耕地草原河湖休养生息、天然林保护、以国家公园为主体的自然保护地体系等一系列制度得到建立健全,新一轮退耕还林还草、重点防护林体系建设、青海三江源、祁连山等重点区域综合治理等一系列重点生态工程持续推进,基本遏制了自然生态系统恶化趋势。

(一)森林资源总量持续快速增长

2020年底,森林覆盖率提高到23.04%,森林面积增至2.2亿公顷,森林蓄积量超过175亿立方米,有望超额完成我国向国际社

会作出的森林面积、蓄积"双增"目标。

（二）草原生态系统恶化趋势得到遏制

2020年底，草原综合植被盖度提高到56%，重点天然草原牲畜超载率下降到10.2%。

（三）水土流失及荒漠化防治效果显著

2012年以来，水土流失面积减少2123万公顷，沙化和石漠化土地面积分别年均减少19.8万公顷、38.6万公顷。

（四）河湖湿地保护恢复初见成效

河长制湖长制和湿地保护修复制度逐步落实，湿地保护率达52.7%，重点河湖生态流量得到有效保障，黄河干流连续20年不断流。

（五）海洋生态保护和修复取得积极成效

局部海域生态环境有所改善，红树林、珊瑚礁、海草床、盐沼等典型生境退化趋势得到初步遏制。

（六）生物多样性保护步伐加快

各类自然保护地保护管理水平全面提升，90%的典型陆地生态系统类型、85%的野生动物种群、65%的高等植物群落纳入保护范围，大熊猫、东北虎豹、藏羚羊等旗舰物种种群数量稳中有升。

二、"十四五"时期生态保护和
修复面临的困难问题

总体上看，我国生态环境质量持续好转，但成效并不稳固，生态文明建设处于压力叠加、负重前行的关键期。

（一）重要生态系统质量总体不高

受资源禀赋、历史原因和发展阶段等限制，自然生态系统总体较为脆弱、生态承载力和环境容量较低、优质生态产品供给能力不足现象尚未得到根本扭转，生态方面历史欠账多、问题积累多、现实矛盾多。一是森林生态系统稳定性不高,乔木林质量指数为0.62、处于中等水平,纯林占乔木林总面积一半以上。二是草原生态系统整体仍较脆弱,中度和重度退化面积仍占 1/3 以上。三是部分河道、湿地、湖泊生态功能降低或丧失。四是沙化土地面积多达 1.7 亿公顷,水土流失面积多达 2.7 亿公顷,问题依然严峻。五是近岸海域生态系统整体形势不容乐观,红树林面积与上世纪 50 年代相比减少了 40%,珊瑚礁覆盖率下降、海草床盖度降低等问题较为突出,自然岸线缩减现象依然普遍,防灾减灾功能退化。

(二)生态保护和修复体制机制不够健全

一是经济发展带来的生态保护压力依然较大,部分地区重发展、轻保护所积累的矛盾仍然突出。二是在重点生态工程实施过程中,对山水林田湖草作为生命共同体的内在机理和规律认识不够,落实落地还不到位。三是重点生态工程建设目标和治理措施相对单一,部门间衔接协作和信息共享不够顺畅。四是生态保护和修复标准体系建设、新技术推广、科研成果转化等较为欠缺。五是社会资本参与生态保护修复的收益和政策预期不稳定,多元化投入机制不健全。

三、"十四五"时期提升生态系统质量和稳定性的重点政策举措

"十四五"时期,人民对优美环境的诉求更加迫切,我国进入提供更多优质生态产品以满足人民日益增长的优美生态环境需要的攻坚期,也进入有条件有能力解决生态环境突出问题的窗口期。生态保护和修复是一项整体性、系统性、复杂性、长期性工作,必须顺应新时代要求,统筹山水林田湖草一体化保护和修复,促进生态系统良性循环和永续利用,提升国家生态安全屏障质量。

（一）完善生态安全屏障体系

一是强化国土空间规划和用途管制，划定落实生态保护红线、永久基本农田和城镇开发边界以及各类海域保护线。二是以国家重点生态功能区、生态保护红线、国家级自然保护地等为重点，实施重要生态系统保护和修复重大工程，突出对区域重大战略的生态支撑。三是统筹考虑生态系统完整性、地理单元连续性、经济社会发展可持续性，将重大工程重点布局在青藏高原生态屏障区、黄河重点生态区（含黄土高原生态屏障）、长江重点生态区（含川滇生态屏障）、东北森林带、北方防沙带、南方丘陵山地带、海岸带等"三区四带"。四是加强长江、黄河等大江大河和重要湖泊湿地生态保护治理，加强重要生态廊道建设和保护。五是科学推进水土流失和荒漠化、石漠化综合治理，开展大规模国土绿化行动，推行林长制。六是推行草原森林河流湖泊休养生息，健全耕地休耕轮作制度，巩固退耕还林还草、退田还湖还湿、退围还滩还海成果。

（二）构建自然保护地体系

自然保护地体系是以国家公园为主体、自然保护区为基础、各类自然公园为补充的体系，是生态文明建设的核心载体。一是科学划定自然保护地保护范围及功能分区，加快整合归并优化各类自然保护地，严格管控自然保护地范围内非生态活动，稳妥推进核心区内居民、耕地、矿权有序退出。二是整合设立一批国家公园，完善国家公园管理体制和运作机制，出台国家公园设立标准，制定国家公园总体布局及发展规划，出台监测、生态保护监管、自然资源管理等制度办法。三是加强自然保护地及野生动植物保护，建设珍稀濒危野生动植物基因保存库和救护繁育场所，构筑生物多样性保护网络，加强国家重点保护和珍稀濒危野生动植物及其栖息地的保护修复。四是完善自然保护地、生态保护红线监管制度，开展生态系统保护成效监测评估。

（三）健全生态保护补偿机制

一是完善国家重点生态功能区转移支付制度，加大重点生态功能区、重要水系源头地区、自然保护地转移支付力度，鼓励受益地区与保护地区、流域下游与上游通过资金补偿、对口协作、产业转移、人才培训、共建园区等多种形式，开展横向生态补偿。二是完善市场化多元化生态补偿，鼓励各类社会资本参与生态保护修复。三是完善森林、草原和湿地生态补偿制度，推动长江、黄河等重要流域建立全流域生态补偿机制。四是建立健全生态产品价值核算制度、供需对接机制、经营开发制度、价值实现奖惩机制和支撑机制，探索多元化实现路径，在长江流域和三江源国家公园等开展试点。

第二十六讲

持续改善环境质量

持续改善环境质量,是满足人民日益增长的美好生活需要的内在要求,是推进生态文明和美丽中国建设的必然选择。《纲要》明确,要持续改善环境质量,深入打好污染防治攻坚战,建立健全环境治理体系,推进精准、科学、依法、系统治污,协同推进减污降碳,不断改善空气、水环境质量,有效管控土壤污染风险。

一、"十三五"时期我国生态环境 保护取得历史性成就

"十三五"时期,在习近平生态文明思想的指引下,我国生态文明建设和生态环境保护取得长足进展,在保持经济中高速增长的同时,生态环境质量和稳定性稳步提升,人民群众获得感、幸福感、安全感显著增强。

(一)污染防治攻坚战目标任务圆满完成

各地区、各部门扎实推进打好污染防治攻坚战,蓝天、碧水、净土保卫战取得决定性成效,"十三五"规划《纲要》明确的 9 项生态环境约束性指标均已超额完成。全国地级及以上城市优良天数比率为 87%,细颗粒物未达标地级及以上城市平均浓度累计下降

28.8%,重点地区完成农村散煤治理 2500 万户,全国超低排放煤电机组累计达 9.5 亿千瓦,重污染天气明显减少。全国地表水水质优良断面比例提高到 83.4%,劣 V 类断面比例下降到 0.6%,地级及以上城市黑臭水体消除比例达 98.2%,水环境质量显著改善。城镇生活垃圾处理率达到 99.2%,污染地块安全利用率达到 93% 以上,固体废物零进口目标基本实现,土壤环境风险得到有效管控。

(二)经济结构调整成效明显

产业、能源、交通运输结构持续优化,修订《产业结构调整指导目录》,研究制定《绿色产业指导目录》,"十三五"累计退出粗钢产能 1.5 亿吨以上、煤炭产能 10 亿吨以上,全面取缔"地条钢"产能 1 亿吨以上,全国约 6.2 亿吨粗钢产能开展超低排放改造。截至 2020 年底,非化石能源消费比重提高到 15.9%。累计淘汰黄标车、老旧车 2460 多万辆,全国铁路货运发送量 45.5 亿吨,同比增长 3.2%。

(三)生态文明制度体系更加完善

完成大气、水、土壤污染防治法,固体废物污染环境防治法,核安全法,生物安全法,长江保护法,环境保护税法等 13 部法律制修订。高质量发展综合绩效评价指标体系和美丽中国建设评估指标体系先后出台。制定中央和国家机关有关部门生态环境保护责任清单,生态环境保护责任进一步落实落细。关于构建现代环境治理体系的指导意见出台,中央生态环境保护督查效力进一步凸显,生态环境损害赔偿与责任追究制度加快实施。

与此同时,还要清醒认识到,我国生态环境保护仍处于压力叠加、负重前行的关键期。生态环境质量改善效果还不巩固,距离实现美丽中国建设目标仍有较大差距。一是部分地区领域生态环境问题依然严重。全国仍有 38% 的地级及以上城市细颗粒物浓度超标,夏季臭氧污染问题逐步显现。海河、辽河、淮河等流域生态用水短缺,长江口、杭州湾等重要河口海湾污染严重。环境风险管控压力较大,环境基础设施建设仍存突出短板。二是生态环境结构性矛盾依然突出。以重化工为主的产业结构、以煤为主的能源结构、以公路货运为主的运输结构没有根本改变,部分地区资源环境承载能力已经达到或者接近上限,地方盲目发展"两高"项目的冲动依然强烈。三是治理体系和治理能力仍需加强。生态文明体制改革举措统筹协调不足,相关责任主体内生动力尚未有效激发。区域、产业、环保等宏观经济政策协同不够。价格、财税、金融等经济政策还不健全。一些企业和地方依法治污、依法保护自觉性不够,全社会环境保护意识有待提高。

二、"十四五"时期持续改善环境质量的发展方向

党的十九届五中全会将"生态文明建设实现新进步"作为"十四五"时期经济社会发展的一项主要目标,并提出"持续改善环境质量"的目标任务。"十四五"时期,要以习近平新时代中国特色社会主义思想为指导,深入贯彻习近平生态文明思想,认真落实党中央、国务院决策部署,明确生态环境保护方向,深入打好污染防治攻坚战。

(一)加快推进经济社会绿色转型,协同推进经济高质量发展和生态环境高水平保护

践行绿水青山就是金山银山的理念,加快推进产业、区域、投资、环保等宏观政策协调,以生态环境高水平保护推动经济高质量发展。围绕改善生态环境质量目标,加快构建现代环境治理体系,建立健全绿色低碳循环发展经济体系,促进经济社会发展全面绿色转型。加快产业结构转型升级,建设清洁低碳能源体系,着力构建绿色交通运输体系。大力支持绿色技术创新,不断壮大生态经济,增强绿色发展动能。

（二）坚持生态环境综合治理、系统治理、源头治理，推动生态环境质量持续改善

完善生态文明领域统筹协调机制，提升生态文明建设和生态环境保护的系统性、整体性、协同性。坚持降碳减排协同，推动污染源头预防、过程管控、末端治理全流程监管，降低二氧化碳和主要污染物排放强度。坚持节约和保护协同，大力推动循环经济发展，全面提高资源利用效率。坚持城乡统筹，持续推进城镇环境基础设施建设，加强农村人居环境整治。全面加强京津冀、长江经济带、长三角、黄河流域、粤港澳大湾区等国家重大战略相关区域生态环境保护工作，推进环境质量持续向好发展。

（三）坚持突出精准治污、科学治污、依法治污、系统治污，深入打好污染防治攻坚战

围绕"提气、降碳、强生态，增水、固土、防风险"，研究确定深入打好污染防治攻坚战的顶层设计。在精准治污方面，做到问题、时间、区域、对象、措施"五个精准"；在科学治污方面，要遵循客观规律，强化对环境问题成因机理及时空和内在演变规律研究，科学安排任务量和时序进度，切实提高工作的科学性和有效性；在依法治污方面，要坚持依法行政、依法推进、依法保护，以法律的武器治理环境污染，用法治的力量保护生态环境；在系统治污方面，要高度重视新污染物的治理，统筹推进一次污染和二次污染的防治。

三、"十四五"时期持续改善生态环境质量的重要任务

"十四五"时期是乘势而上开启全面建设社会主义现代化国家新征程、向第二个百年奋斗目标进军的关键五年。为深入打好污染防治攻坚战，严密防控环境风险，进一步改善环境质量，要做好以下几方面工作。

（一）系统谋划"十四五"生态环境保护

系统谋划生态环境保护重大政策、重大项目、重大工程，组织编制生态环境保护、清洁生产、环境基础设施建设等领域的专项规划或实施方案。深化"放管服"改革，推进环评审批和监督执法"两个正面清单"制度化。强化重大国家战略区域生态环境保护。

（二）扎实推进碳达峰碳中和工作

出台关于全面贯彻新发展理念、做好碳达峰碳中和工作的指导意见，制定 2030 年前碳排放达峰行动方案，落实应对气候变化中长期目标的各项保障措施。完善能源消费总量和强度双控制度，强化节能审查力度，严格节能监察。加快推进全国用能权、碳排放权交易市场建设。坚决遏制"两高"项目盲目发展，持续破除低效无效供给，巩固钢铁、煤炭去产能成果。推动清洁低碳能源发展，稳步推进煤炭消费达峰。深化重大科技攻关，加快推进低碳零碳负碳技术研发应用。实施重要生态系统保护和修复重大工程，加快提升生态系统碳汇能力。大力推动绿色丝绸之路建设，扎实推进气候变化南南合作。

（三）加强环境空气质量达标管理

以空气质量未达标城市为重点，深入推进空气质量提升行动。加强细颗粒物和臭氧污染协同控制，大力推进氮氧化物和挥发性有机物减排。推动燃煤清洁减量替代，持续推进北方地区冬季清洁取暖。加速老旧车辆淘汰，进一步控制移动源排放。推进水泥、焦化、玻璃、陶瓷等行业深度治理，深入推进工业炉窑综合整治，有序推进非电行业超低排放改造。强化区域大气污染防治协作。

（四）继续实施水污染防治行动

坚持"节水减污"原则，实施国家节水行动方案，强化水资源刚性约束。强化上下游、左右岸协同，统筹重点流域、湖泊生态保护修复。持续推进饮用水水源地保护，加强地下水超采综合治理，确保水资源安全有效供给。继续开展入河（海）排污口监管，组织实施重污染企业搬迁改造,持续推进城市黑臭水体治理。加强海洋污染防治监管,出台海洋倾废管理办法,强化突发环境事件应急体系建设,提升智慧化监管水平。

（五）有效管控土壤污染风险

持续推进农用地分类管理,严格建设用地准入管理和风险管控。加强水土污染协同防控,推动受污染耕地和建设用地修复再利用。加强农业面源污染综合治理,降低农药化肥使用,加大农村人居环境整治力度。扎实推进塑料污染全链条防治,推动完成阶段性治理任务。持续开展危险废物专项整治三年行动,加强有毒有害化学物质环境风险防控。严格废弃电器电子产品处理拆解管理,强化重点行业重点区域重金属污染防治。

（六）全面提升环境基础设施水平

全面提升污水、垃圾、固废、危废、医废处理能力,推动构建一体化的环境基础设施体系。持续加强环境基础设施能力建设,推动城镇现有能力向乡村延伸覆盖,探索推进处理设施小型化。加快城镇污水收集管网、污泥处置设施建设,推动水环境敏感区污水处理精准提标,推动污水资源化利用。进一步推进生活垃圾分类工作,加快分类投放、收集、运输系统建设,提升分类处理能力,强化分类处理产品资源化利用。加快补齐医疗废物、危险废物集中处理设施缺口。

（七）健全现代环境治理体系

完善中央生态环境保护督察制度,建立地上地下、陆海统筹的生态环境治理制度。构建企业环境治理责任制度,依法实行排污许可管理制度,加大清洁生产推行力度,切实提高企业治污能力和水平。推动公众、社会团体深度参与环境治理,加强舆论监督,构建环境治理全民行动体系。统一实行生态环境保护综合执法,坚持依法依规管理。加快形成公开透明、规范有序的环境治理市场环境,深入推进环境污染第三方治理,探索区域环境托管模式,健全价格收费机制。

第二十七讲

加快发展方式绿色转型

　　"十四五"时期是我国开启全面建设社会主义现代化国家新征程的第一个五年,推动"十四五"时期经济社会发展全面绿色转型,对于建设生态文明和美丽中国、实现碳达峰碳中和目标具有十分重要的意义和作用。《纲要》提出,要加快发展方式绿色转型,坚持生态优先、绿色发展,推进资源总量管理、科学配置、全面节约、循环利用,协同推进经济高质量发展和生态环境高水平保护。

一、"十三五"绿色发展取得显著成效

　　"十三五"时期,各地区各部门深入贯彻习近平生态文明思想,认真落实党中央、国务院决策部署,全面促进资源循环高效利用,加快推动形成绿色生产生活方式,我国绿色发展各领域取得显著成效。

　　一是绿色产业蓬勃发展。节能环保产业快速发展,2020年产值达7.5万亿元左右。新能源汽车产业蓬勃发展,2020年新能源汽车产销量超过130万辆,产销量已连续五年居世界首位。绿色技术不断进步,新能源、燃煤机组超低排放、煤炭清洁高效加工及利用等方面取得重大突破。绿色金融发展迅速,绿色贷款余额超

过 11 万亿元,居世界第一;绿色债券余额 1 万多亿元,居世界第二。

二是绿色生活方式逐步推广。绿色生活创建行动全面推进,印发实施机关、家庭、学校、社区、出行、商场、建筑等七大领域创建方案。因地制宜推行生活垃圾分类,推进塑料污染全链条防治,开展节约粮食反对浪费行动,反对商品过度包装,简约适度、绿色低碳、文明健康的生活方式正在成为更多人的自觉选择。

三是资源利用效率大幅提升。实施能源消费总量和强度双控,强化责任目标评价考核,推进工业、建筑、交通运输、公共机构等重点领域节能,推广先进节能技术和产品。实施国家节水行动,推动非常规水源利用,推行合同节水管理、水效标识等制度。加强土地使用标准制定、审核及监管,开展建设用地节约集约利用状况评价,提高存量土地资源利用效率,推广节地技术和模式,土地资源利用效率大幅提升。

四是绿色制度体系不断健全。绿色生产和消费的法规政策体系不断完善,已形成了 30 余部法律、60 余部行政法规在内的法律法规体系,累计制修订绿色发展有关标准 3000 余项,法规标准的约束力、引导性进一步强化。出台一系列有利于绿色发展的价格、财税、金融等政策措施。国家生态文明试验区建设持续深化,探索形成一批可复制可推广的改革经验。

二、面临的形势

虽然经过努力我国绿色发展取得了显著成效,但面临的形势依然严峻,能源资源利用效率仍有待提升,绿色生产生活方式尚未根本形成,绿色技术总体水平不高,推动绿色发展的政策制度有待完善。

一是生产结构亟待优化。我国产业结构偏重、能源结构偏煤、运输结构偏公路货运的状况没有根本改变。2020 年粗钢产量超过 10 亿吨,占全球一半以上;煤炭、精炼铜、原铝、精炼铅、精炼锌等许多资源消耗占全球一半左右;公路货运量占比超过七成。

二是绿色技术水平总体不高。有关研究表明,与世界先进水平相比,我国绿色科技领跑、并跑、跟跑技术的比例分别约为 10%、35%、55%,整体仍处于跟跑阶段,缺乏尖端核心技术。我国科研院所申请绿色技术专利占比约为 30%,但转化率偏低,失效和弃权比例高达 60%。

三是生活消费方式亟须改变。粮食浪费、能源浪费、资源浪费等现象一定程度存在,有些领域的浪费令人触目惊心。简约适度、绿色低碳、文明健康的生活方式尚未根本形成,还没有成为社会普遍的行动自觉。

四是绿色发展政策制度有待完善。激励到位、约束力强的政策制度体系尚未根本建立,政策合力效果有待进一步发挥。部分政策存在落实不到位、调整不及时等问题。推动绿色发展的标准体系、认证体系、统计体系、市场交易体系等都有待健全。

三、全面推进"十四五"时期
生产生活方式绿色转型

"十四五"时期,要以习近平新时代中国特色社会主义思想为指导,深入贯彻习近平生态文明思想,坚持绿水青山就是金山银山理念,实施可持续发展战略,完善生态文明领域统筹协调机制,全面推进生产生活方式绿色转型,使发展建立在高效利用资源、严格保护生态环境、有效控制温室气体排放的基础上,推动我国绿色发展迈上新台阶。

一是健全绿色低碳循环发展的生产体系。推进工业绿色升级,加快实施重点行业绿色化改造,推行产品绿色设计。加快农业绿色发展,鼓励发展生态种植、生态养殖,发展生态循环农业,推进农作物秸秆综合利用,推进水产健康养殖。提高商贸、信息服务、会展、装饰装修等行业绿色化水平。壮大绿色环保产业,建设一批绿色产业示范基地,推行合同能源管理、合同节水管理等模式。提升产业园区循环化水平,科学编制产业园区开发建设规划,推动既有产业园区循环化改造,推动构建绿色供应链。

二是健全绿色低碳循环发展的流通消费体系。打造绿色物流,积极调整运输结构,加强物流运输组织管理,推广绿色低碳运输工具,鼓励发展智慧仓储、智慧运输。积极优化贸易结构,大力发展高质量、高附加值的绿色产品贸易,从严控高污染、高耗能产品进出口。深化绿色丝绸之路合作,拓宽节能环保、清洁能源等领域技术和服务合作。促进绿色产品消费,加大政府绿色采购力度,加强绿色产品和服务认证管理。积极引导绿色出行,深入开展绿色生活创建活动。

三是加快基础设施绿色升级。推动能源体系绿色低碳转型,提升可再生能源利用比例,严控新增煤电装机容量,实施城乡配电网建设和智能升级计划,加快天然气基础设施建设和互联互通。推进城镇环境基础设施建设。提升交通基础设施绿色发展水平,积极打造绿色公路、绿色铁路、绿色航道、绿色港口、绿色空港。改善城乡人居环境,开展"美丽城市"建设试点。

四是构建市场导向的绿色技术创新体系。鼓励绿色低碳技术研发,实施绿色技术创新攻关行动,培育建设创新基地平台。强化企业创新主体地位,支持企业整合高校、科研院所、产业园区等力量建立市场化运行的绿色技术创新联合体。加速科技成果转化,支持建立绿色技术创新项目孵化器、创新创业基地,发布绿色技术推广目录,推进绿色技术交易中心建设。

五是健全资源节约循环利用体系。完善能源消费总量和强度双控制度,推动重点行业、重点领域节能改造,加强重点用能单位节能管理,开展能效水平对标达标活动。坚持以水定城、以水定地、以水定人、以水定产,切实加强农业节水,提高工业用水效率,推动污水、苦咸水、矿井水等资源化利用,因地制宜发展海水淡化。加强再生资源回收利用,推进垃圾分类回收与再生资源回收"两网融合",落实生产者责任延伸制度,完善废旧家电回收处理体系,推动大宗固体废弃物综合利用。

六是完善法律法规政策体系。强化法律法规支撑,加快资源综合利用立法进程,强化执法监督。完善污水处理收费政策,建立健全生活垃圾处理收费制度,完善节能环保电价政策。加大财税扶持力度,落实财政资金支持、税收减免等优惠政策。大力发展绿色金融,加大对金融机构绿色金融业绩评价考核力度。完善绿色标准、绿色认证体系和统计监测制度。培育绿色交易市场,建立健全排污权、用能权、用水权、碳排放权等交易机制。深化国家生态文明试验区建设,继续探索总结可复制可推广的制度成果。

加快建设高质量教育体系

教育是事关国家发展和民族未来的千秋基业。党的十九届五中全会明确了"建设高质量教育体系"的政策导向和重点要求。要全面贯彻党的教育方针，坚持优先发展教育事业，坚持立德树人，培养德智体美劳全面发展的社会主义建设者和接班人。

一、深刻认识建设高质量教育体系的重大意义

（一）支撑服务新发展格局的迫切需要

教育是国之大计、党之大计，建设教育强国是中华民族伟大复兴的基础工程。"十四五"时期，我国将加快构建以国内大循环为主体、国内国际双循环相互促进的新发展格局，对建设高质量教育体系提出了多方面需求。教育必须发挥好基础性、先导性、全局性地位和作用，优化同新发展格局相适应的教育结构、学科专业结构、人才培养结构，源源不断输送高质量的人力资源，坚持不懈提供高质量的研究开发支持，以自身的高质量发展服务新发展格局、支撑引领整个国家的高质量发展和社会主义现代化建设。

（二）坚持以人民为中心的必然要求

坚持以人民为中心，是我们党的根本宗旨所决定的。随着我

国经济社会不断发展，人民生活水平不断提升，对接受更好教育、实现全面发展的需求也日益强烈。必须加快建设高质量教育体系，为提高人民思想道德素质、科学文化素质和身心健康素质提供可靠保证，不断满足人民群众对优质多样教育资源的美好向往和需求。

（三）实现教育强国战略目标的必由之路

党的十九届五中全会明确提出到 2035 年要建成教育强国。"十四五"时期既是起步的五年、也是关键的五年，必须锚定 2035 年总体实现教育现代化、建成教育强国的目标，谋篇布局、细化政策，统筹推进育人方式、办学模式、管理体制、保障机制改革，加快建设高质量教育体系，把 15 年的战略安排细化为压茬推进的阶段政策行动，积小成为大成，如期实现战略目标。

二、准确把握教育改革发展的宏观形势

（一）"十三五"时期教育改革发展取得新的显著成就

党的十八大以来，以习近平同志为核心的党中央坚持优先发展教育，持续加大教育投入，教育现代化取得重要进展，我国教育总体发展水平进入世界中上等行列，取得了全方位、历史性成就。"十三五"时期各级各类教育加快发展，教育普及程度和质量不断提升，人民群众受教育权利得到充分保障。2020 年全国学前三年毛入园率 85.2%、小学学龄儿童净入学率 99.96%，初中、高中、高等教育阶段的毛入学率分别为 102.5%、91.2% 和 54.4%，高等教育进入普及化阶段，特殊教育不断加强，继续教育多样化推进。新增劳动力平均受教育年限超过 13.7 年，"十三五"规划目标顺利完成。教育现代化既是国家现代化的组成部分，更是国家现代化的基础支撑，为社会主义现代化建设提供了强大的人力资本支撑，有效增强了综合国力和国际竞争力。

（二）"十四五"时期教育改革发展面临着许多新的机遇和挑战

"十四五"时期教育发展的外部环境和内部条件发生复杂而深刻的重大变化，把握新发展阶段、贯彻新发展理念、构建新发展格局，教育承担着更为重要的历史使命。我国教育制度优势明显，人才资源基础较好，教育需求呈现多层次多样化态势，新一代信息技术迅速发展，这都是建设高质量教育体系的有利条件。同时，我国教育与经济社会发展需求还不够契合，区域教育资源配置不够均衡，城乡教育差距亟待缩小，人才培养模式改革需要提速，教育创新与服务潜力尚未更好释放，同人民群众对高质量教育体系的需求相比还有很大差距。要深入贯彻习近平新时代中国特色社会主义思想，落实党中央、国务院重大决策部署，充分尊重教育规律，积极面对机遇挑战，奋力开创教育现代化新局面。

三、建设高质量教育体系的重大任务

"十四五"时期，要全面贯彻党的教育方针，坚持优先发展教育事业，全面落实立德树人根本任务，增强学生文明素养、社会责任意识、实践本领，推进各级各类教育高质量发展，提升教育服务构建新发展格局能力。重点抓好以下几项重大任务。

（一）健全优质均衡的基本公共教育服务体系

高质量发展是建立在公平基础上的发展。要落实教育公益性原则，推动义务教育均衡发展和城乡一体化，扎实推进义务教育薄弱环节改善与能力提升，改善乡村小规模学校和乡村寄宿制学校条件，加强乡村教师队伍建设，推进义务教育从基本均衡迈向优质均衡。积极扩大普惠性资源，推动补齐农村地区、边远贫困地区和新增人口地区学前教育短板。完善特殊教育、专门教育保障机制，提升高中阶段教育普及攻坚水平，鼓励多样化发展。提高民族地区教育质量和水平，加大国家通用语言文字推广力度。着力解决好中央关心、社会关注、群众关切的问题，让教育发展成果更多更公平惠及全体人民。

（二）构建适应技能中国建设需要的职业技术教育体系

深入推进职业教育改革创新，大力培养技术技能人才。优化职业教育结构与布局，深化产教融合、校企合作，创新办学模式，鼓励企业举办高质量职业技术教育。增强职业教育适应性，加大技能中国建设力度。畅通中职、高职、本科、研究生之间的通道，加强职业教育与普通教育间的对接合作，使教育选择更多样、成长道路更宽广。深化破"五唯"改革，破学历至上，立能力本位，营造不唯学历重能力的社会氛围，推动培养体系、评价体系、用人导向的重心向应用能力倾斜。

（三）构建助力科技自立自强的高等教育创新体系

高校作为科技第一生产力、人才第一资源和创新第一动力的结合点，要抢抓新一轮科技革命和产业变革的重大机遇，释放基础研究、科技创新潜力，积极培育创新动力，努力实现更多"从0到1"的突破。聚焦国家战略需要，加快技术攻关，推进深化产学研用一体化。发挥高水平大学领头雁作用，分类建设一流大学和一流学科，突出培养质量、办学特色和实际贡献，培养更多一流人才。深化教育领域供给侧结构性改革，构建更加多元的高等教育体系，优化学科专业结构，加大基础学科高层次人才培养力度，加快理工农医类专业紧缺人才培养，厚植人才优势。优化区域高等教育资源布局，推进中西部地区高等教育振兴发展，提升服务区域发展能力水平。

（四）建设高水平现代教师教育体系

充分发挥教师是教育发展第一资源作用，加快建设高素质专业化教师队伍，加强师德师风建设，完善教师管理和发展的政策体系，提升教师教书育人能力素质。全面提升思想政治工作质量，壮大思政课教师队伍。提升师范教育培养能力，重点建设一批师范教育基地,健全师范生公费教育制度。鼓励举办职业技术师范专业,推动高等学校、职业学校与行业企业联合培养"双师型"教师。深化基础教育教师管理综合改革,统筹教师编制配置和跨区调整。

（五）构建服务全民终身学习的教育体系

全面落实习近平新时代中国特色社会主义思想进教材、进课堂、进头脑,加强"四史"教育。促进各学段在育人目标、教学标准、培养方案等方面的有效衔接。进一步打通整合普通教育、职业教育、老年教育、继续教育、社区教育等资源,丰富终身教育资源供给。充分利用新技术新模式,发挥在线教育优势,完善终身学习体系,助力建设学习型社会。健全学校家庭社会协同的育人体系。

（六）构建中国特色世界水平的教育评价体系

建立健全教育评价制度和机制,改变应试教育指挥棒效应,大力推动发展素质教育,更加注重学生爱国情怀、创新精神和健康人格培养。落实和扩大学校办学自主权,深化教育领域"放管服"改革和新时代教育督导体制机制改革,释放学校办学活力。全面推动依法治教,加强教育立法、执法、普法,为教育改革提供法治保障。

第二十九讲

全面推进健康中国建设

健康是广大人民群众的期盼和追求,维护人民健康是我们党性质和宗旨的重要体现。《纲要》提出全面推进健康中国建设的重大任务,是以习近平同志为核心的党中央从党和国家事业发展全局作出的重大战略部署,必将对我国卫生健康事业发展、增进人民健康福祉产生深远的影响。

一、充分认识全面推进健康中国建设的重大意义

党的十八大以来,以习近平同志为核心的党中央把保障人民健康摆在优先发展的战略地位,坚定实施健康中国战略,推动卫生健康事业取得新的发展成就,在这次抗击新冠肺炎疫情中发挥了重要作用,经受住了重大考验。当前,中国特色社会主义进入了新时代,人民群众对美好生活有了新期盼,对卫生健康事业发展提出了新要求。我们必须站在党和国家工作全局,深刻认识全面推进健康中国建设的重大意义。

(一)全面推进健康中国建设是关系我国现代化建设全局的战略任务

从国际上看,卫生健康事业在经济社会发展中处于基础性地

位,联合国人类发展指数有三大核心指标,反映健康水平的人均期望寿命位列第一,拥有健康的国民意味着拥有强大的综合国力和可持续的发展能力。大力发展卫生健康事业,既可以增强人民体质,也有利于解除群众看病就医的后顾之忧,积蓄经济发展的长久势能,扩大内需潜力,为推动形成新发展格局提供重要支撑。把全面推进健康中国建设与国家整体战略紧密衔接,这是在新的历史起点上开启新征程的重大决策,必将为实现第二个百年奋斗目标注入强大动力。

(二)全面推进健康中国建设是保障人民享有幸福安康生活的内在要求

人民的获得感、幸福感、安全感都离不开健康。当前,我国社会主要矛盾已经转化为人民日益增长的美好生活需要和不平衡不充分的发展之间的矛盾,具体到卫生健康领域,主要是群众对健康有了更高需求,要求看得上病、看得好病,看病更舒心、服务更体贴,更希望不得病、少得病。我国已经迈入中高收入国家行列,完全有必要也有基础加快发展卫生健康事业,扩大优质健康资源供给。

(三)全面推进健康中国建设是维护国家公共安全的重要保障

近年来,全球新发、突发传染病疫情不断涌现,相继暴发非典、甲型 H1N1 流感、高致病性 H7N9 禽流感、中东呼吸综合征、登革热、埃博拉出血热等重大传染病疫情,及时防范应对疫情可最大限度降低对经济社会造成的影响。在抗击新冠肺炎疫情中,以习近平同志为核心的党中央采取坚决果断措施,疫情防控取得重大战略成果,统筹疫情防控和经济社会发展取得显著成效。我们要站在维护国家公共安全的高度,加快推进健康中国建设,提高公共卫生治理水平,筑牢公共卫生安全屏障。

二、准确把握全面推进健康中国建设的原则

全面推进健康中国建设是我国卫生健康事业发展理念的重大创新、发展方式的重大转变，必须全面、系统、准确地理解其核心要义，确保各项工作沿着正确的轨道向前推进。

（一）坚持把保障人民健康放在优先发展的战略位置

把保障人民健康放在优先发展的战略位置，充分体现了以人民为中心的思想，凸显了推动卫生健康事业发展的重要意义。我们要切实把保障人民健康融入经济社会发展各项政策，发展理念体现健康优先，发展规划突出健康目标，推动形成有利于健康的生活方式、生产方式和制度体系，实现健康与经济社会协调发展。

（二）坚持大卫生大健康理念

党的十八大以来，党中央明确了新时代卫生与健康工作方针，要求把预防为主放在更加突出的位置，推动卫生与健康事业发展从以治病为中心向以人民健康为中心转变。在资源配置和资金投入方面，要向公共卫生工作倾斜，更多用在疾病前期因素干预、重点人群健康促进和重大疾病防治上。建立政府、社会和个人共同行动的体制机制，强化每个人是自己健康第一责任人的意识，推进健康中国建设人人参与、人人尽责、人人共享。

（三）坚持基本医疗卫生事业公益属性

必须坚持公立医院在我国医疗服务体系中的主体地位，毫不动摇地坚持公益性的导向。建立稳定的公共卫生事业投入机制，维护基本医疗卫生事业公益性。各地各部门要切实担负起卫生健康事业发展的领导、保障、管理和监督责任，鼓励社会力量增加产品和服务供给，更好满足群众多元化卫生健康需求。

（四）坚持以改革创新激发卫生健康事业活力

党的十九大以来，为解决人民群众看病难看病贵问题，国家以

降药价为突破口,深化医疗、医保、医药联动改革,取得积极进展。当前,医改已进入深水区,要围绕制约卫生健康领域的体制机制障碍,更加注重改革的系统集成、协同高效,推进卫生与健康领域的供给侧结构性改革,提高健康供给对需求变化的适应性和灵活性。

(五)坚持补短板强弱项

当前,我国医疗卫生事业发展不平衡不充分,既包括中西部地区卫生与健康事业发展滞后于东部地区,农村地区优质资源短缺,基层服务能力不强等问题,也包括重治疗、轻预防的问题,公共卫生应急体系发展滞后,监测预警、流调溯源、物资储备等难以适应应对重大突发公共卫生事件的需要。要坚持目标导向和问题导向相结合,加快补齐短板和弱项,把基本卫生健康服务体系建设得更加完善,进一步提高服务的公平性和可及性。

三、全面推进健康中国建设的主要任务

"十四五"时期,要坚持预防为主的方针,深入实施健康中国行动,完善国民健康促进政策,织牢国家公共卫生防护网,为人民提供全方位全生命期健康服务。

一是构建强大公共卫生体系。加快推进疾病预防控制体系改革,强化监测预警、风险评估、流行病学调查、检验检测、应急处置等职能。建立稳定的公共卫生事业投入机制,改善疾控基础条件,强化基层公共卫生体系。落实医疗机构公共卫生责任,创新医防协同机制。完善突发公共卫生事件监测预警处置机制,加强实验室检测网络建设,健全医疗救治、科技支撑、物资保障体系,提高应对突发公共卫生事件能力。建立分级分层分流的传染病救治网络,建立健全统一的国家公共卫生应急物资储备体系,大型公共建筑预设平战结合改造接口。筑牢口岸防疫防线。加强人才队伍建设,建设一批高水平公共卫生学院。完善公共卫生服务项目,扩大

国家免疫规划,强化慢性病预防、早期筛查和综合干预。完善心理健康和精神卫生服务体系。

二是深化医药卫生体制改革。坚持基本医疗卫生事业公益属性,以提高医疗质量和效率为导向,以公立医疗机构为主体、非公立医疗机构为补充,扩大医疗服务资源供给。加强公立医院建设,加快建立现代医院管理制度,深入推进治理结构、人事薪酬、编制管理和绩效考核改革。加快优质医疗资源扩容和均衡布局,建设国家医学中心和区域医疗中心。以城市社区和农村基层、边境口岸城市、县级医院为重点,完善城乡三级医疗服务网络。加快建设分级诊疗体系,积极发展医疗联合体。加强预防、治疗、护理、康复有机衔接。推进国家组织药品和耗材集中采购使用改革,发展高端医疗设备。完善创新药物、疫苗、医疗器械等快速审评审批机制,加快临床急需和罕见病治疗药品、医疗器械审评审批,促进临床急需境外已上市新药和医疗器械尽快在境内上市。提升医护人员培养质量与规模,扩大儿科、全科等短缺医师规模。逐步推进执业医师全国统一注册,完善公立医院医师多点执业制度。稳步扩大家庭医生签约服务覆盖范围。支持社会办医,鼓励有经验的执业医师开办诊所。

三是健全全民医保制度。健全基本医疗保险稳定可持续筹资和待遇调整机制,完善医保缴费参保政策,实行医疗保障待遇清单制度。做实基本医疗保险市级统筹,推动省级统筹。完善基本医疗保险门诊共济保障机制,健全重大疾病医疗保险和救助制度。完善医保目录动态调整机制。推动以按病种付费为主的多元复合式医保支付方式。将符合条件的互联网医疗服务纳入医保支付范围,落实异地就医结算。扎实推进医保标准化、信息化建设,提升经办服务水平。健全医保基金监管机制。稳步建立长期护理保险制度。积极发展商业医疗保险。

四是推动中医药传承创新。坚持中西医并重和优势互补,大力发展中医药事业。健全中医药服务体系,发挥中医药在疾病预防、治疗、康复中的独特优势。加强中西医结合,促进少数民族医药发展。加强古典医籍精华的梳理和挖掘,建设中医药科技支撑平台,改革完善中药审评审批机制,促进中药新药研发和产业发展。强化中药质量监管,促进中药质量提升。强化中医药特色人才培养,加强中医药文化传承与创新发展,推动中医药走向世界。

五是加快建设体育强国。广泛开展全民健身运动,增强人民体质。推动健康关口前移,深化体教融合、体卫融合。完善全民健身公共服务体系,推进社会体育场地设施建设和学校场馆开放共享,提高健身步道等便民健身场所覆盖面,因地制宜发展体育公园,支持利用河滩地等建设公共体育设施。保障学校体育课和课外锻炼时间,以青少年为重点开展国民体质监测和干预。加强竞技体育后备人才培养,提升重点项目竞技水平,巩固传统项目优势,探索中国特色足球篮球排球发展路径,持续推进冰雪运动发展,发展具有世界影响力的职业联赛。扩大体育消费,发展健身休闲、竞赛表演、户外运动等体育产业。办好北京冬奥会、冬残奥会及杭州亚运会等。

六是深入开展爱国卫生运动。丰富爱国卫生工作内涵,促进全民养成文明健康生活方式。加强公共卫生环境基础设施建设,推进城乡环境卫生整治,强化病媒生物预防控制。加强健康教育和健康知识普及,树立良好饮食风尚,开展控烟限酒行动,坚决革除滥食野生动物等陋习,推广分餐公筷、垃圾分类投放等生活习惯。

第三十讲

实施积极应对人口
老龄化国家战略

人口老龄化是社会发展的重要趋势,也是今后较长一段时期我国的基本国情。党的十九届五中全会明确提出实施积极应对人口老龄化的国家战略,《纲要》进一步以此作为标题单独设立章节,把制定人口长期发展战略,优化生育政策,以"一老一小"为重点完善人口服务体系,促进人口长期均衡发展等,作为"十四五"时期经济社会发展的重要任务,明确提出推动实现适度生育水平、健全婴幼儿发展政策、完善养老服务体系等重要举措。

一、"十三五"时期发展基础和主要成就

"十三五"时期,我国老龄化程度不断加深,60 岁及以上老年人口在 2018 年首次超过 0—15 岁少儿人口,对国家发展全局和亿万百姓福祉都有深刻影响。以习近平同志为核心的党中央总揽全局,坚持应对人口老龄化和促进经济社会发展相结合,努力挖掘人口老龄化给国家发展带来的机遇,做到及时应对、科学应对、综合应对,推动老龄事业改革发展和为老服务体系建设取得重要进展。

(一)顶层设计不断优化完善

2019 年,中共中央、国务院印发《国家积极应对人口老龄化中

长期规划》,明确了短期到 2022 年、中期到 2035 年、长期到本世纪中叶,我国积极应对人口老龄化的战略目标,从财富储备、人力资源、物质服务、科技支撑、社会环境五个方面明确了我国应对人口老龄化的制度框架。"十三五"期间还印发实施《"十三五"国家老龄事业发展和养老体系建设规划》《关于全面放开养老服务市场提升养老服务质量的若干意见》《关于推进养老服务发展的意见》《关于建立健全养老服务综合监管制度促进养老服务高质量发展的意见》《关于促进养老托育服务健康发展的意见》等高层级综合文件,并出台土地保障、税费优惠、融资支持等针对性专项政策。标志着我国积极应对人口老龄化事业进入新的起点。

(二)老年权益保障更加有力

2018 年,《中华人民共和国老年人权益保障法》进行了第三次修订,为老年人提供坚实的法律制度保障。老年人福利补贴、关爱服务等制度建立健全,老年人高龄补贴、困难补贴、护理补贴制度实现省级全覆盖,农村留守老年人关爱服务工作机制不断健全完善,农村高龄、独居、孤寡、空巢留守老年人探访制度全面建立。全国所有省份均已出台针对政务服务、健康保健、交通出行、商业服务、文化休闲、维权服务等方面的老年人社会优待政策。

(三)老年健康水平持续促进

"十三五"期间,《中华人民共和国基本医疗卫生与健康促进法》颁布执行,对老年人保健事业做出明确规定。《"健康中国2030"规划纲要》对健康老龄化作出系统部署,《"十三五"健康老龄化规划》《关于制定和实施老年人照顾服务项目的意见》《关于深入推进医养结合发展的若干意见》《关于建立完善老年健康服务体系的指导意见》等提出具体要求,推动建立综合连续、覆盖城乡的老年健康服务体系。各地为 65 岁以上老人建立健康档案,并提供每年一次的免费健康体检,对老年人进行健康指导和慢性病综合干预,老年人健康医疗服务逐步下沉到社区和家庭。

（四）服务产品供给有效扩大

"十三五"期间，中央和地方不断加大财政投入力度，强化土地、住房、财政、投资、融资、人才等要素保障，各类养老服务机构和设施达到25万个，养老床位823.8万张，护理型床位占比呈增长趋势，服务供给能力持续加强。履行政府兜底保障职责，健全基本养老服务体系，加强公益性养老机构建设，深化公办养老机构改革，通过社区养老服务驿站、社区嵌入式养老机构，为特困及失能、失智、高龄、空巢老年人等重点群体提供养老服务。出台《关于加快发展康复辅助器具产业的若干意见》，启动智慧健康养老产业发展行动计划，推动康复辅具、养护服务向智能化发展。

（五）精神文化生活日益丰富

印发实施《老年教育发展规划（2016—2020年）》，由政府、行业举办的老年大学面向社会开放，社区教育的发展推动了老年教育进社区、进家庭。截至2020年12月，我国共建成28所省级老年开放大学，全国有超过7万所老年大学和老年学校，老年在校学员和参与线上教育的学员超千万人。各类面向老年人的康养、文旅、康体等服务和产品不断发展，老年在线文娱和消费的参与度不断提升。

（六）社会环境建设全面加强

印发实施《关于推进老年宜居环境建设的指导意见》，在适老居住环境、适老出行环境、适老健康支持环境、适老生活服务环境方面提出具体举措。《关于加快实施老年人居家适老化改造工程的指导意见》要求各地在老旧小区改造过程中实现加装电梯、坡道以及家庭适老化改造，明显提升了老年人的居住质量。同时，加强软环境建设，通过政策引领、文化宣讲、志愿服务、评选表彰等举措弘扬敬老养老助老的社会风尚，形成了良好的敬老尊老社会氛围。

二、"十四五"时期发展形势和挑战机遇

我国是当今世界老年人数最多的国家,2019 年底已有 60 岁及以上老年人口 2.54 亿,预计"十四五"末期将突破 3 亿人,占总人口比重超过 20%,由轻度老龄化转入中度,在 2035 年前后突破 4 亿人,进入重度老龄化阶段。同时,全面两孩政策实施迎来生育小高峰后,受育龄妇女减少、养育成本提高等多重因素影响,近年来新出生人口逐步回落,我国人口发展正经历着从数量压力到结构性挑战的历史性转变。

人口老龄化将给经济社会发展带来 3 方面挑战:一是劳动年龄人口的减少,大龄、老龄劳动者的增多,将影响潜在经济增长率和高质量发展;二是全社会用于社会保障、医疗及其他福利性支出不断增长,老年人照护服务等需求持续增加;三是养老育幼需求持续增加,增大家庭压力和负担,降低家庭抗风险能力,进而影响社会稳定和中华传统文化传承。

挑战虽然严峻,但也存在诸多发展机遇:一是有利于促进老年产品和服务消费,壮大银发经济,形成经济发展新动能;二是有利于不断发展壮大养老保险基金和丰富商业保险,为资本市场带来长期稳定的资金来源,促进多层次资本市场健康发展;三是有利于推动企业寻求资本和技术创新,提高全员劳动生产率,助推产业升级实现。面对人口老龄化,我国具备坚实的物质基础、充足的人力资本、深厚的孝道文化和后发优势,我们完全有条件、有能力、有信心有效应对。

三、"十四五"时期总体要求和任务举措

实施积极应对人口老龄化国家战略,事关国家发展全局,事关百姓福祉,是践行党的初心使命、坚持以人民为中心发展思想的重

要体现,是维护国家人口安全和社会和谐稳定、实现第二个百年奋斗目标的重要考量,是推动高质量发展、加快构建新发展格局的重要举措,对"十四五"和更长时期我国经济社会持续健康发展具有重大和深远的意义。

(一)总体要求

以习近平新时代中国特色社会主义思想为指导,全面贯彻党的十九大和十九届二中、三中、四中、五中全会精神,紧紧围绕统筹推进"五位一体"总体布局和"四个全面"战略布局,以供给侧结构性改革为主线,立足新发展阶段,坚持新发展理念,构建新发展格局,正确把握人口发展大趋势和老龄化规律,着眼国家发展全局和亿万百姓福祉,抓住重要窗口机遇期,构建管长远的制度框架,制定见实效的重大政策,不断充实国家和居民的财富储备,充分挖掘劳动力有效供给潜能,逐步扩大适老产品和服务供给,显著增强科技支撑和服务能力,加快构建养老、孝老、敬老的政策体系和社会环境,走出一条中国特色应对人口老龄化道路,确保经济社会发展始终与人口老龄化进程相适应。

(二)任务举措

《纲要》明确提出"十四五"时期实施积极应对人口老龄化国家战略的重点举措是"制定人口长期发展战略,优化生育政策,以'一老一小'为重点完善人口服务体系,促进人口长期均衡发展"。

1.推动实现适度生育水平。　一是完善生育支持政策。增强生育政策包容性,推动生育政策与经济社会政策配套衔接,减轻家庭生育、养育、教育负担,释放生育政策潜力。完善幼儿养育、青少年发展、老人赡养、病残照料等政策和产假制度,探索实施父母育儿假。二是做好公共服务保障。改善优生优育全程服务,加强孕前孕产期健康服务,提高出生人口质量。建立健全计划生育特殊困难家庭全方位帮扶保障制度。三是强化人口决策支撑。改革完善人口统计和监测体系,密切监测生育形势。深化人口发展战略研究,健全人口与发展综合决策机制。

2.健全婴幼儿发展政策。一是增强家庭照护能力。加强对家庭照护和社区服务的支持指导,增强家庭科学育儿能力。二是扩大托育服务供给。发展普惠托育服务体系,健全支持婴幼儿照护服务和早期发展的政策体系。严格落实城镇小区配套园政策,积极发展多种形式的婴幼儿照护服务机构,鼓励有条件的用人单位提供婴幼儿照护服务,支持企事业单位和社会组织等社会力量提供普惠托育服务,鼓励幼儿园发展托幼一体化服务。三是提高照护服务质量。推进婴幼儿照护服务专业化、规范化发展,提高保育保教质量和水平。

3.完善养老服务体系。一是健全基本养老服务体系。深化公办养老机构改革,完善公建民营管理机制。积极发展农村互助幸福院等互助性养老。逐步提升老年人福利水平,完善经济困难高龄失能老年人补贴制度和特殊困难失能留守老年人探访关爱制度。构建养老、孝老、敬老的社会环境,强化老年人权益保障。二是提高养老服务供给水平。支持家庭承担养老功能,构建居家社区机构相协调、医养康养相结合的养老服务体系。大力发展普惠型养老服务,开展普惠养老城企联动专项行动,支持培训疗养资源转型发展养老,加强对护理型民办养老机构的政策扶持。完善社区居家养老服务网络,推进公共设施适老化改造,推动专业机构服务向社区延伸,整合利用存量资源发展社区嵌入式养老。加强老年健康服务,深入推进医养康养结合。扩大养老机构护理型床位供给,养老机构护理型床位占比提高到55%,更好满足高龄失能失智老年人护理服务需求。健全养老服务综合监管制度。三是推动养老产业协同发展。发展银发经济,开发适老化技术和产品,解决老年人运用智能技术困难,培育智慧养老等新业态。综合考虑人均预期寿命提高、人口老龄化趋势加快、受教育年限增加、劳动力结构变化等因素,按照小步调整、弹性实施、分类推进、统筹兼顾等原则,逐步延迟法定退休年龄,促进人力资源充分利用。

第三十一讲

实施就业优先战略

就业是最大的民生。《纲要》把实施就业优先战略作为增进民生福祉的重要任务，提出了下一阶段就业工作的总体目标、指导思想、主要任务和政策措施，是做好"十四五"时期就业工作的行动指南。我们要深刻领会和贯彻落实《纲要》精神，以习近平新时代中国特色社会主义思想为指导，深入实施就业优先战略，健全有利于更充分更高质量就业的促进机制，扩大就业容量，提升就业质量，缓解结构性就业矛盾。

一、"十三五"时期的主要成就

"十三五"时期，面对错综复杂的国内外形势，特别是新冠肺炎疫情的严重冲击，党中央、国务院始终坚持以人民为中心，把就业摆在经济社会发展的优先位置，坚持实施就业优先政策，制定了一系列稳定扩大就业的政策举措，5年间就业大局基本稳定，就业各项工作成绩显著。

（一）就业形势长期保持平稳

2016—2020年，全国城镇新增就业累计达到6564万人，比"十二五"时期增加133万人，增长2.1%。全国城镇登记失业率保持在 3.6%—4.24% 之间,实现 5% 的规划目标。2020 年以来,面对突如其来的新冠肺炎疫情,各地各部门全力做好"六稳"工作,落实"六保"任务,城镇调查失业率从年初的 6.2% 持续回落至年底的 5.2%。劳动力市场求人倍率稳定在 1 以上,供需实现基本平衡。

(二)就业结构持续优化

"十三五"时期,我国产业、城乡、区域就业结构不断优化。第三产业就业比重逐年提高。城镇就业占比年均提高约 1.2 个百分点,农村劳动力转移就业取得积极成效。中西部地区城镇就业增长对全国的贡献率超过 50%,农民工流向中西部地区的数量和占比均显著增加,区域间就业机会更加均等。

(三)就业质量稳步提升

"十三五"时期,劳动者收入水平持续上升,全国居民人均可支配收入由 23821 元增至 32189 元,实现了比 2010 年"翻一番"的目标。2016—2019 年,全国企业劳动合同签订率均维持在 90% 以上,平均签订率比"十二五"时期提高了 1.8 个百分点。建成世界上规模最大的社会保障体系,基本医疗保险覆盖人数超过 13 亿人,基本养老保险覆盖近 10 亿人,失业保险参保人数比 2015 年增加 4363 万人。劳动人事争议多元处理格局基本形成,调解仲裁制度机制逐步健全,根治欠薪取得积极进展,劳动关系更加和谐。

(四)创业带动就业能力不断增强

"十三五"以来,我国大力实施创新驱动发展战略,深入推进"放管服"改革,实施大规模减税降费,推动大众创业万众创新走深走实,不断优化创业环境,有效激发了市场活力和社会创造力,创业带动就业动能持续释放。全国新登记市场主体年均增长约 10%,新登记注册的大学生创业年均增长超过 9%。全国返乡入乡创业人员总数近 900 万人,带动就业超过 3500 万人。

（五）重点群体就业工作扎实推进

党中央、国务院高度重视重点群体就业工作,持续加大政策支持力度,重点群体就业得到较好保障。高校毕业生就业渠道不断拓展,初次就业率持续稳定在77%以上,总体就业率达到95%左右,向社会累计输送人才超过4000万。农民工就业总体稳定,2020年农民工总量达到2.86亿人,劳动保障权益维护稳步推进,社会融合程度不断提升。退役军人就业工作成效明显,安置制度不断健全,就业创业稳步推进,教育培训不断强化。

（六）就业服务能力显著增强

"十三五"时期,我国持续加强就业服务能力建设,就业服务水平不断提升。覆盖城乡的就业公共服务体系更加健全,每年为8000万劳动者、5000万用人单位提供服务。人力资源市场体系不断完善,市场秩序日渐规范。建立并推行终身职业技能培训制度,开展企业新型学徒制培训,实施职业技能提升行动,每年开展的政府性培训超过1500万人次。

二、面临的主要问题

"十四五"时期,就业领域矛盾和问题依然复杂严峻,人口和经济结构加快转变,国际产业链深入调整,新一轮技术革命和产业变革持续推进,世界经济格局和外部经济环境不确定性等对就业产生广泛而深刻的影响甚至冲击,就业总量压力和矛盾并存,重点地区、重点行业、重点人群失业风险有所上升。

（一）就业需求向城镇集中,就业总量矛盾仍然存在

初步测算,到2025年我国劳动年龄人口和劳动力数量将分别维持在约8.7亿、8.03亿左右的高位。预计"十四五"时期,每年高校毕业生、中职毕业生等需在城镇就业的新成长劳动力达1500万人左右,加上1000万左右城镇失业人员以及年均200多万的新

增农村转移劳动力,促进就业任务异常繁重。

（二）人口老龄化加速,劳动力供给面临冲击

当前,我国人口老龄化速度呈加快趋势。受其影响,我国劳动年龄人口的数量和占总人口比重将持续下降,劳动年龄人口的平均年龄将不断提高,大龄劳动力数量和所占比重将持续上升。大龄劳动力接受新知识、新技术的能力较弱,职业转换能力差,一旦失业很难实现再就业。同时,青年劳动力的减少将进一步加剧结构性就业矛盾,也会带来劳动力市场活力不足、创新意识减弱等问题。

（三）劳动者技能水平有待提高,结构性就业矛盾更加突出

受技术迭代和产业转型升级加快的影响,技术技能用工需求转换也将加速,人力资源培养培训结构滞后于经济社会发展需求的问题进一步显现。"十四五"时期,劳动力供求不相适应的结构性就业矛盾更加突出。一方面,技术创新、产业创新、商业模式创新产生大量人才需求,创新人才、技术工人等长期短缺。另一方面,人工智能等技术的逐步成熟和广泛应用,将更大规模地替代现有就业岗位。同时,新岗位对劳动者提出了更高的要求,低技能劳动者面临转岗就业难的问题。

（四）就业政策体系仍需完善,就业服务水平亟待提升

当前,部分劳动制度与经济发展需求不适应、与人民日益增长的美好生活需要不匹配的问题依然存在。新产业新业态从业人员、灵活就业和新就业形态人员的劳动保障机制、用工争议调解机制等仍有待进一步健全。就业政策和公共服务领域仍存在地区分割、城乡分割、部门分割的情况。"进城"和"下乡"人群的薪酬保障、劳动权益维护、公共服务均等化等需加快推进。

总的来看,尽管就业领域面临诸多风险挑战,但"十四五"时期,我国仍处于重要战略机遇期,经济社会已进入高质量发展阶段,新型城镇化、乡村振兴等孕育巨大发展潜力,创新创业热潮涌

动,市场活力和创造力加速释放,新的就业增长点不断涌现,为实现更加充分更高质量就业提供了重要支撑。一是经济稳中向好的趋势没有变,稳定促进就业基础坚实。我国经济具有韧性强、回旋空间大的特点,长期建设积累了雄厚的物质基础,超大规模市场和内需潜力巨大,"十四五"时期,经济运行将继续保持在合理区间,就业长期稳定的基础没有变。二是新一轮科技革命和产业变革逐步深入,就业新动能加速形成。新技术加速应用带动数字经济、平台经济等新产业新业态迅猛发展,拓展了就业新领域,创造了大量新兴就业机会,催生出许多新岗位新职业,成为劳动者拓宽就业渠道、实现就业增收的重要途径。三是服务业快速发展,就业"蓄水池"作用更加突出。随着服务领域持续深度开放,我国服务业将保持较快增长态势,信息、科技等服务业加速兴起,旅游、文化、体育、健康、养老等幸福产业升级壮大,为劳动者就业提供了更多样的选择。四是区域发展格局日趋优化,就业空间结构更加均衡。随着国家重大区域发展战略深入实施,新型城镇化、乡村振兴加快推进,区域发展格局将不断优化,协调性有所增强,中西部和东北地区就业承载力将不断提升,城镇乡村就业创业机会将越来越多。

三、做好"十四五"时期就业工作的主要举措

"十四五"时期,做好就业工作必须深入实施就业优先战略,全面强化就业优先政策,坚持经济发展就业导向,扩大就业容量,提升就业质量,促进充分就业,缓解结构性就业矛盾,防范化解失业风险,努力实现更加充分更高质量就业。

(一)持续加强就业优先导向的宏观调控

把稳定和扩大就业作为经济社会发展的优先目标、经济运行合理区间的下限、宏观经济政策的核心考虑,创新和完善宏观调控方式,充分发挥劳动力市场信号作用,根据就业形势变化,及时调

整宏观政策取向。强化财政、货币、产业、投资、区域等政策对就业的支持,健全就业政策与其他宏观经济政策协调联动机制,强化重大政策、重大规划、重大工程、重大项目就业影响的评估。

（二）不断增强经济发展创造就业岗位能力

培育壮大接续有力的就业新动能,抓紧清理调整不适应新产业新业态新就业形态发展的限制性政策,大力发展数字经济,创造更多新的经济和就业增长极。加快推动传统行业数字化转型,开发更多高质量就业机会。有序引导劳动密集型制造业梯度转移,促进产业结构层次低的地区加快转型升级步伐,壮大县域经济和乡村产业,提高重点地区就业承载力。完善促进消费体制机制,大力发展社区家庭服务业和消费服务业,优化民营中小微企业发展环境,提升金融服务实体经济能力,形成经济增长与扩大就业的良性循环。

（三）更大力度激发创业带动就业活力

深化"放管服"改革和商事制度改革,不断降低市场准入门槛和制度性交易成本。完善创新创业政策支持体系,为初创实体提供场地支持、租金减免、创业补贴等扶持,积极拓宽创业企业投融资渠道。打造一批优质返乡创业产业园和聚集区,推动返乡入乡创业高质量发展。强化创业服务,加强双创示范基地建设,打造开放式、全生态、产业化的创业孵化体系。推进创新创业资源开放共享,畅通创业带动就业的链条。

（四）全面提升劳动者就业创业能力

加快高等教育改革,构建人才培养培训与产业需求相衔接的预测预警机制,培养更多急需人才。充分发挥企业在技能培训中的主体作用,广泛开展新业态新模式从业人员技能培训,普及"互联网+"等新型培训模式,全面推行企业新型学徒制,推动培训链与产业链深度融合。深化职业教育改革,完善技工院校和中等职业学校支持政策,健全技能人才培养、使用、评价、激励机制,畅通技能人才职业发展通道。支持建设一批以就业为导向的示范型公共实训基地,提升对重点行业、重点群体、紧缺工种的公共实训能力。

(五)加快完善重点群体就业支持体系

拓宽高校毕业生市场化社会化就业渠道,鼓励小微企业吸纳高校毕业生就业,扩大基层服务项目、应征入伍等招聘招募规模。为高校毕业生提供不断线的就业服务,开展专项能力培训和精准帮扶。健全劳动力跨区域对接协调机制,推动农村劳动力转移就业。落实农民工就业创业政策,支持更多农民工就地就近就业和返乡入乡创业。加强农民工的专项技能培训、就业创业培训,支持企业开展以工代训,切实提升农民工职业技能和就业创业能力。对接创新驱动战略、可持续发展战略和军民融合战略,协调各方资源,培育更多退役军人就业增长点。落实退役军人优惠扶持政策,健全退役军人就业保障制度,强化针对性就业创业服务。

(六)进一步优化就业公共服务体系

深化劳动力要素市场化配置改革,推进户籍制度改革,逐步打破城乡、地域、行业分割和身份、性别歧视,加强统一开放、竞争有序的人力资源市场体系建设。统筹城乡就业政策,加快推动就业公共服务均等化,推进农民工在就业地平等享受就业服务,完善城乡和区域间的社会保障衔接机制,促进劳动力城乡双向流动,持续打造覆盖全民、贯穿全程、辐射全域、便捷高效的全方位就业公共服务体系。

第三十二讲

优化收入分配结构

收入分配是民生之源，是改善民生、实现发展成果由人民共享最重要最直接的方式。"十四五"时期要以习近平新时代中国特色社会主义思想为指导，在经济平稳增长的基础上，围绕增活力、提效率、缩差距、优格局，努力使全体人民在共建共享发展中有更多获得感，为顺利实现第二个百年奋斗目标打下坚实基础。

一、我国收入分配格局持续优化

"十三五"时期，人民收入水平稳步提高，与经济发展基本保持同步，收入分配格局不断优化，中等收入群体持续扩大，脱贫攻坚取得历史性成就，收入分配制度改革不断深入推进，收入分配政策体系逐步完善。

（一）居民收入水平稳步提高

"十三五"时期，全国居民人均可支配收入由"十二五"末的21966元逐步增长至32189元，扣除价格因素年均实际增长5.6%，同期国内生产总值年均实际增速为5.7%，居民收入增长实现与经济增长基本同步。党的十八大提出到2020年实现居民人均收入比2010年翻一番，从目前情况看，已顺利完成"翻一番"目标。

这为"十四五"期间促进居民增收、扩大中等收入群体奠定了坚实基础,也为下一步主动调结构、促改革拓宽了政策空间。

(二)脱贫攻坚成果举世瞩目

党的十八大以来,我们举全党全国之力打赢了脱贫攻坚战,现行标准下9899万农村贫困人口全部脱贫,贫困县全部摘帽,困扰中华民族几千年的绝对贫困问题得到历史性解决,成为全面建成小康社会的标志性成果,全面建成小康社会胜利在望。2019年贫困地区农村居民人均可支配收入11567元,实际增长8.0%,比全国农村居民人均可支配收入增速快1.8个百分点。

(三)收入分配结构不断改善

"十三五"时期,农村居民人均可支配收入增长一直快于城镇,城乡收入相对差距不断缩小,城乡居民人均可支配收入之比从2015年的2.73∶1收窄至2020年的2.56∶1。2019年城镇居民人均可支配收入最高省份和最低省份的收入倍差为2.38,比2015年下降了0.15;农村居民人均可支配收入最高省份和最低省份的收入倍差为3.45,比2015年下降了0.10。

(四)中等收入群体规模持续扩大

随着我国经济由高速增长阶段转向高质量发展阶段,就业供需匹配程度和岗位含金量不断提升,居民收入持续增长,中等收入群体不断扩大。以国家统计局"中国典型的三口之家年收入在10万元—50万元之间"的标准测算,我国中等收入群体人口已经超过4亿人,约1.4亿个家庭,形成了全球规模最大、最具成长性的中等收入群体。这些家庭有购车、购房、闲暇旅游的能力,为我国经济持续平稳增长、社会和谐稳定提供了有力支撑。

二、收入分配领域存在的问题

同时也必须看到,我国各类要素参与分配格局尚不完善,城乡、区域、不同群体间收入差距仍客观存在,收入分配领域不平衡不充分等问题仍较突出。

（一）居民收入增速趋缓

尽管近年来城乡居民收入保持了持续较快增速,但增速逐年放缓。受疫情影响,2020 年全国居民人均可支配收入实际增速2.1%,略慢于同期 GDP 增速。从收入来源看,2020 年全国居民收入占比最高的仍为工资性收入,占 55.7%,经营净收入、财产净收入占比仅为 16.5%、8.7%;农村居民的财产净收入占比仅为2.4%,多年来没有明显改善,城乡居民经营性收入和财产性收入增长潜力有待进一步挖掘。

（二）居民收入差距仍然较大

2019 年我国居民收入基尼系数为 0.465,仍处于 0.4 的国际警戒线之上。城乡、区域、不同群体间差距仍客观存在。从城乡看,绝对差距在逐步扩大,从 2015 年的 19773.1 元增加到 2020 年的 26903 元。从地区看,2018 年东部地区居民人均可支配收入是西部地区的 1.65 倍;2019 年居民收入最高的上海市与最低的甘肃省之间的收入比值为 3.45 倍。

（三）收入分配体制机制有待健全

打赢脱贫攻坚战后,已建立防止返贫监测和帮扶机制,但低收入群体收入增长动力较弱,低收入群体精准识别和帮扶长效机制仍有待完善。劳动、资本、土地、知识、技术、管理、数据等生产要素由市场决定贡献、按贡献决定报酬的机制仍不健全。居民收入来源有待丰富,税收、社保、转移支付等再分配调节力度和精准性有待提高,合理调节过高收入、取缔非法收入的体制机制有待健全。反垄断和防止资本无序扩张、严格依法惩治腐败等工作仍任重道远。第三次分配作用发挥仍较为有限。

三、"十四五"时期优化收入分配
结构的思路和对策建议

"十四五"时期,要坚持居民收入增长和经济增长基本同步、劳动报酬提高和劳动生产率提高基本同步,持续提高低收入群体收入,扩大中等收入群体,更加积极有为地促进共同富裕。

(一)着力保护和提高劳动报酬

坚持多劳多得,鼓励勤劳致富,着重保护劳动所得,增加劳动者特别是一线劳动者的报酬,提高劳动报酬在初次分配中的比重。进一步完善反映市场供求和经济效益的工资决定机制、合理增长机制和支付保障机制,提高一线职工工资待遇,积极推进工资集体协商。完善适应事业单位和国有企业特点的薪酬制度。切实保障农民工工资支付,形成治欠保支的法治化氛围。

(二)健全要素参与分配机制

构建更加完善的要素市场化配置体制机制,建立健全统一的要素市场。强化人力资源市场建设,优化人力资本投入,提升劳动要素市场化配置水平。拓宽居民收入来源渠道,深挖经营性及财产性收入增长潜力。深化农村土地制度改革,建立健全城乡统一的建设用地市场,鼓励盘活存量建设用地,赋予农民更加充分的土地财产权利。加快发展多层次资本市场,完善租购并举住房制度。强化以增加知识价值为导向的收入分配政策,充分尊重科研、技术、管理人才。构建数据要素收益分配机制,建立健全数据权属、公开、共享、交易规则,加强数据资源整合和安全保护。

(三)完善再分配调节体系

探索按照家庭整体收入和负担情况征缴所得税,建立完善个人收入和财产信息系统。完善公平可持续的社会保障体系,切实保障困难群体基本生活,加大转移支付力度和精准性,健全社会救助家庭经济状况核对机制,落实社会救助和保障标准与物价上涨挂钩联动机制,加大对城市困难职工解困脱困和帮扶力度。重视发挥第三次分配作用,大力发展慈善等社会公益事业。深化垄断行业收入分配制度改革,营造激励奋发向上的公平环境,规范收入分配秩序,抑制投机稳定预期。

(四)切实增加低收入者收入

确保低收入者平等享有参与义务教育和职业技能培训的权利,加快提升低收入群体受教育水平和技能水平,使其通过提高劳动素质获得更多收入。高度警惕和有效防范脱贫人口返贫风险和边缘人口致贫风险,将防止返贫摆到更加重要的位置,完善防止返贫监测和帮扶机制,及时将返贫和新致贫人口纳入帮扶。探索建立农村低收入人口和欠发达地区帮扶的长效机制,把相对贫困地区纳入国家区域协调发展总体战略和乡村振兴战略实施的重点区域,构建支持相对贫困地区加快发展的政策体系,推动资金、项目、人才、技术等向贫困地区倾斜,激发解决相对贫困的内生动力。

(五)扩大中等收入群体规模

进一步畅通居民增收减支渠道。培育发展高附加值头部产业,大力扶持现代服务业发展,在推动产业结构迈向中高端的过程中扩大优质就业岗位数量,提高就业稳定性和就业质量,进而提升收入水平。激发新型职业农民、技能人才、科研人员、企业经营管理人员、小微创业者等重点群体活力,大力扶持中等收入群体后备军。完善国家基本公共服务标准,促进各地标准水平衔接协调,提高基本公共服务的可及性和均等化程度,切实减轻家庭居住、教育、医疗、养老等支出负担,提升中等收入群体安全感获得感。鼓励地方大胆探索,率先试验,结合当地实际和已有工作基础灵活施策,并对好的经验做法进行复制推广。

第三十三讲

健全多层次社会保障体系

社会保障是民生之基。《纲要》提出要坚持应保尽保原则,按照兜底线、织密网、建机制的要求,加快健全覆盖全民、统筹城乡、公平统一、可持续的多层次社会保障体系,对贯彻落实习近平新时代中国特色社会主义思想,践行以人民为中心发展理念,织密织牢民生安全网,保障经济社会稳定健康发展有着重要意义。我们要深刻领会《纲要》精神实质,准确把握社会保障制度面临的主要问题,深入推进关键领域改革,持续完善社会保障制度体系。

一、"十三五"时期社会保障工作主要成就

"十三五"时期,我国社会保障工作坚持"全民覆盖、保障适度、权责明晰、运行高效"的原则,社会保障覆盖面持续扩大,保障水平稳步提高,制度改革持续推进,各项工作取得了显著成效。

(一)覆盖范围不断扩大,人群全覆盖基本实现

"十三五"期间,我国建成世界上规模最大的社会保障体系,总体实现社会保障全民覆盖。截至 2020 年底,全国基本养老、基本医疗、失业和工伤保险参保人数分别达到 9.99 亿人、13.61 亿人、2.17 亿人、2.68 亿人,比"十二五"末分别增加了 1.40 亿人、0.25 亿人、

0.44 亿人、0.53 亿人,大病保险覆盖城乡居民超过 10 亿人,社会保障卡持卡人数达到 13.35 亿人,城、乡最低生活保障人数分别为 805 万人、3621 万人。重点社会保障制度基本实现人群全覆盖。

(二)待遇水平稳步提高,保障能力持续提升

各项社会保障待遇稳步提升,企业退休人员月人均养老金水平从 2015 年的 2270 元提高至 2020 年的 3000 元以上,城乡居民基本养老保险基础养老金标准从人均每月 70 元提高到 93 元。城镇职工基本医疗保险、城乡居民基本医疗保险政策范围内住院报销比例分别达到 80%、70% 左右,城、乡最低生活保障标准分别从"十二五"末的 451.1 元/人/月、3177.6 元/人/年增长到 2020 年的 665 元/人/月、5842 元/人/年。

(三)重点改革取得突出成效,制度公平可持续性显著提升

一是基础养老金全国统筹取得突破进展。2018 年 6 月,国务院出台《关于建立企业职工基本养老保险基金中央调剂制度的通知》,建立了中央调剂金制度,"十三五"期间总体实现基金省级统收统支,并加快推进全国统筹步伐。二是医疗保障制度改革有力推进。2018 年 3 月,第十三届全国人民代表大会第一次会议审议通过的国务院机构改革方案,决定成立直属国务院的国家医疗保障局。2020 年 2 月,中共中央、国务院出台《关于深化医疗保障制度改革的意见》,明确了制度改革完善的总体方向、基本原则和重点任务。三是社会救助制度不断完善。2020 年 8 月,中办、国办印发《关于改革完善社会救助制度的意见》,明确社会救助制度改革发展方向。《社会救助法》立法工作也在积极推进。与此同时,社会保险费征缴体制改革、划转国有资本充实社保基金等重大改革在"十三五"期间基本完成。

(四)社保扶贫成效显著,切实发挥兜底功能

通过全民参保登记计划,建立了含有 13 亿多人口数据的全民参保数据库,为社保精准扶贫打下了基础。截至 2020 年底,全国

建档立卡贫困人员参加基本养老保险人数 6098 万人,参保率长期稳定在 99.99%。2017 年代缴政策实施以来,共为 1.19 亿困难人员代缴城乡居民基本养老保险费 129 亿元,基本实现了建档立卡贫困人员应保尽保。2020 年底,超过 3014 万贫困老年人按月领取基本养老保险待遇,其中建档立卡贫困老人 1735 万人。

（五）大力度减免社保费,应对疫情影响保住市场主体

2020 年初以来,面对新冠肺炎疫情给经济社会运行带来的巨大冲击,党中央、国务院科学统筹疫情防控和经济社会发展,及时出台了阶段性社保费减免、稳岗返还、失业保障扩围、加大低保临时救助力度等一揽子助企纾困和激发市场活力的规模性政策。截至 2020 年底,养老、失业和工伤三项社会保险免、减、缓等政策合计减费 1.54 万亿元,职工医保费阶段性减征 1650 亿元。相应政策为保住市场主体、提振市场信心送来了"及时雨",对稳住经济基本盘发挥了重要支撑作用。

二、社会保障制度面临的主要问题

"十四五"时期,我国社会保障事业发展面临经济增速换挡、人口老龄化加剧、就业结构持续变化等新的发展形势。在此背景下,社会保障体系自身存在的多方面问题不断显现,制度公平和可持续性面临较大挑战。

（一）人口老龄化背景下社会保险基金收支平衡压力持续加大

城镇职工养老保险制度抚养比（养老金缴纳者与领取者之比）,已从"十二五"末的 2.87∶1,下降至"十三五"末的 2.57∶1。2020 年底,职工养老保险、失业保险、工伤保险基金累计结余分别为 46928.6 亿元、3353.4 亿元、1444.2 亿元,比上一年底分别减少 7694.7 亿元、1272.0 亿元、339.0 亿元,基金结余可供使用月数比"十二五"末分别下降了 5 个月、64 个月、5 个月。

（二）职工社会保险覆盖率低

2020 年底,我国职工养老保险参保职工人数、职工医疗保险参保职工人数、失业保险参保人数和工伤保险参保人数分别为32861 万人、25398 万人、21689 万人和26770 万人,分别占 4.42 亿城镇就业人员总量的 74.3%、57.5%、49.0% 和 60.5%,占城乡7.75 亿就业人员总量比例更低。部分城乡就业人员未能依法纳入职工保险制度覆盖范围,影响了制度平稳可持续发展,也损害了劳动者合法权益。

（三）多层次社会保障体系发展存在短板

我国多层次社会保障体系中补充保障发展滞后,市场和社会作用发挥有限。2020 年底,参加企业年金人员为 2500 多万人,仅占企业职工基本养老保险参保人数的 7% 左右。个人税收递延型养老保险自 2018 年试点以来,累计参保 4.88 万人。税优健康险政策自 2016 年 1 月开始实施,到目前保单仅 50 万件。灾害救助等应充分发挥政府、市场、社会和受灾者等多方合力的保障项目主要由政府承担,市场和社会发挥作用不足。

（四）社会保障法律法规尚需健全

我国社会保障法律法规体系还不够健全。《社会救助法》经过多年反复酝酿,尚未正式出台。《社会保险法》《失业保险条例》等社会保障重点法律法规中,部分条款已滞后于经济社会发展和社会保障制度改革进程。养老保险、医疗保险等重点社会保障项目尚未制定法律法规。与此同时,全国统一的社会保险公共服务平台还不够完善,难以有效支撑制度高质量运行。

三、"十四五"时期健全多层次社会保障体系的政策思路

"十四五"时期,我国应着力健全多层次社会保障体系,切实

提高社会保障全民覆盖质量,大力深化基本保险制度改革,发展补充保障,强化社会保障体系运行支撑,健全相关法律法规,实现制度更加公平更可持续发展。

(一)推进实现社会保障法定人群全覆盖

以灵活就业人员、农民工、低保边缘群体等为重点,扩大社保覆盖范围。完善农村社会保障政策。健全灵活就业人员社保制度,降低参保门槛,提升服务能力,不断扩大新业态从业人员等群体参保覆盖面。对城镇职工保险制度的缴费负担、衔接转续、征缴管理进行改革完善,提高制度吸引力,将更多参保者依法纳入职工保险制度体系,促进参保质量进一步提升。建立健全退役军人新型待遇保障机制,加强退役军人保险制度衔接,切实提升退役军人服务保障水平。

(二)进一步深化社会保险重点领域改革

完善养老保险筹资和待遇调整机制,加快推进基本养老保险全国统筹,尽快出台实施延迟退休年龄方案,健全划转国有资本充实社保基金管理机制。加快建立健全中国特色医疗保障体系,合理提高基本医疗保险统筹层次,健全重大疾病医疗保险和救助制度,落实异地就医结算,稳步建立长期护理保险制度。推动失业保险、工伤保险省级统筹。

(三)补齐多层次社会保障体系发展短板

深入开展多层次社会保障体系关键问题研究和顶层设计,明确发展方向、体系架构和核心制度定位。明确基本保障"保基本"的制度属性,推进重点领域关键环节改革完善。以养老金、医疗保障和养老服务等为重点,加快推动补充保障发展。通过税收优惠等方式,支持发展多层次、多支柱养老保险体系,提高企业年金覆盖率,规范发展第三支柱养老保险,积极发展商业医疗保险。营造更加有利于各类补充保障充分发展的宏观环境和监管环境,有效激发各类主体参与补充保障发展的积极性和活力。

（四）强化公共服务平台等社会保障制度运行支撑

完善全国统一的社会保险公共服务平台,打通重点业务部门管理服务和数据系统,实现底层数据的互联互通和即时传输,为社会保障重点政策改革完善和制度高质量运行提供有力支撑。优化改革后的社会保险费征缴体制。健全划转国有资本充实社保基金运行管理机制。合理培育社会保障领域重点社会组织,在社会救助服务供给、公益化医疗保障和慈善事业等领域支持相关社会组织发展,完善统一的慈善财税制度。

（五）切实提高社会保障法治化水平

尽快出台《社会救助法》,以城乡低保对象、特殊困难人员、低收入家庭为重点,健全分层分类的社会救助体系,构建综合救助格局。健全基本生活救助制度和医疗、教育、住房、就业、受灾人员等专项救助制度。结合经济社会发展和制度改革情况,尽快修订《社会保险法》《失业保险条例》,推进研究起草养老保障、医疗保障领域重点法律法规,为制度高质量良性运转提供有效的法律法规支撑,更好地发挥保障作用。

第三十四讲

构建基层社会治理新格局

　　构建基层社会治理新格局,是提高社会治理水平和国家治理效能的微观基础,是推进国家治理体系和治理能力现代化的内在要求,对于维护社会稳定和安全,增强人民群众获得感、幸福感、安全感,促进人的全面发展和社会全面进步具有十分重要的意义。"十四五"时期,要坚持党的全面领导,推动社会治理重心向基层下移,向基层放权赋能,加强城乡社区治理和服务体系建设,促进群众、群团和社会组织参与,及时就地化解社会矛盾风险,为社会安全和民生改善筑牢坚实基础。

一、"十三五"时期我国基层 社会治理的进展和成效

　　"十三五"时期,我国基层社会治理在党的全面领导下深入探索、积极推进,在组织建设、法制化建设、机制建设、社区服务体系建设等方面取得一系列重要进展和显著成效。

　　(一)党对基层社会治理的领导全面加强

　　习近平总书记对基层社会治理、社区和志愿服务、社会组织党建等工作作出一系列重要指示和批示,为加强和创新基层社会治

理提供了根本遵循。党的十八届六中全会以来,党建引领基层社会治理作用进一步突出,党的十九大和十九届三中、四中、五中全会围绕打造共建共治共享的社会治理格局、深化党和国家机构改革、坚持和完善人民当家作主制度体系、改善人民生活品质和提高社会建设水平等重大议题,对基层社会治理提出了新的更高要求。中共中央、国务院印发《关于加强和完善城乡社区治理的意见》,到 2020 年,我国已经基本形成基层党组织领导、基层政府主导的多方参与、共同治理的城乡社区治理体系。

（二）基层治理法制化建设迈出新步伐

《中华人民共和国民法总则》明确了村民委员会、居民委员会具有基层群众性自治组织特别法人资格,可以从事为履行职能所需要的民事活动。十三届全国人大常委会第七次会议,将村委会、居委会任期由 3 年修改为 5 年。截至 2019 年底,28 个省（自治区、直辖市）实现了村民委员会和居民委员会换届选举统一届期、统一部署、统一指导、统一实施,参选率达到 90% 以上。98% 的村制定了村规民约或村民自治章程,城市社区普遍制定居民公约或居民自治章程。《中华人民共和国慈善法》《志愿服务条例》为慈善和志愿服务力量参与基层社会治理提供了法律依据。《中华人民共和国民法典》进一步统一、规范并加强了与基层社会治理密切相关的法律规定。

（三）基层民主协商和矛盾化解机制进一步健全

各地普遍以村（居）民会议和村（居）民代表会议为主要载体开展议事协商决策。截至 2019 年底,85% 的村建立了村民会议或者村民代表会议制度,64% 的社区建立了协商议事委员会,涉及村民、居民利益的重大事项,基本由村民、居民讨论决定。基层党委、政府把城乡社区协商纳入重要议事日程,结合实际制定了具体办法。有的地方围绕涉及基层群众利益的事项制定协商目录,明确协商内容,为社区协商提供制度保障。有的地方积极探索建立村民理事会、村民议事会、村民决策听证会等协商议事形式，开展灵活多样的协商活动。基层利益表达、协调机制更加健全，群众在基层组织引导下依法行使权利、表达诉求、解决纠纷。不少地方在基层引进法律援助、纠纷调解、社会心理等服务，加强对特殊人群的普法宣传和法律帮扶、多元化纠纷解决、心理疏导和矫治，及时就地化解社会矛盾。

（四）社区治理和服务能力持续提高

城乡社区组织和服务队伍不断壮大，城市居民委员会下属委员会、社区服务站、居民小组和楼院门栋等组织逐步健全，农村普遍建立村民委员会、村务监督委员会、人民调解委员会等组织，以基层党组织和自治组织成员为骨干、以政府派驻社区力量为依托、以专职工作者和志愿者为辅助的社区工作队伍初步构建。截至2019年底，全国共有11万个城市社区，156万个居民小组，城市社区工作者133.9万人，其中社区"两委"成员58.7万人，社区专职工作者75.2万人；全国共有53.3万个行政村，163万个自然村，449万个村民小组，平均每个行政村有5名农村社区工作者；社区志愿者注册登记制度普遍推行，全国注册社区志愿者3741万人。城乡社区综合服务设施加快建设，社区公共服务、志愿服务、便民利民服务衔接配套的城乡社区服务体系初步形成。截至2019年底，城乡社区服务设施达到30万个，城市和农村社区综合服务设施覆盖率分别达到83.8%和48.8%。

二、当前基层社会治理存在的矛盾和问题

与新发展阶段的群众期盼和新发展理念的贯彻要求相比，基层社会治理还有需要加强和改进的方面。

（一）基层党建仍有薄弱环节

部分地区仍然存在基层党组织建设滞后、战斗堡垒作用发挥

不充分等问题,基层党建、治理、服务相互分割,党建引领社区治理和服务的效能亟待提升。

(二)群众参与基层治理不充分

一些地方基层政府管理与基层群众自治边界不清,城乡社区行政化色彩较浓,社区治理的群众参与还不够充分,既不利于基层自治,又不利于群众利益表达和矛盾纠纷化解。

(三)社区服务发展不平衡

城乡之间、地区之间、新城新区与老旧城区之间、中心村与边远村之间在社区综合服务设施覆盖、社区工作者队伍和社会组织建设、社区服务能力上存在较大差距。

三、"十四五"时期构建基层社会治理新格局的任务和举措

"十四五"时期,要把加强党的领导作为基层社会治理的关键,健全党组织领导的自治、法治、德治相结合的城乡基层社会治理体系,完善基层民主协商制度,建设人人有责、人人尽责、人人享有的社会治理共同体。

(一)夯实基层社会治理基础

完善党领导的基层群众自治制度。推动党组织向基层延伸,进一步加强基层党组织建设,推动基层党组织书记和村(居)民委员会主任职务"一肩挑"。发挥基层群众性自治组织在基层社会治理中的基础作用,着力推进基层直接民主制度化、规范化、程序化。加强基层群众自治组织规范化建设,研究完善基层群众自治组织特别法人相关制度,加强村(居)务监督委员会建设。加快推进城市居民委员会组织法修订工作。

拓宽群众参与基层治理的制度化渠道。积极推动城乡社区治理体系和治理能力建设,构建人人有责、人人尽责、人人享有的社

区治理共同体,实现政府治理同社会调节、居民自治良性互动。健全城乡社区协商制度,聚焦群众关心的民生实事和村(社区)重要事项开展民主协商,抓好协商成果督促落实。探索建立乡镇(街道)协商与城乡社区协商的联动机制,不断丰富村(居)民参与公共事项决策的有效形式。探索外来人口参与基层群众自治、城乡社区协商的工作机制。推动城市居民自治章程和居民公约、村规民约和村民自治章程高质量全覆盖,切实增强群众自我管理、自我服务、自我教育、自我监督实效。

(二)健全社区管理和服务机制

优化城乡社区服务制度标准和设施布局。推动社会治理和服务重心下移、资源下沉,提高城乡社区精准化精细化服务管理能力。引导各地将社区服务体系建设作为重要内容纳入经济社会发展规划、国土空间规划和年度计划。推进城乡社区服务标准化建设,建立系统完善、层次分明、衔接配套、科学适用的社区基本公共服务标准体系。加快构建网格化管理、精细化服务、信息化支撑、开放共享的社区管理服务平台。促进社区服务设施高效建设和运行,加快补齐村级综合服务设施建设短板,提高社区服务设施利用率。推动社区服务智能化,完善社区自助服务设施布局。

重点发展社区"一老一小"和助残服务。优化社区养老设施布局,大力推进城市新建城区、新建居住(小)区按标配套建设社区养老服务设施,支持老旧城区、已建成居住(小)区加快补齐社区养老服务设施,推动构建城市养老服务 15 分钟服务圈。大力发展农村互助养老服务,积极大力培育农村为老服务社会组织,强化农村老年人社会支持体系建设,完善农村留守老年人关爱服务体系。健全社区留守儿童关爱保护和困境儿童保障体系,不断夯实强制报告、应急处置、评估帮扶、监护干预"四位一体"的救助保护机制。加强基层儿童福利和儿童保护人才队伍建设,建立常态化培训机制,引导更多社会组织、社会工作服务机构服务社区留守儿童和困境儿童。推动乡镇(街道)儿童督导员、村(居)儿童主任配备以及新任职培训"两个全覆盖"。发展残疾人社区托养康复设施,推动精神障碍残疾人康复服务向社区延伸,推进康复辅助器具社区租赁服务和应用推广。

加强城乡社区工作者队伍建设。建立社区工作者职业发展体系,建立健全与岗位特点、工作年限、教育程度、专业水平相匹配的社区工作者岗位等级序列,提高社区工作者待遇并建立薪酬正常增长机制。探索打通优秀城乡社区工作者享受公务员或事业编制待遇渠道。建立健全城乡社区工作者分级培训制度,支持社区工作者参加社会工作职业资格评价和学历教育等,对获得社会工作职业资格的给予职业津贴。

(三)发挥群团组织和社会组织在基层社会治理中的作用

促进各类主体参与基层治理。畅通和规范市场主体、新社会阶层、社会工作者和志愿者等参与社会治理的途径,引导社会组织进入城乡社区,提供专业化、特色化、个性化服务。创新城乡社区公共服务提供方式,全面推进政府购买社区服务机制建设,普遍建立政府购买社区服务清单,培育扶持一批具有较强专业性和信誉度的社区服务机构。

构建以社会工作站为基础的基层社会工作服务体系。健全党委领导、政府负责、群团助推、社会协同、公众参与的社会工作统筹机制,形成分工协作、齐抓共管、高效顺畅的工作格局。建立村居—街镇—区县三级社会工作服务体系,加快推进城市社区社工站(室)和农村乡镇社工站建设,力争在"十四五"时期实现镇、街道社工站全覆盖,承担社会工作机构培育、社会支持网络构建、社区参与能力提升、扶老助残及关爱妇女儿童等功能,打造枢纽型、立体型、综合型的社会工作平台载体。

加强基层志愿服务。加大税费优惠、资金投入、激励嘉许等政策支持力度,探索建立志愿者参与志愿服务的保险保障,鼓励开展志愿服务"时间银行"等实践,推动志愿服务制度化常态化发展。推动在乡镇(街道)建设标准化示范性志愿服务站点,为群众参与和接受志愿服务提供便利条件。逐步建成制度保障有力、志愿服务网络健全、参与渠道便捷可及、覆盖领域和范围广泛的中国特色志愿服务体系。

第三十五讲

发展社会主义先进文化

党的十八大以来,以习近平同志为核心的党中央把文化建设提升到一个新的历史高度,把文化自信和道路自信、理论自信、制度自信并列为中国特色社会主义"四个自信",文化建设在正本清源、守正创新中取得历史性成就、发生历史性变革,为新时代坚持和发展中国特色社会主义、开创党和国家事业全新局面提供了强大正能量。

一、"十三五"时期主要成就

"十三五"时期,坚持中国特色社会主义文化发展道路,着力激发全民族文化创新创造活力。坚守中华文化立场,立足当代中国现实,结合当今时代条件,发展面向现代化、面向世界、面向未来的,民族的科学的大众的社会主义文化,推动社会主义精神文明和物质文明协调发展。

(一)党的理论创新全面推进

出版《习近平谈治国理政》《习近平新时代中国特色社会主义思想学习纲要》等系列理论读物,建设 11 家习近平新时代中国特色社会主义思想研究中心(院)、15 家全国中国特色社会主义理论体系研究中心。实施马克思主义理论研究和建设工程,建设37所全国重点马克思主义学院,系统修订高校思想政治理论课教材。创新理论宣传形式,推出理论热点面对面系列理论读物、《必由之路》等文献专题片、《厉害了,我们的新时代》等通俗理论电视节目。实施哲学社会科学创新工程,组建中国历史研究院,遴选29家单位开展国家高端智库建设试点。

(二)社会主义核心价值观不断融入法治建设和社会治理

颁布实施《新时代公民道德建设实施纲要》《新时代爱国主义教育实施纲要》,全国道德模范评选表彰和各类爱国主义教育示范基地教育作用进一步凸显。全国志愿服务团队规模不断壮大,学雷锋志愿服务活动常态化制度化。加强和改进高校思想政治工作,帮青年"扣好人生第一粒扣子"。农村基层宣传文化工作和精神文明建设进一步加强,新时代文明实践中心建设试点拓展至500家。广泛开展诚信行业、诚信单位等活动,发布"诚信之星"。

(三)主流舆论传播力引导力影响力不断增强

有效开展对美舆论斗争和涉港、涉台、涉南海、涉藏、涉疆舆论斗争,稳妥做好新冠肺炎疫情等一系列重大突发事件舆论引导。党报党刊等主流媒体建设发力,完成《人民日报》《求是》改版,推出"侠客岛""宣言""钟轩理""朗读者"等品牌。打造中央和省级主要媒体融媒体中心,成立媒体融合国家重点实验室,建成2501个县级融媒体中心。网络舆论阵地和传播秩序管理效能提升,建立健全政策解读和新闻发布制度。

(四)文化产品创作生产日益繁荣

国家艺术基金、出版基金、电影精品专项资金扶持引导作用不断凸显,涌现出《奋斗吧 中华儿女》《历史转折中的邓小平》《可爱的中国》《我和我的祖国》《战狼2》《流浪地球》等一批优秀作品。网络内容生产传播平台主体责任得到强化,健康向上的网络文艺生态逐步形成。文艺评奖制度改革成效显著,文化产品评价激励机制不断完善。国家版权监督平台建设顺利推进,版权保护力度显著提高。

(五)文化遗产保护利用卓有成效

统筹推进长城、大运河、长征、黄河等国家文化公园建设,打造中华文化重要标志。实施中华优秀传统文化传承发展工程,组织《复兴文库》等编纂出版,开通运行"中华古籍资源库",实施戏曲振兴工程,建设中华优秀传统文化教育基地。开展第一次全国可移动文物普查,公布第八批全国重点文物保护单位,文物资源调查登录体系不断健全。国家、省、市、县四级非遗名录体系不断健全,非遗整体性保护有序推进,国家级文化生态保护区数量达到23个。

(六)公共文化服务水平和能力进一步提高

文化基础设施网络不断完善,建成基层综合性文化服务中心56万个,2176个县(市、区)建成文化馆总分馆制,2155个县(市、区)建成图书馆总分馆制,全国5万余个公共图书馆、文化馆(站)、公共博物馆、公共美术馆等公共文化设施免费开放。文化精准扶贫扎实推进,重点支持贫困地区建设村综合文化服务中心近4万个,支持中西部地区建设县级城市数字影院2104个,支持442个深度贫困县应急广播体系建设。实施盲文出版工程、盲人数字阅读推广工程,特殊群体文化权益得到保障。

(七)文化产业持续健康发展

市场主体规模不断扩大,文化产业法人单位数量近210万家,上市文化企业达201家。文化和科技加速融合,建成55家国家文化和科技融合示范基地。文化和旅游在更高水平上实现融合,涌现出印象系列、千古情系列、又见系列等一批知名旅游演艺品牌,全国建成5A级旅游景区280家、国家全域旅游示范区71家、国家级旅游度假区30家、全国乡村旅游重点村1000个、全国红色旅游经典景区300处。2019年文化及相关产业增加值为44363亿元,占 GDP 比重由 2013 年的 3.69% 提高到 4.5%。

（八）中华文化影响力不断增强

《习近平谈治国理政》全球发行量逾 2600 万册，中国理念、中国主张、中国方案影响力不断提升。中国国际电视台（CGTN）正式开播，英语新闻频道脸谱账号粉丝数超过 1 亿。亚洲文明对话大会、世界互联网大会等成功举办，"感知中国"等品牌影响不断扩大，"一带一路"国际传播走深走实。建设国家文化出口基地、国家对外文化贸易基地，举办中国（深圳）国际文化产业博览交易会。

二、"十四五"时期发展趋势

"十四五"时期是我国全面建成小康社会、实现第一个百年奋斗目标之后，乘势而上开启全面建设社会主义现代化国家新征程、向第二个百年奋斗目标进军的第一个五年，也是社会主义文化强国建设的关键时期，必须把文化建设放在全局工作的突出位置，用文化引领风尚、教育人民、服务社会、推动发展。

当今世界正处于百年未有之大变局。人类命运共同体理念深入人心，同时国际环境日趋复杂，不稳定性不确定性明显增加，为开启全面建设社会主义现代化国家新征程带来了许多风险挑战。文化建设必须高扬思想旗帜、强化价值引领、激发奋斗精神，增强全民族的凝聚力向心力创造力，在展示国家形象、促进对外交往、增进合作共赢等方面发挥作用，为全体人民奋进新时代、实现中华民族伟大复兴的中国梦提供强大精神动力。

同时，新一轮科技革命和产业变革正在加速重构着文化生态、场景和发展模式，互联网日益成为文化创作生产传播消费的重要平台和渠道，文化建设必须抓住新一轮产业革命和科技变革机遇，顺应数字化、网络化、智能化发展趋势和疫后形势，用好国内国际两个市场、两种资源,加快转变文化和旅游发展方式,提供更多优秀文艺作品、优秀文化产品和优质旅游产品,促进提挡升级、提质增效,更好实现文化赋能、旅游带动。

三、"十四五"时期主要任务

坚持马克思主义在意识形态的指导地位,围绕举旗帜、聚民心、育新人、兴文化、展形象的使命任务,培育和践行社会主义核心价值观,繁荣发展文化事业和文化产业,促进满足人民文化需求和增强人民精神力量相统一,扎实推进社会主义文化强国建设。

(一)深入开展习近平新时代中国特色社会主义思想学习教育

加强对习近平新时代中国特色社会主义思想整体性系统性研究、出版传播、宣传阐释,建设一批有影响力的习近平新时代中国特色社会主义思想研究中心(院)。健全用党的创新理论武装全党、教育人民的工作体系,建好用好"学习强国""支部工作"等学习平台,推动习近平新时代中国特色社会主义思想入脑入心、落地生根。

(二)推动理想信念教育制度化常态化

建立健全"不忘初心、牢记使命"教育的长效机制,围绕中国共产党成立100周年等重要时间节点,开展中国特色社会主义和中国梦宣传教育,加强党史、新中国史、改革开放史、社会主义发展史教育,弘扬党和人民在各个历史时期奋斗中形成的伟大精神。深入实施马克思主义理论研究和建设工程,完善青少年理想信念教育齐抓共管机制,建好全国重点马克思主义学院。深化民族团结教育,加强"一国两制"实践教育,打牢中华民族共同体思想基础。

(三)建设中国特色、中国风格、中国气派的考古学

修订完善《文物保护法》,提高文物治理特别是基层文物治理

水平。实施"深化中华文明探源研究工程"和"考古中国"重大项目,加强考古能力建设和学科建设,健全不可移动文物保护机制。建立健全历史文化遗产资源资产管理制度,建设国家文物资源大数据库。创建国家文物保护利用示范区和国家文化遗产科技创新中心,打造一批文物保护典范和研究高地。

(四)加强思想道德和精神文明建设

开展国家勋章、国家荣誉称号获得者和时代楷模、道德模范、最美人物、身边好人的宣传学习。深化文明城市、文明村镇、文明单位、文明家庭、文明校园等精神文明创建,拓展新时代文明实践中心建设。健全志愿服务体系,广泛开展志愿服务关爱行动。加强网络文明建设,发展积极健康的网络文化。提倡艰苦奋斗、勤俭节约,开展以劳动创造幸福为主题的宣传教育。

(五)繁荣文化创作生产

制定实施重点电影创作选题规划、出版物重点选题规划和古籍中长期出版规划,建立滚动式、可持续的创作生产机制。实施文艺作品质量提升工程,持续开展精神文明建设"五个一"、重大出版、中国当代文学艺术创作、电影精品创作、网络文艺创作传播等重大工程项目。加强文化队伍建设,实施文化名家暨"四个一批"人才等工程。

(六)传承弘扬中华优秀传统文化

深入实施中华优秀传统文化传承发展工程,挖掘提炼中华优秀传统文化的精神标识和文化精髓。统筹推进长城、大运河、长征、黄河等国家文化公园建设,形成具有特定开放空间的公共文化载体。组织《永乐大典》、敦煌文献等重点古籍系统性保护整理出版,实施国家古籍数字化工程。推进《复兴文库》、点校本"二十四史"及清史稿修订等重大出版工程,启动新编中国通史纂修工程。

(七)完善公共文化服务体系

创新实施文化惠民工程,推进基层公共文化机构运行与融媒体中心建设、文明实践中心建设相衔接。广泛开展群众性文化活动,深化"结对子、种文化",加强群众文化活动品牌建设。推进新型数字化服务平台建设,建立全媒体传播体系,推进国家、省、市、县四级融媒体中心或平台建设。深入推进全民阅读,开展新时代主题阅读活动,保障特殊群体阅读需求。

(八)健全现代文化产业体系

促进旅游与一二产业和生产生活性服务业融合发展,因地制宜发展康养旅游、生态旅游、基地旅游、研学旅游等新型旅游业态。完善文化产业规划和政策,实施数字化战略,推进国家有线电视网络整合和5G一体化发展,建设国家文化大数据体系。建好用好国家文化产业发展项目库、中国文化产业投资基金,办好中国(深圳)国际文化产业博览交易会、北京国际图书博览会等重点会展。推动文化科技深度融合,建设一批国家文化和科技融合示范基地,实施出版融合发展工程。

(九)提升中华文化影响力

创新推进国际传播,加强对外文化交流和多层次文明对话,利用网上网下讲好中国故事,传播好中国声音,增强中华文化亲和力吸引力辐射力,促进民心相通。开展"感知中国""走读中国""视听中国"等活动,办好中国文化年(节)、旅游年(节),建好中国文化中心、中国馆等海外文化交流平台,开展经典著作互译、影视贸易合作,加强国家文化出口基地建设。

第三十六讲

强化国家经济安全保障

经济安全是国家安全的基础，是国家安全体系的重要组成部分。"十四五"时期确保国家经济安全，是在全面建成小康社会基础上开启全面建设社会主义现代化国家新征程的战略要求，是维护国家经济利益和人民长远利益的重大任务，是推动高质量发展、建设现代化经济体系的必要保障，是构建以国内大循环为主体、国内国际双循环相互促进新发展格局的重要举措。必须进一步强化国家经济安全保障，把安全发展贯穿国家发展各领域和全过程，筑牢国家安全屏障。

一、"十三五"时期我国经济安全形势总体稳定

"十三五"以来，经济安全工作协调机制逐步健全，涉经济安全相关政策体系日趋完善，较好保障了我国经济社会平稳健康发展，抵御内外部各种冲击与威胁的能力明显增强，为维护国家发展和安全提供了坚实支撑。

（一）产业基础能力和产业链水平不断提升

产业链供应链稳定是大国经济循环畅通的关键，产业链的韧性和抗风险能力，是维护国家经济安全的重要基础。经过长期努

力,我国已形成比较完整的产业体系,成为全球唯一拥有联合国产业分类目录中全部工业门类的国家,220 多种工业产品产量居世界第一,制造业规模居世界首位。农林牧渔业全面发展,主要农产品产量居世界前列。服务业快速发展,新技术、新产业、新业态层出不穷。综合交通运输体系迅速发展,高速铁路和高速公路里程以及港口吞吐量均居全球首位。

(二)粮食安全持续巩固

作为人口众多的大国,粮食安全的主动权必须牢牢掌控在自己手中。"十三五"以来,我国粮食连年丰产,产量稳定超过 6.5 亿吨,粮食播种面积由 2015 年的 17 亿亩上升至 2020 年的 17.5 亿亩,单位面积产量由 2015 年的 365.5 公斤/亩上升至 2020 年的 382 公斤/亩,增长 4.5%,谷物自给率超过 95%,口粮自给率达到 100%,人均粮食占有量超出世界平均水平 30%以上,中国人的饭碗牢牢端在了自己手上。粮食储备和应急体系逐步健全,政府粮食储备数量充足,质量良好,储存安全,在北京、天津、上海、重庆等 36 个大中城市和价格易波动地区建立了 10—15 天的应急成品粮储备。粮食流通体系持续完善,粮食物流骨干通道全部打通,公路、铁路、水路多式联运格局基本形成。

(三)能源资源安全得到有效保障

能源安全是关系经济社会发展的全局性、战略性问题。我国是世界上最大的能源生产国和消费国,基本形成了煤、油、气、电、核和可再生能源多轮驱动的能源生产体系,2020 年原煤、原油、天然气产量分别为 38.4 亿吨、1.9 亿吨、1888.5 亿立方米,发电量达到 7.4 万亿千瓦时,是世界上能源自主保障程度较高的国家之一。能源输送能力显著提高,建成天然气主干管道超过 8.7 万公里、石油主干管道 5.5 万公里、330 千伏及以上输电线路 30.2 万公里。能源储备体系不断健全,综合应急保障能力显著增强。矿产资源开发利用水平不断提高,产品产量居世界前列。

（四）金融体系抗风险能力显著增强

金融是经济的血脉，是现代市场经济运转的基石，金融安全是国家安全的重要组成部分，是经济平稳健康发展的重要基础。"十三五"以来，我国金融事业快速发展，货币政策和宏观审慎政策双支柱调控框架建立健全，宏观审慎管理与微观审慎监管、行为监管相结合的金融监管体系建设持续推进。打好防范化解重大金融风险攻坚战，宏观杠杆率过快上升势头得到遏制，影子银行无序发展得到有效治理，重点高风险金融集团得到有序处置，高风险中小金融机构处置取得阶段性成果，互联网金融和非法集资等涉众金融风险得到全面治理，经受住了国内外各种挑战特别是新冠肺炎疫情冲击带来的考验，金融风险总体可控。

二、新发展阶段我国经济安全面临新情况新挑战

"十四五"时期，我国面临的外部环境更趋复杂，不稳定性不确定性明显增加，国内发展不平衡不充分问题依然突出，国家经济安全仍然存在不少薄弱环节，维护国家经济安全责任重大。

（一）产业基础能力和产业链水平存在诸多短板

同高质量发展要求相比，我国产业基础不牢、地基不稳问题仍然突出，核心基础零部件、先进基础工艺、关键基础材料、产业技术基础等方面对外依存度高，许多产业面临"缺芯""少核""弱基"的窘境。国际产业竞争更趋激烈，一些国家保护主义泛滥，人为阻碍产业链稳定运行。发达国家实施"再工业化"战略，大力吸引制造业特别是先进制造业回流，发展中国家大力发展制造业，努力向价值链中高端延伸，我国制造业面临"双重挤压"的严峻挑战。农业发展质量效益竞争力不高，专业化、差异化、高端化生产性服务业和精细化、品质化、便利化生活性服务业发展仍较滞后。

（二）粮食安全不能丝毫放松

随着经济社会发展，我国粮食消费总量刚性增长，粮食产需仍将维持紧平衡状态。我国粮食生产大而不强、多而不优，基础还不稳固，国际竞争力不强，抵抗自然和市场风险能力较差。部分地区存在耕地"非农化"、耕地"非粮化"现象，南方土壤酸化、北方土壤盐碱化、东北黑土地退化问题仍较突出，农业基础设施相对薄弱，抗灾减灾能力有待提升。粮食结构性供过于求和供给不足并存，质量安全风险依然存在。种质资源保护和利用仍然不足，很多种子大量依赖进口。

（三）能源资源安全面临不少挑战

我国是制造业第一大国，仍处于工业化中后期和城镇化快速发展期，未来一段时间对优质资源的需求仍将高位攀升。与此同时，石油、天然气、铁矿石、铜等重要大宗矿产以及多种战略新兴产业所必需的稀有金属对外依存度居高不下，不少矿产进口来源高度集中，稳定供应容易受到各种外部因素冲击影响。矿产资源开发利用关键装备和技术较为落后，一些优势矿产资源过度开发，综合效益没有得到充分发挥，二次资源利用还存在不少问题，资源浪费现象仍然普遍存在。

（四）金融领域风险点多面广

新冠肺炎疫情全球蔓延，一些国家采取超常规货币政策，可能对我国金融安全形成外部冲击。金融体系一些长期形成的隐患并未有效消除，疫情下新老问题相互交织叠加，结构复杂的高风险影子银行容易死灰复燃，银行业不良资产反弹压力骤增，一些中小金融机构资本缺口加速暴露。不法金融机构依然存在，非法金融活动屡禁不止。金融机构常态化风险处置机制尚待完善，非正规金融体系交易活动缺乏有效约束。社会信用体系不健全，失信惩戒不到位，市场透明度需进一步提高。同时，要高度警惕平台企业垄断和资本无序扩张给社会主义市场经济体系带来的冲击。

三、"十四五"时期强化国家经济
安全保障的主要举措

"十四五"时期,要强化经济安全风险预警、防控机制和能力建设,实现重要产业、基础设施、战略资源、重大科技等关键领域安全可控,着力提升粮食、能源、金融等领域安全发展能力。

(一)持续增强产业链供应链韧性

统筹推进补齐短板和锻造长板,在重点产业领域加快形成完整有韧性的产业链供应链,保持制造业比重基本稳定。实施产业链竞争力调查和评价工程,增强产业体系抗冲击能力。聚焦电子信息、计算机、生物、航空航天、新能源、新材料等产业领域基础薄弱环节,加快补齐基础零部件、基础材料、基础工业、基础技术等短板弱项。针对产业链重点领域和关键环节,主要依托企业构建关键零部件、材料、设备等备份生产、应急储备、调运配送等体系。

(二)着力维护粮食安全

制定粮食安全保障法,完善重要农产品供给保障体系和粮食产购储加销体系。强化地方各级党委和政府粮食安全政治责任,实行党政同责。深入实施藏粮于地战略,统筹衔接永久基本农田、生态保护红线、城镇开发边界,严守耕地保护红线,落实最严格的耕地保护制度,完善农田水利设施,建设高标准农田,真正实现旱涝保收、高产稳产,稳定并增加粮食播种面积和产量。深入实施藏粮于技战略,坚持农业科技自立自强,加强动植物种质资源保护与利用,深入实施现代种业提升工程,推进粮机装备自主研发和产业化。稳定和加强种粮农民补贴,提升收储调控能力,坚持完善最低收购价政策,扩大完全成本和收入保险范围,调动农民种粮积极性。深入推进优质粮食工程,深化粮食收储制度改革,加强中央储备粮食仓储物流设施建设。厉行勤俭节约,反对餐饮浪费。培育国际大粮商和农业企业集团,加强国际粮食贸易投资合作。

(三)加强能源资源安全保障

推进能源革命,完善能源产供储销体系。持续加大国内石油、天然气勘探开发投入,稳妥推进煤制油气技术升级示范,夯实国内油气产量基础,有效保障核心需求。优化油气管网布局,有序发展风电和光伏发电,积极稳妥发展水电,安全发展先进核电,提升清洁能源消纳和存储能力。持续优化煤炭产能结构和布局,全面推动煤电清洁高效发展,巩固煤炭兜底保障作用。完善能源风险应急管控体系,加强重点城市和用户电力供应保障,强化重要能源设施、能源网络安全防护,完善应急保障预案。推进矿产资源节约高效开发利用,加强资源地质勘探,提高矿山资源综合利用水平,鼓励矿产资源回收利用和循环使用。深化能源资源国际合作,完善多元进口格局,持续拓展海外供应,维护战略通道和关键节点安全。培育以我为主的交易中心和定价机制,积极推进本币结算。扩大油气储备规模,健全政府储备和企业社会责任储备有机结合、互为补充的油气储备体系,加强煤炭储备能力建设,充实战略性矿产资源储备。

(四)确保不发生系统性金融风险

健全金融风险预防、预警、处置、问责制度体系,持续完善权责一致、全面覆盖、统筹协调、有力有效的现代金融监管体系。加强宏观审慎管理制度建设,加强功能监管,更加重视行为监管,对违法违规行为零容忍,做到"管住人、看住钱,扎牢制度防火墙"。坚持实施稳健的货币政策,保持流动性合理充裕,稳定宏观杠杆率,保持货币、股票、债券、外汇和房地产市场稳定。加强系统重要性金融机构和金融控股公司监管,强化不良资产认定和处置,防范化解影子银行风险,有序处置高风险金融机构。规范资本市场秩序,打击危害市场平稳运行的违法行为。完善债务风险识别、评估预警和有效防控机制,健全债券市场违约处置机制,推动债券市场统一执法,稳妥化解地方政府隐性债务风险,严惩逃废债行为。完善跨境资本流动管理框架,坚持人民币汇率在合理均衡水平上的基本稳定,有序推进人民币国际化。严厉打击非法金融活动,健全互联网金融监管长效机制。加快金融市场基础设施建设,做好金融综合统计工作,发挥信用惩戒机制作用。在支持金融创新的同时,严防垄断、严守底线,维护市场秩序,促进公平竞争。

第三十七讲

全面提高公共安全保障能力

公共安全是人民生存发展的刚需,是社会和谐稳定的底色,一头连着千家万户,一头连着经济社会发展,是最基本的民生。能否确保公共安全,事关人民群众生命财产安全,事关改革发展稳定大局。必须统筹安全和发展,坚持人民至上、生命至上,把人民生命安全摆在首位,健全完善公共安全体系,编密织牢全方位、立体化的公共安全网,全面提高公共安全保障能力。

一、"十三五"时期取得的成效

"十三五"期间,各地区、各有关部门和单位深入贯彻落实党中央、国务院决策部署,树牢安全发展理念,强化食品和药品安全监管,逐步建立生物安全风险防控和治理体系,进一步完善国家应急管理体制机制,我国公共安全保障能力显著提升,有效防范化解了重大风险挑战,为保障人民生命安全提供了坚实基础。

(一)安全生产形势持续稳定好转

"党政同责、一岗双责、齐抓共管、失职追责"和"管行业必须管安全、管业务必须管安全、管生产经营必须管安全,谁主管谁负责"的安全生产责任体系全面建立。风险分级管控、隐患排查治理的双重预防工作机制全面推行,危险化学品等重点行业领域安全生产专项整治深入开展。深入推进安全监管监察执法能力建设,执法效能逐步提升。企业安全生产标准化建设持续推动,社会公众安全意识及能力进一步提高。据统计,2020年全国生产安全事故起数和死亡人数较2015年分别下降43.8%和39.5%,重特大事故起数和死亡人数较2015年分别下降57.9%和48.3%。

(二)食品药品安全监管体系进一步健全

食品方面。推动实施食品安全战略,出台《中共中央 国务院关于深化改革加强食品安全工作的意见》《地方党政领导干部食品安全责任制规定》,将习近平总书记"四个最严""党政同责"要求落到实处。制修订《食品安全法》《食品安全法实施条例》,食品安全国家标准达到1311项,基本建立起覆盖生产流通消费全过程的食品安全法治体系及与国际食品法典标准接轨的食品安全标准体系。深入开展食品安全专项整治,实现"明厨亮灶"学校的覆盖率从70%增长到94%。经过机构改革,全链条监管制度体系全面建立,"企业负责、政府监管、行业自律、部门协同、公众参与、媒体监督、法治保障"的食品安全社会共治格局逐步形成。

药品方面。现有国产药品批准文号约16.5万个,涉及约1.8万个品种,基本满足临床用药需求。国产疫苗约占全国实际接种量的95%以上,能够依靠自身能力解决全部计划免疫疫苗。疫苗管理体制逐步完善,疫苗研发、生产、流通、使用全流程、全生命周期监管得到加强。审评审批制度改革持续深化,2020年度审结任务整体按时限完成率提高到90%以上。法规标准制度体系不断完善,出台《疫苗管理法》等法律和配套规章,现行有效医疗器械标准共1758项,与国际标准一致度超过90%。实施中国药品监管科学行动计划,推进药品监管能力全面提升。全力做好新冠病毒检测试剂、医用防护服、医用防护口罩、治疗药物、新冠疫苗等的应急审批和质量监管,服务保障疫情防控成效显著。

（三）生物安全风险防控能力进一步提高

高级别生物安全实验室体系建设不断完善，实验室生物安全监管不断加强，中国科学院武汉病毒研究所武汉国家生物安全四级实验室、中国医学科学院国家昆明高等级生物安全灵长类动物实验中心四级实验室投入使用。全力做好2016年寨卡病毒、黄热病疫情防范应对工作，有效遏制我国H7N9疫情的发生和流行。遏制细菌耐药的社会治理体系逐步形成，细菌耐药形势总体平稳向好。有序推进卫生健康领域网络和数据安全，印发《"十三五"全民健康网络与信息安全规划》等文件，进一步规范应急处置。加强行业网络安全意识培养，组织网络安全技能比赛和攻防演练。印发《卫生健康行业关键信息基础设施认定规则》，明确卫生健康行业关键信息基础设施清单。

（四）中国特色应急管理体系基本形成

"十三五"期间，习近平总书记关于安全生产、防灾减灾救灾、应急救援等应急管理重要论述，奠定了新时代应急管理重要理论基础，为应急管理工作提供了科学指南和根本遵循。改革完善应急管理体制，整合相关部门和国务院议事协调机构应急管理职能组建应急管理部，公安消防部队和武警森林部队转制组建国家综合性消防救援队伍，推动构建统一指挥、专常兼备、反应灵敏、上下联动的中国特色应急管理体制。灾害事故联合会商研判机制逐步完善。应急管理法治建设取得积极进展，制修订了《安全生产法》《消防法》《生产安全事故应急条例》《消防救援衔条例》等法律法规，提高了应急管理的法治化、规范化水平。

二、当前存在的主要问题和困难

"十四五"是我国开启全面建设社会主义现代化国家新征程的第一个五年。党中央、国务院把维护公共安全摆在更加突出的位置,统筹发展和安全上升到前所未有的高度,安全发展将贯穿国家发展各领域和全过程。当前公共安全形势严峻复杂,深入推进公共安全保障能力建设面临风险隐患增多、诸多矛盾叠加的挑战。

(一)安全生产方面

我国安全生产仍处于爬坡过坎期,处于长期积累风险的集中释放期、新问题新风险不断增加的危险期,危险化学品、矿山等传统高危行业安全风险隐患更加突出、更加集中,交通运输、建筑施工、旅游、消防、危废处置、渔业船舶等公共服务行业不稳定、不确定风险因素明显增多,重特大事故在地区和行业间波动反弹可能性呈增高态势。随着城镇化、工业化持续推进,中心城市、城市群迅猛发展,生产要素聚集度急剧提高,生产生活空间高度关联,各类风险相互交织,灾害事故连锁效应、放大效应日益凸显,安全风险防控难度进一步加大。

(二)食品安全监管方面

我国食品安全形势依然复杂严峻。微生物和重金属污染、农药兽药残留超标、添加剂使用不规范、制假售假等问题时有发生,环境污染对食品安全的影响逐渐显现;违法成本低,维权成本高,法制不够健全,一些生产经营者唯利是图、主体责任意识不强;新业态、新情况潜在风险增多,国际贸易带来的食品安全风险加大;食品安全标准与最严谨标准要求尚有一定差距,风险监测评估预警等基础工作薄弱;基层监管力量和技术手段跟不上;一些地方对食品安全重视不够,责任落实不到位,安全与发展的矛盾仍然突出。

(三)药品安全监管方面

我国医药产业层次不高,高端医疗器械尚不能自主可控,医药科技创新支撑不足,药品供应保障存在短板;疫苗、血液制品等高风险产品的质量监管还需继续加强;创新药品和新疗法不断涌现,给药品安全带来新的风险挑战;药品审评、检验、检查、监测评价人员质量和数量仍不能满足监管任务和产业发展形势的需要,基础设施、监管技术手段和装备跟不上产业革新和不法分子违法违规手段花样的翻新,急需加快推进监管体系和监管能力现代化。

（四）生物安全风险防控方面

高等级生物安全实验室体系建设尚不完善,保障、运行、调度机制尚不健全。部分地区监督管理责任落实有短板,管理制度需进一步完善。基层传染病监测体系尚需加强,基层监测机构存在基础设施缺乏、人员配备不到位、业务水平不高、经费保障难以落实等问题。防控细菌耐药体系尚需健全,碳青霉烯类耐药革兰阴性菌的耐药情况不容忽视,亟须加强碳青霉烯类抗菌药物的管理。卫生健康领域网络安全尚需加强,行业内存在网络安全意识不够、网络安全投入和人才不足、网络安全防护水平不平衡、技术手段有限等问题。

（五）应急管理体系方面

应急管理体制机制有待进一步健全,"统"和"分"、"防"和"救"、"行政管理"与"专业指挥"的关系还需磨合理顺;应急管理部分法律法规、标准规范、应急预案制修订需要加快推进,应急管理综合行政执法能力有待提高;国家综合性消防救援队伍力量严重不足,综合救援现代装备短缺,亟须整合加强优化,各类专业救援队伍分布不均衡、实战能力参差不齐,航空救援力量薄弱、基础设施建设滞后;应急预案针对性、操作性、实用性不强,应急物资保障能力有待进一步提高;应急管理基层基础比较薄弱,应急管理科技支撑和人才保障能力欠缺,应急产业发展存在短板,公众风险防范、自救互救的意识和能力还不足,灾害保险等市场机制仍处于起步阶段。

三、"十四五"时期的主要考虑

全面提高公共安全保障能力,是提升国家治理效能的内在要求,对于保障人民群众生命财产安全和维护社会稳定具有重要意义。坚持人民至上、生命至上,健全公共安全体制机制,严格落实公共安全责任和管理制度,保障人民生命安全,是"十四五"期间的总体要求。《纲要》突出目标和问题导向,围绕安全生产、食品药品安全监管、生物安全风险防控、国家应急管理体系等方面,阐述了重点发展方向和主要建设任务。

(一)强化安全责任落实,提升安全生产水平

《纲要》提出,"十四五"期间要完善和落实安全生产责任制,建立企业全员安全生产责任制度,压实企业安全生产主体责任。要建立公共安全隐患排查和安全预防控制体系。围绕危险化学品、矿山、建筑施工、交通、消防、民爆、特种设备等重点领域,加强安全生产监管监察执法,深入推进安全整治,实行重大隐患治理逐级挂牌督办和整改效果评价。同时,加强工业园区等重点区域安全管理,加强矿山深部开采与重大灾害防治等领域先进技术装备创新应用。

(二)完善监管制度体系,严格食品药品安全监管

《纲要》提出,"十四五"期间要加强和改进食品药品安全监管制度,完善食品药品安全法律法规和标准体系,加强食品药品安全风险监测、抽检和监管执法。在食品安全方面,深入实施食品安全战略,以"食品安全放心工程建设攻坚行动"为抓手,加强食品全链条质量安全监管,加大重点领域食品安全问题联合整治力度,维护广大人民群众饮食安全。在药品安全方面,突出创新监管方式,构建药品和疫苗全生命周期管理机制,完善药品电子追溯体系,实现重点类别药品全过程来源可溯、去向可追。

(三)提高安全治理能力,加强生物安全风险防控

《纲要》提出,"十四五"期间要全面提高国家生物安全治理能力。建立健全生物安全风险防控和治理体系,完善监测预警体系和防控应急预案制度,健全重大生物安全事件信息统一发布机制,

加强动植物疫情和外来入侵物种口岸防控,统筹布局生物安全基础设施。强化生物安全资源监管,制定完善人类遗传资源和生物资源目录,建立健全生物技术研究开发风险评估机制,推进生物安全法实施。同时,加强生物安全领域国际合作,积极参与生物安全国际规则制定。

(四)深化体制机制改革,完善国家应急管理体系

《纲要》对完善国家应急管理体系提出了要求。"十四五"时期要重点推进以下几项工作。一是深化应急管理体制改革,构建统一指挥、专常兼备、反应灵敏、上下联动的应急管理体制,优化国家应急管理能力体系建设,提高防灾减灾抗灾救灾能力。二是健全应急响应机制,坚持分级负责、属地为主,健全中央与地方分级响应机制,强化跨区域、跨流域灾害事故应急协同联动。三是完善灾害事故预防体系,开展灾害事故风险隐患排查治理,实施公共基础设施安全加固和自然灾害防治能力提升工程,提升洪涝干旱、森林草原火灾、地质灾害、气象灾害、地震等自然灾害防御工程标准。四是加强应急救援力量建设,加强国家综合性消防救援队伍建设,增强全灾种救援能力,完善航空应急救援体系。五是增强应急保障能力建设,科学调整应急物资储备品类、规模和结构,提高快速调配和紧急运输能力;构建应急指挥信息和综合监测预警网络体系,加强极端条件应急救援通信保障能力建设;发展巨灾保险。

第三十八讲

健全人民当家作主制度体系

人民当家作主是社会主义民主政治的本质和核心。《纲要》在"十四五"时期经济和社会发展必须遵循的五大原则中明确提出,坚持党的全面领导、坚持以人民为中心,并且将健全人民当家作主制度体系,加强社会主义民主法治建设作为"十四五"时期一项重要任务,提出要坚持中国共产党领导、人民当家作主、依法治国有机统一,推进中国特色社会主义政治制度自我完善和发展。这对于"十四五"时期实现经济持续健康发展、提升国家治理效能、实现"两个一百年"奋斗目标、实现中华民族伟大复兴的中国梦,具有重大意义。

一、发展社会主义民主

习近平总书记指出:"我国社会主义民主是维护人民根本利益的最广泛、最真实、最管用的民主。"要增强全党全民族全社会坚持走中国特色社会主义政治发展道路的自觉性和坚定性,推进中国特色社会主义政治制度自我完善和发展,为人类政治文明进步作出充满中国智慧的贡献。

（一）坚持和完善国家根本政治制度

我们国家的一切权力属于人民,中国共产党的领导就是支持和保证人民当家作主。要坚持和完善党总揽全局、协调各方的领导制度体系,把党的领导落实到国家发展各领域各方面各环节。要把贯彻以人民为中心的发展思想,始终坚持为人民执政、依靠人民执政、坚持发展为了人民、发展依靠人民,同坚持和完善人民代表大会制度这一根本政治制度结合起来,通过大力发展社会主义民主、支持和保证人民通过人民代表大会行使国家权力,保障人民依法通过各种途径和形式管理国家事务、管理经济文化事业、管理社会事务。支持和保证人大及其常委会依法行使职权,把加强对宪法法律实施监督同加强对"一府一委两院"的监督结合起来,使国家各项政策、各项工作举措更加充分保证人民当家作主,更加有效体现人民意志、保障人民权益、激发人民创造。

（二）坚持和完善国家基本政治制度

一是坚持和完善中国共产党领导的多党合作和政治协商制度。要加强人民政协专门协商机构建设,推动人民政协聚焦党和国家中心任务履职尽责,坚持团结和民主两大主题,坚持发扬民主和增进团结相互贯通、建言资政和凝聚共识双向发力,推进协商民主广泛多层制度化发展,完善协商于决策之前和决策实施之中的落实机制,丰富有事好商量、众人的事由众人商量的制度化实践,不断彰显社会主义协商民主的独特优势,不断提高建言资政和凝聚共识水平,为推进全面建设社会主义现代化国家更好汇聚智慧和力量。二是坚持和完善民族区域自治制度。全面贯彻党的民族理论和民族政策,加强各民族交往交流交融,促进各民族像石榴籽一样紧紧抱在一起,铸牢中华民族共同体意识,形成民族共同团结奋斗、共同繁荣发展的良好局面。三是健全基层群众自治制度。健全基层党组织领导的基层群众自治机制,着力推进基层直接民主制度化、规范化、程序化,切实增强基层群众自我管理、自我服务、自我教育、自我监督实效。

（三）发挥工会、共青团、妇联等人民团体作用

工会、共青团、妇联等人民团体是党联系人民群众的重要桥梁和纽带，要保持和增强政治性、先进性、群众性，履行好巩固党执政的阶级基础和群众基础的政治责任，把各自联系的群众紧紧凝聚在党的周围。要牢牢把握为实现中华民族伟大复兴的中国梦而奋斗的时代主题，紧紧围绕党和国家工作大局，把工人阶级主力军、青年生力军、妇女半边天作用和人才第一资源作用充分发挥出来，把 14 亿人民的积极性充分调动起来，为推动"十四五"规划实施多作贡献、作大贡献。

（四）巩固和发展最广泛的爱国统一战线

实现中华民族伟大复兴，需要全社会方方面面同心干，需要全国各族人民心往一处想、劲往一处使。要完善大统战工作格局，坚持一致性和多样性统一，完善照顾同盟者利益政策，加强党外代表人士队伍建设，全面贯彻党的宗教工作基本方针，积极引导宗教与社会主义社会相适应，做好民族、宗教和凝聚港澳同胞、台湾同胞、海外侨胞力量等工作，全面贯彻党的侨务政策，凝聚侨心、服务大局，谋求最大公约数，画出最大同心圆。促进党政关系、民族关系、宗教关系、阶层关系、海内外同胞关系和谐，不断巩固和发展大团结大联合局面。

二、全面推进依法治国

中央全面依法治国工作会议明确了习近平法治思想在全面依法治国工作中的指导地位，提出了当前和今后一个时期推进全面依法治国的总体要求，系统阐述了新时代推进全面依法治国的重要思想和战略部署，为新时代法治中国建设指明了前进方向，提供了根本遵循。要以习近平法治思想为指导，坚定不移走中国特色

社会主义法治道路,坚持依法治国、依法执政、依法行政共同推进,法治国家、法治政府、法治社会一体建设,实现科学立法、严格执法、公正司法、全民守法有效协同。

（一）健全保障宪法全面实施的体制机制

建设法治中国,必须高度重视宪法在治国理政中的重要地位和作用,坚持依宪治国、依宪执政,把全面贯彻实施宪法作为首要任务,健全保证宪法全面实施的体制机制,将宪法实施和监督提高到新水平。要坚持宪法法律至上,维护国家法制统一、尊严、权威,一切法律法规规章规范性文件都不得同宪法相抵触,一切违反宪法法律的行为都必须予以追究。全国人大及其常委会切实担负起宪法监督职责,加强宪法实施和监督,并将其作为全国人大常委会年度工作报告的重要事项。推进合宪性审查工作,健全合宪性审查制度,明确合宪性审查的原则、内容、程序。建立健全涉及宪法问题的事先审查和咨询制度,有关方面拟出台的法规、规章、司法解释以及其他规范性文件和重要政策、重大举措,凡涉及宪法有关规定如何理解、实施、适用问题的,都应当依照有关规定向全国人大常委会书面提出合宪性审核请求。加强宪法解释工作,落实宪法解释程序机制,回应涉及宪法有关问题的关切。

（二）建设完备的法律规范体系

良法是善治的前提。完善以宪法为核心的中国特色社会主义法律体系,是建设中国特色社会主义法治体系的基础工程。要完善党委领导、人大主导、政府依托、各方参与的立法工作格局,推进科学立法、民主立法、依法立法,坚持立改废释纂和决定并举,提高立法质量和效率,增强法律法规的及时性、系统性、针对性、有效性。"十四五"时期,要加大与人民群众生产生活密切相关的基础性立法力度,加强经济、社会、民生、环保等重点领域立法,为经济社会发展提供更加充足的基本法律遵循。要加强疫情防控相关立法和配套制度建设,构建完善的突发事件应对法律体系。要加快互联网、大数据、无人驾驶、综合交通等新兴领域立法,确保法律制度能够适应新形势、解决新问题。要加强涉外领域立法,完善涉外法治体系,为维护国家主权、安全、发展利益提供有力法律支持。针对法律规定之间不一致、不协调、不适应问题,及时组织清理;对某一领域有多部法律的,条件成熟时进行法典编纂。

(三)提高依法行政水平

法治政府建设是法治国家建设的主体工程,是推进国家治理体系和治理能力现代化的重要支撑,要全面实施法治政府建设实施纲要,在新起点上不断把法治政府建设向纵深推进。要坚持和完善重大行政决策程序制度,充分发挥法律顾问、公职律师在重大行政决策中的作用,建立健全重大行政决策跟踪反馈和评估制度,全面推行行政规范性文件合法性审核机制。要深化行政执法体制改革,统筹配置行政执法职能和执法资源,最大限度减少不必要的行政执法事项,进一步整合行政执法队伍,继续探索实行跨领域跨部门综合执法,推动执法重心向市县两级政府下移。要坚持严格规范公正文明执法,全面推行行政执法公示制度、执法全过程记录制度、重大执法决定法制审核制度,全面推行行政裁量权基准制度,规范执法自由裁量权。要推进行政复议体制改革,整合地方行政复议职责和编制资源,健全优化行政复议审理机制,全面建立行政复议咨询委员会,建立行政复议决定以及行政复议意见书、建议书执行监督机制。

(四)建设公正高效权威的中国特色社会主义司法制度

公正司法是维护社会公平正义的最后一道防线,要以公正司法增强人民群众获得感,努力让人民群众在每一个司法案件中都感受到公平正义。要深化司法体制综合配套改革,着力破解体制性、机制性、保障性障碍,不断完善审判权、检察权运行和监督机制,确保审判权、检察权得到依法正确行使。要全面落实司法责任制,完善审判制度、检察制度、律师制度,加强对司法活动的监督,提高审判机关、检察机关办案判案质效。要深化执行体制改革,加强执行难综合治理、源头治理,深入推进审执分离,优化执行权配置,落实统一管理、统一指挥、统一协调的执行工作机制。要加强人权法治保障,完善保障人权的执法、司法制度,依法促进人权事业全面发展。

(五)深入推进全民守法

全面依法治国需要全社会共同参与,必须大力弘扬社会主义法治精神,建设社会主义法治文化。要深入开展法治宣传教育,实施"八五"普法规划,改进创新普法工作,全面落实"谁执法谁普法"普法责任制,加大全民普法力度,增强全民法治观念。要紧紧围绕人民日益增长的美好生活需要加强公共法律服务,加快整合律师、公证、调解、仲裁、法律援助、司法鉴定等公共法律服务资源,形成覆盖城乡、便捷高效、均等普惠的现代公共法律服务体系。要健全公民权利救济渠道和方式,完善法律援助制度和国家司法救助制度,保障困难群体、特殊群众的基本公共法律服务权益。要加大涉外法治人才培养力度,创新涉外法治人才培养模式,完善高等学校涉外法学专业学科设置。

三、完善党和国家监督体系

坚持和完善党和国家监督体系,强化对权力运行的制约和监督是我们党在长期执政条件下实现自我净化、自我完善、自我革新、自我提高的重要制度保障,是推进国家治理体系和治理能力现代化的重要基础,是巩固和发展反腐败斗争压倒性胜利的有力保证。"十四五"时期,要以习近平新时代中国特色社会主义思想为指导,健全党统一领导、全面覆盖、权威高效的监督体系,形成决策科学、执行坚决、监督有力的权力运行机制,确保党和人民赋予的权力始终用来为人民谋幸福。

（一）落实全面从严治党责任制度

坚持和加强党的领导必须推进党的建设，压实管党治党主体责任和监督责任，严明政治纪律和政治规矩。全面从严治党首先要从政治上看，不断提高政治判断力、政治领悟力、政治执行力，充分发挥全面从严治党的引领保障作用，以强有力的政治监督，确保"十四五"时期目标任务落到实处。贯彻中央巡视工作方针，深化政治巡视，完善巡视巡察上下联动格局，建立健全整改常态化、长效化机制，高质量推进巡视巡察全覆盖。

（二）发挥党内监督主导作用

党的执政地位决定了党内监督在党和国家监督体系中是最基本的、第一位的，党内监督有力有效，其他监督才能发挥作用。要以党内监督为主导，推动各类监督有机贯通、相互协调，加强纪检监察机关监督检查部门、派驻纪检监察组、巡视巡察机构之间的信息互通、监督互动，汇聚监督合力；健全人大监督、民主监督、行政监督、司法监督、群众监督、舆论监督制度，发挥审计监督、统计监督职能作用。

（三）深化纪检监察体制改革

要抓深抓实纪检监察体制改革，有效推进党内监督和国家监察全覆盖。发挥改革先导、突破、创立作用，统筹推进党中央确定的纪检监察体制改革任务。加强上级纪委监委对下级纪委监委的领导，推进双重领导体制具体化、程序化、制度化。发挥纪委监委合署办公优势，健全统一决策、一体运行的工作机制。提高运用法治思维和法治方式反腐败能力，推进纪检监察工作规范化、法治化，发挥监督保障执行、促进完善发展作用。

（四）完善权力配置和运行制约机制

坚持权责法定，科学配置权力。要合理划分和科学配置各部门、岗位的权力和职责，对权力集中的部门和岗位需要适度分解权力，将集中于某一人的权力分解为多人行使；将重点岗位的权力分解到多个岗位;将集中于某一层级的权力分解到多个层级;对在权力集中的部门和岗位工作达到规定期限的,需调换部门、岗位任职。推动用权公开,让权力在阳光下运行,坚持以公开为常态,不公开为例外,推进党务、政务、司法和各领域办事公开。实施全过程监督,确保权力正确行使,紧盯"关键少数"、关键岗位,围绕权力运行各个环节,完善发现问题、纠正偏差、精准问责有效机制,压减权力设租寻租空间。

（五）持之以恒正风肃纪反腐

持之以恒落实中央八项规定及其实施细则精神,对贯彻党中央决策部署做选择、搞变通、打折扣等形式主义、官僚主义突出问题精准施治,严查享乐主义、奢靡之风,持续整治群众身边腐败和不正之风,促进社会公平正义、保障群众合法权益。坚定不移深化反腐败斗争,一体推进不敢腐、不能腐、不想腐,保持高压态势、加大惩治力度,坚持无禁区、全覆盖、零容忍,坚持重遏制、强高压、长震慑。深化反腐败国际合作,推进追逃防逃追赃一体化建设,以天罗地网断其后路、绝其幻想。

保持香港、澳门长期繁荣稳定

香港、澳门回归祖国以来，经济社会得到快速发展，传统优势不断巩固，新优势逐渐形成，与内地交流合作日益深化，在融入国家发展大局过程中获得了广阔发展空间。同时，港澳在国家改革开放、现代化建设中也发挥了重要作用。近年来受到中美战略博弈、"修例风波"、新冠肺炎疫情等不利因素影响，港澳经济社会发展面临严峻挑战。保持香港、澳门长期繁荣稳定，既是"一国两制"方针政策的出发点和落脚点之一，又是港澳社会的根本利益所在。把香港、澳门建设好、发展好，使之在新时代国家改革开放进程中继续发挥不可替代的重要作用，推进"一国两制"实践行稳致远，是中华民族伟大复兴的一个重要篇章。

一、"十三五"时期港澳经济社会
发展取得的主要成就

"十三五"时期，港澳经济社会发展总体形势良好，香港继续保持国际金融、航运、贸易中心地位，澳门经济适度多元发展取得进展。在中央政府的大力支持下，香港、澳门特别行政区政府积极应对新冠肺炎疫情等内外冲击，特别是在中央采取制定实施香港国安法等一系列重大举措后,香港开启由乱及治的重大转折。

（一）港澳传统优势不断巩固提升,新经济增长动能逐渐形成

一是香港国际金融、航运、贸易中心地位继续保持。金融方面,香港"吸金"能力显著增强,2020 年银行体系总结余超过 4500 亿港元,打破历史纪录;港股 IPO 募资金额高居全球第二;香港保持世界第六大银行中心、世界第五大股票市场、世界第四大外汇市场地位。离岸人民币业务枢纽和国际资产管理中心功能不断增强,2019 年底离岸人民币资金池规模 6580 亿元,人民币即时支付结算系统日均交易额超过 1.1 万亿元;2020 年香港资产及财富管理业务规模约 29 万亿港元。航运和贸易方面,香港保持世界第七大贸易体地位,国际机场货运量连续 18 年排名全球第一,2019 年港口货柜吞吐量排名全球第八。二是香港国际创新科技中心加快建设。香港特区政府在科创基础设施建设、资金支持、人才引进培育等方面实施了多项措施。三是澳门"一中心、一平台"建设持续推进,经济适度多元发展取得进展。澳门特区政府加强顶层设计和统筹协调,2016 年制定首份五年发展规划;制定旅游业发展总体规划,举办世界旅游经济论坛、国际旅游（产业）博览会等活动;成功举办中葡论坛第五届部长级会议;积极推进会展业、特色金融、中医药等多元产业发展。

（二）港澳与内地合作交流不断深化

一是经贸联系更加紧密。港澳与内地在 CEPA 框架下签署服务贸易协议及修订协议、投资协议和经济技术合作协议、货物贸易协议等,提前实现"十三五"时期 CEPA 升级目标。二是香港与内地金融合作不断深化。继 2014 年"沪港通"开通后,"深港通"和"债券通"分别于 2016 年 12 月和 2017 年 7 月正式开通。粤港澳大湾区"跨境理财通"业务试点筹备工作稳步推进。内地在港银行机构资产超过香港银行体系总资产的 1/3。香港继续保持内地企业海外上市首选地,2020 年底内地在港上市企业数和市值分别

占港交所上市企业总数和市值总额的 52.0%、80.1%。三是港澳与内地司法领域交流合作不断加强。放宽香港法律执业者受聘于内地律所限制，扩大律师事务所合伙联营范围，在粤港澳大湾区内地九市开展香港法律执业者和澳门执业律师取得内地执业资质和从事律师职业试点。香港特别行政区政府与最高人民法院于 2019 年 1 月、4 月先后签署法院相互认可和执行民商事案件判决的安排、就仲裁程序相互协助保全的安排，实现民商事领域司法协助基本全面覆盖。四是科技、文化、民生等领域合作不断扩展。港澳与内地有关部门、机构签署加强创新科技合作、深化更紧密文化关系合作、兴建香港故宫文化博物馆等协议。中央有关部门出台系列便利港澳居民在内地发展政策措施，规范内地高校招收港澳学生，推出港澳居民居住证申领办法，允许港澳居民享有住房公积金待遇、参加国家中小学教师资格考试，允许在大湾区内港澳居民购买内地医保、港澳资医疗机构使用港澳已上市药品及医疗器械等。

（三）港澳进一步融入国家发展大局

一是港澳积极参与助力"一带一路"建设。港澳与内地有关部门分别于 2017 年、2018 年签署全面参与和助力"一带一路"建设的安排，并已分别召开两次联席会议加以落实。香港特区政府成立"一带一路"办公室，举办 4 届"一带一路"高峰论坛，2017 年加入亚洲基础设施投资银行。澳门特区政府成立由行政长官担任主席的"一带一路"建设工作委员会。港澳分别组团参加两届"一带一路"国际合作高峰论坛、中国国际进口博览会等重大活动，在旅游、文体、教育、医疗等方面积极与"一带一路"沿线国家合作。二是粤港澳大湾区建设取得重大进展。2018 年粤港澳大湾区建设领导小组成立，协调三地政府共同有效推进大湾区建设。2019 年《粤港澳大湾区发展规划纲要》印发实施，其后陆续公布一系列便利港澳投资者、居民个人参与大湾区建设的优惠政策，大湾区规划政策体系不断完善,港澳居民在内地创新创业环境持续改善。国际科技创新中心建设有序推进,推出多项改革举措,解决中央科技经费过境香港使用、人类遗传资源样本出境、港澳高校在内地合作办学等问题。深圳前海、珠海横琴、广州南沙等重大合作平台建设稳步推进,特别是河套深港科技创新合作区和横琴粤澳深度合作区的开发建设,为港澳培育多元产业注入强大动能。基础设施互联互通全面推进,广深港高铁香港段2018年9月开通,西九龙站实现"一地两检",港珠澳大桥2018年10月通车,澳门莲花口岸正式搬迁至珠海横琴口岸,港珠澳大桥珠澳口岸、横琴口岸实行"合作查验、一次放行"新型通关模式。深港莲塘—香园围口岸2020年8月建成启用,进一步完善粤港澳"一小时生活圈"的理想布局。

二、"十四五"时期保持香港、澳门长期 繁荣稳定的重点任务和主要举措

《纲要》提出,"十四五"时期国家将全面准确贯彻"一国两制"、"港人治港"、"澳人治澳"、高度自治的方针,坚持依法治港治澳,维护宪法和基本法确定的特别行政区宪制秩序,落实中央对特别行政区全面管治权,落实特别行政区维护国家安全的法律制度和执行机制,维护国家主权、安全、发展利益和特别行政区社会大局稳定,坚决防范和遏制外部势力干预港澳事务,支持港澳巩固提升竞争优势,更好融入国家发展大局,并提出了保持香港、澳门长期繁荣稳定的若干主要举措。

(一)支持港澳巩固提升竞争优势

一是支持香港提升国际金融、航运、贸易中心和国际航空枢纽地位。强化香港全球离岸人民币业务枢纽、国际资产管理中心及风险管理中心功能。充分利用香港金融优势,研究发展更多以人

民币交易的产品,推动更多人民币资金的跨境投资和融资活动,鼓励内地企业与香港企业合作拓展国际市场,支持有竞争力的内地企业在香港上市,支持香港发展绿色金融,加快落实在粤港澳大湾区试点"跨境理财通"等金融市场互联互通安排。支持香港机场第三条跑道建设,优化珠三角空域管理,支持发展航空金融及飞机租赁,强化航空管理培训中心功能。二是支持香港国际创新科技中心建设。加快推进深港创新及科技园建设,研究推出更多粤港澳大湾区范围内人才、科研资金、科研资源和设施等方面对香港的便利措施,支持香港建设国际科技创新平台。三是支持香港服务业向高端高增值方向发展。支持香港建设亚太区国际法律及解决争议服务中心,支持香港成为区域知识产权贸易中心。支持香港发展文化创意产业,巩固创意之都地位。支持香港发展中外文化艺术交流中心。四是支持港澳发展旅游业。创新粤港澳大湾区旅游合作,开发"一程多站"旅游路线,支持香港发展多元旅游,推进邮轮旅游。支持澳门建设世界旅游休闲中心,与时俱进丰富发展内涵。五是支持澳门经济适度多元发展。支持横琴粤澳深度合作区建设,扩展澳门中国与葡语国家商贸合作服务平台功能,发展葡语国家人民币清算业务,发展和培育能发挥澳门优势、贡献国家战略、有利于融入国家产业链的新产业、新业态。支持澳门打造以中华文化为主流、多元文化共存的交流合作基地,发展中医药研发制造、特色金融、高新技术和会展商贸等产业。

(二)支持港澳参与国家双向开放和"一带一路"建设

推进解决对港澳开放过程中存在的体制机制障碍,促进港澳与内地之间特别是粤港澳大湾区内的要素高效便利流动。充分利用香港的独特优势,继续引进资金、技术和管理经验。充分发挥香港市场经济成熟、国际联系广泛、法治建设完善、科研能力突出和澳门与葡语国家联系紧密的优势,特别是港澳在金融、保险、法律等专业服务领域的优势,为内地企业"走出去"提供专业服务。支持港澳企业参与"一带一路"建设,探索"一带一路"建设争议多元化解决机制。

(三)深化内地与港澳各领域交流合作,支持港澳更好融入国家发展大局

深化内地与港澳经贸、科创合作关系,深化并扩大内地与港澳金融市场互联互通。以粤港澳大湾区、粤港澳合作、泛珠三角区域合作等为重点,创新体制机制,全面推进内地与港澳在社会、民生、文化、教育、环保等领域的合作。推进深圳前海、珠海横琴、广州南沙、深港河套等粤港澳重大合作平台建设。进一步制定完善便利港澳居民在内地发展和生活居住的政策措施,增强港澳同胞的幸福感、获得感。

第四十讲

推进两岸关系和平
发展和祖国统一

解决台湾问题、实现祖国完全统一，是中国共产党和中国政府的历史使命，是全体中华儿女共同愿望，是中华民族根本利益和国家核心利益所在。祖国统一是新时代中华民族伟大复兴的必然要求。台湾前途在于国家统一，台湾同胞福祉系于民族复兴。两岸关系和平发展、融合发展是两岸同胞顺应历史潮流和实现互利双赢的正确选择，是促进两岸共同发展和造福两岸同胞的正确道路，利在两岸当下、功在民族千秋。

一、"十三五"时期推进两岸关系和平
发展和祖国统一取得的主要成就

"十三五"时期，以习近平同志为核心的党中央总揽全局、把握大势，全面部署推动新时代对台工作，团结广大台湾同胞努力维护和推动两岸关系和平发展、融合发展取得积极进展。

一是引领和推动两岸关系发展大势。习近平总书记对对台工作作出系列重要论述，特别是在党的十九大报告中郑重宣示了新时代坚持"一国两制"和推进祖国统一基本方略、在《告台湾同胞书》发表 40 周年纪念会上全面阐述了在民族复兴伟大征程中推

进祖国和平统一的重大政策主张,提出了今后一个时期对台工作总体要求,为新时代对台工作提供了根本遵循和行动指南,引领两岸关系发展方向。深入贯彻落实习近平总书记关于对台工作的重要论述和党中央决策部署,强化反"独"促统大势,坚决打击"台独"分裂势力,坚决遏阻外部势力干涉,推动与台湾各界人士就两岸关系和民族复兴进行对话协商,深化两岸融合发展,牢牢把握两岸关系主导权主动权。

二是保持贸易投资合作增长势头。贸易方面,两岸贸易额从2015年的1885.6亿美元增长到2020年的2608.1亿美元,年均增长6.7%;其中大陆自台湾进口从2015年的1436.6亿美元增长到2020年的2006.6亿美元,年均增长6.9%。目前,台湾是大陆第七大贸易伙伴和第三大进口来源地,大陆是台湾最大的贸易伙伴、出口市场、进口来源地和贸易顺差来源地。投资方面,"十三五"期间大陆累计实际利用台资77.1亿美元,南京台积电、厦门联芯、合肥晶合、古雷炼化一体化等一批重大台商投资项目落地,不断提升两岸产业链供应链连结水平。大陆仍然是台湾地区最大的投资目的地。

三是台胞台企在大陆享有更多同等待遇。2018年以来,国务院台办、国家发展改革委会同有关部门,先后出台实施促进两岸经济文化交流合作的"31条措施""26条措施",实施制发台湾居民居住证并扩大申领规模,取消台湾居民来大陆就业许可证,为更多台胞台企分享大陆发展机遇和同等待遇。2020年,面对突如其来的新冠肺炎疫情,国家发展改革委、国务院台办等十部门联合出台支持台企应对疫情和推进台资项目的"11条措施",帮助台胞台企做好疫情防控和加快复工复产。各地区各部门扎实落实落细各项惠台利民政策措施,不断增进台胞台企的获得感。

四是深化两岸融合发展取得积极进展。"十三五"期间,福建经济社会高质量发展,与金门、马祖"小四通"加快推进,实现向金门供水。昆山深化两岸产业合作试验区已先行先试了 123 项政策措施,探索了一批深化两岸融合发展和实现地方经济高质量发展相互促进的有效做法。国务院批复同意扩大试验区范围至昆山全市。国务院台办、国家发展改革委、工业和信息化部、商务部等先后在广西、四川、湖北、江西支持设立海峡两岸产业合作区,引导台企拓展大陆更广阔市场空间。两岸金融合作持续深化,一批台企在大陆上市。截至 2020 年底,国务院台办已设立 76 个海峡两岸青年就业创业基地和示范点,为台湾青年来大陆实习就业创业提供成长发展平台。举办海峡论坛、两岸企业家峰会年会、海峡两岸青年发展论坛等重大交流活动,引领两岸各领域交流合作不断走向深入。

二、"十四五"时期推进两岸关系和平发展和祖国统一的重大任务举措

当前和今后一个时期,涉台外部环境错综复杂,台海形势仍然严峻复杂。我国发展仍然处于重要战略机遇期,对台工作面临的机遇和挑战都有新的发展变化。"十四五"时期,要全面贯彻落实习近平总书记关于对台工作的重要论述,立足"两个大局",心怀"国之大者",按照《纲要》确定的推进两岸关系和平发展和祖国统一任务部署要求,坚持一个中国原则和"九二共识",以两岸同胞福祉为依归,推动两岸关系和平发展、融合发展,高度警惕和坚决遏制"台独"分裂活动。

一是坚持一个中国原则和"九二共识",推进两岸关系和平发展和祖国统一。祖国统一是定论,和平统一是最佳结果,"一国两制"是最佳方案。"和平统一、一国两制"最符合包括台湾同胞在内的中华民族根本利益。一个中国原则是两岸关系的政治基础,体现一个中国原则的"九二共识"明确界定了两岸关系的根本性

质。推动两岸关系和平发展、融合发展,是通向和平统一的必由之路。两岸同胞要在两岸关系和平发展进程中密切交流合作,加深利益联结,促进相互理解,共同构建两岸命运共同体。

二是为台胞台企提供更多发展机遇和同等待遇,促进两岸经济文化交流合作,持续深化两岸融合发展。坚持以人民为中心的发展思想,对台湾同胞一视同仁,同台胞台企分享大陆发展机遇。推动落实落细促进两岸经济文化交流合作系列政策措施,形成更多务实成果。继续完善保障台湾同胞福祉和在大陆享受同等待遇的制度和政策,持续出台实施惠台利民政策措施,支持更多台湾同胞参与大陆经济社会发展进程,不断扩大受益面、提升获得感。推进海峡两岸产业合作区、平潭综合实验区、昆山深化两岸产业合作试验区等两岸合作平台建设,深化两岸产业合作,促进提升两岸产业链供应链连结水平。推进两岸金融合作,支持更多符合条件的台资企业在大陆上市。支持福建探索海峡两岸融合发展新路,率先实现同金门、马祖地区通水、通电、通气、通桥,加快两岸融合发展示范区建设。推进两岸应通尽通,提升经贸合作畅通、基础设施联通、能源资源互通、行业标准共通。支持台商台企参与"一带一路"建设和国家区域协调发展战略,从大陆广阔市场前景和巨大发展机遇中受益。积极推动打造两岸共同市场,壮大中华民族经济。

三是加强两岸人文交流,推动两岸同胞共同弘扬中华文化,促进心灵契合。积极促进两岸交流合作和人员往来,大力加强两岸基层交流,增进台湾台胞对大陆国情社情、体制机制、发展现状、发展模式、发展理念和发展方向的正确认知。重视台湾基层民众现实需求,加深相互理解,增强对两岸命运共同体和对两岸关系和平发展、祖国统一的认同。促进两岸同胞共同传承和创新发展中华优秀传统文化,增强民族意识,凝聚共同意志,促进心灵契合,形成共谋中华民族伟大复兴的强大精神力量。推动两岸文化教育、医疗卫生等领域交流合作,促进社会保障和公共资源共享,支持两岸邻近或条件相当地区基本公共服务均等化、普惠化、便捷化。充分发挥青少年在两岸交流中的生力军作用,促进两岸青少年学习互鉴、交流互动、增进友谊,成为携手振兴中华的好朋友好伙伴。加强台湾青年创业就业示范点建设,鼓励更多台湾青年来祖国大陆学习、创业、就业、生活,在分享大陆发展机遇中追梦圆梦。尊重和关爱台湾同胞,全心全意为台湾同胞办实事、做好事、解难事。

新时代是中华民族大发展大作为的时代,也是两岸同胞大发展大作为的时代。两岸同胞和衷共济、砥砺奋进,共同推进两岸关系和平发展和祖国统一,共同创造中华民族伟大复兴美好未来。

第四十一讲

加快国防和军队现代化

国防和军队现代化是全面建设社会主义现代化国家的战略任务。《纲要》着眼到 2035 年基本实现社会主义现代化远景目标、到 2027 年实现建军百年奋斗目标,对加快国防和军队现代化作出战略部署,充分体现了以习近平同志为核心的党中央统筹发展和安全、富国和强军的战略决心和深远运筹。我们要坚决贯彻《纲要》部署要求,以更大力度、更大作为,在新的历史起点上奋力开创国防和军队现代化新局面。

一、深刻认识国防和军队现代化的时代特征

党的十八大以来,习主席着眼于实现中国梦强军梦,创立形成习近平强军思想,亲自擘画强军蓝图,不断开辟当代中国马克思主义军事理论和军事实践发展新境界,国防和军队现代化建设取得历史性成就。我军思想政治根基更加牢固,组织形态实现重塑重构,国防科技和武器装备发展水平明显提高,军事人员队伍整体性加强,法治化建设取得突破性进展,军队建设进一步向备战打仗聚焦、向创新驱动转变,军事战略能力大幅跃升。但也要看到,我军现代化水平与国家安全需求相比仍存在差距,与世界先进水平相比仍

存在差距,我军打现代化战争能力、各级干部指挥现代化战争能力亟待提高。"十四五"时期,国际战略形势和国家安全环境面临新的重大变化,必须适应国家发展战略、安全战略和军事战略新要求,加快国防和军队现代化进程,有效维护国家主权、安全、发展利益。

(一)国防和军队现代化必须为中华民族伟大复兴提供更加强大的战略支撑

当前,世界大变局加速演进,新冠肺炎疫情大流行影响广泛深远,大国战略博弈明显升温,国际力量对比深刻调整,国际形势不稳定性不确定性明显增加。我国正处在由大向强发展的关键阶段,中华民族伟大复兴迎来前所未有的历史机遇,也面临前所未有的风险挑战,我们越发展壮大,遇到的阻力和压力就会越大。军队作为维护国家安全的保底手段,必须充分发挥军事力量建设和运用在维护国家安全中的战略作用,加快把军事实力搞上去,加快形成强大的战略威慑和实战能力,确保有效履行新时代军队使命任务,有力支撑中华民族伟大复兴。

(二)国防和军队现代化必须加快机械化信息化智能化融合发展

世界新军事变革迅猛发展,现代战争信息化程度不断提高,智能化特征日益显现,无人作战系统大量投入实战,对战争制胜观念、制胜要素、制胜方式带来深刻影响。主要军事强国加快建设智能化军事体系,谋求军事竞争新优势,对我形成巨大战略压力。我们必须增强科技洞察力和战争洞察力,坚持以机械化为基础、信息化为主导、智能化为方向,推动机械化信息化智能化融合发展,积极培育孵化战斗力新的增长极,在推进智能化进程中发展高度发达的机械化和更高水平的信息化,引领国防和军队现代化转型升级。

(三)国防和军队现代化必须深度融入国家现代化战略布局

我国已成为世界第二大经济体,但国防实力同我国国际地位还不相适应,需要采取有力举措加快国防和军队现代化。适应新一轮科技革命和产业革命发展,我们党不失时机提出建设科技强国、海洋强国、航天强国、网络强国等重大目标,在强化国家战略科技力量、提升企业技术创新能力、发展战略性新兴产业等方面出台一系列战略举措,将为国防和军队现代化建设提供更加丰厚的物质技术支撑。我们要更加自觉融入国家发展总体布局,更加充分利用国家现代化发展成果和社会优质资源,推动强军事业又好又快发展,促进国防实力与经济实力同步提升。

二、准确把握加快国防和军队现代化的战略任务

《纲要》明确了加快国防和军队现代化的总体思路和目标任务。总的是,贯彻习近平强军思想,贯彻新时代军事战略方针,坚持党对人民军队的绝对领导,坚持政治建军、改革强军、科技强军、人才强军、依法治军,加快机械化信息化智能化融合发展,全面加强练兵备战,提高捍卫国家主权、安全、发展利益的战略能力,确保2027年实现建军百年奋斗目标。

（一）提高国防和军队现代化质量效益

国防和军队现代化建设已进入转型升级关键阶段,必须把提高质量效益与加快现代化进程有机统一起来,强化先进战斗力有效供给,发挥创新驱动在现代化建设全局中的核心作用,转变发展理念,创新发展模式,增强发展动能,确保高质量发展。

加快军事理论现代化。人民军队不断发展壮大、从胜利走向胜利,关键在于党的先进军事指导理论引领。要持续深化习近平强军思想学习贯彻,自觉用党的军事指导理论最新成果解决军事斗争和军队建设现实问题。长于战略运筹、注重战略指导创新,是我们党的鲜明特色和独特优势。要深入贯彻习近平军事战略思想,深入研究现代战争特点规律和制胜机理,不断创新发展我军战争和战略指导,健全新时代军事战略体系。要紧跟战争形态和作战方式变化,加强作战问题研究和作战概念开发验证,加快构建先进作战理论体系。

加快军队组织形态现代化。改革永远在路上。要坚持方向不变、道路不偏、力度不减，深化国防和军队改革，不断解放和发展战斗力、解放和增强军队活力。现代化军队需要现代化管理，要深入推进军事管理革命，更新管理理念，优化管理流程，完善管理机制，提高军事系统运行效能和国防资源使用效益。现代战争强调体系作战、联合制胜。要加快军兵种和武警部队转型建设，壮大战略力量和新域新质作战力量，丰富战略选项，加重战略砝码，打造高水平战略威慑和联合作战体系。要强化练兵备战鲜明导向，加强军事力量联合训练、联合保障、联合运用，提高基于网络信息体系的联合作战能力、全域作战能力。

加快军事人员现代化。现代战争，说到底是人才竞争。要贯彻新时代军事教育方针，重点抓好联合作战指挥人才、新型作战力量人才、高层次科技创新人才和高水平战略管理人才培养，加快锻造德才兼备的高素质、专业化新型军事人才方阵。要完善军队院校教育、部队训练实践、军事职业教育三位一体新型军事人才培养体系，创新军事人力资源开发管理，健全识才、聚才、育才、用才制度机制，加快形成人岗相适、人尽其才、人才辈出的生动局面。

加快武器装备现代化。武器装备是军队现代化的重要标志。要坚持自主创新战略基点，聚力国防科技自主创新、原始创新，加强基础理论和基础技术研究，加快突破关键核心技术，牢牢掌握发展命脉。要紧盯全球科技创新动向，加速战略性前沿性颠覆性技术发展，积极抢占军事竞争战略制高点。要加速武器装备升级换代和智能化武器装备发展，加强高技术、新概念武器装备建设，推动武器装备现代化水平加速迈入世界先进行列。

（二）促进国防实力和经济实力同步提升

同国家现代化进程相一致，同国家构建新发展格局相适应，加强跨军地、跨部门、跨领域力量资源整合配置，完善组织管理、工作运行、政策制度、人才队伍、风险防控体系，构建一体化国家战略体系和能力,实现发展和安全兼顾、富国和强军统一。

搞好战略层面筹划。在国家总体战略中统筹经济建设与国防建设,是我们党长期以来治国理政的成功经验。要加强战略规划衔接,国家在制定战略规划时充分考虑军事需求,军队发展战略、建设规划贯彻落实党和国家总体部署,确保相关建设安排一体筹划、协调推进。要深化资源要素共享,打破利益壁垒,健全有利于军地优势资源双向高效流动的顺畅机制。要强化政策制度协调,搞好进程衔接、任务统筹,提高军地关联性政策制度的耦合度。

推动重点区域、重点领域、新兴领域协调发展,进一步盘活存量资源、优化增量资源,提高资源统筹利用水平。加大经济建设项目贯彻国防要求力度,推进空中交通管理改革,增强对经济建设和国防建设的整体支撑能力。要注重依托国家教育体系培养军事人才,加快建设现代军事人才交流使用、资格认证等制度,探索建立军地干部有序交流机制。要结合国家重大项目建设,集中力量实施国防领域重大工程,更好服务国家安全发展战略需要。

优化国防科技工业布局。当前,我国国防科技工业总体上大而不强,同强国强军要求还不适应。要深化国防科技工业体制改革,调整军品科研生产能力结构,构建技术先进、布局合理、灵活反应、开放融合的国防科技工业体系。要激发军品市场活力,推进武器装备市场准入改革,调整军品价格和税收政策,营造公平竞争环境。要加快标准化通用化进程,在国防和军队建设中积极采用先进民用标准,促进军民用先进技术双向转移利用。

汇聚推进强国强军事业的强大力量。我们的军队是人民军队,我们的国防是全民国防。要完善国防动员体系,加强应急应战协同,构建形成在党中央集中统一领导下、军地既各司其责又密切协同的国防动员新格局。要健全强边固防机制,党政军警民齐抓共管,构建与中国特色社会主义制度相适应的治边格局。要强化全民国防教育,巩固军政军民团结,为建设巩固国防和强大人民军队提供有力支撑。

三、认真贯彻加快国防和军队现代化的举措要求

"十四五"时期国防和军队现代化建设任务艰巨繁重,要按照《纲要》决策部署,凝聚力量真抓实干,确保各项任务落地落实。

（一）发挥制度优势

充分发挥党总揽全局协调各方的作用,把党的领导落实到经济建设和国防建设各领域各环节。毫不动摇坚持党对军队的绝对领导,全面深入贯彻军委主席负责制,全面加强军队党的建设,把中国特色社会主义制度优势转化为推进国防和军队现代化的强大力量。

（二）聚焦能打仗打胜仗

坚持战斗力根本标准,密切关注国家安全形势变化,始终保持对敌情的高度敏感、高度戒备,围绕体系作战能力提升锻长板、补短板、固底板,强化战斗精神培育,加紧做好各战略方向军事斗争准备,统筹推进传统安全领域和新型安全领域军事斗争准备,确保一旦有事上得去、打得赢。

（三）深化改革创新

把改革创新作为解放和发展战斗力的根本途径,紧盯战争形态之变、科技发展之变,持续深化自我完善、自我革新,推动改革举措落地、改革红利释放,突出独创独有、创新超越,加强战略必争领域前瞻布局,全面推进军事理论、技术、组织、管理、文化等各方面创新,努力建设创新型人民军队。

（四）完善法治保障

贯彻习近平法治思想,坚持依法治军、从严治军方针,善于运用法治思维和法治方式推进建设、开展工作,加强中国特色军事法治建设,构建实在管用、系统配套的军事法规制度体系,加快推进治军方式根本性转变,不断提高国防和军队现代化建设的法治化水平。

第四十二讲

加强党中央集中统一领导

办好中国事情,关键在党。《纲要》提出,坚持党的全面领导,是"十四五"时期经济社会发展必须遵循的首要原则,是实现"十四五"规划和 2035 年远景目标的根本保证。坚持党的全面领导,最高原则是加强党中央集中统一领导,这对于有效统揽全局、协调各方,充分调动一切积极因素,广泛团结一切可以团结的力量,形成推动"十四五"经济社会发展的强大合力,具有重要意义。

一、党中央集中统一领导制度不断健全,成效显著

中国共产党领导是中国特色社会主义最本质的特征,是中国特色社会主义制度的最大优势。这个最本质特征和最大优势,核心就在于坚定维护党中央权威和集中统一领导。"十三五"以来,我们党在维护党中央权威和集中统一领导的制度建设上积累了丰富经验,在经济工作上取得了显著成效。

一是体制机制更加健全。以习近平同志为核心的党中央把保证全党服从中央、维护党中央权威和集中统一领导作为党的政治建设的首要任务,改革和完善坚持党的领导的体制机制,严明党的政治纪律和政治规矩,陆续制定或修订了《关于新形势下党内政

治生活的若干准则》《中国共产党党内监督条例》《中共中央政治局关于加强和维护党中央集中统一领导的若干规定》《中国共产党重大事项请示报告条例》《中国共产党党组工作条例》等党内法规,从制度上保证党的领导全覆盖,保证党中央集中统一领导更加坚强有力,为全党在思想上政治上行动上同以习近平同志为核心的党中央保持高度一致提供了有力保证,为经济社会健康发展保驾护航。

二是推动"十三五"经济社会发展取得新成就。"十三五"时期,面对错综复杂的国际形势、艰巨繁重的国内改革发展稳定任务特别是新冠肺炎疫情严重冲击,习近平同志为核心的党中央团结带领全党全国各族人民,不忘初心、牢记使命,砥砺前行、开拓创新,奋发有为推进党和国家各项事业。"十三五"规划目标任务胜利完成,我国经济实力、科技实力、综合国力和人民生活水平跃上新的大台阶,全面建成小康社会胜利在望。取得这样的成绩,根本在于坚决维护习近平同志党中央的核心、全党的核心地位,坚决维护党中央权威和集中统一领导,再一次有力证明,加强党对经济工作的全面领导,充分调动一切积极因素,就一定能够形成推动高质量发展的强大合力。

三是为"十四五"发展道路和方向作出新指引。党的十九届五中全会审议通过的《中共中央关于制定国民经济和社会发展第十四个五年规划和二〇三五年远景目标的建议》,其中确定的大思路、提出的大战略,都是在党中央的集中统一领导下制定的,代表了党中央的领导意志、战略意图,体现了以习近平同志为核心的党中央谋划未来的远见卓识、继往开来的历史担当。实现"十四五"规划和2035年远景目标,无论在哪个领域、哪个方面、哪个环节,党的全面领导都只能加强,把党的全面领导落实到科学把握新发展阶段、深入贯彻新发展理念、加快构建新发展格局的方方面面,才能确保社会主义现代化建设始终保持正确政治方向。

二、完善上下贯通、执行有力的组织体系，
确保党中央决策部署有效落实

一分部署，九分落实。只有将党中央关于经济工作的重大决策部署真正落地落实，才能使党领导经济工作的制度优势更好转化为治理效能。《纲要》提出要把党的领导贯穿到规划实施的各领域和全过程，完善上下贯通、执行有力的组织体系。

一是加强党中央在思想上的集中统一领导。要贯彻党把方向、谋大局、定政策、促改革的要求，推动全党深入学习贯彻习近平新时代中国特色社会主义思想，增强"四个意识"、坚定"四个自信"、做到"两个维护"，坚持不懈用习近平新时代中国特色社会主义思想武装头脑、指导实践、推动工作，自觉在思想上政治上行动上同以习近平同志为核心的党中央保持高度一致，踏踏实实、不折不扣地完成党和国家在今后一段时期规划部署的发展任务。

二是进一步形成一级抓一级、层层抓落实的工作机制。加快完善任务分工、督促检查、情况通报、监督问责等工作落实制度，构建从中央到地方各级机构政令统一、运行顺畅、充满活力的工作体系。中央和国家机关承担起"最初一公里"的职责，地方党委履行好"中间段"的职责，基层党组织完成好"最后一公里"的任务，确保党中央关于"十四五"经济社会发展的每项决策部署都得到全程无缝落实。在落实方式上，注重激发地方和基层的首创精神，鼓励地方和基层探索创造，形成顶层设计与基层探索良性互动的格局。

三是切实提高各级领导干部推动经济社会发展的能力。加强党对经济社会发展的领导，各级领导干部是关键。"十四五"时期，要按照增强执政本领的要求，切实抓好干部队伍建设，强化思想淬炼、政治历练、实践锻炼、专业训练，不断提高各级领导干部贯

彻落实习近平新时代中国特色社会主义思想,贯彻新发展理念、构建新发展格局的能力和水平。各级领导干部要经常性"补课"和"充电",自觉赶上时代潮流,掌握科技发展趋势,了解新兴领域情况,积极适应和满足群众新期待、新需求,守住安全底线,切实提高驾驭经济工作的能力,努力成为领导构建新发展格局的行家里手。

三、激励领导干部担当作为

治国之要,首在用人;用人干事,重在导向。正确的用人导向,不仅是指引干部成长进步的风向标,也是引领干部干事创业的指挥棒。紧紧抓住激励干部担当这一新时代干部队伍建设的关键点和着力点,《纲要》提出要构建适应高质量发展要求的内生激励机制,健全激励导向的绩效评价考核机制和尽职免责机制,调动广大干部特别是基层干部的积极性、主动性、创造性。

一是树立鲜明的选人用人导向。加强干部队伍建设,落实好干部标准,把重品德、重才干、重担当、重实绩、重公认的导向鲜明树立起来,引导领导干部牢固树立正确的政绩观。围绕"十四五"目标任务,大力培养选拔信念坚定、为民服务、勤政务实、敢于担当、清正廉洁的好干部。

二是充分发挥干部考核评价的激励鞭策作用。完善考核评价体系,把贯彻落实新发展理念、构建新发展格局、推动高质量发展评价作为领导班子和领导干部政绩的重要依据。聚焦推动高质量发展,进一步优化政绩考核内容。构建完整的干部考核工作制度体系,体现差异化要求,合理设置干部的考核目标;改进考核方式方法,增强考核的科学性、针对性、可操作性,调动和保护好各区域各战线各领域干部的积极性。

三是建立健全容错纠错机制。落实"三个区分开来"要求,正确把握干部在推动高质量发展中出现错误的性质和影响,完善容错纠错机制。对给予容错的干部,考核考察要客观评价,选拔任用要公正合理。针对领导班子和领导干部在推动《纲要》落实中反映的不足,强化教育培训,补齐能力素质短板。

四、激发全社会参与规划实施的积极性

贯彻落实《纲要》是一项宏大的系统工程,需要充分发挥党的群众路线和统一战线优势,凝聚社会各界的智慧和力量,形成共同奋斗、众志成城的强大发展合力,共同推进各项工作,确保如期完成"十四五"发展目标和任务。《纲要》提出要注重发挥工会、共青团、妇联等作用,充分发挥民主党派、工商联和无党派人士作用。

一是积极发挥群团组织团结动员群众干事创业的重要作用。党的群团工作,是党组织动员广大人民群众为完成党的中心任务而奋斗的重要法宝。工会、共青团、妇联等群团组织要在党的领导下,立足职责定位,立足所联系的群众,积极发挥作用。要把贯彻落实《纲要》重大战略部署作为发挥作用的主战场,把工人阶级主力军、青年生力军、妇女半边天作用和人才第一资源作用,转化为促进经济社会发展的强大力量,积极投身社会主义现代化国家建设。

二是巩固和发展最广泛的爱国统一战线。坚持和完善中国共产党领导的多党合作和政治协商制度,加强人民政协专门协商机构建设,发挥社会主义协商民主独特优势,提高建言资政和凝聚共识水平。完善支持民主党派和无党派人士履行职能方法,使各民主党派和无党派人士在参政议政、民主监督、参加中国共产党领导的政治协商等职能行使中发挥更加显著的作用。聚焦"十四五"发展目标任务和关键问题,鼓励各民主党派发挥各自特点优势,发挥各级组织和各方面人才的积极性和创造性,统筹用好各类人才资源和专业智库,提出有见地、有价值的意见和建议,为推动高质量发展献计出力。

第四十三讲

加强规划实施保障

习近平总书记多次强调，"一分部署，九分落实"。《纲要》全面贯彻落实党中央《建议》的目标要求、指导方针、任务部署，是我国开启全面建设社会主义现代化国家新征程的宏伟蓝图和全国各族人民共同的行动纲领。只有进一步完善规划实施机制，确保规划落地见效，才能切实把党的主张转化为国家意志和发展实效。

一、五年规划实施机制在探索实践中日臻完善

我国已连续编制实施了13个五年规划（计划），其中改革开放以来编制实施8个，极大地推动了经济社会发展、综合国力提升、人民生活改善，创造了世所罕见的经济快速发展奇迹和社会长期稳定奇迹。在此过程中，实施机制的不断健全有力保障了规划的有效实施，发挥了至关重要的作用。

（一）规划实施保障逐步建章立制

"一五"到"五五"，计划是指令性的，确定的指标必须严格执行。"六五"以来，伴随着经济体制改革的不断深化，规划的功能逐渐向战略性、指导性和约束性相结合转变，对规划实施的保障特别是监测评估也在不断探索。"十五"时期，首次探索开展规划实

施中期评估,为科学发展观研究提供了基本思路。"十一五"时期,中期评估被纳入《中华人民共和国各级人民代表大会常务委员会监督法》,规划实施评估进入法定程序阶段。"十二五"时期,首次开展总结评估,规划实施评估体系更加丰富。

(二)体制机制探索取得突破性成果

"十三五"时期,习近平总书记亲力亲为推动规划编制实施,一系列体制机制创新举措相继推出,规划实施保障力度明显加大。一是首次建立系统完整的规划实施机制。中央办公厅、国务院办公厅专门印发《关于建立健全国家"十三五"规划纲要实施机制的意见》,围绕总体要求、责任主体、重点任务落实、规划体系建设、氛围营造、监测评估、监督考核等7个方面,提出了27条健全规划实施的意见。二是首次实现重点专项规划与《纲要》同时编制、同年上报、同步实施。全面加强专项规划编制的统筹协调,建立月度通报机制,当年完成国务院确定的全部22个重点专项规划的编制任务,有力支撑了《纲要》实施。三是首次系统推进《纲要》确定的165项重大工程项目落地。形成了770条细化任务,建立清晰有力的实施机制,健全点面结合的推进手段,全面调动政府、企业和社会各方面力量,实现以重点突破带动《纲要》全面落实。四是首次探索开展年度监测评估。根据规划实施的外部环境变化,建立规划跨年度滚动实施机制,组织开展重点任务实施情况年度评估并向国务院报告,实现了对规划实施全周期的监测评估。五是首次提出了统一规划体系。中共中央、国务院印发《关于统一规划体系更好发挥国家发展规划战略导向作用的意见》,确立了国家发展规划的统领地位,有效推动规划体系不统一、规划目标与政策工具不协调等突出问题的解决,从顶层设计上进一步健全了政策协调和规划实施机制。六是首次向中央政治局常委会汇报规划实施总结评估。2020年,习近平总书记主持中央政治局常委会会议,专门听取规划实施总结评估汇报,成为五年规划史上的一项新的重大制度性安排。实施机制不断完善,成为推动"十三五"规划顺利实施、确保如期全面建成小康社会的重要保障。

二、加强《纲要》实施保障,形成推动
"十四五"发展的强大合力

为将党中央关于"十四五"发展的决策部署落到实处,确保全面建设社会主义现代化国家新征程、向第二个百年奋斗目标进军开好局、起好步,《纲要》确定了6个主要目标、20项主要指标、17个方面重大战略任务和102项重大工程项目。实现这些目标任务,要加强党中央集中统一领导,进一步健全规划实施保障机制,提升规划实施效能。将重点推进以下五个方面工作。

（一）落实规划实施责任

《纲要》阐明国家战略意图,明确政府工作重点,不仅具有战略性、宏观性、政策性,还兼具指导和约束功能。各地区、各部门要根据职责分工,制定《纲要》涉及本地区、本部门的主要目标任务实施方案。对《纲要》确定的约束性指标、重大工程项目和公共服务、生态环保、安全保障等领域任务,要明确责任主体和进度要求,合理配置公共资源,引导调控社会资源,确保如期完成。对《纲要》提出的预期性指标和产业发展、结构调整等领域任务,主要依靠发挥市场主体作用实现,各级政府要创造良好的政策环境、体制环境和法治环境。《纲要》和年度计划是有机统一整体,年度计划作为《纲要》在年度中的体现,要按照短期政策与长期政策衔接配合的要求,贯彻《纲要》提出的发展目标和重点任务,将主要指标纳入年度计划指标体系,设置年度目标并做好年度间综合平衡,合理确定年度工作重点。

（二）加强规划衔接协调

只有健全统一规划体系,加强规划衔接协调,才能形成规划合

力,引导各方面力量朝着一个共同的目标前进。要加快建立健全以国家发展规划为统领,以空间规划为基础,以专项规划、区域规划为支撑,由国家、省、市县级规划共同组成,定位准确、边界清晰、功能互补、统一衔接的国家规划体系。按照《纲要》确定的国土空间开发保护要求和重点任务,制定实施国家级空间规划,为重大战略任务落地提供空间保障。聚焦《纲要》确定的战略重点和主要任务,在科技创新、数字经济、绿色生态、民生保障等领域,制定实施一批国家级重点专项规划,明确细化落实发展任务的时间表和路线图。根据《纲要》确定的区域发展战略任务,制定实施一批国家级区域规划实施方案。各级地方规划在编制实施时,也要加强对《纲要》提出的发展战略、主要目标、重点任务、重大工程项目的贯彻落实。要健全目录清单、编制备案、衔接协调等规划管理制度,制定"十四五"国家级专项规划等目录清单,依托国家规划综合管理信息平台推进规划备案,将各类规划纳入统一管理。要建立健全规划衔接协调机制,报请党中央、国务院批准的规划报批前须与《纲要》进行衔接,确保国家级空间规划、专项规划、区域规划和省级发展规划等各级各类规划与《纲要》在主要目标、发展方向、总体布局、重大政策、重大工程、风险防控等方面协调一致。

（三）强化各类政策保障支撑作用

贯彻落实好《纲要》,政策协同是保障。要按照短期调控目标服从长期发展目标、短期调控政策服从长期发展政策、公共财政服从和服务于公共政策的原则要求,坚持规划定方向、财政作保障、金融为支撑、其他政策相协调,着力构建规划与宏观政策协调联动机制。按照《纲要》确定的目标任务、结合经济发展形势,合理确定宏观政策取向,以市场化手段引导和调动金融资源参与规划实施,更好实现规划目标。在完善中国特色社会主义市场经济条件下,应明确属于政府的职能、属于公共产品和公共服务的供给范围,集中财力资源予以保障和支持,要增强《纲要》确定的国家重大战略任务财力保障,加强中期财政规划和年度预算、政府投资计划与《纲要》实施的衔接协调,中央财政性资金优先投向《纲要》确定的重大任务和重大工程项目。重大工程项目是规划实施的有力支撑和重要抓手,必须坚持项目跟着规划走、资金和要素跟着项目走,依据《纲要》制定重大工程项目清单,对清单内工程项目简化审批核准程序,优先保障规划选址、土地供应和资金需求,单体重大工程项目用地需求由国家统一保障。

(四)加强规划实施监测评估

监测评估是推进规划实施的关键环节。要适时开展规划实施情况的动态监测、中期评估和总结评估,中期评估和总结评估情况按程序提交中央政治局常委会审议,并依法向全国人民代表大会常务委员会报告规划实施情况,自觉接受人大监督。十九届中央纪委五次会议提出,把监督贯穿于党领导经济社会发展全过程,把完善权力运行和监督制约机制作为实施规划的基础性建设,构建全覆盖的责任制度和监督制度。据此,《纲要》提出发挥国家监察机关和审计机关对推进规划实施的监督作用。同时,规划实施情况纳入各有关部门、地方领导班子和干部评价体系,作为改进政府工作的重要依据。《纲要》还对规划调整作了明确规定,需要对本规划进行调整时,由国务院提出调整方案,报全国人民代表大会常务委员会批准。

(五)加快发展规划立法

加快出台发展规划法,不仅有利于保障国家发展规划顺利实施、更好发挥国家发展规划战略导向作用,也是推进依法治国的重要举措,有利于把制度优势更好转化为国家治理效能,加快推进国家治理体系和治理能力现代化。为此,《纲要》专门提出,坚持依法制定规划、依法实施规划的原则,将党中央、国务院关于统一规划体系建设和国家发展规划的规定、要求和行之有效的经验做法以法律形式固定下来,加快出台发展规划法,强化规划编制实施的法治保障。

后　记

　　2018 年开始，按照党中央、国务院统一部署，国家发展改革委会同有关部门，启动了"十四五"规划研究和起草工作。按照研究《基本思路》、形成《纲要框架》、编制《纲要草案》三个阶段，有序有力推进"十四五"规划编制工作。"十四五"规划任务重、要求高，是一项创新性强、挑战性大的系统工程，委党组对"十四五"规划编制工作高度重视，何立峰主任负责组织，全委上下勠力同心，全力以赴完成党中央、国务院交给我们的历史使命。在委党组的领导下，起草组深入贯彻落实习近平新时代中国特色社会主义思想，以高度的责任感和使命感，精心组织、锐意创新，栉风沐雨、夙夜在公，攻坚克难、履践致远，切实把党中央、国务院决策部署转化为开启全面建设社会主义现代化国家新征程的宏伟蓝图。2021年 3 月 11 日，《纲要草案》以 99.21%的历史高票，经十三届全国人大四次会议审查通过。

　　在"十四五"规划《纲要》的编制过程中，中央和国家机关有关部门、地方发展改革委、有关学术机构和单位给予了无私的支持，我委王春正同志、朱之鑫同志、徐宪平同志等老领导给予了关心指导，投入了热忱和精力，提出了许多有价值的宝贵意见，在此，我们一并表示深深谢意。

编写本辅导读本,目的是为读者提供更全面、更深入的背景资料和深度解读,以便读者更系统、更准确地理解《纲要》形成的思想脉络,确保《纲要》明确的重大工程项目、重大政策、重大改革举措能进一步细化落实。

由于时间较紧,本书的编写一定存在不足之处,欢迎读者批评指正。

本书编委会

2021 年 3 月